중등 교원임용

변민재
교육학
인사이드 상

변민재 편저

박영story × KG 에듀원 교원임용 희소/쌤플러스

저에게 학부 시절의 교육학은 추상적이며 몽환적인 느낌이었습니다. 당시에는 은퇴를 앞두신 교수님들이 많이 계셔서 교육에 대해 더욱 아름다운 얘기들만 많이 들었는지도 모르겠습니다. 지금에 와서 돌이켜 보면 저의 앎이 얕았기에 아는 만큼 보였던 것입니다. 어떤 분들은 저와 유사한 경험을 했으리라 생각합니다. 비록 대학에서 혹은 대학원에서 교육학을 공부했지만, 깊이 있는 이해가 전제되지 않은 학습이었을 수도 있습니다. 그래서 과거의 저처럼 교육학이 구름 위에 떠 있는 상태일 듯합니다.

대학원에서 교육학을 보다 심층적으로 연구하며 그제야 교육학을 깊이 있게 이해할 수 있었고, 그 중요성을 인식할 수 있었습니다. 교단에 설 여러분이 왜 교육학을 배워야 하는지, 좋은 교사가 될 여러분에게 교육학이 얼마나 훌륭한 도구가 될지를 본 교재와 강의를 통해 말씀드리고자 합니다.

합격을 위해 교육학은 반드시 넘어야 할 산입니다. 전공 공부에 많은 시간을 할애하느라 교육학에 많은 에너지를 쏟는 것은 부담이 되리라 생각됩니다. 그럼에도 불구하고 우리는 교육학을 정복해야 합니다. 여러분의 교육학 정복을 위해 반드시 두 가지를 유념하셔야 합니다. 그 두 가지는 '깊이 있는 이해'와 '지속적인 학습'입니다.

깊이 있는 이해
교육학은 다양한 학문으로 구성되어 있습니다. 교육과정, 교육행정, 교육평가, 교육방법 등 이외에도 여러 학문을 학습하여야 합니다. 그렇다고 지엽적인 개념을 모두 암기할 필요는 없습니다. 우리 시험은 논술형으로 출제합니다. 지엽적인 개념을 암기하기보다는 '깊이 있는 이해'를 바탕으로 주어진 주제를 서술해야 합니다. 이는 교육학이 추구하는 방향이기도 합니다.

지속적인 학습
교육학을 학습하면서 다양한 학자와 이론, 개념을 만나게 됩니다. 교육학을 처음 접할 때는 교육학의 범위와 깊이 때문에 지레 겁을 먹기도 합니다. 물론 처음부터 모든 개념을 완벽히 이해하고 기억할 수는 없습니다. 따라서 교육학을 늘 곁에 두고 반복적으로 학습하여야 합니다. 처음에는 큰 틀을 이해하고 구조화한 뒤 세부적인 개념들을 채워 나가야 합니다. 교육학 정복은 다독을 필요로 합니다.

결국 교육학과 가까워지는 것이 우리의 최종목표입니다. 다양한 교육학 이론을 현실에 적용하는 습관을 들여야 합니다. 교육학은 목적이 아니라 수단이 되어야 하며, 훗날 교육현장에서 교육학을 활용하여야 합니다. 교육학은 좋은 교사가 될 여러분에서 훌륭한 도구가 될 것이라 믿어 의심치 않습니다.

교육학이 짐이 아니라 힘이 되도록 변쌤이 늘 곁에서 응원하겠습니다.

여러분의 건승을 기원합니다.

변민재 쌤
2023년 12월

CONTENTS
차례

PART 03 서양교육사

PART 04 교육철학

PART 05 교육과정

PART 06 교육심리학

중등 교원임용
변민재 교육학
인사이드 상

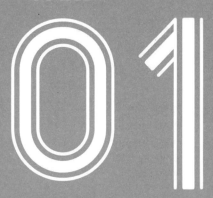

PART

01

교육의 이해

- **교육의 어원** ─┬ 동양의 어원 ─┬ 맹자
  │   └ 설문해자
  │
  └ 서양의 어원 ─┬ 페다고지
                 ├ 에듀케이션(에듀케레/에듀카레)
                 └ 에어지훙

- **교육의 비유** ─┬ 주형의 비유
  ├ 성장의 비유
  ├ 예술의 비유
  ├ 성년식의 비유
  └ 만남의 비유

- **교육의 정의방식** ─┬ 조작적 정의
  ├ 약정적 정의
  ├ 기술적 정의
  └ 규범적 정의

- **교육의 대표적 정의** ─┬ 정범모
  └ 피터스(규범적 준거/인지적 준거/과정적 준거)

- **교육의 목적** ─┬ 내재적 목적
  └ 외재적 목적

- **교육의 형식** ─┬ 형식적 교육
  ├ 무형식적 교육
  └ 비형식적 교육

- **교육의 성격** ─┬ 오코너
  └ 허스트

CHAPTER
01 | 교육의 어원과 비유

제1절 교육의 어원

1 교육의 동양적 어원

(1) 맹자

① 『맹자』의 「진심장(盡心章)」 상편(上篇) – 군자의 세 가지 즐거움(君子有三樂)

② 부모님이 살아 계시고 형제들이 아무 탈 없이 살고 있는 것이 첫 번째 즐거움이요. 나 자신이 하늘을 우러러 부끄러움이 없고 다른 사람들에 대하여 욕됨이 없는 것이 두 번째 즐거움이며, 천하의 영재를 얻어 교육하는 것이 세 번째 즐거움이다(父母俱存 兄弟無故 一樂也, 仰不愧於天 俯不怍於人 二樂也, 得天下英才而教育之 三樂也).

(2) 설문해자

① 가르칠 교(教): "상소시 하소효야(上所施 下所效也)"
가르치는 행위에 초점을 둘 때는 "윗사람이 베풀고 아랫사람은 본받는다."는 의미를 가지며, 가르치는 내용에 초점을 둘 때는 "윗사람이 베푸는 바와 아랫사람이 본받는 바"를 의미한다.

② 기를 육(育): "자녀를 길러 착하게 만든다." 혹은 "자녀를 착하게 살도록 기른다"는 의미이다.

☞ 교육은 성숙한 부모나 교사가 미성숙한 자녀나 학생에게 착하게 살도록 모종의 가치 있는 것을 솔선수범하여 가르치고, 자녀나 학생은 그것을 본받고 배우는 것이다.

(3) 의미

① 윗사람으로 표현되는 교사, 부모, 어른은 교육의 주체로서 교육에서 주도적 역할을 하는 것에 비해, 아랫사람으로 표현되는 학생, 자녀, 아동은 윗사람의 가르침을 적극적으로 수용하여 양육되어야 할 존재이다.

② 교육의 한자 어원에는 **교사와 아동 사이에 수직적 인간관계**가 전제된다. 교사는 무언가 학생에게 가르쳐 주어야 하는 **능동적 존재**이고, 학생은 그러한 가르침을 받아야 할 **수동적 존재**이다.

2 교육의 서양적 어원

(1) 페다고지(pedagogy)

① 그리스어의 '파이다고고스(paidagogos)': '아동(paidos)'과 '이끌다(agogos)'라는 말의 합성어이다.

② 귀족의 자녀가 성인이 될 때까지 교육을 담당하는 노예인 '교복(教僕)'에서 유래된 말이다.

③ 교복은 귀족의 자녀를 학교에 데려다주고 데려오는 일을 하였으며 기본적인 가정교육을 담당하였다.

④ 귀족의 자녀는 비록 신분상으로 자유인이지만 성인이 될 때까지는 노예인 교복의 양육을 받고 지시를 따라야 했다.

⑤ 교육의 동양적 어원과 마찬가지로 그리스어에서 유래된 **'페다고지'는 미성숙한 아동을 가르치고 양육**한다는 의미이다.

(2) 에듀케이션(education)

① 라틴어 '에듀카레(educare)'와 '에듀케레(educere)'에서 유래된 말이다.

② 이 두 단어는 흔히 혼용되기도 하지만, 엄밀히 말하면 상호 대립되는 교육관을 함의하고 있다.

에듀카레 (educare)	• '양육하다(bring up)'라는 의미 • 부모가 자녀를 양육하는 것에서 보듯이 미성숙한 상태에 있는 자녀를 성숙한 상태로 끌어올리는 것을 의미 • **'주형(鑄型)'의 비유**에 가까움 • 교육의 동양적 어원이나 페다고지와 마찬가지로 부모와 아동, **교사와 학생 간의 수직적 인간관계**가 가정되어 있으며, 교사나 부모가 교육에서 주도적 역할을 하는 것으로 봄
에듀케레 (educere)	• '이끌어 내다(lead out, draw out)'라는 의미 • 자녀나 아동이 내면에 가지고 있는 잠재능력과 적성 등을 잘 발현하도록 이끌어 내는 것을 의미 • 교사나 부모가 무엇인가를 가르침으로써 그들이 원하는 사람으로 만드는 것이라기보다는 아동이나 자녀가 이미 가지고 있는 잠재능력을 잘 발현할 수 있도록 도와주는 것 • **'성장(成長)'의 비유**에 가까움 • 부모와 아동, **교사와 학생 간의 수평적 인간관계**가 전제되어 있으며, 교육에서 교사나 부모보다 아동이나 학생 자신의 역할이 중요

(3) 에어지홍(Erziehung)

① '에어지헨(erziehen)'의 명사형

② 에어지헨은 에어(er, 밖으로)와 지헨(ziehen, 이끌다)의 합성어로서 '밖으로 이끌어 내다'라는 의미이다.

③ 영어의 라틴어 어원인 **에듀케레와 유사한 의미**이다.

④ 아동이나 자녀가 가지고 있는 잠재능력을 바깥으로 이끌어 내는 일이라는 의미이다.

(4) 의미

① 부모나 교사가 자녀나 아동에게 무엇인가를 가르치고 양육하는 일과, 아동의 잠재능력이 잘 발현될 수 있도록 도와주는 일의 두 가지 의미를 동시에 지닌다.

② 전자가 '주형(鑄型, moulding)'의 비유에 해당한다면, 후자는 '성장(成長, growth)'의 비유에 해당한다.

③ 서양교육의 어원에는 이러한 두 가지 의미의 교육관이 함께 들어 있기 때문에 교사나 교육내용을 강조하는 '고전주의 교육관'과 아동이나 교육방법을 강조하는 '낭만주의 교육관'이 시대에 따라 어느 한쪽이 강하게 부각되어 나타나곤 했다.

제2절 교육의 비유

1 주형의 비유

(1) 의미

교육을 장인이나 제작자가 쇳물이나 진흙을 일정한 모양의 틀에 부어 어떤 모양을 만들어 내는 일로 이해하는 방식이다.

(2) 교사 & 학생

교사는 장인이나 제작자에, 학생은 쇳물이나 진흙과 같은 재료에 해당한다. 장인 혹은 제작자에 해당하는 **교사는 교육과정에서 주도적 역할을 하고, 재료인 학생은 무엇인가로 만들어져야 할 존재로 인식**된다.

☞ 교사는 불변하고 학생은 일방적으로 변화되어야 할 존재이다.

(3) 대표적 형태

로크	로크에 의하면, **아동의 마음은 '백지(tabularasa)'**와 같아서 아동이 어떤 경험을 하고 교사가 어떤 형태의 감각자료를 제공하는지에 따라 달라질 수 있음
행동주의	행동주의자들은 **자극-반응이론(S-R 이론)**에 따른 조건화(conditioning)를 통해 원하는 어떤 인간이라도 만들어 낼 수 있다고 주장

☞ 이들 교육론은, 왓슨(John B. Watson)의 주장에 분명히 드러나 있듯이, 건강한 신체를 가진 아이와 적절한 장소를 제공하기만 하면 교사는 자신이 원하는 어떤 전문가든지 만들어 낼 수 있다는 **'교육만능설'**을 가정한다.

(4) 평가

① 교육이 적어도 교사가 학생에게 무엇인가를 가르치고 변화를 가져오도록 하는 일이라는 상식적 교육관이다.

② 교사와 학생의 관계를 잘못 그릴 수 있다. 즉, 교사는 일방적으로 가르치는 존재로, 학생은 그러한 가르침을 그대로 받아들이는 수동적인 존재로 인식될 수 있다.

③ 교실 상황에서 흔히 볼 수 있듯이, 교사가 잘못된 권위주의에 빠지거나 교육의 과정에서 학생의 인격을 정당하게 존중하지 않는 등의 도덕적 문제가 발생할 수 있다.

2 성장의 비유

(1) 의미
① 식물이 스스로 잘 성장하듯이 교육도 아동이 가진 잠재가능성을 자연스럽게 실현해 나가는 과정이다.
② 식물의 성장이 전적으로 식물의 고유한 특성과 자연법칙에 따라 이루어지듯이, 교육도 아동이 가진 특성과 잠재능력을 발달단계에 따라 자연스럽게 발현해 가도록 도와주어야 한다.

(2) 교사 & 학생
① 여기서 **아동은 식물에, 교사는 식물을 가꾸는 정원사에, 교육의 과정은 식물의 성장과정**에 해당한다.
② 주도적인 역할을 하는 것은 식물에 해당하는 아동 자신이며, 정원사에 해당하는 **교사는 단지 식물이 잘 자라날 수 있도록 환경을 조성해 주거나 도와주는 역할**을 담당한다.

(3) 대표적 형태

루소	• 『에밀(Emile)』에 잘 드러나 있으며, 자연에 따라서(according to nature)라는 말로 압축될 수 있음 • 루소는 교육을 사회의 나쁜 영향으로부터 아동을 보호하고 **아동의 자연적 성장**을 격려하는 것으로 보았음 • 그는 그러한 교육을 위해 아동의 각 발달단계의 성장과정을 세밀히 기술해야 한다고 주장
진보주의	• 교육관은 아동의 내면적 성장과 자율성을 존중하는 '**아동중심교육(child-centered education)**'을 표방 • 진보주의의 아동중심교육은 "우리는 교과를 가르치는 것이 아니라 아동을 가르친다(We teach children, not subjects)."라는 슬로건에 잘 드러나 있음

(4) 평가
① 성장의 비유는 **아동의 요구나 흥미, 잠재능력 그리고 심리적 발달단계에 관심**을 기울이고, 교육의 강조점을 기존의 '무엇을 가르칠 것인가'에서 '누구를 가르칠 것인가'로 전환했다는 점에서 의미가 있다.
② 교육에 있어서 교과와 그것을 가르치는 교사의 역할을 과소평가하는 경향이 있다.
③ 교육은 아동 마음대로 하는 것이 아니라 적절한 권위를 가진 교사에 의해 지도되어야 한다는 사실을 간과한다.

구분	주형의 비유	성장의 비유
비유내용	• 교육의 과정: 장인이 재료를 틀에 부어 물건을 만들어 내는 과정 • 교사: 장인 • 학생: 재료	• 교육의 과정: 식물의 성장 • 교사: 정원사 • 학생: 식물
강조점	• 교사의 역할 • 교육내용	• 학생의 잠재능력, 흥미 • 교육방법
대표형태	• 로크의 교육관 • 행동주의 교육관	• 루소의 교육관 • 진보주의 교육관

3 예술의 비유

(1) 의미

① 주형과 성장의 비유가 공통적으로 교사와 학생의 관계를 잘못 그리고 있는 데 대한 대안적 비유이다.

② 주형의 비유가 교사의 역할을 일방적으로 그리고 있는 데 비해, 성장의 비유는 학생을 지나치게 강조함으로써 교사와 학생이 '함께' 가르치고 배우는 과정을 무시한 측면이 있다.

③ 예술가는 예술작품을 만들 때 재료의 성질과 무관하게 일방적으로 무엇을 만들어 내는 것이 아니라 재료의 성질을 고려한다.

(2) 교사와 학생

예술가와 재료 사이의 관계처럼 **교사와 학생의 관계도 일방적이 아니라 상호작용**하는 관계라는 것을 보여 준다.

(3) 평가

예술의 비유도 교사(예술가)와 학생(재료)의 관계가 대등하지 않고 교사(예술가)의 역할을 강조한다는 점에서 **주형의 비유의 변형된 형태**로 볼 수 있다.

4 성년식의 비유

(1) 의미

① 주형의 비유와 성장의 비유가 공통적으로 교육내용 – 교육방법의 관련성을 잘못 파악하고 있는 것에 대한 대안적 비유이다.

② 주형의 비유가 교육내용을 강조한 나머지 교육방법을 간과하는 데 비해, 성장의 비유는 교육방법을 강조한 나머지 교육내용을 간과하는 경향이 있다.

(2) 교사와 학생

성년식의 비유에 의하면, 미성년자가 성년식을 거쳐 어른이 되고 부족사회의 일원이 되는 것처럼 **교육은 학생을 '문명화된 삶의 형식', 즉 인류 문화유산에 입문시키는 일**이다. → 피터스

(3) 평가

① 학생을 문명화된 삶의 형식으로 입문시키기 위해 전달하는 교육내용과 그것을 비판하고 발전시키는 교육방법상의 원리는 별개일 수 없다.

② 성년식의 비유는 교육내용과 교육방법의 관계가 분리되어 있지 않고 서로 관련되어 있음을 보여 준다.

③ 성년식의 비유는 일차적으로 교육내용인 인류 문화유산을 강조하며, 교육방법상의 원리는 교육내용에 따라 나오는 것이지 그 반대가 아니라는 점에서 또한 주형의 비유의 변형으로 볼 수 있다.

5 만남의 비유

(1) 의미

① 주형, 성장, 예술, 성년식의 비유 모두에 대한 대안적인 비유이다.

② 앞의 비유들은 공통적으로 교육이 점진적이고 지속적인 과정을 통해 이루어지는 점을 강조하는 데 치중한 나머지 **단속적이고 비약적으로 이루어지는 측면을 간과**하였다.

(2) 교사와 학생

만남의 비유는 '종교적 만남'이나 '실존적 만남'에서 보듯이, **교육에는 교사가 학생을 만남으로써 갑자기 그리고 비약적으로 변하는 측면**이 있다는 점을 보여 준다.

(3) 평가

① 만남의 비유는 교사와 학생의 인격적 만남을 통하여 점진적이 아닌 단속적이고 비약적인 성장이 있을 수 있다는 사실을 보여 준다는 점에서 의미가 있다.

② 교육의 일반적인 모습으로 보기 어려우며, 비약적이고 갑작스러운 성장을 기대하다 보면 요행주의로 흐를 위험성이 있다.

CHAPTER 02 교육의 정의방식과 대표적 정의

제1절 교육의 정의방식

1 조작적 정의

(1) 정의

조작적 정의는 개념을 **과학적으로 정의**하는 한 가지 방식이다. 과학적 지식은 관찰할 수 있는 반복적 조작에 의해 객관화되며, 구체적 사태의 조작에 의해 그 의미가 드러난다.

(2) 특징

무엇을 조작적으로 정의한다는 것은 **관찰할 수 없는 것을 관찰 가능한 형태로 정의하는 것**이다.

> 예 온도를 '수은주에 나타난 눈금'으로 정의하는 것. 온도는 원래 눈에 보이지 않지만, 조작적 정의에 의하여 온도계를 보면 누구나 온도를 알 수 있음

(3) 교육에서 조작적 정의

① **교육의 개념을 보다 분명히 하기 위해 교육활동의 요소와 그것이 작용하는 실제 과정을 관찰할 수 있는 형태로 정의**한다.

> 예 교육을 "인간행동의 계획적 변화"라고 규정(정범모)

② **교육개념을 과학적으로 규정하려 할 때, 즉 교육개념의 추상성을 제거하고 교육활동을 명확히 규정하려 할 때 흔히 사용**된다.

2 약정적 정의

(1) 정의

의사소통을 위해 복잡한 현상을 무엇이라고 부르자고 약속하는 정의이다.

> 예 대학의 학점을 표기할 때 해당 교과의 성적이 90~94점인 경우 'A'라고 하는 것. 이 경우 우리는 자신의 성적표를 보면서 'A'를 알파벳의 첫 글자이거나 단순한 순서를 나타내는 것으로 보지 않음

(2) 특징

① 언어의 의미를 있는 그대로 드러내기보다는 오히려 **구별 지으려는 데 목적**이 있다.

② 복잡하게 설명해야 할 것을 간단하게 한마디로 무엇이라고 약속함으로써 **언어를 축약하고 단순화**하기 위해 사용한다.

> ㉮ '스파르타식 교육'은 교육인가라는 것에 대해 교육과 훈련을 구분하는 사람과 그렇지 않는 사람 사이에는 의사소통의 어려움이 있을 수 있음. 그럴 때 '교육은 훈련과 구분되는 개념이라고 하자'고 약정적으로 규정할 필요가 있음

(3) 교육에서 약정적 정의

교육현상이 한마디로 규정하기에 지나치게 복잡하다든가, 교육개념에 대한 합의가 어려워 논의가 난관에 봉착할 때 **언어의 경제성과 논의의 편리성을 위해 사용**된다.

3 기술적 정의

(1) 정의

'**서술적 정의**'라고도 하는 기술적 정의는 **하나의 개념을 이미 알고 있는 다른 말로 설명함으로써 그 개념이 무엇인지 알려 주는 정의**이다.

(2) 특징

① 누가 어떤 맥락에 사용하는가와 상관없이 **일반적으로 통용되는 의미를 규정**한다.

② 기술적 정의에 대해 우리는 그것이 제대로 된 정의인가를 물을 수 있으며, 제대로 된 정의인지 혹은 엉터리 정의인지는 그 개념의 일상적인 의미와 일치하는가에 달려 있다.

③ 가능한 한 가치판단을 배제한 **가치중립적 태도**로 있는 그대로를 **객관적으로 규정**한다.

> ㉮ '등산'을 '산에 오르는 일'로, '교육'을 '학교에서 하는 일' 또는 '가르치고 배우는 일' 등으로 규정

④ 개념의 폭을 넓히거나 그 활동을 하는 데 실제적인 지침을 주기에는 미약하다.

(3) 교육에서 기술적 정의

교육개념을 전혀 모르거나 생소한 사람에게 교육의 개념을 설명할 때나, **교육현상을 정확하고 객관적으로 묘사할 때 의미 있게 사용**된다.

4 규범적 정의

(1) 정의

'**강령적 정의**'라고도 하는 규범적 정의는 하나의 정의에 '어떻게 해야 하는가? 어떻게 하는 것이 옳은가?'와 같은 **규범 내지 강령이 들어 있는 정의**이다.

(2) 특징

① 기술적 정의가 한 단어가 어떤 뜻으로 사용되어 왔는가에 관심이 있다면, 규범적 정의는 **어떤 의미로 사용되어야 하는가에 관심**이 있다.

② **기술적 정의가 객관적이고 가치중립적**으로 규정하는 데 관심이 있다면, **규범적 정의는 가치판단이나 가치주장**을 담고 있다.

③ 기술적 정의는 그 정의가 일상적 의미를 충실히 반영하고 있는가를 묻는 '언어적' 질문이라면, 규범적 정의는 그 정의 속에 들어 있는 **규범 혹은 행동강령이 올바른 가를 묻는 '도덕적'** 질문이다.

(3) 교육에서 규범적 정의

① **교육은 가치지향적 활동**이기 때문에 규범적 정의가 자주 사용된다. 규범적 정의는 다름 아닌 교육활동 속에 들어 있는 가치나 그 기준을 드러내는 것이기 때문이다.

　　예 피터스: "교육은 근본적으로 **교육의 내재적 가치를 도덕적으로 온당한 방식으로 의도적으로 전달하는 행위**이다."

② 가치의 맥락에서 교육의 의미를 밝힐 필요가 있을 때, 그리고 교육개념 속에 붙박여 있는 **'내재적 가치(intrinsic value)'를 실현하거나 강조**할 필요가 있을 때 의미 있게 사용된다.

핵심정리 ✓

조작적 정의	약정적 정의	기술적 정의	규범적 정의
교육개념을 과학적으로 정의	복잡한 현상을 무엇이라 부르자고 약속하는 정의	개념이 무엇인지 알려 주는 정의	규범 내지 강령이 들어 있는 정의

제2절 교육의 대표적 정의

1 정범모의 교육개념

(1) 정의

① 교육의 개념을 **"인간행동의 계획적인 변화"**라고 정의한다.

② 교육을 **관찰자적 관점에서 조작적·기술적으로 정의**하며 바깥으로 드러나는 '행동의 변화'에 관심을 두고 있다.

③ 그가 교육을 이렇게 정의하게 된 이유는 그 당시 한국교육이 응당 가지고 있고 가져야 할 행동변화의 힘을 무시하였기 때문이고, 교육은 계획적·체계적으로 가르치기만 하면 인간행동을 변화시킬 수 있는 강력한 힘이 있으며, 그의 정의는 이 점을 보여 주고자 한 것이다.

(2) 인간행동

① 교육에서 인간을 기른다고 할 때의 인간은 '인간행동'을 말한다.

② 이때 '행동'이라는 것은 '행동주의(behaviorism)'에서 모종의 자극에 대한 신체적인 반응에 해당하는 행동과는 구별되는 개념이다.

③ 여기서 말하는 '행동'은 **과학적 혹은 심리학적 개념으로서 바깥으로 드러나는 외현적·표출적 행동(overt behavior)뿐만 아니라 지식, 사고력, 태도, 가치관, 동기, 성격특성, 자아개념 등과 같은 내면적·불가시적 행동(covert behavior)이나 특성을 포함**한다.

④ 교육이 인간을 대상으로 한다고 할 때의 **인간은 '인간행동'으로 구체화**되어야 하며, 인간행동은 일상적 용법이나 추상적으로 규정되기보다는 **과학적으로 규정**될 필요가 있다.

(3) 변화

① 교육이나 교육학이 다른 행동과학과 다른 점은 **교육이나 교육학은 인간행동을 변화시키는 데 관심**이 있다는 것이다. 정치학은 인간의 정치적 행동에, 사회학은 인간의 사회적 행동에, 경제학은 인간의 경제적 행동에, 그리고 심리학은 인간의 심리적 행동에 관심을 두고 있다.

② 교육이 '인간행동을 변화시키는 일'이라고 할 때의 '변화'는 **'육성, 조성, 함양, 계발, 교정, 개선, 성숙, 발달, 증대' 등을 포함하는 포괄적인 개념**이다.

③ '행동이 변화되었다'는 것은 없던 지식을 갖추게 되고, 미숙한 사고력이 숙달되며, 몰랐던 기술을 알게 되고, 이런 생각 혹은 관점이 저런 생각 혹은 관점으로 바뀌게 되는 것 등 없던 것이 있게 되거나 있던 것이 없게 되는 것, 약한 것이 강하게 되거나 강한 것이 약하게 되는 것 등을 포함한다.

④ 교육은 **인간의 변화가 선천적으로 결정되어 있지 않다는 전제하에 가능**하다.

⑤ **'인간행동의 변화가능성'**은 교육이라는 활동과 교육학이라는 학문의 **성립기반인 동시에 존재이유**이다.

⑥ 교육이 참으로 의미를 가지려면 인간행동의 변화를 실지로 일으켜야 하며, 그 힘을 '교육력'이라고 한다.

(4) 계획적

① '교육'과 '교육이 아닌 것', 가령 '학습(learning)'이나 '성숙(maturation)' 등을 구분하는 결정적인 기준은 **행동의 변화가 '계획에 의한 것'인가**이다.

② 교육이 '인간행동의 계획적인 변화'라고 할 때의 '계획적'이라는 말은 다음의 세 가지 조건을 만족시켜야 한다.

　㉠ 변화시키고자 하는 인간행동에 대한 **명확한 목표의식(교육목표)**이 있어야 한다.

　㉡ 어떻게 하면 인간행동의 변화를 가져올 수 있는가를 보여 주는 **이론(교육이론)**이 있어야 한다.

© 그러한 교육이론에 기반을 둔 **구체적인 교육프로그램(교육과정)**이 있어야 한다.

이 세 가지 기준을 만족시키는 '계획적' 인간행동의 변화가 교육이다. 예컨대, 텔레비전을 보던 어린아이가 갑자기 벨리댄스를 따라 하더라도 그것을 교육이라고 부르지 않는 이유는 그러한 행동이 '계획적' 변화가 아니기 때문이다.

③ '계획적'이라는 준거는 교육과 교육 아닌 것을 구분하는 결정적인 준거일 뿐만 아니라, **교육이 본래의 임무를 다할 수 있기 위한 가장 중요한 조건**이다.

④ '인간행동'과 '변화'라는 두 요소는 결국 **교육프로그램으로서의 계획에 의해 종합**된다. 인간행동은 이런 이론, 이런 원칙에 기초하여 이런 자료, 이런 상황, 이런 방법을 통하여 변화될 수 있다는 교육프로그램에 의해 제대로 변화될 수 있는 것이다.

2 피터스의 교육개념

(1) 정의

① 『윤리학과 교육(Ethics and Education)』: 분석철학적인 방식으로 윤리학과 사회철학을 교육문제에 적용하였다.

피터스	• '문명화된 삶의 형식'에의 입문 • '공적 유산 혹은 공적 전통'에의 입문 • '인류 문화유산'에의 입문
허스트	• '지식의 형식(form of knowledge)'에의 입문 • 지식의 형식에는 수학, 물리학, 인문학, 문학과 순수예술, 도덕, 종교, 철학 등이 포함되며 각 지식의 형식마다 독특한 개념, 논리구조, 진리 검증방식이 상이하다.

② 교육의 정의

㉠ **"모종의 가치 있는 것이 도덕적으로 온당한 방식으로 의도적으로 전달되고 있거나 전달된 상태"**

㉡ "교육개념 안에 붙박여 있는 **세 가지 준거**를 모두 충족시키는 방향으로 가치 있는 활동 또는 사고와 행동의 양식으로 사람을 입문시키는 **성년식**"

☞ 교육을 행위자의 관점에서 **규범적으로 정의**

③ 내재적 가치

㉠ 교육의 **내재적 가치실현과 관련된 '마음의 획득 혹은 계발'**로 교육을 규정한다.

㉡ 피터스가 교육의 내재적 가치를 중요시한 것은 교육의 의미를 유용성 혹은 실제적 효과와 관련하여 **수단적·외재적으로 파악하려는 데 대한 반발**에서 비롯되었다.

☞ 교육이 **내재적 가치, 즉 교육개념 속에 붙박여 있는 가치를 실현**하는 것이어야 한다는 점을 강조

(2) 규범적 준거(nomative criterion)

피터스의 교육개념은 '규범적 준거(nomative criterion)', '인지적 준거(cognitive criterion)', '과정적 준거(procedural criterion)'의 세 가지로 압축할 수 있다.

① "교육은 교육에 헌신하려는 사람에게 **가치 있는 것을 전달하는 것**을 함의한다."

② 이 준거의 핵심은 모종의 '가치 있는 것'을 전달하는 것과 관련되어 있다. 여기서 가치는 교육의 개념 속에 들어 있는 가치, 즉 '**내재적 가치(intrinsic value)**'이다.

③ 교육의 내재적 가치는 교육의 '외재적 가치(extrinsic value)'에 대비되는 것으로, 교육의 **외재적 가치는 '수단적 가치' 혹은 '도구적 가치'**라고도 하는데, 교육이 다른 목적을 위한 수단으로서 지니는 가치이다.

> 📖 교육을 출세나 국가발전을 위한 수단으로 보는 것

④ 규범적 준거에 따르면, **교육은 '외재적'으로 규정되어서는 안 된다.**

> ☞ 교육의 규범적 준거라는 것은 교육이 모종의 가치를 추구하는 활동이고, 그 활동은 다름 아닌 교육의 개념 속에 들어 있는 **바람직성, 규범성, 가치성, 좋음이 무엇이며 그것이 어떤 점에서 가치를 가지는가를 밝히는 일**

(3) 인지적 준거(cognitive criterion)

① 교육의 규범적 준거인 **내재적 가치가 내용 면에서 구체화된 것**으로, 피터스의 **교육개념의 핵심**을 이루는 것

② "교육은 **지식과 이해 그리고 모종의 인지적 안목**을 포함해야 하고, 이러한 것들은 무기력한 것이어서는 안 된다."

③ 교육의 인지적 준거의 핵심이면서 내재적 가치는 '지식, 이해, 인지적 안목'이다. '지식, 이해, 인지적 안목'이 형성되었다는 것이 의미하는 바는 다음과 같다.

> ㉠ 우리가 배우는 **지식, 정보, 사실 등이 서로 유리되어 별개의 것으로 존재하는 데 그쳐서는 안 된다.**
>
> ㉡ 잡다한 정보와 사실을 합쳐 놓은 것 이상으로 **사물 전체를 볼 수 있고 이해할 수 있는 통합된 안목**이 이루어져야 한다.
>
> ㉢ 자신이 하고 있는 일을 제한된 일이 아닌 **삶의 정연한 패턴 속에서 전체적으로 조망할 수 있어야 하며, 그에 당연히 따라 나오는 헌신을 포함**해야 한다.

④ 이 기준에 따르면, 교육은 신념체계 전체를 변화시키는 '**전인적 교육**'이어야 하며, 제한된 기술이나 사고방식을 길러 주는 전문화된 '**훈련(training)**'이어서는 안 된다.

> ☞ "교육받은 사람은 교육내용을 통달하여 그것을 모종의 **통합된 안목과 자신의 삶 전체에 비추어 볼 수 있으며**, 그렇게 하는 것을 소중히 여기는 상태에 있다. 이렇게 할 때 우리는 비로소 **무기력하지 않은 지식**을 소유할 수 있다."

(4) 과정적 준거(procedural criterion)

① 교육의 **규범적 준거가 방법 면에서 상세화된 것**, 즉 **내재적 가치를 실현하는 방법상의 원리**를 밝힌 것이다.

② "교육은 최소한의 학습자의 의식과 자발성을 전제하고 있다는 점에서 그러한 것이 결여된 몇 가지 전달과정은 교육에서 제외된다."

③ 교육의 내재적 가치인 '지식, 이해, 인지적 안목'은 아무렇게나 가르친다고 해서 길러지는 것이 아니고, **도덕적으로 온당한 방식으로 가르칠 때만 가능**하다.

④ '도덕적으로 온당한 방식으로 가르친다'는 것은 적어도 **학습자에게 최소한의 의식과 자발성**이 있게 가르치는 것을 의미한다.

⑤ 수업 장면에서 학습자의 의식과 자발성을 유도하기 위해서는 전달되는 자료나 내용이 **아동에게 '흥미' 있는 것이어야 한다.** 교육이 학습자의 최소한의 의식과 자발성이 있는 방식으로 이루어지는 것을 의미한다.

⑥ 이 기준에 따르면, 교육은 학습자의 최소한의 이해를 포함하는 **도덕적으로 온당한 방식**으로 이루어져야 하며, 그렇지 못한 '**조건화(conditioning)**'나 '**세뇌(brain-washing)**'가 되어서는 **안 된다.**

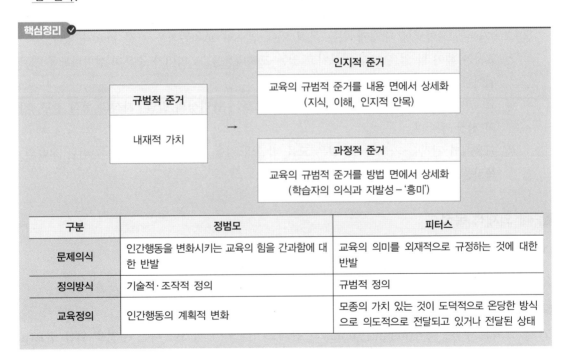

핵심정리

규범적 준거	→	인지적 준거
		교육의 규범적 준거를 내용 면에서 상세화 (지식, 이해, 인지적 안목)
내재적 가치		과정적 준거
		교육의 규범적 준거를 방법 면에서 상세화 (학습자의 의식과 자발성 - '흥미')

구분	정범모	피터스
문제의식	인간행동을 변화시키는 교육의 힘을 간과함에 대한 반발	교육의 의미를 외재적으로 규정하는 것에 대한 반발
정의방식	기술적·조작적 정의	규범적 정의
교육정의	인간행동의 계획적 변화	모종의 가치 있는 것이 도덕적으로 온당한 방식으로 의도적으로 전달되고 있거나 전달된 상태

03 교육의 목적과 형식

제1절 교육의 목적

1 내재적 목적

(1) 정의

교육이 다른 것의 수단이 아닌 **교육의 개념 혹은 활동 자체가 가지고 있는 목적**이다.

(2) 피터스 – 교육의 목적

① **교육의 개념을 잘 실현하는 것** 외에 별도의 교육목적이 존재한다고 보지 않는다.

② 교육의 목적은 다름 아닌 교육의 세 가지 개념적 준거, 즉 **규범적·인지적·과정적 준거를 실현하는 일**이다.

③ **'교육받은 인간인 자유인(free man)'**은 교육의 준거를 충족시킨 사람이며, **'자유인을 기르는 교육인 자유교육(liberal education)'**은 그러한 준거를 충족시키는 교육이다.

④ 교육자는 교육개념에 내재돼 있는 목적 외에 별도의 교육목적을 가질 필요가 없다.

  ㉠ 교사가 해야 할 일은 현재 가르치고 있는 **교육내용을 그 의미가 충분히 살아나도록 가르치는 일**이다.

  ㉡ 교육의 내재적 목적으로 흔히 거론되는 것으로는 **합리성의 발달, 지식의 형식 추구, 자율성의 신장** 등이다.

  ㉢ 교육에서 관심을 가져야 할 일은 교육 바깥의 것을 끌어들이기보다는 이러한 **교육의 본래 목적을 잘 실현하는 것**이다.

2 외재적 목적

(1) 정의

교육이 다른 활동의 목적을 위한 수단으로 사용되는 것이다.

(2) 특성

① 교육은 **수단-목적(means-ends)의 관계**로 연결되어 있거나 **다른 무엇을 위한 필요(need)** 때문에 행해진다.

② 교육의 외재적 목적을 추구하는 사람들은 현행 교육이 사회 현실을 제대로 반영하지 못한다고 보고, **교육이 사회의 현실과 필요를 적극적으로 수용**하여야 한다고 주장한다.

③ 교육이 사회의 현실과 필요를 잘 반영하기 위해서는 교육의 바깥에 있으면서 교육과 수단—목적의 관계로 연결되어 있거나, 시급하고 중요한 개인이나 사회의 필요가 무엇인지를 찾아야 한다.

④ 교육의 외재적 목적을 추구하기 위해서 교사는 부단히 사회의 변화와 요구에 귀 기울이면서 그에 민감하게 반응할 필요가 있다.

⑤ 교육의 외재적 목적으로 흔히 거론되는 것은 **경제성장, 사회통합, 직업준비, 생계유지, 출세** 등이다.

⑥ 교육의 외재적 목적 관점에서 볼 때, 교육은 사회나 개인의 삶과 동떨어진 지식을 가르치기보다는 **사회의 현실과 개인의 필요를 잘 반영하는 데 관심**을 둔다.

제2절 교육의 형식

1 무형식적 교육

(1) 정의

제도적 교육기관이 아닌 일상생활을 통해 무의도적으로 이루어지는 교육

(2) 학습내용

자연이나 사물 및 인간관계 등을 통해 **생활에 필요한 지식과 기술, 규범과 관습, 행동양식 등**을 배운다.

(3) 특징

교육을 위한 **계획성·조직성·의도성이 미약**하며, **개인이 처한 환경과 조건에 의해 많은 영향**을 받는다.

(4) 장점

체계적으로 많은 내용을 전달하지는 못하지만, 학습자가 **삶의 현장에서 생생하게 직접 체험**을 통해 배우는 것이기 때문에 **흥미가 있고, 바로 생활에 적용**할 수 있다

(5) 예시

① **성년식**: 어린이가 자신이 속한 분파나 사회의 어른으로서의 구성원이 되기 위해 그리고 특정한 기능이나 지위를 부여받기 위해 의례, 의식, 시련, 교수 등을 통과하는 의식

② **밥상머리 교육, 베갯머리 교육** 등

2 형식적 교육

(1) 정의

제도적 형식을 갖춘 일정한 교육기관에서 전문지식을 가진 교사가 문자에 기초하여 체계적으로 조직된 교육내용을 계획적이고 의도적인 교육활동을 통해 전달하는 교육

(2) 교육방법

① 직접 체험을 통해 가르치기보다는 **문자를 통한 간접 경험**의 형태로 가르친다.
② 문자를 통해 내용을 전달할 경우, 직접 체험보다 **많은 내용을 체계적으로 전달**하는 것이 가능하다.

(3) 특징

① 기존의 원시적 형태의 교육을 제도화·체계화했다는 점에서 발달된 형태의 교육이다.
② 개인과 사회의 발전에 많은 기여를 한다.

(4) 예시: 학교교육

긍정적 측면	• 학교는 복잡한 사회 속에서 배움에 적합한 '단순화된' 환경을 제공한다. • 학교는 교육에 방해가 되는 것을 제거한 '정화된' 환경을 제공한다. • 학교는 개인의 삶의 범주를 넘어서는 동시에 다양한 삶을 접할 수 있는 '균형 잡힌' 환경을 제공한다.
부정적 측면	• 형식교육으로서의 학교교육이 정치적·구조적 측면에서 자본가 계급의 지배도구가 된다. • '학교 없는 사회'를 주장하기도 한다(일리치).

3 비형식적 교육

(1) 배경

20세기 후반에 들어 절대적인 하나의 진리 대신 다양한 진리와 가치를 주장하는 포스트모더니즘 사조가 대두되고, 과학기술의 발달에 따른 정보사회가 도래하였다.

(2) 정의

① 하나의 틀을 강조하는 학교교육 대신에 **홈스쿨링, 사이버 공간을 통한 학습, 각종 사회단체를 통한 학습, 자발적 학습동아리를 통한 학습 등 '학교 외 교육' 내지 새로운 형태의 교육**
② 1970년대에 들어서면서 "학교교육과 학교 외 교육을 동시에 포괄하는 평생교육론이 등장"하였다.
③ 콤스(Combs)는 오늘날의 교육이 처한 상황을 위기로 규정하고, 이 위기극복을 위해 '비형식적 교육'이라는 용어를 사용하여 그 필요성을 강조하였다.

(3) 특징

① 비형식적 교육은 <u>무형식적 교육과 형식적 교육의 중간단계인 준형식적 교육으로도 불린다.</u>

② 무형식적 교육과는 달리, 특정 학습자 집단에게 그들의 학습요구에 따라 <u>조직적이고 체계적인 교육활동을 제공하되, 단지 학교제도 밖에서 제공하는 것</u>이다.

③ <u>학습목표는 있지만 학교교육보다는 덜 구조화</u>되어 있다는 점에서 비형식적이라고 불린다.

(4) 예시

① <u>한국의 방송대학, 영국의 개방대학, 미국의 생애교육, 스칸디나비아의 국민고등학교</u> 등

② 구조화되지는 않았지만 규정적인 교육내용을 전파하는 '소비자교육, 인구교육, 보건위생교육 등'도 이에 속한다.

③ 최근에는 <u>MOOC(Massive Online Open Courses)</u>라는 이름으로 다수의 학생들에게 대학 수준의 정규강좌들이 온라인 형태로 무료로 공개되고 있다. 우리나라에서도 K-MOOC가 등장하는 등 사이버 공간을 통해 좋은 강좌들이 많이 제공되고 있다.

④ 교사의 가르침 없이도 학습이 가능하다는 점에서 교육의 초점이 '교사의 가르침'보다는 '개인의 학습'에 맞추어져야 한다는 주장이 있으며, 이에 '학습사회'를 강조하는 교육의 개념이 제시되고 있다.

제3절 교육학의 학문적 성격

1 교육학의 기원

(1) '교육학'이라는 학문은 <u>헤르바르트(Johann F. Herbart)</u>가 『일반교육학(Allgemeine Pádagogik)』(1806)을 출판함으로써 시작하였다.

(2) 그에 따르면, 교육학은 <u>윤리학과 심리학</u>이라는 두 가지 기초학문으로 이루어져 있으며, <u>교육목적론은 윤리학, 교육방법론은 교육심리학</u>에서 도출된다.

2 교육학의 성격에 대한 논쟁

(1) 오코너

① 이론의 전형은 자연과학 이론에서 찾아볼 수 있으며, 자연과학 이론은 어떤 현상을 관찰, 기술, 설명, 일반화, 예언하는 가설 연역체계를 갖추고 있다.

② 교육학은 엄밀한 의미에서 <u>'자연과학 이론체계'를 갖추고 있지 못하며, 이 점에서 교육이론은 기껏해야 '예우상의 칭호(a courtesy title)'</u>에 불과하다.

(2) 허스트

① 교육이론은 과학적 지식이나 방법뿐만 아니라 형이상학적 신념, 도덕, 종교 등의 가치판단을 포함하고 있으며, 실제적 질문에 대해 판단을 내리고 **교육 실제를 합리적으로 정당화하는 일을 하는 학문이라는 점에서 '실제적 이론'**이다.

② 실제적 이론으로서의 교육이론은 **교육학이 가진 독특한 이론이며, 결코 과학이론에 종속되거나 열등한 이론이 아니다.**

③ 1990년대에 들어 허스트는 교육의 개념을 **'지식의 형식에의 입문(initiation into forms of knowledge)'에서 '사회적 실제에의 입문(initiation into social practices)'**으로 변경하였다.

④ 사회적 실제는 좋은 삶을 영위하기 위해 사회적으로 발달된 일관성 있는 활동양식으로서 지식, 신념, 판단, 성공의 준거, 원리, 기술, 성향, 감정 등의 인지적·정서적·행동적 측면이 서로 긴밀하게 관련되어 있는 요소들의 복합체이다.

⑤ 교육이론도 이론이나 실제의 어느 하나에 속하는 것이라기보다는 교육활동에 종사하여 온 사람들의 계속적인 논의전통에 의해 확립된 이론, 실제, 기술을 포괄한다.

⑥ **사회적 실제에 기반을 둔 교육이론은 '과학적 이론'이나 '실제적 이론'에 비해 교육과 사회(혹은 사회전통)의 관련성, 이론과 실제의 통합 그리고 교육의 역동성 측면에서 강점**이 있다.

MEMO

중등 교원임용

변민재 교육학
인사이드 상

PART

02

한국교육사

- **삼국시대의 교육** ─┬─ 고구려: 태학, 경당
  ├─ 백제: 박사제도
  └─ 신라: 화랑도

- **남북극시대** ─┬─ 통일신라: 국학
  └─ 발해: 여사제도

- **고려시대** ─┬─ 관학 ─┬─ 국자감
  │   ├─ 향교
  │   └─ 동서학당(오부학당)
  │
  ├─ 사학 ─┬─ 십이도
  │   └─ 서당
  │
  └─ 과거제도

- **조선시대** ─┬─ 관학 ─┬─ 성균관
  │   ├─ 향교
  │   └─ 사학(사부학당)
  │
  ├─ 사학 ─┬─ 서원
  │   └─ 서당
  │
  └─ 과거제도

- **개화기시대** ─┬─ 관학
  ├─ 기독교계 학교
  └─ 민간인 사학

- **일제강점기** ─┬─ 1차 교육령
  ├─ 2차 교육령
  ├─ 3차 교육령
  └─ 4차 교육령

CHAPTER 01 삼국시대의 교육

제1절 고구려의 교육

1 특징

중국의 역사자료에 의하면, 고구려는 상당한 수준으로 교육이 발달한 것으로 보인다. 『구당서』, 『신당서』에는 고구려의 교육상황을 자세하게 기술하고 있다.

2 태학(太學)

(1) 소수림왕 2년(372년)에 설립된 역사 기록상 **우리나라 최초의 관학**이다.

(2) 『삼국사기』에 "**태학을 세워 자제를 교육했다**"라고만 기록되어 있다.

(3) **귀족의 자제**들을 대상으로 **오경과 삼사(三史)** 등 유교의 내용을 가르쳐 국가의 관리를 양성하려 했던 것으로 추측된다.

3 경당(局堂)

(1) **미혼 자제**를 대상으로 한 교육기관이다.

(2) 신분적 차별이 크게 없었던 것으로 보인다.

(3) **문과 무**를 함께 교육하였다.

(4) 『**문선(文選)**』을 교재로 사용하였다.

> **개념 ⊕**
>
> • 고구려의 풍속 중 하나는 서적을 좋아하는 것이다. 누추한 심부름꾼이나 하인들이 모여 사는 곳에 이르기까지, 거리마다 큰 집을 지어 놓고 '경당'이라고 불렀다.
> • 자제들이 혼인하기 전에는 밤낮으로 여기에서 글을 잃고 활쏘기를 익혔다. 그들이 잃는 책은 오경과 『사기』, 『한서』, 범엽의 『후한서』, 『삼국지』, 손성의 『진춘추』, 『옥편』, 『자통』, 『자림』이 있었고, 또 『문선』이 있었는데 매우 중요시하였다.
> • 고구려 사람들은 배우기를 좋아했는데, 보잘 것 없는 마을에 사는 서민의 집일지라도 서로 부지런히 배우도록 권하였다. 네거리마다 육중한 건물을 지어 놓고 '국당'이라 불렀다. 여기에는 자제 중에 혼인하지 않은 자들이 모였는데, 경전을 외우고 활쏘기를 익혔다.
>
> 『구당서』, 『신당서』

제2절 백제의 교육

1 특징

(1) 백제의 교육과 관련된 역사 기록은 매우 제한적이다.

(2) 공식적인 교육기관인 **학교를 세웠다는 기록은 현재까지 확인된 사료에는 보이지 않는다.**

2 박사(博士)

(1) **교육을 담당하는 관직**이다.

(2) 오경(五經)박사, 모시(毛詩)박사, 의(醫)박사 등 각종 전문박사가 있었다. 이들이 자주 일본에 초청되어 건너갔다.

(3) 박사 왕인이 『천자문』, 『논어』를 일본에 전파하였다(285). 이는 고구려 태학이 설립되기 87년 전으로 백제의 교육 수준이 매우 높았을 것으로 짐작할 수 있다.

(4) 박사 고흥이 백제 왕조의 역사서인 『서기』를 편찬하였다. 이는 유학자들이 이미 준비되어 있음을 의미한다.

제3절 신라의 교육

1 특징

(1) 신라의 교육은 여러 측면에서 고구려나 백제보다 뒤늦게 발전하게 되었으며, 여러 차원에서 유사성을 지닌다. 한자 사용과 보급은 그러한 사실을 보여 주는 대표적인 사례이다.

(2) 통일이 될 때까지 27대 선덕왕 9년(640)에 비로소 자제를 당나라에 파견하여, 그 나라 국학(國學)에 입학시켰다는 기록 외에는 **학교 교육에 관한 기록은 없다.**

(3) 국가체제의 정비과정에서 **학교를 만들지 않고 화랑도(花郎徒)라는 청소년 단체**를 통해 교육을 실시하였다.

2 화랑도

(1) 명칭

국선(國仙), 풍월도(風月道), 풍류도(風流徒), 선랑(仙郎), 원화(源花) 등으로도 불린다.

(2) 교육목적

① 용감한 병사의 실천적 인간 양성

② 충효와 신의와 용기의 덕목을 가르치고 단체생활을 통해 실천

(3) 교육과정

도의(윤리·도덕교육) + 가악(정서교육) + 유오산수(체육교육)

(4) 교육내용

유(儒) + 불(佛) + 선(仙) 사상의 가르침

(5) 조직

화랑(귀족) + 낭도

☞ 국가에 예속된 교육기관이 아님

개념 +

- 진흥왕은 천성이 멋스러워 신선(神仙)을 크게 숭상하여 민가의 아름다운 처녀를 뽑아서 원화로 삼았다. 그것은 무리를 모아 인물을 선발하고 또 그들에게 효제(孝悌) 충신(忠信)을 가르치려 함이었으니, 또한 나라를 다스리는 대요이었다. 그 후 여러 해 만에 왕은 또 나라를 흥하게 하려면 반드시 풍월의 도를 먼저 일으켜야 한다고 생각하고, 처음으로 설원랑(薛原郎)을 받들어 국선(國仙)으로 삼으니, 이것이 화랑국선의 시초이다. 이때무터 사람에게 악을 고쳐 선으로 옮게 하고, 윗사람을 공경하고 아랫사람에게 순하게 하니, 오상(五常)·육예(六藝)·삼사(三師)·육정(六正)이 왕의 시내에 널리 행하여졌다.
- 최치원의 '난랑비서문'에 말하기를, 우리나라에 현묘(玄妙)한 도(道)가 있으니 이를 풍류(風流)라 하는데, 이 교(教)를 설치한 근원은 선사(仙史)에 상세히 실려 있거니와, 실로 이는 삼교(三敎)를 포함한 것으로 모든 민중과 접촉하여 이를 교화하였다. 또한 집에 들어가서는 부모에게 효도하고, 나와서는 나라에 충성하니 이는 노나라 사구(司寇)의 취지이며, 또한 모든 일을 거리낌 없이 처리하고 말 아니하고 일을 실행함은 주(周)나라 주사(柱史)의 종지(宗旨)이며, 모든 악한 일을 하지 않고 모든 착한 행실만 신봉하는 것은 축건태자(竺乾太子)의 교화이다.

『삼국사기』

CHAPTER

02 남북국시대의 교육

제1절 통일신라의 교육

1 특징

(1) 신라는 고구려, 백제를 멸망시키기 이전까지 **중앙에 별도의 최고교육기관이 존재하지 않았다.**

(2) 7세기 말에 이르자 화랑제도만으로 국가통치에 필요한 인재를 충분히 양성할 수 없다는 것을 자각하고, 고구려와 백제의 유교식 교육의 경험을 살리는 동시에 부분적으로나마 신라에서 발전하고 있던 유교를 바탕으로 국가적으로 유교를 부흥하기 위한 조치를 취하였다. → **국학(國學)의 설립**

2 국학(國學)

(1) 설립

신문왕 2년(682), 국가 최고교육기관, **국립대학교에 해당하는 국학을 설립**하였다.

(2) 조직

경(卿)(총장), 박사(博士), 조교(助敎), 대사(大舍), 사(史)

교수	박사, 조교	행정	대사(大舍), 사(史)

(3) 교육목적

유교사상 연구 + 국가관리 양성

(4) 교육과정

산학, 의학, 천문학 등 과학기술교육 중시

필수	논어, 효경	선택	• 상경: 예기, 주역 • 중경: 좌전·모시·춘추 • 하경: 상서·문선

(5) 입학자격

대사 이하 무위자의 신분을 가진 자 중에서 나이가 15세에서 30세에 해당하는 사람

(6) 학업연한

9년(워낙 둔하여 가망이 없는 자는 퇴학, 가망은 있으나 아직 미숙한 자는 9년 이상의 재학도 허락)

(7) 명칭

국학 → 태학감(경덕왕 6년) → 국학(혜공왕)

(8) 문묘제도의 시초

성덕왕 16년(717) 왕자 김수충(金守忠)이 당으로부터 공자와 10철 및 72제자의 초상화를 들여와 국학에 안치하였다.

3 독서삼품과(讀書三品科)

(1) 설립

원성왕 4년(788)

(2) 배경

국학에서 교육받은 자를 모두 관리로 채용할 수 없는 관직의 부족현상이 생겼고, 그에 따라 과거제도와 같은 성격을 지닌 독서삼품과 제도가 생겨났다.

(3) 성격

국학에 재학하는 학생을 대상으로 실시된 선발시험이다.

(4) 평가기준

국학에서 공부한 내용을 가지고 상·중·하의 세 등급으로 나눈다.

상품	『춘추좌씨전』, 『예기』, 『문선』을 읽어 그 뜻이 잘 통하고 『논어』, 『효경』에도 밝은 자
중품	『곡례』, 『논어』, 『효경』을 읽은 자
하품	『곡례』, 『효경』을 읽은 자
특품	오경(시경·서경·주역·예기·춘추)과 삼사(사기·한서·후한서)를 아울러 통하는 자

1 주자감(胄子監)

(1) 설립

형성시기는 분명치 않으나 고구려의 태학이나 신라의 국학, 당의 국자감에 비견되는 중앙의 관학으로 추정된다.

(2) 입학자격

왕족과 귀족의 자제들로 제한되었을 것으로 보인다.

(3) 교육내용

당의 국자감제도와 같이 유교 경전 위주로 구성되었을 것으로 추정된다.

2 여사(女使)제도

(1) 정의

여사(女使)는 모(姆), 여부(女傅) 등과 함께 **중국 고대 궁중의 여자 스승을 일컫는 말**이다.

(2) 발해의 여사제도

발해도 이러한 제도를 두어 왕족의 여성 교육에 관심을 기울였다.

> **개념 ⊕**
>
> 무왕의 넷째 딸로 알려져 있는 정효(貞孝)공주 묘지명에 "공주는 어려서부터 여 스승의 가르침을 받아 능히 문왕의 어머니인 태임(太妊)과 비견될 수 있었다. 또 항상 여학자인 반소(班昭)의 풍모를 흠모하여 『시』를 독실하게 익혔고, 『예』 공부를 즐거워했다."고 적혀 있다.

CHAPTER 03 고려시대의 교육

제1절 관학

1 국자감(國子監)

(1) 설립

① 성종 11년(992)에 왕명에 의해 창건

② 인종 1년(1123)에 식목도감(式目都監)을 설치하여 학식(學式)과 학규를 완비

(2) 7재(七齋)

① 16대 예종 4년(1109)에는 국자감에 7재(七齋)를 두었다.

② 문무 양학을 전문성에 따라 7개의 전문강좌로 분류하고, 이것을 다시 유학(儒學)의 6강좌와 무학(武學)의 1강좌로 구분하였다.

(3) 입학자격

① 국자학: 문무관(文武官) 3품 이상의 자손과 훈관(勳官) 2품 대현공(帶縣公) 이상 또는 경관(京官) 4품 이상 작위를 받은 자의 아들

② 태학: 문무 5품 이상의 자손과 정·종 3품의 증손 또는 훈관 3품 이상 유봉자(有封者)의 아들

③ 사문학: 훈관 3품 이상 무봉(無封), 4품 유봉, 문무관 7품 이상의 아들

(4) 교육과정 및 수업연한

육학		교과목	수업연한	
국자학 태학 사문학	필수	**논어, 효경**	1년	합 9년
	선택	• 상서, 공양전, 곡량전 • 주역, 모시, 주례, 의례 • 예기, 좌천	• 각 2.5년 • 각 2년 • 각 3년	
	공통	산술, 시무책, 글씨, 설문, 자림, 삼창, 이아	선택과 병행	
율학		율(律), 령(令)	6년	
서학		팔서(八書)	6년	
산학		산술(算術)	6년	

(5) 교수직제

① 국자학·태학·사문학: **박사, 조교**

② 율학·서학·산학: 박사

(6) 문묘제도

국자감에도 통일신라의 국학과 마찬가지로 대성전(大成殿)과 동서 양무(兩廡)를 두어 **공자를 비롯한 10철과 72제자의 위패를 모신 문묘(文廟)가 있었다.**

(7) 양현고

국자감에서 필요한 **교육재정을 해결할 목적으로 세운 기관**이다.

(8) 명칭

국자감 → 국학(충렬왕) → 성균관(충선왕) → 국자감(공민왕) → 성균관

2 향교(鄕校)

(1) 설립

① '지방의 학교'란 뜻으로 언제부터 시작되었는지 명확한 기록은 없다.

② **지방의 주, 부, 군, 현에 설치한 지방의 양반 자제들을 공부시키기 위한 학교**이다.

(2) 입학대상

8품 이상의 관직을 가진 자의 자제와 서인(庶人)

(3) 교육목적

지방관리 양성 그리고 유교사상과 유교적 윤리·도덕 전파

(4) 문묘제도

공자를 향사하는 문묘(文廟)와 강학을 하는 명륜당(明倫堂)으로 구성되어 있다.

3 동서학당·오부학당

(1) 설립

고려 후기에 운영된 **개경에 있던 중앙학교**이다. 원종 2년(1261)에 동서에 설치한 두 학교였는데, 공양왕 2년(1390)에 포은 정몽주가 성균관 대사성이 되었을 때 오부학당으로 확충되어 개경의 동·서·남·북·중앙의 다섯 지역에 세워졌다.

(2) 교육수준

국자감에 비해 한 단계 낮은 수준으로 **지방의 향교와 비슷한 수준**이었다.

(3) 문묘제도

문묘제도는 없었다. 학생을 강학하는 교육의 기능만 있었다.

제2절 사학

1 십이도(十二徒)

(1) 설립

① 문종 9년(1055), 문헌공(文憲公) **최충(崔沖, 984~1068)이** 설립한 문헌공도를 비롯하여 개경에 설립된 당시의 유명한 사학 12개를 말한다.

② 국가에 헌신한 관료로 원로의 역할을 하다가 **관직에서 물러난 학자가 설립하고 운영한 사립교육기관**이다.

(2) 교육수준

당시 국자감 교육의 부실함에 불만을 가졌던 유생들이 몰려들어 성황을 이루게 되었다. **12도의 수준은 국자감의 유학부와 같은 등급**이었다.

(3) 문헌공도(文憲公徒)

① 최충은 해동공자라고 불리는 학자로서 문종 7년, 72세의 고령으로 벼슬에서 물러난 후 사학을 열어 후진교육에 전력을 다하였다.

② 고려 전기는 문헌공도를 비롯한 12도가 국립대학인 국자감과 동등한 위치에 있었으나, 고려 후기는 국자감 중흥정책이 나타나면서 격하되어 향교와 국자감의 중간 위치를 겸하고 있다가 1391년(공양왕 3년)에 폐지되었다.

2 서당(書堂)

(1) 서당은 고려시대 일반 서민 자제들을 교육시킨 **초등교육기관**이었다.

(2) 고려의 서당에 관한 **명확한 기록은 없다**.

(3) 목종 6년(1003) 왕의 교서에 "태조 때부터 쑥대집의 천인 자제들이 책보를 끼고 스승을 따라 배운다."는 기록이 존재한다.

(4) 인종 2년(1124) 송나라 사신의 수행으로 고려에 왔던 서긍이 쓴 『고려도경(高麗圖經)』에 "마을의 거리에도 경관(經館)과 서사가 두셋씩 서로 바라보이며, 민간 자제의 미혼자가 무리로 모여 스승에 게 경을 배우고, 좀 장성하면 각각 저희들끼리 벗을 택하여 절간으로 가서 공부하고, 아래의 서인 (庶人)이나 아주 어린아이까지도 역시 **마을의 선생에게 나아가 배운다.**"는 기록이 있다. 이로 미루 어 서당이 매우 많았음을 짐작 가능하다.

제3절 과거제도

1 과거제도

(1) **시행**

고려 4대 광종 9년(958) 후주(後周)의 한림학사 **쌍기(雙冀)의 건의로 시작**되었다.

(2) **목적**

당의 제도를 원형으로 하며, 중앙집권적 전제왕권을 강화하기 위해 시행하였다.

(3) **완성**

인종 때 일종의 과거시행법인 **과거절목(科擧節目)을 제정**함으로써 과거제가 완비되었다.

(4) **응시자격**

원칙적으로 제한이 없었으나 오역(五逆), 오천(五賤), 불충(不忠), 불효(不孝)한 자, 향(鄕), 소(所), 부곡(部曲)에 거주하는 자, 악공(樂工) 및 잡류(雜類)의 자손들에게는 응시자격을 주지 않았다.

(5) **과거시기**

3년에 한 번을 원칙으로 하였다.

(6) **과거절차**

중앙과 지방에서 **1차 시험에 합격한 사람이 국자감에서 실시하는 국자감시(國子監試)**에 응하고, 국자감시에 합격한 사람이 본 시험인 동당감시(東堂監試)에 응시하도록 하였다.

2 과거제도와 교육

(1) 과거는 국가의 관리를 선발하는 제도일 뿐만 아니라 교육제도와 연계되어 있다. 교육의 발달을 촉 진시키기도 하였다.

(2) 국자감에서 3년 이상 공부한 학생에게 2차 시험을 면제해 주고 곧바로 동당감시에 응시할 자격을 주었다.

(3) 국자감시는 과거의 2차 시험인 동시에 국자감의 입학시험의 성격을 겸한다고 볼 수 있다.

CHAPTER 04 조선시대의 교육

제1절 관학

1 성균관(成均館)

(1) 설립

고구려의 태학, 신라의 국학, 고려의 국자감을 계승한 조선의 최고학부로서 태조 7년(1398)에 건립하였다.

(2) 구조

문묘(文廟, 제사) + 명륜당(明倫堂, 교육)

(3) 교육목적

성리학 연구 + 관리양성

(4) 입학자격

과거시험의 소과(小科)에 합격한 생원(生員)과 진사(進士)이나 정원미달 시에는 13세 이상의 사학(四學)학생으로 보충하였다.

(5) 수업연한

4년이 원칙이나 실제로는 8년 이상 걸리는 것이 보통이었다.

(6) 교육과정

강독(講讀)	강독의 교재는 사서오경을 위주로 하여 중국의 사서(史書) 등을 순서대로 읽도록 했으며, 노장(老莊), 불서(佛書), 백가(百家), 잡류(雜類)는 잡서로 취급하여 읽기를 금지했다.
제술(製述)	의(疑), 논(論), 부(賦), 표(表), 송(頌), 명(銘), 잠(箴), 기(記) 등 여러 종류의 문장을 초순·중순·하순에 따라 나누어 지었다.
서법(書法)	해서 위주로 하였고, 해서로 쓰지 않는 자는 벌하였다.

(7) 활발한 자치활동

재생(齋生) 중에서 대표자인 장의(掌議)를 뽑아 그의 주관하에 재회(齋會, 학생회의)를 열어 스스로를 제재했으며, 국가 시책의 실정과 성균관 교풍의 위배에 대해서는 유소(儒疏)를 올려 탄핵상소했다.

2 사학(四學, 사부학당)

(1) 설립

태종대에서 세종대에 이르기까지 **한성의 남부, 중부, 동부에 차례로 세워진 유학교육기관**이다(고려시대의 오부학당을 계승).

(2) 교육과정

『소학』, 『효경』을 비롯하여 사서오경을 가르쳤다. 그 가운데 학업능력에 따라 성균관으로 승보(陞補)가 되거나 **바로 생원, 진사 시험에 응시할 수 있었다.**

(3) 성균관의 부속학교

사학의 교육을 성균관 교관이 겸직한 것이나 성균관의 정원에서 결원이 생길 때 사학에서 승보한 것으로 보아 성균관의 부속학교 성격을 가지고 있었다.

(4) 입학자격

양반과 양인(良人)의 자제로 하였으나, 실제는 양반 자제들이 주 대상이었다.

(5) 문묘제도

문묘는 설치되지 않았다.

3 향교(鄕校)

(1) 설립

지방학교란 의미의 향교(鄕校)는 고려 때부터 존속되어 온 중등 정도의 교육기관으로, 조선시대에 와서도 건국 초기부터 중시되었다.

(2) 설립목적

① 조선 건국 후 통치이념인 유학을 각 지방까지 보급할 필요성이 절실하였고, 이 역할을 수행하는 데 향교가 적절한 기관이었다.
② **각 지방의 수령은 학생들의 성적을 평가하여 월말에 관찰사에게 보고하고, 우수한 학생에게 상을 내렸다.**

(3) 분포

각 부·목·군·현에 각기 1개교씩 전국적으로 300개가 넘는 향교가 세워졌다.

(4) 교원

교수+훈도

(5) 구조

문묘＋명륜당

(6) 교육과정

소학, 사서오경 등

(7) 입학자격

16세 이상의 양반 또는 향리의 자제가 원칙이었고, 16세 이하의 동몽은 정원 외 입학을 허락했다.

(8) 역할

성현존숭＋후진양성(과거시험 준비기관)＋사회교육(지방의 향풍을 순화하고 지방의 백성을 계도, 양노례, 향사례, 향음례)

4 교육법규

학령	조선 초에 제정한 **성균관에 관한 규정**	
권학사목	권근이 태종에게 올린 글로서 『**소학**』을 교육의 기초로 하여 생원시 등에서 『**소학**』을 **시험과목으로** 부과하자는 규칙	
향학사목	권근이 태종에게 올린 학규로, **사학교사를 관학에 채용**하는 것과 **아동을 강제로 관학**에 옮기는 일이 없도록 규정한 법규	
구재학규	• 조선조 세조(世祖) 4년(1458), 예조(禮曹)에서 성균관의 교육을 위해 만든 학규(學規) • 사서오경(四書五經)인 **대학, 논어, 맹자, 중용, 시, 서, 춘추, 예기, 주역** 등을 그 전문적인 성격에 따라 각각 재(齋)로 편성하여 구재(九齋)로 하고, 대학에서부터 순차적으로 주역에까지 이르게 하는 단계적인 **9개의 교육과정, 혹은 9개의 전문강좌**	
학교절목	• 조선조 16대 인조 7년(1629) **조익(趙翼)**이 입안 • 학교의 신입생, 결석생, 장학관계, 성적, 설규, 학과목, 자격 등에 관해 기존의 학교 관계의 조항을 보완하고 강조사항을 명시한 규정집	
제강절목	조선조 영조(英祖) 18년(1742)에 제정한 **성균관의 학생 정원**에 관한 규정	
원점절목	• 원점이란 조선조 때 성균관과 사학(四學)의 유생들의 출결석을 점검하기 위한 일종의 **출석부** • 식당에 들어갈 때 도기(到記)에 찍던 점으로 아침·저녁 두 끼를 1점으로 하고, 일정한 점에 이르면 과거(科擧)를 볼 자격을 부여하였다.	
경외학교절목	• 1546년 예조에서 성균관과 사학(四學), 향교 등 **전국의 모든 학교를 대상으로 제정·반포한 규정집** • 교사채용, 교과과정, 입학, 평가, 상벌 등에 관하여 상세히 규정	
학교사목	• 교사와 학생에 관한 **인사문제를** 규정 • 교사의 선별·중등임용·승급·예우(禮遇)에 관한 5개 항목과 학생의 입학·정원·선발·거재(居齋)·대우·장학·자격에 관한 5개 항목의 규정을 포함하였다.	율곡 이이가 제시

학교모범	• 학생 수양에 관한 상세하고 구체적인 **훈규** • 학교모범은 모두 16조목으로, 선비된 자의 몸가짐과 일해 나가는 준칙(準則)으로서 ① **입지(立志)**, ② **검신(檢身)**, ③ **독서(讀書)**, ④ **신언(愼言)**, ⑤ **존심(存心)**, ⑥ **사친(事親)**, ⑦ **사군(事君)**, ⑧ **택우(擇友)**, ⑨ **거가(居家)**, ⑩ **접인(接人)**, ⑪ **응과(應科)**, ⑫ **수의(守義)**, ⑬ **상충(尙忠)**, ⑭ **독경(篤敬)**, ⑮ **학교생활(居學)**, ⑯ **글 읽는 순서(讀法)**로 구성 • 글 읽는 순서는 『소학』을 먼저 배워 근본을 배양하고, 다음에는 『대학』과 『근사록』으로써 그 규모를 정하며, 그 다음에는 『논어』, 『맹자』, 『중용』 등 오경(五經)을 읽으라고 권하고 있음	율곡 이이가 제시

성균관 유생들의 학령(學令)

• 매월 초하루 날에 유생들은 관대를 갖추고 문묘의 뜰에 나아가 알성하여 사배례(四拜禮)를 행한다.
• 매일 공부할 때에, 학관(學官)이 명륜당에 가지런히 앉으면 유행이 읍례 행하기를 청한다. 북을 한 번 울리면 유생들이 차례로 뜰에 들어와서 읍례를 행하고, 마치면 각각 재(기숙사)의 앞으로 나아가서 서로 마주보고 읍하고 재로 들어간다.
• 다음에는 유생이 학관 앞에 나아가서, 읽은 책 중에 추첨하여 강독을 시험하는 일강(日講) 행하기를 청하고, 상재·하재에서 각각 1인씩을 뽑아 읽은 글을 강한다. 통(通)한 자는 세초(歲初)에 획수를 통틀어 고찰하고 과거를 보는 식년에 강서(講書)한 획수를 합계하며, 통하지 못한 자는 벌을 주어 초달(楚撻)한다.
• 북을 두 번 울리면 유생들은 읽은 책을 가지고 각각 사장(師長)에게 간다. 먼저 이전에 배운 내용 중 어렵고 의심스러운 것을 묻고 토론하며 분별한 뒤에 새로운 내용을 배운다. 많이 배우기만을 힘쓰지 말고 정밀하게 연구하는 것이 중요하며, 혹시라도 책을 대함에 흐리멍텅하거나 꾸벅꾸벅 졸면서 가르침을 받는 데 유익하지 않는 자는 벌한다.
• 유생들의 독서는 먼저 의리(義理)를 밝히고 만변(萬變)에 통달해야 한다. 모름지기 장구(章句)에 빠져들어 글 자체에 갇혀서는 안 된다. 항상 사서(四書)·오경(五經) 및 제사(諸史) 등의 글을 읽으며, 노자(老子)·장자(莊子)·불경과 같은 잡류(雜類)와 백자가집(百子家集) 등의 책을 끼고 다녀서는 안 되며, 어기는 자는 벌한다.
• 매월 실시하는 제술(製述)은 초순에는 의의(疑義) 혹은 논(論)으로 하고, 중순에는 부(賦)·표(表) 혹은 송(頌)·명(銘)·잠(箴)으로 하며, 하순에는 대책(對策) 혹은 기(記)로 한다. 그 체제는 모름지기 간결하고 엄격하며, 정밀하고 절실하게 말을 전달하는 것을 요할 뿐이요, 험벽하고 기괴함을 일삼지 말아야 한다. 만일 당시 이 문체를 변경하고 부미(浮靡)한 것을 주창하여 인도하는 자는 퇴출하고 글씨를 쓴 것이 바르지 못하면 또 벌한다.
• 유생들이 강경(講經), 구두(句讀)가 자세하고 분명하며 의론이 정통하고 활달하여 한 책의 강령과 뜻을 모두 포괄하여 종횡으로 여러 책을 넘나들면서 융회 관통하여 완전하다는 경지에 이르면 대통(大統)이라 한다. 비록 완전히 다하는 경지에 이르지 못하였어도 구두가 자세하고 밝으며 의론이 정통하고 활달하여 한 책의 강령과 의미를 모두 포괄하여 융회 관통한 것을 통(通)이라고 한다. 비록 융회 관통함에 이르지는 못하였더라도 구두가 자세하고 밝으며 해석한 뜻이 정통하고 활달하여 위와 연결되고 아래와 접할 수 있어 한 장의 큰 뜻을 얻은 것은 약통(略通)이라 한다. 구두가 자세하고 명백하며 해석한 뜻을 분명히 깨달아 한 장의 큰 뜻을 얻었지만 의논이 다하지 못함이 있으면 조통(粗通)이라 한다. 이것 이하는 벌한다.
• 주색(酒色)을 이야기하며 혹은 때에 따르고 세(勢)에 아부하여 벼슬에 나아가기를 꾀하는 자는 벌한다.
• 유생들이 죄를 지어서 오륜을 범하거나 혹은 예절을 잃어 행실이 어그러져 몸과 명예를 더럽힌 자가 있으면 유생들이 통지하고 의논하여 북을 울리며 성토하고, 심한 자는 종신토록 태학에 함께 참여하지 못하게 한다.
• 유생들이 혹 재주를 믿고 스스로 교만하거나 권세를 믿고 스스로 귀하다고 하거나 부를 믿고 스스로 자랑하면서 젊은 이가 어른을 능멸하고 아랫사람이 윗사람을 능멸한 자와 혹은 호걸스럽고 사치스런 것을 숭상하여 복식이 남들과 어긋나거나 혹은 교묘한 말과 어여쁜 얼굴색으로 사람들을 기쁘게 하려고 힘쓰는 자는 내치되, 힘써 배우고 행실을 고치면 바로 중지한다.

CHAPTER 04 • 조선시대의 교육 **49**

- 유생들 가운데 나그네처럼 들락날락하며 국고만 허비하면서 수업도 안 하고 제술도 안 하며 글 읽기를 좋아하지 않는 자와 길을 가면서 말을 타고 다닌 자는 아울러 엄금하여 위반한 자를 벌한다.
- 매월 초 8일과 23일은 유생들이 의복 세탁을 청하여 알리면 허락한다. 그날은 모름지기 예전에 배운 것을 익히고 활쏘기와 바둑·장기·사냥·낚시 등 여러 가지 놀이는 못하게 하며, 어기는 자는 벌한다.
- 생들은 길에서 사장(師長)을 만나면 몸을 보이고 길의 왼쪽에 서서 예를 갖춘다. 사장(師長)이 말을 타고 지나가는데 유생들이 몸을 숨기거나 얼굴을 가리고 예를 행하기 꺼려하는 자는 벌한다.
- 매일 날이 밝기 전에 북이 한 번 울리면 유생은 자리에서 일어나고 밝아질 무렵 북이 두 번 울리면 의관을 정제하고 단정히 앉아서 글을 읽는다. 북을 세 번 울리면 차례로 식당에 나아가서 동쪽 서쪽으로 마주 향하여 앉아서 식사를 한 후 차례로 나온다. 차례를 지키지 않거나 떠드는 자는 벌한다.
- 유생으로 조행(操行)이 뛰어나고 재예(才藝)가 출중하며 시무에 통달한 자가 있으면, 한, 두 사람을 매년 세초에 유생과 같이 의논하여 천거해서 학관에게 알리고 뽑아 쓰게 한다.

『증보문헌비고』『학교고』 중에서

제2절 사학

1 서원(書院)

(1) 정의

조선시대의 대표적인 **사립 교육기관**이다.

(2) 교육목적

법성현(法聖賢, 성현을 본받음, 제사) + 후진양성(교육)

(3) 교육과정

『소학』, 사서오경 등의 성리서인데 특히 『소학』이 강조되었다.

(4) 자체규약

원규(院規), 학규(學規)라 불리는 자체의 규약이 있었다.

(5) 백운동서원(白雲洞書院)

① 우리나라 최초의 서원으로, 중종 38년(1543) **풍기군수 주세붕(周世鵬)이 성리학의 도입에 공이 컸던 고려 말의 성리학자 안향을 추모하기 위해 건립**하였다.

② 왕이 친필로 쓴 **'소수서원(紹修書院)'**이란 편액을 비롯하여 각종 경서와 노비, 학전(學田)을 하사받음으로써 우리나라 최초의 **'사액서원(賜額書院)'**이 되었다.

2 서당(書堂)

(1) 정의
각 고을에 설립되어 문자계몽에 역할을 맡은 **초등교육기관**이다.

(2) 설립
훈장 한 사람과 방 한 칸만 있으면 누구나 설립 가능하였다.

(3) 접장(接長)제도
비교적 큰 서당에서 훈장 한 사람이 많은 학생을 훈도할 수 없을 때 나이와 학력이 **우수한 학생을 접(接)의 장(長)으로 하는 일종의 보조교사격인 학생**을 의미한다.

(4) 입학연령
7~8세에 입학하여 15~16세에 마치는 것이 보통이었으나 나이가 많은 학생도 적지 않았다.

(5) 개별식 수업
오늘날처럼 동일 연령의 학생이 같은 날 입학하여 같은 날 졸업하며 동일 교재를 가지고 같은 내용을 공부하는 **일제식(一齊式) 수업이 아니라 개별식 수업**이었다.

(6) 교재
『천자문』, 『동몽선습』, 『통감』, 『소학』 등이 위주였으며, 사서오경이나 『사기』, 『당송문·당률』 등을 가르치기도 하였다.

강독(講讀)	천자문	한문을 처음 배우는 사람을 위해 편찬한 교재
	동몽선습	• 유학 입문용 교재 • **중종 때 박세무가 저술** • 학습내용: 경(經)과 사(史)로 나누어 제시 • **일제강점기에 우리 역사를 다룬다는 이유로 서장에서 사용금지**
	소학	• **유교사회의 도덕규범 중 기본적이고 필수적인 내용을 가려 뽑은 것으로서 유학교육의 입문서** • 주자에 의하면 『소학』은 집을 지을 때 터를 닦고 재목을 준비하는 것이며, 『대학』은 그 터에 재목으로 집을 짓는 것이 된다고 비유하여 『소학』이 인간교육의 바탕이 됨을 강조 • 내용: 내편은 입교(立敎)·명륜(明倫)·경신(敬身)·계고(稽古), 외편은 가언(嘉言)·선행(善行)으로 구성
제술(製述)		오언절구, 칠언절구, 사율, 십팔구시(十八句詩) 등을 가르쳤다.
습자(習字)		해서를 많이 연습시켰다.

제3절 과거제도

1 과거제도

문과	소과 (초급문관시험) (대과예비시험)	생원시	**사서, 오경**	• 백패(白牌) • 대과 응시자격 • **성균관 입학자격**
		진사시	부(賦), 고시(古詩), 명(銘), 잠(箴) 등	
	대과 (중급문관시험)	**자격: 생원과 진사**(실제는 일반 유생인 유학(幼學)들에게도 기회)		홍패(紅牌)
무과	소과와 대과의 구별 ×			
잡과	역과(譯科), 의과(醫科), 음양과(陰陽科), 율과(律科)			

2 선발인원

과명		초시	복시	전시
소과	생원과	700	100	−
	진사과	700	100	−
대과(문과)		240~340	33	33
무과		230	28	28
역과		34	19	−
의과		18	9	−
음양과		18	9	−
율과		18	9	−

3 시행방법

식년시 (式年試)	3년마다 보는 정기시험	
특별시 (特別市)	증광시(增廣試) 별시(別試)	비정기적으로 국가에 큰 경사가 있을 때 거행
	알성시 (謁聖試)	성균관 문묘 때 왕이 참석하여 시행
	춘당대시 (春塘臺試)	왕이 창덕궁 내의 춘당대에 참석하여 시행
	중시 (重試)	10년마다 병년(丙年)에 문무과에 급제한 자와 현직에 있는 자의 승진시험
	정시 (廷試)	임시로 문무의 응시자를 궁전의 뜰에 모아서 보는 시험

4 **응시자격**

(1) 규정

천인이 아니면 결격사유가 없는 한 가능하도록 규정되었다.

(2) 현실

문과의 경우, 사족(士族)이 아니면 경제적·교육환경적 측면 등에서 현실적으로 불가능하였다.

제**4**절 조선의 교육사상가

1 **권근(權近, 1352~1409)**

조선의 개국에 주도적으로 참여하여 당시 정도전(鄭道傳)과 함께 성리학을 기초로 교육의 기틀을 마련하고 관학을 정비하여 성리학에 바탕을 둔 교육사상을 체계화한 인물이다.

(1) 교육목적

인재의 양성

(2) 교육방법

근소(近小)를 먼저하고 원대(遠大)를 나중에 하며 학문을 하려는 자는 『소학』을 읽어 인륜을 익혀야 한다.

(3) 수양의 요목

공(公)	사(私)가 없고 마음이 맑아서 욕심이 없는 정직한 상태
근(勤)	게으르지 않고 허물이 없고 언제나 부지런하고 성실한 것
관(寬)	까다롭지 않고 모두가 후덕한 선비의 덕을 말함
신(信)	성의로서 뜻을 지켜 스스로 변경하지 않음

(4) 입학도설(入學圖說)

『대학』과 『중용』을 쉽게 이해할 수 있도록 40여 종의 도표를 활용하여 설명한 책이다. 이 책은 도설로 된 책으로서는 우리나라 최초의 것이다. 권근의 교육방법의 원리가 구체적으로 제시된 것으로, 우리나라 시청각 교육의 선구라고 할 수 있다. 이는 서양의 코메니우스가 쓴 『세계도해(世系圖解)』보다 286년이나 앞선 것이다.

(5) 권학사목(勸學事目)

태종의 명을 받아 권근이 『권학사목』을 지었는데 이것은 **교육체제를 정비하기 위해 만든 일종의 규정집**이다. **『소학』은 모든 교육의 기초가 되어야 한다고 강조**하였다.

2 조식(曺植, 1501~1572)

명종과 선조가 몇 차례 벼슬을 주었으나 끝내 사양하고 관직에 나가지 않고, 평생을 벼슬을 하지 않고 자연과 벗하며 학문과 후학 지도에 힘썼다.

(1) 교육목적

윤리적 덕목 중에서 쉬운 것부터 실천하여 성현의 경지에 도달하는 것

(2) 교육방법

① 자해자득(自解自得): 스스로 터득
② 경(敬)과 성(誠)
③ 박문약례(博文約禮): 학문을 널리 닦아 몸가짐을 예법에 맞게 함
④ 널리 배우고 깊이 묻고 신중히 생각하고 올바르게 판단할 것
⑤ 주체적·실용적 학문태도
⑥ 개성과 자질에 적합한 교육

3 이황(李滉, 1501~1570)

(1) 주리적(主理的) 이기이원론(理氣二元論)

이귀기천설 (理貴氣賤說)	• 이(理): 순선(純善)한 원리적 개념인 이는 존귀하다. • 기(氣): 선악의 가능성을 함께 지니고 있는 현상적 개념의 기는 비천하다.
이기호발설 (理氣互發說)	이와 기는 모두 발할 수 있다. → 기는 물론이고 이도 운동성을 지니고 있다.

개념 +

- 이는 기를 주재하는 장수와 같고, 기는 이의 주재를 받는 졸병과 같다. 이는 사물에 대하여 명(命)하기는 하되 명을 받지 않으므로, 기가 이길 수 없다.
- 이는 귀하고 기는 천하다. … 이의 실천을 주로 하면 기를 양생(養生)하는 것도 그 가운데 있으니, 이들이 곧 성현(聖賢)이다.
- 사람의 몸은 이와 기가 합하여 생겨난 까닭에 두 가지가 서로 발하여[互發(호발)]작용하고, 발할 적에 서로 소용되는 것이다. 서로 발하는 것이고 보면 각각 주가 되는 바가 있음을 알 수 있고, 서로 소용되는 것이고 보면 서로 그 속에 있는 것을 알 수 있다. 서로 그 속에 있으므로 실로 혼합하여 말할 수 있고, 각각 주가 되는 바가 있으므로 분별하여 말해도 안 될 것이 없다.
- 주자(朱子)가 "이는 감정과 의지가 없고 조작능력도 없다."라고 말한 것은 이 본연의 체(體)를 말한 것이며, "그것이 때에 따라 발현되고 이르지 않는 데가 없다."라고 말한 것은 이의 신묘한 생성작용(用)을 말한 것이다. 본체의 무위(無爲)만을 보고 생성작용이 드러나는 운행을 알지 못하여 이를 죽은 물건으로 본다면 이것은 도리와 너무도 멀리 떨어져 있는 것이 아닌가?

『퇴계집』

(2) 사단칠정론(四端七情論)

주희의 "이와 기는 섞일 수 없다[理氣不相雜(이기불상잡)]"라는 주장에 주목하여 사단과 칠정의 원천이 각기 다르다고 보았다. → 도덕적 원리인 이(理)의 순수성과 절대성을 확보하려 하였다.

사단(四端)	이가 발하고 기가 이를 따르는 것 [이발이기수지(理發而氣隨之)]
칠정(七情)	기가 발하고 이가 기를 탄 것 [기발이이승지(氣發而理承之)]

개념 +

- 사단과 칠정이 모두 이와 기를 벗어나는 것은 아니다. 그러나 각각의 유래와 관련하여 주된 것을 가리켜 말한다면 어떤 것은 이라고 하고 어떤 것은 기라고 하는 것이 어찌 불가하겠는가?
- 혼합하여 말하면 칠정이 이와 기를 겸하는 것은 더 말할 나위 없이 명확하다. 그러나 구분하여 말한다면 칠정과 기의 관계는 사단과 이의 관계와 같다. 그 발하는 것이 각각 혈맥이 있고, 그 이름이 다 가리키는 바가 있으므로 주가 되는 바에 따라 나누어 귀속시킬 수 있는 것이다.
- 사단은 이가 발하고 기가 따르는 것이고, 칠정은 기가 발하고 이가 탄 것이다. 기가 따르지 않는 이는 나올 수가 없고, 이가 타지 않는 기는 곧 이기적 욕망에 빠져서 금수(禽獸)가 된다.

『퇴계집』

(3) 수양론

① **거경(居敬)과 궁리(窮理)의 병행**을 강조하였다. → "거경과 궁리는 새의 두 날개와 같다."
② **경(敬)의 실천을 특히 강조**하였다.

주일무적 (主一無適)	마음을 한군데 집중하여 잡념이 들지 않게 함
정제엄숙 (整齊嚴肅)	몸가짐을 단정히 하고 엄숙한 태도를 유지함
상성성 (常惺惺)	항상 깨어 있는 정신 상태를 유지함

개념 +

마음의 이치는 매우 방대하여 본떠서 잡기 힘들며, 매우 넓어서 끝을 보기 어려우니 진실로 경(敬)으로 일관하지 않는다면 어찌 성(性)을 보존하여 체(體)를 확립할 수 있겠는가. 마음의 발함은 터럭 끝을 살피기 어려운 것처럼 미미하고, 구덩이를 밟는 것처럼 위태로우니 진실로 경으로 일관하지 않는다면 어찌 그 기미를 바르게 하여 용(用)에 통달하게 하겠는가? 군자의 학문은 마음이 아직 발하지 않을 때는 경을 주로 하여 존양(存養)공부를 하고, 마음이 이미 발하였을 때도 또한 경을 주로 하여 성찰(省察) 공부를 하는 것이다.

『퇴계집』

(4) 위기지학(爲己之學)

① 『논어』 헌문편의 "옛날에는 자기 자신을 위해 배웠지만, 오늘날은 남을 위해 한다(古之學者爲己, 今之學者爲人)."에서 비롯되었다. **학문은 남에게 보이기 위한 것이 되어서는 안 되며 자신의 인간됨을 위한 것이어야 한다.**

② 이황(李滉)은 『주자서절요』 서문에서 "나의 참다운 삶의 길을 위해 성현을 알 필요가 있고, 그 때문에 성경(聖經)과 현전(賢傳)을 공부하는 것"이라고 자신의 학문적 성격이 위기지학임을 명백히 하였다.

(5) 저서

주자서절요 (朱子書節要)	• 이황이 『주자대전』의 서간 중에서 중요 부분을 발췌하여 편찬한 유학서이다. • 퇴계는 주자에 심취하여 『주자대전』을 잘 읽으면 4서의 이해가 더욱 쉬워진다고 하였고, 그 자신이 평생을 『주자대전』의 연구에 바쳤다고 하여도 과언이 아니다.
성학십도 (聖學十圖)	• 이황이 1568년 12월 왕에게 올린 상소문으로 **선조가 성군이 되기를 바라는 뜻에서 군왕의 도(道)에 관한 학문의 요체를 도식으로 설명**하였다. • 이 책은 10개의 도(圖)와 설(設)로 되어 있다. 1~5도는 인륜을 밝히고 덕업을 이룩하는 방법을, 6~10도는 심성에 근거한 것으로 일용(日用)에 힘쓰고 경외(敬畏)를 숭상하는 방법을 설명하였다.

4 이이(李珥, 1536~1584)

(1) 주기적(主氣的) 이기일원론(理氣一元論) – 이기지묘(理氣之妙)

이통기국론 (理通氣局論)	형태가 없는 이는 만물에 두루 통하고, 형태가 있는 기는 국한된다.
기발이승일도설 (發氣理承一途說)	• 이: 작용이 없으며 발하는 까닭 • 기: 작용이 있으며 발하는 것 [이무위(理無爲) 기유위(氣有爲)] → "기가 발하고 이는 탄다."라는 한 가지 길만 있다.

개념 ➕

• 이는 기의 주재자이고, 기는 이가 타는 바이다. 이가 아니면 근거하는 바가 없고, 기가 아니면 이는 의지하여 드러나는 바가 없다.
• 발하는 것은 기이며 발하는 소이(所以, 까닭)는 이이다. 기가 아니면 발할 수도 없고 이가 아니면 발할 바가 없다.
• 한 번 동(動)하고 한 번 정(靜)하는 것은 기이고, 동하고 정하는 까닭은 이이다.

『율곡전서』

- 이는 무형(無形)이고 기는 유형(有形)이므로 이는 통하고 기는 국한된다. 이는 무위(無爲)이고 기는 유위(有爲)이므로 기가 발하면 이가 타게 된다.
- 물이 담겨 있는 그릇에서 물이 그릇을 떠날 수 없는 것과 마찬가지로 이와 기는 개개 사물에서 오묘하게 어우러져 있다. [이기지묘(理氣之妙)] 그리고 그릇이 움직일 때 물이 움직이는 것은 기가 발할 때 이가 거기에 타는 것과 같다.

『율곡집』

(2) 사단칠정론(四端七情論)

주희의 "이와 기는 서로 떨어져 있을 수 없다[理氣不相離(이기불상리)]."라는 주장에 주목하여 사단과 칠정이 분리될 수 없다고 보았다.

사단(四端)	• 모두 기가 발하고 이가 탄 것
칠정(七情)	• 칠포사(七包四): 사단은 칠정을 포함할 수 없지만 칠정은 사단을 포함 • 사단은 칠정의 선한 측면

- 주자(朱子)의 '이(理)에서 발한다. 기(氣)에서 발한다.'라는 말의 본 뜻은 '사단은 오로지 이만을 말하고 칠정은 기를 겸(兼)하여 말한다.'는 것일 뿐이다. 그럼에도 퇴계는 주자의 말에 근거해서 '사단은 이가 발하고 기가 따른 것이고, 칠정은 기가 발하고 이가 탄 것이다.'라고 주장하였다. 그중에서 이른바 기발이승(氣發理乘)은 옳다. 단, 칠정만 그런 것이 아니라 사단 역시 기발이승이다.
- 사단과 칠정의 관계는 바로 본연지성(本然之性)과 기질지성(氣質之性)의 관계와 같다. 본연지성은 기질을 겸하지 않고 말한 것이요, 기질지성은 본연지성을 겸한 것이다. 그러므로 사단은 칠정을 겸할 수 없으나 칠정은 사단을 겸하는 것이다.

『율곡집』

☞ 이이는 이황의 '이기호발설'을 비판하고 '기발이승일도설'을 제시함. 그에 따르면 사단과 칠정은 모두 기가 발하고 이가 탄 것이다. 또한 이이는 칠정은 사단을 포함한다는 '칠포사론'도 제시함

(3) 수양론

① 이의 본연인 선의 실현을 위해 기질을 바로잡을 것을 강조 → 교기질(矯氣質)
② <u>경(敬)을 통해 성(誠)에 이를 것을 강조</u>

- 성(誠)은 하늘의 실제적인 이치요, 마음의 본체이다. 사람이 그 본심을 회복하지 못함은 개인적인 사사로움이 본심을 가리기 때문이다. 경(敬)을 주로 삼아 개인적인 사사로움을 제거하면 본체가 곧 온전해진다. 경은 힘쓰는 것의 요령이요, 성은 힘을 거두어들이는 것의 경지이니, 경으로 말미암아 성에 이른다.

- 초학자는 먼저 뜻을 세워 반드시 성인이 될 것을 기약해야 한다. 성인(聖人)과 중인(衆人)의 본성은 하나이기 때문에 비록 기질에 청탁수박(淸濁粹駁, 기질의 맑고 흐림, 순수함과 잡스러움)의 차이가 있을지라도, 참으로 노력하고 더럽혀진 것을 제거하고 그 본성을 회복한다면 조금도 보탤 것도 없이 만 가지 선이 온전히 갖추어진다.

『율곡전서』

(4) 저서

성학집요	• 왕을 위한 지침서 • 『대학』의 내용을 중심으로 정리 • 통설(統說), 수기(修己), 정가(正家), 위정(爲政), 성학도통(聖學道通)의 5편으로 구성
격몽요결	• 율곡이 관직을 사직하고 파주 율곡에 내려가서 학생들을 가르치는 가운데 지은 책 • 책명은 몽매함을 크게 깨우치라는 원리라는 뜻 • 입지(立志), 혁구습(革舊習), 지신(持身), 독서(讀書), 사친(事親), 상제(喪製), 제례(祭禮), 거가(居家), 접인(接人), 처세(處世)등 총 10장으로 구성
학교모범	• 『격몽요결』에서 제시한 덕목보다 더 많은 덕목을 제시 • 글 읽는 순서는 『소학』을 먼저 배워 근본을 배양하고, 다음에는 『대학』과 『근사록』으로써 그 규모를 정하고, 그 다음에는 『논어』·『맹자』·『중용』 등 오경(五經)을 읽으라고 권함

5 정약용(丁若鏞, 1762~1836)

(1) 교육론

다산의 학문은 수기치인(修己治人)이라는 유교적 목표를 시대에 맞게 새롭게 해석한 것이라 할 수 있다. 다산은 당시에 성행하던 성리학(性理學), 훈고학(訓詁學), 문장학(文章學), 과거학(科擧學), 술수학(術數學) 등의 오학을 비판하고, 『육경사서(六經四書)』를 통한 '수기'와 『일서이표(一書二表)』를 통한 '치인'을 내세웠다. 또한 **다산은 교육론에서는 관념성보다는 실용성이 드러난다.**

(2) 제도측면

다산은 진정한 학문과 교육에 일차적 걸림돌을 과거제로 보고 이 제도의 개혁을 주장하였다. 과거 시험에서 우리 역사인 『삼국사기』, 『고려사』, 『동국통감』 등을 포함시켜야 한다고 주장하였다.

(3) 삼불가독설

『천자문』, 『통감(通鑑)』, 『사략(史略)』 등 당시에 널리 읽혔던 책들을 읽지 못하게 하는 '삼불가독설'을 주장하였다.

천자문	• 문자학습서임에도 불구하고 문자가 체계적으로 배열되어 있지 않은 폐단이 있다. • 천자문의 폐단을 시정하기 위해 『아학편』이라는 이천자문을 직접 만들었다.
통감	중국 역사로서 중국에서조차 그 가치를 인정받지 못하고 있다.
사략	중국 역사의 요약본으로서 그 첫머리부터 허구적인 내용이 많다.

(4) 아학편

① 다산 정약용이 **아동의 한자학습을 위하여 저술한 교재로서** 한자학습서이다.

② 2권 1책, 상하 두 권으로 나누어 각각 1,000자의 문자를 수록하여 도합 2,000자로 구성되어 있다.

상권	유형적 개념에 해당하는 한자
하권	계절, 기구, 방위 등의 무형적 개념에 해당하는 한자

③ 당시 대표적인 **한자학습서인 『천자문』이 체계적인 글자의 배열과 초학자를 배려한 학습의 단계성이나 난이도를 전적으로 무시**하고 있음을 지적하고, 이러한 내용 및 체계상의 결점을 극복하고자 이 책을 저술하였다.

핵심정리 ✓

구분	관학		사학
고구려	태학		경당
백제	–		
신라	화랑도		
통일신라	국학(+문)	박사, 조교	–
고려	• 국자감(+문) • 향교(+문) • 5부 학당	박사, 조교	12공도, 서당
조선	• 성균관(+문) • 향교(+문) • 4학	교수, 훈도	서원, 서당

CHAPTER 05 개화기시대의 교육

제1절 정부주도의 교육개혁

1 통변학교(通辯學校, 1883)

(1) 설립

정부의 외교고문으로 있던 묄렌도르프가 설립하였다.

(2) 설립목적

동문학(同文學)이라고도 하며 일종의 통역관 양성소이다.

(3) 폐지

영국인 할리팍스를 주무교사로 하여 주로 영어를 가르쳤으나, 육영공원이 설립되고 폐지되었다.

2 육영공원(育英公院, 1886)

(1) 설립목적

정부에 봉사할 수 있는 인재양성이라는 목적을 가지고 설립된 학교이다.

(2) 입학자격

고급관료의 자제에 한정하였고 헐버트, 길모어, 번커 등 미국 교사가 영어를 위주로 가르쳤다.

(3) 폐지

1894년 재정난으로 폐지되었고, 학생들은 배재학당에 위탁하여 교육시켰다.

3 연무공원(鍊武公院, 1888)

(1) 설립

1888년(고종 25)에 설치된 사관양성학교이다.

(2) 설립목적

① 1882년 임오군란으로 신식군대 양성이 좌절되자, 정부는 1883년부터 장교를 양성하고 군대를 근대식으로 훈련시키기 위해 미국에 군사교관을 보내 줄 것을 요청하였다.

② 조선 정부는 미국인 교관이 도착하면 곧 훈련을 시작할 수 있도록 1888년 1월부터 연무공원의 설치준비를 시작하여 2월 6일에 완성하였다.

4 교육입국조서(教育立國, 1895)

(1) 정의

1895년 2월 2일에 고종이 조칙(詔勅)으로 발표한 교육에 관한 특별조서이다.

(2) 의의

① 교육에 의한 입국(立國)의 의지를 천명한 것으로, 근대식 학제를 성립시킬 수 있는 기점을 마련하였다. 1894년 6월에 학무아문을 두고 제도상으로 새로운 학제를 실시하였다.

② 이를 통해 관학(官學)을 세우고, 1895년 1월에 선포한 <홍범14조 洪範十四條>의 제11조에서 외국유학과 새로운 학문에 관해 언급하였으나, **전 국민을 상대로 해서 새로운 교육의 필요성과 중요성을 강조한 것은 교육조서가 최초**이다.

(3) 내용

① **교육은 국가를 보존하는 근본**이다.

② **기본 교양교육과 더불어 실용적인 교육**을 중시한다.

③ **허명(虛名)을 버리고 실질을 숭상**할 것을 강조하였다.

④ 삼양(三養): **덕(德)·체(體)·지(智)**

⑤ **학교를 널리 세우고 인재를 양성**하며 백성들의 학식을 증진함으로써 국가중흥을 이룩한다.

(4) 실행

① 조서의 발표 뒤 정부에서는 교육을 통한 국가중흥의 이상을 실현하기 위해서 1895년 4월에 교사양성을 목적으로 한 <한성사범학교 관제>를 공포하였다.

② 계속해서 <외국어학교 관제>·<소학교령>·<성균관 관제> 등의 학교법제와 법칙을 제정하였다.

개념 +

짐(朕)이 생각해 보면 우리 조종(祖宗)이 나라를 세우고 정통(正統)을 물려준 것이 이제 504년이 지났으니, 실로 우리 선왕들의 교화와 은덕이 사람들 마음속에 깊이 스며들고 또 우리 신하와 백성들이 충성과 사랑을 능히 다했기 때문이다. 그래서 짐은 한없는 큰 대운(大運)을 물려받고 밤낮으로 공경하고 두려워하면서 오직 조종의 가르침을 이어 나갈 뿐이다. 너희들 신하와 백성은 짐의 마음을 깨달아라. 오직 너희들 신하와 백성의 선조는 우리 조종이 돌보고 키워 준 어진 신하와 백성이었으니, 너희들 신하와 백성들도 너희 선조의 충성과 사랑을 능히 이어서 짐의 돌봄과 키움을 받는 어진 신하와 백성이다. 짐은 너희들 신하와 백성들과 함께 조종의 큰 기반을 지켜 억만 년의 아름다운 운수를 이어 나갈 것이다.

백성을 가르치지 않으면 나라를 굳건히 하기가 매우 어렵다. 세상 형편을 돌아보면 부유하고 강성하여 독립하여 웅시(雄視)하는 여러 나라는 모두 그 나라 백성의 지식이 개명(開明)했다. 지식이 개명함은 교육이 잘됨으로써 말미암은 것이니, **교육은 실로 나라를 보존하는 근본이다.** 그러므로 짐이 임금과 스승의 자리에 있으면서 교육하는 책임을 스스로 떠맡고 있다. 교육에는 또한 그 방도가 있으니, **허명(虛名)과 실용(實用)의 분별을 먼저 세워야 할 것이다.** 책을 읽고 글자를 익히어 고인(古人)의 찌꺼기만 주워 모으고 시대의 큰 형국에 어두운 자는 문장이 고금보다 뛰어나더라도 쓸모가 전혀 없는 서생(書生)이다.

이제 짐은 교육하는 강령을 제시하여 허명을 제거하고 실용을 높인다. **덕양(德養)은 오륜(五倫)의 행실을 닦아 풍속의 기강을 문란하게 하지 말며, 풍속과 교화를 세워 인간 세상의 질서를 유지하고 사회의 행복을 증진시킬 것이다.** **체양(體養)은 동작에는 일정함이 있어서 부지런함을 위주로 하고 안일을 탐내지 말며 고난을 피하지 말아 너의 근육을 튼튼히 하며 너의 뼈를 건장하게 하여 병이 없이 건장한 기쁨을 누릴 것이다. 지양(智養)은 사물의 이치를 연구하는 데서 지식을 지극히 하고 도리를 궁리하는 데서 본성을 다하여 좋아하고 싫어하며 옳고 그르며 길고 짧은 데 대하여 나와 너의 구별을 두지 말고 상세히 연구하고 널리 통달하여 한 개인의 사욕을 꾀하지 말며 대중의 이익을 도모하라. 이 세 가지가 교육하는 강령이다.**

짐이 정부(政府)에 명하여 **학교를 널리 세우고 인재를 양성하는 것은 너희들 신하와 백성의 학식으로 나라를 중흥(中興)시키는 큰 공로를 이룩하기 위해서이다.** 너희들 신하와 백성은 임금에게 충성하고 나라를 사랑하는 심정으로 너의 덕성, 너의 체력, 너의 지혜를 기르라. 왕실의 안전도 너희들 신하와 백성의 교육에 달려 있고 나라의 부강도 너희들 신하와 백성의 교육에 달려 있다. 너희들 신하와 백성에 대한 교육이 훌륭한 경지에 이르지 못하면 짐이 어찌 나의 정사가 성공했다고 하며 짐의 한국 정부가 어찌 감히 그 책임을 다하였다고 말할 수 있겠는가? 너희들 신하와 백성들도 교육하는 방도에 마음을 다하고 힘을 협조하여 아버지는 이것으로 그 아들을 이끌어 주고, 형은 이것으로 그 동생을 권하며, 벗은 이것으로 도와주는 도리를 실행하여 그치지 않고 분발해야 할 것이다. 나라의 한에 대적할 사람은 오직 너희들 신하와 백성이요, 나라의 모욕을 막을 사람도 너희들 신하와 백성이며, 나라의 정치제도를 닦아 나갈 사람도 너희들 신하와 백성이다. 이것은 다 너희들 신하와 백성의 당연한 직분이지만 학식의 등급에 따라 그 효과의 크기가 결정된다. 이러한 일을 하는 데서 조그마한 결함이라도 있으면 너희들 신하와 백성도 오직 우리의 교육이 명확하지 않기 때문이라고 말하면서 상하가 마음 합치기에 힘쓰라. 너희들 신하와 백성의 마음은 또한 짐의 마음인 만큼 힘써야 할 것이다. 이러해야 짐은 조종의 덕을 드러내어 천하에 빛내고 너희들 신하와 백성도 너희 조상의 효성스러운 자손이 될 것이니, 힘써야 할 것이다. 너희들 신하와 백성이여, 짐의 이 말대로 하라.

『관보』, 1895년 2월 2일

5 학무아문(學務衙門)

(1) 정의

조선 말기 교육행정을 관장하던 중앙관청

(2) 배경

1894년(고종 31)에 갑오개혁이 추진되면서 6월 28일 군국기무처의 안에 따라 궁내부(宮內府)와 의정부(議政府)로 나누고, 의정부 아래 내무·외무·탁지·법무·학무·공무·군무·농상 등 8아문을 설치하여 7월 20일부터는 아문관제(衙門官制)에 따라 직무를 관장하도록 하였다.

(3) 내용
① 종래 학사를 관장하던 예조를 폐지하고 **교육문제를 전담하기 위하여 학무아문을 두는 동시에 과거제도를 폐지**하였다.
② 정부에서는 **소학교·중학교·사범학교·외국어학교·실업학교 등의 설립에 관한 법령을 제정**하는 한편, 그 법령에 따라 각급학교를 설립하고 교과서를 편찬하여 본격적인 근대학교 설립의 길을 열었다.

제2절 기독교 학교의 설립

1 배재학당(培材學堂)

(1) **아펜젤러**는 1885년 7월에 서울에 들어와 1개월 먼저 와 있던 의사 스크랜튼의 집 한 채를 빌려 방 두 칸의 벽을 헐어서 조그마한 교실을 만들었다.

(2) 같은 해 8월 3일 두 명의 학생으로 수업을 시작하니, 고종은 1886년 6월 8일에 배재학당(培材學堂)이라는 교명과 편액을 내렸다.

2 이화학당(梨花學堂)

(1) 감리교 여선교사 **스크랜튼 부인**은 1886년 5월경에 정동 자신의 집에서 30대 여성 한 명을 상대로 학교를 시작하였는데, 이것이 우리나라 여학교의 시초가 된 이화학당이다.

(2) 1887년 고종은 이 학교를 이화학당이라 명명하고 현판을 하사했다.

3 경신학교

언더우드는 1885년 4월에 입국하여 광혜원에서 화학과 물리학을 가르치다가 1886년 서울 정동 자기 집에 붙어 있는 건물을 이용하여 고아원 형식의 학교를 창설하였다. 이는 통칭 언더우드 학당이라는 것으로, 곧 오늘의 경신 중·고등학교의 전신이다.

4 연희전문학교

언더우드는 경신학교를 세울 때부터 이를 확장하여 기독교 대학과 신학교의 증설을 꾀하려 했으나, 이 때 서울의 대학설립은 재한 선교사 간에 그리 환영받지 못했다. 그러나 언더우드는 뜻을 굽히지 않고 노력한 결과, 서울 종로의 한국 기독교청년회(YMCA) 회관을 빌려 경신학교 대학부라는 이름으로 개학하게 되었다. 이것이 연희전문학교의 시작이 되었다.

학교	설립연도	설립자
원산학교	1883	**우리나라 최초의 민간인 사학**으로, 1885년 아펜젤러가 세운 배재학당보다 2년 앞선 1883년에 세워졌다.
흥화학교	1895	민영환
중교의숙	1896	민영기
점진의숙	1899	**안창호**
양정의숙	1905	엄주익
보성학교	1905	이용익
휘문의숙	1906	민영휘
현산학교	1906	남궁억
대성학교	1907	**안창호**
강명의숙	1907	**이승훈**
오산학교	1907	**이승훈**

CHAPTER 06 일제강점기의 교육

1 1차 교육령(무단통치, 1911)

(1) 특징

① 충량(忠良)한 국민을 만드는 것을 교육목적으로 하고, 시세와 민도에 맞는 교육을 한다. 즉, 한민족을 일본의 식민지 정책에 잘 순응하는 일본 천황의 충성스러운 신민(臣民)으로 만들고, 저급 수준의 생산 노동자를 양성하기 위해 고등교육은 억제하고 저급의 실업교육을 강화하자는 것

② 교육연한은 **보통학교 4년(지방 실정에 따라 1년 단축 가능), 고등보통학교 4년, 여자 고등보통학교 3년, 실업학교 2~3년, 전문학교 3~4년** → 일본인 학교 수업연한보다 1~2년씩 짧은 것으로, 우리 민족에 대한 차별교육을 단적으로 증명

③ 보통학교 교원양성을 위해 **관립 고등보통학교에 1년 과정의 사범과와 1년 이내의 교원속성과**를 두도록 하고, **한성사범학교를 폐지** → 식민지 교육을 강화하기 위해 일본인 교원으로 대치하기 위한 속셈

④ **외국어 학교 폐지** → 한민족의 해외 진출과 교류를 억제

⑤ **성균관 폐지, 서당 통제** → 우리의 전통교육 말살

⑥ 사립학교규칙을 통해 학교의 설립, 폐쇄 및 학교장과 교원의 채용은 **총독부의 인가** 필요

⑦ 교과서는 **총독부의 편찬 혹은 검정**을 거친 것

(2) 평가

① 1912년 4월에 1,717개교였던 각급학교의 총수가 1919년 5월에는 1,320개교로 줄었다.

② 일본인 교사를 다수 기용함으로써 한국인의 의식 속에서 민족의 전통과 얼을 몰아내고, 일본의 식민지 정책에 부합하는 이른바 '충량한 신민'으로 육성하기 위한 치밀한 전략이 있었다.

2 2차 교육령(문화통치, 1922)

(1) 특징

① 외형상 일본과 동일한 학제 적용, **수업연한을 보통학교는 6년, 고등보통학교는 5년, 여자 고등보통학교는 4년(또는 5년)**으로 연장 → 한국인에게도 상급학교 진학의 길

② 각급학교에서 **조선어를 필수과목**으로 부과

③ **한국인과 일본인의 공학**을 원칙

④ **사범교육은 독립된 사범학교**에서 실시, 수업연한은 **남자 사범학교 6년, 여자 사범학교 5년**

⑤ **대학교육 및 예비교육에 관한 조항** 신설

(2) 평가

① 고등교육에 대한 기회를 철저히 봉쇄하였다.

② 거족적으로 일어났던 조선 민립대학 설립운동을 봉쇄하는 대신 관제의 경성제국대학을 설립하고, 고등교육기관에 대한 한국인의 입학을 엄격하게 제한하였다.

3 3차 교육령(황국신민화, 1938)

(1) 특징

① 종래의 보통학교, 고등보통학교, 여자 고등보통학교는 그 이름을 바꾸어 일본인을 위한 학교의 이름과 동일하게 **소학교, 중학교, 고등여학교**로 변경

② 수업연한 4년의 보통학교가 상당수 있는데, 이들을 전부 즉시 6년제 소학교로 승격시키는 데는 재정상 기타 이유로 곤란하므로, 당분간 4년제 심상소학교로 존속시키고, 점차 수업연한을 연장

③ **사범학교의 경우, 종래의 소학교 교원양성기관과 보통학교 교원양성기관이 분리되어 있던 것을 하나로 통합**

④ 교수요지, 교과목, 교과과정 등에 관하여 조선어 이외의 것은 양국인의 것을 같이 한다. 그리고 소학교의 교과서는 문부성이 편찬한 것으로, 중학교와 고등학교 교과서는 총독부가 편찬한 것으로 한다.

⑤ **조선어는 정규 교과로부터 수의과목(선택과목)**으로 밀려났다. 수의과라 하지만 실질적으로 이를 개설하지 못하도록 압력을 가하였다.

⑥ 교육내용에 있어서 **3대 강령(국체명징, 내선일체, 인고단련)을 주입**시키고 실천하도록 하고, **국어(일본어)는 조선인을 황국신민화하는 데 가장 중요한 과목이라고 강조**하였다.

(2) 평가

① 국체명징이란 일본 천황의 정통성에 대한 확고한 믿음을 바탕으로 천황체제에 대한 충성을 강조하는 내용이며, 내선일체란 일본과 조선이 동일한 조상의 후예이므로 서로 사랑하고 협력해야 한다는 것이다. 인고단련이란 어떠한 어려움도 이겨내고 국가의 목적을 위하여 죽음도 불사해야 한다는 것이다.

② 3대 강령은 한민족의 문화적·정신적 전통을 말살하고 철저하게 황국의 신민으로 예속시키려는 민족 말살정책이다.

4 **4차 교육령(전시동원체제, 1943)**

(1) 특징

① 교육은 전쟁수행을 위한 수단

② 중학교, 고등여학교의 수업연한 4년으로 축소

③ 조선어, 조선역사 과목 폐지

(2) 평가

① 교육은 본래의 기능보다 전쟁수행을 위한 수단으로 전락하기에 이르렀다.

② '황국신민 서사 지주'를 건립하게 하고, 지원병제도를 설치하여 '지원'이란 미명하에 강제징집을 하였으며, 노무자를 강제징용하여 전쟁수행을 위한 물자생산에 동원하고, 근로동원이란 명목으로 각급학교 학생들의 노동력을 착취했다.

핵심정리 ✓

1차 교육령	2차 교육령	3차 교육령	4차 교육령
무단통치	문화통치	황국신민화	전시동원체제
보통학교 4년	보통학교 6년	→ 소학교	교육은 전쟁의 수단
고등보통학교 4년	고등보통학교 5년	→ 중학교	중학교, 고등여학교 수업연한 4년으로 축소
여자고등보통학교 3년	여자고등보통학교 4년	→ 고등여학교	조선어 폐지
성균관 폐지	조선어 필수	조선어 선택	조선역사 폐지
외국어학교 폐지	대학교육 조항 신설	3대 강령 주입	-

중등 교원임용

변민재 교육학

인사이드 (상)

PART

03

서양교육사

• **그리스의 교육** ┬ 스파르파 vs 그리스
                   ├ 소피스트
                   ├ 소크라테스
                   ├ 플라톤
                   └ 아리스토텔레스

• **로마의 교육** ┬ 공화정시대
                   └ 제정시대

• **중세의 교육** ┬ 기독교 교육
                   ├ 기사도 교육
                   ├ 시민학교
                   └ 대학의 발생

• **근대의 교육** ┬ 르네상스기 교육
                   ├ 종교개혁기 교육
                   ├ 실학주의 교육
                   ├ 계몽주의 교육
                   ├ 국가주의 교육
                   └ 신인문주의 교육

• **현대의 교육** ┬ 20세기 초 교육개혁운동
                   └ 20세기 교육사상가

CHAPTER 01 고대 그리스와 로마의 교육

제1절 고대 그리스의 교육

1 스파르타와 아테네의 교육

(1) 스파르타의 교육

① 민족성과 지리적 환경

    ㉠ 스파르타는 북방에서 이주해 온 도리아(Doria)족이 세운 도시국가이다. 도리아족의 민족성은 본래 **호전적이었기 때문에 전쟁을 좋아하고 틈만 나면 타 민족을 무력으로 정복**하고자 하였다.

    ㉡ 그들이 강력한 힘을 바탕으로 국방국가를 건설한 데는 다음 두 가지의 이유가 있다.

- 스파르타의 토양이 척박하여 자급자족을 할 수 없었다는 데 있다. 따라서 그들은 다른 민족을 정복하여 생필품을 조달할 수밖에 없었다.
- 스파르타인들이 다른 민족을 정복하는 과정에서 노예의 수가 자국민의 수보다 20배나 많았다는 데 있다. 신변의 위협을 느낀 스파르타인들은 자연히 강력한 군사력을 바탕으로 하는 국방국가를 건설할 수밖에 없었다.

② 교육목적

    ㉠ **강인한 신체를 지닌 군인을 양성**해 내는 것

    ㉡ 교육은 자연히 전쟁에서 요구되는 **군사훈련과 인내심, 용기, 복종심, 애국심과 같은 덕목들의 함양**을 중시

③ 교육과정

    ㉠ 가정교육기: 출생으로부터 7세까지의 교육기로서 이 기간에는 가정에서 부모 보호하에 엄격한 교육을 받았다.

    ㉡ 국가교육기

- 8세부터 20세까지의 기간으로서 8세가 되면 스파르타의 소년은 부모와 떨어져 **엄격하고 혹독한 신체훈련**을 받았다.
- 8세부터 18세까지의 **아동 및 청소년은 병영에 수용되어 엄격한 신체훈련**을 받았다.
- 18세부터 20세까지는 **전문적인 군사훈련**을 받고 다시 30세까지는 전방이나 최일선에서 복무하였다.
- 30세가 되어서야 비로소 군사교육을 모두 마치고 결혼을 할 수 있었다.

- 나이 50세가 되어서야 비로소 은퇴하여 자기 생활을 즐길 수 있었다.

④ **훌륭한 시민**

ⓐ 스파르타에서는 **한 개인의 출생과 양육, 결혼까지도 국가가 간섭하고 통제하였으며 훌륭한 시민이란 강인한 신체를 가진 군인**이었다.

ⓑ 그들의 교육방법은 **학습자의 수준을 고려한 교육이라기보다는 일종의 훈련**이었다. 그리하여 강한 무사를 기르기 위한 목적으로 **무자비한 체벌과 군대식 훈련방법, 전투방법을 동원**하였다.

ⓒ 아리스토텔레스(Aristoteles)는 스파르타의 교육을 신랄하게 비판한 바가 있는데, 군사적인 목적을 달성하기 위해서 신체훈련에 너무 치중한 것은 젊은이들을 **야만인으로 기르고 지적인 교육을 무시함으로써 그들을 기능인으로 전락**시키고 있다고 하였다.

(2) 아테네의 교육

① 이오니아인의 민족성

ⓐ 아테네는 이오니아(Ionia)족이 세운 가장 대표적인 도시국가이다. 이오니아인은 스파르타인들과는 달리 본래 **이지적(理智的)이고 사변적(思辨的)이었으며 우호적**이었다.

ⓑ 창작능력이 뛰어나고 늘 예술을 사랑하였으며, 담론(談論)을 즐기는 민족이었다. 아테네에서 철학이 발달하고 민주정치가 꽃을 피우게 된 것은 결코 우연한 일이 아니다. 그것은 그들의 민족성과 밀접한 관계가 있다.

ⓒ 기원전 6세기까지만 해도 아테네의 정치는 귀족들에 의해 이루어졌으나, 페르시아와의 전쟁에서 대승을 거둔 직후 정권을 잡은 페리클레스(Pericles)에 의해 완전한 형태의 민주주의 정치제도가 확립되었다.

ⓓ 아테네 시민은 누구나 자신의 생각을 자유롭게 말하고 발표할 수 있는 기회를 가지게 되었으며, 의심나는 것을 탐구할 수 있는 지적 분위기가 조성되었다. 이로 인해 아테네는 수많은 도시국가들 중 가장 자유스러운 곳이 되었으며, 하나의 학원(學園)이 되었다.

② **교육이념과 목적**

ⓐ 아테네 교육의 **궁극적 이념은 지혜로운 사람을 육성**하는 일이었다. 그들이 말하는 지혜(智慧 wisdom)란 주어진 상황 안에서 무엇이 최선의 행동인가에 관한 지식이었다.

ⓑ 그들은 많은 양의 지식을 획득하기보다는 올바른 판단을 해 가는 데 필요한 적절한 지식을 가지기를 원했다. 이러한 지혜는 저절로 얻어지는 것이 아니라 자유로운 분위기 속에서 다양한 능력을 조화롭게 계발할 때 얻어질 수 있는 것이다.

ⓒ 아테네인들은 통제받는 강압적인 분위기 속에서는 스스로 지혜로운 판단과 행동을 해 가기 어렵다는 점을 잘 알고 있었다.

ⓓ 아테네인들이 추구한 이상적 인간상은 **지혜인이요, 자유인이요, 교양인**이라고 할 수 있다.

③ 교육내용 및 단계

    ⑦ 태어난 아이는 0세부터 7세까지 주로 가정에서 교육을 받았다. 이 시기는 발달단계로, 말하자면 유아기(幼兒期)라고 할 수 있는 시기로서 주로 가정에서 어머니를 통해 일화(逸話)나 신화를 들으면서 성장했다.

    ⓒ 8세에서 16세까지는 두 종류의 학교에서 교육을 받았는데, **하나는 음악학교이며 다른 하나는 체육학교**였다. 소년들은 언제나 노예인 교복(敎僕, paidagogos)을 따라 학교에 갔다. 오전에는 체육학교에서 오종경기에 속하는 넓이뛰기, 경주, 씨름, 원반던지기, 투창 등을 통해 신체를 단련하였으며, 오후에는 음악학교에서 독(讀), 서(書), 산(算), 시(詩), 음악을 통해 정신적 아름다움을 배웠다.

    ⓒ 16세에서 18세까지는 **지식교육과 신체교육**이 동시에 이루어졌는데, **지식교육은 주로 소피스트들과 접촉**함으로써, 신체교육은 공립체육관에 나가 전문적인 체육교육을 받음으로써 이루어졌다.

    ⓔ 18세가 되면 시민으로 등록하고 군(軍)에서 훈련을 받은 후, 만 20세가 되면 완전한 시민으로서의 특권을 얻어 정치활동에 참여하고 자유로운 생활을 누릴 수 있었다.

2 소피스트(Sophists)

(1) 정의

아테네 바깥에서 아테네로 모여든 외국인으로, 청소년에게 주로 문학과 수사학을 가르치는 떠돌이 교사이며, 수업료를 받고 지식을 가르치는 역사상 최초의 직업교사 집단이었다.

(2) 상대주의 인식론

① 인간의 세계인식은 감관의 작용으로 제한하기 때문에 인식된 세계는 **감각경험**을 통해서만 드러난다.

② 인간의 앎은 **상대적·가변적**이다.

③ **보편적이고 절대적인 진리 혹은 지식은 존재하지 않으며 보편적인 기준도 없다.**

(3) 윤리적 상대주의

① 도덕적 우열을 가려 주는 **단일한 기준은 존재하지 않는다**.

② 도덕규범의 효력은 오직 그것을 규범으로 인정하는 개인이나 사회에만 한정된다.

(4) 교육목적

① 덕이란 자신이 살아가는 사회에서 **출세할 수 있는 능력**을 의미한다.

② 자신이 속한 현실에서 **입신양명하는 데 필요한 유용한 기술을 가르치는 것**이다.

    예 수사술, 변론술 등

(5) 대표적 학자

① 프로타고라스

　㉠ "인간은 만물의 척도이다. 존재하는 것에 대해서는 그것이 존재한다는 척도이며, 존재하지 않는 것에 대해서는 그것이 존재하지 않는다는 척도이다."

　㉡ 의견들 사이에 진위를 판별해 주는 객관적이고 보편적인 기준은 존재하지 않으며, 모든 판단의 기준은 각 개인에게 있는 것 → 앎은 상대적이고 가변적

　㉢ 도덕의 토대는 개인 혹은 개인이 속한 사회의 신념이며, 그러한 신념은 개인과 사회에 따라 특수한 것

　㉣ 보편적 도덕체계는 존재할 수 없고, 다양한 도덕체계들 사이에 우열판단은 불가능

② 고르기아스

　㉠ "아무것도 존재하지 않는다. 만일에 그것이 존재한다 할지라도, 우리들은 그것을 알 수 없다. 설령 우리가 어떤 것을 알 수 있다고 할지라도, 우리는 그것을 우리들의 이웃에 전달할 수 없다."

　㉡ 회의주의

　㉢ 우리가 존재한다고 하는 모든 것은 감각·지각된 현상뿐

　㉣ 인간의 인식기능은 감각경험으로 제한되기 때문에 그러한 대상을 인식할 수 없음

③ 트라시마코스

　㉠ "각각의 정체(政體)는 자기의 이익을 위해 법을 제정한다. 법을 제정하고 나면 그들은 자기들에게 이익이 되는 것이 피치자에게 '정의롭다'고 선언하고, 법을 어긴 자를 처벌한다. 그러므로 수립된 정체의 이익이 곧 정의이다."

　㉡ 강자들은 자신만을 위해 법률을 제정 → 정의는 강자의 이익에 불과

3 ▍ 소크라테스(Soctates, B.C. 469~399)

(1) 지덕복합일설

① 덕(arete, 德)

　㉠ 사물들이 가진 **고유한 기능, 혹은 구실과 관련하여 좋은 또는 훌륭함(탁월한)의 상태** → 본질과 관련하여 가장 좋은 상태

　㉡ 인간의 덕: **이성을 완전하게 사용하여 최선의 삶을 영위하는** 데 필요한 **참된 이성적 지식을 소유함으로써 인간으로서의 좋음을 실현**하는 상태이다.

② 행복

　㉠ 어떤 존재의 행복이란 그의 **최선의 상태**

　㉡ 그것의 **고유한 기능이 완전하게 발휘**되고 있는 상태 or 그것의 **본질이 완전히 실현**된 상태

③ 인간의 행복

    ㉠ 인간이 소유한 최선의 것은 영혼 안의 이성

    ㉡ 행복한 상태＝영혼 안의 이성이 자신의 고유한 기능을 훌륭하게 발휘하고 있는 상태

    ㉢ 자신의 고유한 기능을 훌륭하게 발휘하고 있는 상태＝덕 있는 상태

    ∴ 행복한 상태＝**이성적 지식을 소유**한 상태＝**덕 있는 상태[지덕복합일설]**

(2) 지행합일설

① **주지주의**

② 자신에게 참으로 좋은 것이 무엇인지 아는 사람은 반드시 그것을 행하게 되어 있음

③ 인간은 본성적으로 자신에게 나쁜 것을 피하고 좋고 유익한 것을 추구하는 존재

④ **자신에게 진정으로 좋고 유익한 것에 대한 참된 이성적 지식을 소유한 사람은 반드시 그것을 실천**

⑤ 선행: 덕에 대한 참된 지식 vs 악행: **지식의 결여, 무지(無知)**

> **개념 ➕**
>
> • 덕이 영혼 속에 있는 것들 가운데 하나이고 필연적으로 유익하다면 그것은 지식이어야 하네. 왜냐하면 영혼에 관련된 모든 것들은 그 자체로는 유익하지도 유해하지도 않지만 지식이 더해지느냐 무지가 더해지느냐에 따라 유익하게도 유해하게도 되기 때문이네.
>
> 플라톤, 『메논』
>
> • 자신이 모르면서도 알고 있다고 믿는 것이 인간이 가진 무지 중에서 가장 큰 무지입니다. 내가 대다수 사람들과 다른 점이 있다면, 그것은 바로 나는 내가 무지하다는 것을 알고 있다는 것입니다. … 나는 아테네 시민들을 찾아다니면서 신체나 재산이 아니라 각자의 영혼을 최상의 상태로 가꾸라고 설득할 것입니다.
>
> 플라톤, 『변명』

(3) 보편적·절대적 인식론

① 객관적이고 보편적인 지식은 **감각경험에 의존하지 않는 이성의 순수한 활동을 통해 파악**

② 이성은 **보편적 진리 인식의 근거, 인간의 가장 본질적 기능**

③ **이성 중심의 보편윤리**

(4) 대화법

① 반문법: **무지의 자각**을 위해 가지고 있는 고정관념을 깨트리도록 하는 질문

② 산파술: 학생이 **스스로 진리에 도달**하도록 유도하는 질문

4 플라톤(Platon, B.C.427~342)

플라톤은 소크라테스의 제자로, 대학의 기원이 되는 아카데미아를 설립하였다. 플라톤은 이상에 의해서만 이데아(idea)를 인식하게 되므로, 명석한 정신능력의 계발을 교육의 본질로 삼았다. 그리하여 교육의 궁극적인 목적은 이데아의 실현에 있고 그것은 구체적으로 국가를 위한 유능한 인물, 즉 유능한 시민을 육성하는 일이다. 그의 교육사상은 『국가론』, 『법률』을 비롯한 대화편에 잘 나타나 있다.

(1) 이데아의 성격 [이원론적 세계관]

이데아계	• 존재하는 **객관적** 실재 • 시공간의 제약을 받지 않는 비물질적이고 **절대적이며, 영원불변하고 보편적인 참된 실재** • **원형, 본질** • 오직 **지성**에 의해서만 인식될 수 있는 참된 인식의 대상 • **보편적·절대적인 도덕적 가치, 규범**
현상계	• **감각지각**되는 것들의 세계 • **물질적이고 가변적** 존재들로 구성된 세계 • **불완전**한 실재 • 이데아의 모방물

(2) 선(善)의 이데아

① 도덕적인 삶에서뿐만 아니라 인식과 존재의 질서에서 최정점을 차지하는 **최고의 이데아**

② 세계의 모든 존재가 지향하는 **궁극목적**

③ 현상세계의 존재자들을 존재할 수 있게 하는 존재의 **궁극적 원인**

④ 인식의 근거

⑤ 모든 선한 것들이 지닌 도덕적 가치의 근원

(3) 동굴의 비유

① 철학자: 동굴 안에 거주하는 여러 사람들 중에서 먼저 동굴 밖으로 나가 **실재 세계의 참모습, 진리를 본 사람**

② 철학자의 사명: 동굴 안에 있는 시민들에게 연민을 느끼고 동굴 밖으로 인도해야 함

개념 ➕

동굴 모양을 한 거처에서 태어날 때부터 온몸이 묶인 채로 살아가는 죄수들을 상상해 보게. 이들은 이곳에서 앞만 볼 수 있고 머리를 돌릴 수도 없다네. 이들의 뒤쪽에서는 불이 타오르고 있네. 또한 이 불과 사람들 사이에는 담이 세워져 있고 담 위로 사람들과 여러 동물상이 지나가면, 죄수들은 벽면의 그림자 외에는 어떤 것도 보지 못하게 되네. 이처럼 그림자 외에는 아무것도 보지 못하고 그림자가 비치게 되는 이유를 알지 못하는 죄수들은 벽면의 그림자가 진정한 사람이나 동물이라고 믿을 걸세. … 동굴 밖으로 나가게 된 사람은 동굴 밖에는 실제 사람들과 사물들이 있으며, 지금까지 보고 들은 것은 그것들을 본떠서 만든 인형의 그림자에 불과하다는 것을 알게 될 걸세. 그리고 모든 것의 원인이 태양이라는 사실도 알게 될 걸세.

플라톤, 『국가』

(4) 영혼삼분설

이성	• 논리적이고 추론적인 지식＋이데아와 같은 영원불변하는 실재에 대한 앎을 직관
	• 영혼의 최상의 부분
기개	자신이 생각하기에 나쁜 것을 볼 때 격정을 느끼는 부분
욕구	자신의 물질적인 복지 및 그것의 충족과 관련된 자연적인 부분

(5) 4주덕설

덕	정의	영혼	직업	교육
지혜	• 보편적인 진리를 파악하고 인간에게 좋은 것이 무엇인지 헤아려 올바른 판단을 내릴 수 있는 영혼의 힘 • 이성뿐만 아니라 기개, 욕구를 포함하여 전체 영혼을 위해 무엇이 좋은 것인지 헤아리는 역할	이성	통지자	철학 변증법
용기	두려워할 것과 두려워하지 않을 것에 관한 준법적인 소신의 지속적인 보전과 그러한 능력	기개	방위자	군사 훈련
절제	• 지배하는 이성과 지배받는 기개와 욕구 사이에 의견의 일치를 보고서 서로 시기하거나 미워하지 않는 것 • 모든 영혼에 필요	욕구	생산자	직업 훈련
정의	• 각자가 각자의 할 일을 하고, 다른 사람의 일을 넘보지 않는 것 • 영혼의 각 부분이 조화를 이루어 하나의 전체적인 기능을 훌륭하게 수행하고 있는 상태 • 이성적인 부분이 다른 두 부분을 인도하고 지시하며, 다른 두 부분은 이성의 지도하에서 자신의 고유한 일을 수행할 때 형성 • 이성이 다른 두 부분을 지배함으로써 얻게 되는 전체의 덕	–		

> **개념 ➕**
>
> 6세 이전의 유아에게는 동화와 신화를 가르치지만, 10세가 넘으면 부모의 영향을 받지 않는 시골로 보내져 국가가 마련한 계획에 따라 각종 놀이를 통해 도덕적 심성을 계발하는 교육을 시켜야 한다. 17~18세까지는 음악, 체육, 초급 수학을 가르치며 18~20세까지는 체육을 겸하여 엄격한 군사훈련을 시켜야 한다. 20세가 되면 시험을 통해 무사와 예비통치자를 구분한 후 예비통치자에게는 10년간 수학, 음학, 기하학, 천문학 등을 가르친다. 30세가 되면 다시 시험을 통해 가장 우수한 자를 선발해 철학을 가르치고, 35세부터 15년간은 국가의 정치에 참여하여 실제적인 경험을 쌓게 한다. 이 기간에도 여러 가지 형태의 시험들을 부과하여 철학자로서 정권을 잡고 국정을 이끌어 나간다.
>
> 플라톤, 『국가』

(6) 교육목적

① 인간에게 원래 선천적으로 내재해 있는 힘을 계발하여 **스스로 이데아의 세계를 볼 수 있도록 인간의 영혼을 전향시키는 일**

② 단순한 지식을 학생의 머리에 주입시키는 일반적 작용이 아니라, 잠자고 있는 **영혼을 자극하여 국가사회에서 자신의 맡은 바 소임을 스스로 다 할 수 있도록 일깨워 주는 일**

(7) 이상국가론

① 국가는 영혼이 확대된 것으로 **지혜, 용기, 절제, 정의의 4주덕(四主德)**이 사회 속에서 실현될 때 이상국가가 이루어짐

② **통치자, 방위자, 생산자** 계층의 사람들이 각각 다른 계층의 일에 간섭하지 않고 각자의 직분을 충실히 수행 → 전체적으로 조화를 이룬 국가

③ 철인정치: 선의 이데아에 대한 지식을 가진 **철학자가 통치하며 정의가 실현**

개념 ➕

정의로운 사람은 자기 안에 있는 각각의 것 −머리, 가슴, 배− 이 다른 부분의 일을 하지 않게 하고, 영혼의 부분들 −이성, 기개, 욕구− 이 서로에 관해 참견하지 않도록 하며, 진정으로 자기에게 고유한 일을 잘 정하고, 자신을 스스로 다스리고 질서 지우며 자신과 친구가 되고, 또 영혼의 세 부분을 저음과 중간음 그리고 고음과 같이 화음을 이루는 절대적인 세 음정처럼 조화시키고, 혹여 이들 사이에서 어떤 다른 것이 생겨나게 되면 그 모든 것을 함께 연결시켜서 이 모든 것들이 여럿에서 하나가 되도록 그리고 절제 있고 조화된 상태로 만드네. 그가 재물의 획득이나 몸을 돌보는 일이나 정치 및 개인적인 계약과 관련된 어떤 것을 행한다면, 저런 상태로 만들고 나서야 그는 행동하네. 그리고 그는 이러한 상태를 보존시키고 실현되도록 도와주는 모든 것들을 정의롭고 훌륭한 행동이라고, 또 이러한 행동을 관할하는 지식을 지혜라고 생각하고 또 그렇게 부르네. 반면 이 상태를 무너뜨리는 것을 부정의한 행동이라고, 또 이런 행동을 관할하는 의견을 무지라고 생각하고 또 그렇게 부르네.

플라톤, 『국가』

5 아리스토텔레스(Aristoteles, B.C.384~322)

아리스토텔레스는 플라톤의 제자로, 플라톤의 지나친 이상주의를 배격하고 실재의 기반을 현실사물의 세계로 끌어내렸다. 아리스토텔레스는 행복을 최고의 교육목적으로 보고, 그에 기초한 개인의 완성을 추구하였다. 특히 중용의 덕을 닦음으로써 행복한 생활을 할 수 있다고 주장하였다. 교육방법으로 한 사물을 다루는 데 있어 귀납적인 방법을 이용하여 객관적이고 과학적인 방법을 사용하였다. 교육의 내용은 초등학교에서는 육체적·도덕적 습관을, 중등학교에서는 회화, 체육, 음악 등을 통한 정서훈련을, 고등교육에서는 수학, 논리학, 과학, 철학 등을 통한 시민적 훈련과 이성적 훈련이 중요하다고 생각하였다.

(1) 현실주의

① 플라톤의 이원론적 세계관 비판, 이 세상은 수많은 개별적인 실체들로 이루어진 하나의 세계라고 주장

② **플라톤을 비판하며 선은 이데아의 세계가 아닌 현실세계에 존재하여 현실에서 실현되어야 한다**고 주장

③ 이상적이고 초월적인 선보다 '**인간에게 좋은 것[선(善)]'에 대한 탐구**를 중시

(2) 목적론적 세계관

① 인간의 모든 행위는 선(善)을 목적으로 추구

② **인간행위의 궁극적인 목적, 즉 최고선(最高善)은 행복**

③ **행복＝덕에 따르는 정신(영혼)의 활동, 이성에 따른 영혼의 활동이 탁월하게 수행하는 상태** →
행복을 위해서는 반드시 덕을 갖추어야 함

(3) 덕론

인간의 고유한 기능인 **이성이 탁월하게 발휘되는 상태**

지성적인 덕	품성적인 덕
• 영혼의 **이성적인 부분**과 관련된 덕 • 주로 **교육**을 통해 얻어지고 길러짐 • 세계에 대한 관조를 가능하게 함	• 영혼의 **감정이나 욕구 부분**과 관련된 덕 • **중용의 반복적 실천(습관)**을 통해 형성 by 실천적 지혜 • 일상생활에서 올바른 행위를 하게 함
철학적 지혜, 실천적 지혜	용기, 절제, 긍지, 정의 등

① 철학적 지혜

  ㉠ 사람을 전체적으로 지혜롭게 하는 것

  ㉡ 직관적 지성과 학문적 인식이 결합된 최상의 지적인 탁월성

② 실천적 지혜

  ㉠ 인간으로서 전체적으로 잘 사는 것과 관련하여 인간에게 참으로 좋은 것과 나쁜 것이 무엇인
지를 잘 숙고하여 행위를 산출하는 이성을 동반한 참된 실천적 상태

  ㉡ 중용을 실현함에 있어 심사숙고하여 중간을 선택하는 능력 – 올바른 이성의 역할 강조

  ㉢ 행위의 목적이 아니라, 목적에 도달하기 위한 좋은 수단의 선택과 관련된 지적인 탁월성

개념 ➕

덕에는 두 종류가 있다. 하나는 지성적인 덕이며, 다른 하나는 품성적인 덕이다. 지성적인 덕은 그 기원과 성장을
주로 교육에 두고 있다. 그런 까닭에 그것은 경험과 시간을 필요로 한다. 반면 품성적인 덕은 습관의 결과로 생겨난다.
품성적인 덕은 어떤 것도 본성적으로 우리에게 생기는 것은 아니다. 본성적으로 생기는 것이라면, 본성과 다르게 습관
을 들일 수 없기 때문이다. 예를 들어, 돌은 본성적으로 아래로 움직이도록 되어 있기 때문에 위로 움직이도록 습관
을 들일 수는 없을 것이다. 그러므로 품성적 덕은 본성적으로 생겨나는 것도 아니요, 본성에 반하여 생겨나는 것도
아니다. 우리는 품성적 덕을 본성적으로 받아들일 수 있으며 습관을 통해 완성시킨다.
품성적 덕은 감정과 행동에 관계하고, 이 감정과 행동 속에 과도와 부족 및 중용이 있다. 예를 들어 두려움과 대담함,
또 육욕이나 분노 및 연민, 일반적으로 쾌락과 고통을 느끼는 일을 너무 많이 또는 적게 할 수 있는데, 양쪽 모두
잘하는 것이 아니다. 반면, 이것들을 마땅한 때에, 마땅한 일에 대해, 마땅한 사람들에 대해, 마땅히 추구해야 할 목적
을 위해, 그리고 마땅한 방식으로 느끼는 것이 바로 중용이자 최선이고, 이것이 덕의 특징이다.

아리스토텔레스, 『니코마코스 윤리학』

(4) 중용

① 지나침에 따른 악덕과 모자람에 따른 악덕 사이의 중간

② 산술적 비례에 따른 중간이 아니라 가장 적절한 상태

③ 그 자체로 나쁜 감정이나 행동(예 질투, 절도)에는 중용이 없음

④ 품성의 탁월성은 실천적 지혜 없이는 형성되지 않음

⑤ 실천적 지혜 → 중용 → 품성적 덕

영역	모자람	중용	지나침
두려움과 대담함	비겁	용기	무모
즐거움과 고통	무감각	절제	방탕
재물	인색	후덕	낭비

(5) 주의주의

① 소크라테스의 주지주의 반대

② 자제력이 없는 사람은 자신의 앎과 다른 행동을 할 수 있음 → 실천의지 강조

(6) 공동체주의

① 인간은 본성상 정치적 존재

② 국가는 완전하고 자족적인 공동체

③ 인간은 이러한 국가의 구성원으로서 살아가야 궁극목적인 행복을 실현 가능

④ 공동체의 구성원으로서 사회적 책무에 충실해야 함

(7) 교육목적

① 직업기술이나 실제적인 유용성을 얻는 데 있는 것이 아님

② 이성을 훈련함으로써 사물의 본질을 관조하는 최상의 행복을 맛볼 수 있도록 준비

(8) 자유교육

① 인간의 영혼을 자유롭게 하는 교육

② 노예가 아닌 자유민이 받아야 할 교육

③ 직업적인 일을 하기 위한 교육이 아니라 여가를 올바르게 누리도록 준비시키는 교육

(9) 교육단계

① 발달순서: 육체 → 영혼의 비이성적 부분 → 이성

② 신체교육 → 인격교육 → 이성교육

신체교육	좋은 신체적 조건을 갖추게 하기 위한 체력훈련과 무기사용법이나 전투동작을 익히는 군사훈련
인격교육	**좋은 습관을 형성**시켜 주는 것, 음악을 통해 고상하고 좋은 것을 사랑하고, 천박하고 나쁜 것을 싫어하는 습관을 길러줌
이성교육	• 인간의 영혼을 신적인 경지로 고양하기 위한 것 • 인간은 이성을 사용함으로써 사물의 본질을 관조할 수 있으며, 그렇게 함으로써 자신의 삶을 신의 경지로 고양할 수 있음, 그것은 인간으로서 완전한 행복을 누리는 길

제2절 로마의 교육

1 공화정시대

(1) 특징

① 그리스들은 사변적이고, 철학적이며, 예술적인 성향이 강하였다.

② 로마인들은 매우 실제적이고 세속적인 성향이 강하였다.

③ 이러한 민족성 때문에 사색을 기초로 하는 철학을 즐기기보다 실제 생활에 필요한 지식과 기술을 중시하였다.

(2) 교육목적

① 용감한 전사, 애국심이 강하고 법률을 준수하는 국가에 유용한 시민 양성

② 이탈리아 반도의 지정학적 위치과 관련이 깊다. 반도는 늘 국방상의 약점을 안고 있기 때문에 강력한 군대조직이 필요했다.

(3) 교육내용

① 12동판법(十二銅版法)의 내용, 말타기, 권투, 수영, 창 사용법 등이었지만 체육이 특히 강조되었다.

② 강한 신체를 단련시키지 않고서는 용감한 전사를 길러낼 수 없기 때문이다.

(4) 가정교육

이 시기의 교육은 주로 12동판법에 따라 **가정**에서 이루어졌다. 일반적인 훈육은 어머니가 담당했지만, 시민으로서의 권리와 의무에 관한 법률적 지식 등의 지적인 교육은 아버지가 담당했다.

(5) 루두스(Ludus)

① 아버지가 직접 교육하기 어려운 경우가 생기고, 사회적 필요에 의해 루두스라는 **사립학교**가 생겨났다.

② '루두스'라는 단어가 '놀이' 또는 '심심풀이'를 뜻한다는 점에서 짐작할 수 있듯이, 이 **학교교육은 가정교육의 보조수단이었고 교육수준도 낮았다.**

2 제정시대

(1) 특징

① 기원전 146년에 그리스 정복을 기점으로 그 이전을 공화정시대, 그 이후를 제정시대라 한다.
② 그리스인들에 대한 로마인의 태도는 호의적이었기 때문에 그리스의 문화가 빠른 속도로 유입·확산되었다.
③ 그리스에서 넘어온 교사들은 큰 제재를 받지 않고 로마에 학교를 세울 수 있었다.

(2) 교육목적

① 웅변에 능숙해서 국가에 실제적 봉사를 할 수 있는 선량한 인간을 육성
② 언어의 능력과 공적 담화 및 성공적인 토론

(3) 교육기능

웅변에 능숙해서 국가에 실제적 봉사를 할 수 있는 선량한 인간을 육성

(4) 학교교육

① 문자학교(文子學校): 초보적인 독(讀), 서(書), 산(算) 교육 등의 **초등교육**을 담당하였다.
② 문법학교(文法學校): 언어나 문자연구를 위한 문법학교를 세웠는데 **중등교육**을 담당하였다.
③ 수사학교(修辭學校): 유능한 웅변가를 양성하고 전문적인 지식인을 양성하기 위한 학교로, **고등교육**을 담당하였다.

개념 ➕

키케로(Cocero, B.C. 106~43)
후기 로마 교육을 웅변가 양성이라는 방향으로 흐르게 하는 데 주도적 역할을 한 인물이다. 그는 뛰어난 웅변과 문필로 국가 최고의 관직에까지 올라간 정치가이며 웅변가인 동시에 로마 최고의 문장가로서 『주제론』, 『웅변가론』, 『웅변가 브루투스』 등의 웅변에 관한 저술을 남겼다. 그는 교육의 목적이 교양 있는 웅변가를 기르는 것이며, 이러한 웅변교육은 정치가가 되기 위한 필수과정이라고 생각했다. 당시에는 그리스의 철학이 로마에 널리 소개되었기에, 사람들은 철학공부와 웅변공부가 다르다고 생각하고 있었다. 그러나 키케로는 철학과 웅변이 대립되는 것이 아니고, 교육받은 사람이 되려면 철학과 웅변을 모두 갖추어야 한다고 생각했다. 즉, 지식은 그것을 적절하게 표현하는 능력을 갖추지 못하면 쓸모가 없으며, 동시에 지식이라는 원료가 없는 웅변은 아무런 힘도 발휘할 수 없다고 생각했다. 이러한 키케로의 생각은 실용적인 것을 숭상한 로마의 웅변의 전통과 자유로운 학문탐구를 추구해 온 그리스의 철학적 전통을 종합한 것이라고 볼 수 있다.

CHAPTER 02 중세의 교육

1 기독교 교육

(1) 교육목표
인간을 순종과 신앙으로 이끌고 기독교적 완전성에로 인도 – 종교적·교회적 공동체에서 활동하는 구성원으로 육성하여 천국의 시민이 될 수 있도록 하는 것

(2) 문답학교
교리문답을 중심으로 초등교육을 담당

(3) 고급문답학교
문답학교의 교사양성이 목적

(4) 사원학교
교회의 성직자를 양성하기 위해 세운 학교

(5) 궁정학교
왕족들의 교육을 위해 궁정에 세운 학교

(6) 수도원학교
수도사를 양성하기 위해 수도원에 세운 학교

2 기사도 교육

(1) 교육목적
무지하고 야만적인 기사들에게 기독교 정신을 습득시킴으로써 용기, 충성, 관용 등과 같은 군사적 미덕과 예의, 공손, 자비 등의 사회적 미덕을 갖추게 해 주는 일

(2) 특징
① 기사도 교육은 중세 말기인 12세기경에 그 절정을 이룸
② 7세에 부모를 떠나 명문의 성저(城底)에 들어가 예의범절 및 무예를 익히고, 14세부터 무사의 신분이 되어 기사의 7가지 기예(seven perfection: 승마, 수영, 투창, 검술, 장기, 시짓기)를 비롯한 궁정문화 전반에 대한 수업을 받고 21세가 되어 장엄한 의식을 거친 후에 기사가 됨

3 시민학교의 발생

(1) 배경

① 십자군 원정 결과 봉건제도가 몰락하고 시민사회가 성립되었다.

② 신흥 시민계급은 영주의 세력으로부터 독립하게 되고 교회의 권위는 실추되었다.

③ 실질적 세력을 장악한 시민계급은 종래의 지배계급 위주의 교육과는 다른 자신들의 실생활에 필요하고 알맞은 교육, 즉 직업적이고 생산적인 교육을 요구하게 되었다.

(2) 조합학교

① 중세 말 도시의 새로운 **시민정신과 시민문화가 형성됨으로써 세속적이고 현실적인 시민교육이 요청**되었다.

② 이러한 요구에 의해 생겨난 것이 **조합학교(guild school)이며 도제교육제도**이다.

4 대학의 발생

(1) 배경

① 중세의 대학은 **시대의 객관적 상황 변화로 인해 지적 요구가 충만한 학생들이 유명한 스승을 찾아 집결함으로써 각지에 자생적으로 나타났다.**

② 처음에는 일종의 **사숙(私塾) 형태로 출발**하였다.

(2) 대학의 설립

① 최초의 대학은 1088년에 설립된 이탈리아 북부지방의 볼로냐(Bologna) 대학으로, 1158년에 프리드리히 1세가 정식승인을 하고 13세기에 교황청의 승인을 받았다.

② 이탈리아 남부의 살레르노(Salerno) 대학은 의학을 중심으로 한 대학으로, 1060년에 세워져 가장 오래된 대학이나, 공인된 연도는 1231년이었다.

(3) 대학의 특권

학문연구의 자율성과 권위 그리고 학생들의 자치권을 바탕으로 설립된 종합대학의 성격을 지녔던 중세대학의 특권은 다음과 같다.

① 교수 · 학생의 병역 · 부역 · 세금 면제

② 대학 내 독립법정을 설치하여 치외법권적 지위 부여

③ 대학 자체의 학위수여권

④ 학생들의 총장선출권

CHAPTER 03 근대의 교육

제1절 르네상스기 교육

1 르네상스의 의미와 전개과정

(1) 르네상스(renaissance)

① 14~15세기에 걸쳐 이탈리아에서 출발하여 유럽 전역에 파급된 미술과 문학의 눈부신 발전을 일반적으로 르네상스 또는 문예부흥이라고 부른다.

② 르네상스란 <u>재생 또는 부활</u>의 뜻을 가진 프랑스어(renascita)에서 유래하였다.

(2) 교육에서의 문예부흥운동

① '<u>인문주의(humanism)</u>' 교육운동

② 중세의 스콜라주의(scholsticism) 교육에서 벗어나려는 새로운 교육경향

③ 인간이 중심이 되는 <u>인간 위주의 교육</u>

(3) 교육목적

현세에서 '<u>인간다운 삶</u>', '<u>교양 있는 삶</u>'을 누릴 수 있도록 준비하는 것

(4) 교육방법

① 고대 로마의 학교에서 가르쳤던 <u>문법, 수사학, 역사, 도덕, 철학 등</u>의 교과목을 배우는 것

② 인문주의 교육=<u>고전 공부</u>

③ 고전을 읽기 위한 준비과정으로 <u>고전 언어인 라틴어와 고대 그리스어</u> 공부

2 인문주의 교육의 발달

(1) 개인적 인문주의

① 문예부흥이 초기에 **이탈리아 반도**에서 전개된 인문주의 경향

② 초기 인문주의, 남부 인문주의

③ 스콜라주의에 염증을 느낀 사람들은 <u>개인의 삶을 보다 품위 있게 고양시켜 줄 교양을 넓히고, 다방면의 재능을 발휘할 수 있게 해 주는 새로운 삶</u>을 추구

④ 초기 인문주의의 관심은 예술활동과 문학공부를 통해 <u>개인의 교양을 넓히는 것</u>

(2) 사회적 인문주의

① 15세기 중반 이후 **북유럽 지역**에서 전개된 인문주의 경향

② **후기 인문주의, 북부 인문주의**

③ 고전을 공부한 소수의 엘리트 집단이 **다수의 대중의 의식을 개혁하기 위한 사회계몽운동**으로 전개

④ 개인의 교양을 넓히기 위한 것이 아니라 **사회개혁**을 위한 것

⑤ 계몽의 수단: 고전문학 속에서 드러나는 자유분방한 삶의 모습을 접할 수 있도록 **고전 공부**를 보급하는 일

⑥ **고전언어 학습**에 치중

⑦ 모든 학교들이 동일한 정신과 방법을 따르도록 교육활동을 조직화 ← **'공동생활 형제단(Brethren of Common life)'**이라는 종교단체가 학교교육을 통일적으로 감독

(3) 키케로주의

① 로마의 대문장가인 키케로(Cicero)의 수사학적 저작을 완벽한 라틴문학의 표본으로 생각하여 **키케로의 문체를 문법이나 작문교육의 모범**으로 삼고, 문학교육 교재를 키케로의 작품 속에서 찾으려는 경향 때문에 붙여진 이름

② 고전문학 공부가 인간다운 삶을 위한 수단의 단계를 넘어서 그 **자체가 목적으로 추구**되는 경향

③ 문학의 **내용보다 문법과 문체같은 형식적인 측면을 더 중요시**

④ **언어중심주의, 구술주의**

⑤ 이러한 **형식주의적 인문주의 교육에 반발하여 17세기에 실학주의 교육이 나타남**

핵심정리 ✓

개인적 인문주의	사회적 인문주의	키케로주의
• 이탈리아 반도 • 개인의 삶을 보다 품위 있게 고양시켜 줄 교양을 넓힘 • 예술활동과 문학 공부	• 북유럽 지역 • 다수의 대중의 의식을 개혁하기 위한 사회계몽운동으로 전개 • 고전언어 학습	• 고전문학 공부 자체가 목적 • 내용보다 문체 • 언어중심주의, 구술주의

제2절 종교개혁기 교육

1 종교개혁의 배경과 전개과정

(1) 시대적 배경

① 봉건적 지방분권체제가 교황의 보편적이고 초국가적인 교권의 기반이었으나, 이제 왕권을 중심으로 성장하고 강력해진 집권적 통일국가의 발전을 통해 교황은 그 기반을 잃어버리게 된다.

② 종교개혁은 사회적 특권과 막대한 부를 축적한 봉건귀족과 교회에 대한 투쟁으로 시작되었으며, 각국의 군주들이 지원한 운동이라 할 수 있다.

③ 르네상스의 인문주의와 개성의 각성은 중세 말의 정신적·지적 풍토를 변화시키고, 교회의 획일적 통제를 크게 약화시키고 무력하게 만들어갔다.

(2) 종교개혁의 직접적 계기

① 종교개혁은 **원시 기독교를 다시 일으켜 신과 인간의 매개자인 교회의 권위를 부정하고, 신과 인간의 직접적 교류를 통해서만 참된 신앙을 얻으려는 직접 신앙**을 말한다.

② 면죄부 판매: 당시 교황청의 사치는 극에 달하고 있었으며, 베드로 사원을 개축하는 데 막대한 자금이 필요하였던 교황 레오 10세는 독일 마인츠의 대주교인 알바트로 하여금 면죄부 판매를 승인하였다. 면죄부를 산 사람은 죄를 사하고, 신의 은혜로 말미암아 지옥행을 면할 수 있다는 등의 허무맹랑한 교리를 설파하였다.

③ 루터의 반박문

　㉠ 루터(Martin Luther, 1483~1546)는 1517년 10월 31일 비텐베르크 교회 문에 95개 조항에 달하는 반박문을 제시함으로써 본격적인 종교개혁이 시작되었다.

　㉡ 루터는 성경 로마서 1장 7절을 인용하여, 사람의 **구원은 면죄부가 아니라 성서와 개개인의 신앙에 의해서만 이루어질 수 있음**을 천명하고, 사면보다는 신앙에 의한 구제를 기원하라고 하였다.

2 종교개혁이 교육에 미친 영향

(1) 교육의 대중화

① **성서의 독일어 번역을 통해 교육의 대중화에 기여**하였다.

② 종교개혁은 소수 특권계급의 사람들뿐만 아니라 **일반대중도 이성을 계발하여 신에 대한 믿음을** 확고하게 할 필요가 있었다.

③ 히브리어와 헬라어로 쓰인 성경은 모든 국민들이 읽을 수 없었다. 루터에 의해 성서가 독일어로 번역됨에 따라 모든 국민이 성서를 읽을 수 있게 됨으로써 **보통교육의 보급이 빠르게 확산**되었다.

(2) 실용적 인간

① 신교는 신앙의 자유, 인간 자체를 중요시한 결과 **아동으로 하여금 즐겁게 교육받을 수 있게 하**
였으며 과학적 진리를 허용하였다.

② 교육은 실제 **사회에 유용한 인물을 양성**하는 데 주안점을 두게 되었다.

(3) 현실적 사회발전

다양한 교육과정의 운영으로 **종교적인 것과 세속적인 것의 조화를 도모하여 현실적인 사회발전**을
강조하였다.

(4) 가정교육

기초교육으로서의 가정교육의 의미를 부각시켰다. **모든 국가발전의 기초는 가정교육**에 있으며, 자
녀교육을 모든 교육 가운데 가장 중요한 것으로 여겼다. 가정교육의 중요성을 강조한 것은 후에
페스탈로치에게도 많은 영향을 미쳤다.

3 루터(Martin Luther, 1483~1546)의 교육사상

(1) 의무교육제도

① **모든 부모는 귀천, 빈부, 남녀의 구별없이 자녀를 학교에 보내야 한다**고 하였으며, 정부는 그
국민들에 대하여 아이들의 취학을 강제로 규정할 수 있다고 보았다.

② 이로써 완전하게 의무교육이 실시된 것은 아니지만 적어도 초등의무교육의 초석을 마련했다고
볼 수 있다.

(2) 공교육제도

① **교육의 국가책임론을 강조**하였으며, 학교는 공공단체의 공적 경비에 의해 공적 제도로 운영되
어야 한다고 하였다.

② **학교의 설립과 유지는 교회의 책임이 아니라 국가와 정부의 책임**이라는 것이다. 이로써 오늘날
공교육(public education)제도의 기초가 형성되었다.

(3) 교육과정

① 학교 교육과정에 있어서 **풍부한 교육과정**을 요구하였다.

② 종교개혁의 정신과 인문주의적 정신에 입각하여 그리스어, 라틴어, 히브리어 등의 고전어는 물
론 역사, 자연, 음악, 체육 등의 **다양한 교과를 중시**하였다. 특히 **정서교육과 건강교육의 수단으**
로서 음악과 체육을 강조하였다.

(4) 교수방법

① 교수방법의 개선을 요구하고 **사물 자체에 대한 인식을 강조**하였다.

② **언어는 문법을 통해서가 아니라 실제 연습을 통해** 익혀야 하므로, 사물에 관한 인식은 말에 의한 인식이 아니라 **사물 자체에 의한 인식**을 주장하였다.

(5) 인격존중

① 아동은 신의 선물이라고 하여 **아동의 인격을 존중**하였다.

② 훈련에 있어서 매질과 같은 **체벌에 반대**하였으며, 아동의 **자유스럽고 자연스러운 성장**을 촉구하였다.

(6) 교직의 고귀성

① **교직과 성직을 동일한 차원**에서 이해하였다.

② 초등학교에서 **여교사가 채용**되어야 한다고 함으로써 과거의 학교에서 남성만을 교사로 채용하던 관습을 반대하였다. 이로 인하여 여교사의 출현이 가능해졌다.

제3절 실학주의 교육

1 실학주의 교육의 등장배경

(1) 등장배경

① 종래의 인문주의 교육은 **키케로주의라는 편협하고 형식적인 언어중심주의**로 흐르게 되었다.

② 고전공부를 특징으로 하는 인문주의 교육이 보다 인간적인 삶을 열망하는 근대정신을 더 이상 수용할 수 없게 되었다.

③ **자연과학의 발달과 그에 따른 사고방식의 변화**

(2) 특징

① 교육의 이론 및 실제에서 관념적인 것보다 **실용성과 실천성을 중요시하는 교육사조**

② 언어로 표현되는 추상적 관념의 습득보다 **구체적 사물에 대한 직접적 경험을 강조하며, 언어 또는 문학보다 자연현상이나 사회제도를 대상으로 연구**

③ 현실생활에 대한 **구체적이고 실제적인 학습을 강조하는 경험주의 교육사조**

2 실학주의 교육의 유형

(1) 인문적 실학주의

① 특징
- ㉠ 인문주의에서 실학주의로 넘어가는 **과도기에 나타난 실학주의 초기**의 모습
- ㉡ **인문주의의 형식화에 대한 반발**
- ㉢ 인문주의를 비판하며 교육의 **현실적 적합성과 실용성**을 강조

② 대표적 학자: 밀턴(J. Milton, 1608~1674)
- ㉠ 키케로주의의 폐단을 지적, 광범위한 인문주의를 교육 실제에 적용
- ㉡ 교육목적: 신의 인식을 통해 인간의 타락을 교정+교양교육을 받은 사람을 양성
- ㉢ 교과목: 문법, 위대한 교육문헌, 산수와 기하학, 종교와 성서 이야기 등
- ㉣ **일방적인 교수보다 교사와 학생 간의 토론수업이 학습효과를 높이는 좋은 방법**

(2) 사회적 실학주의

① 특징: 사회생활을 통해 얻어지는 **실재적인 경험을 중시**한 교육사상
② 교육목적: **실제 생활을 통해 폭넓은 지식과 교양을 겸비한 사람, 신사(紳士, gentleman) 양성**
③ 참된 교육: 서적을 통해서가 아니라 **실제 생활**을 통해 이루어져야 함 → 실제 생활을 통해 배우고 익힌 경험이 서적을 통해 배우고 익힌 지식보다 훨씬 쓸모
④ 교육방법: **여행을 통해 풍부한 지식과 경험을 쌓으며, 실제 생활에 도움을 주는 교과목**을 배우고 익힘
⑤ 대표적 학자
- ㉠ 미셸 에켐드 몽테뉴(Michel Eyquemde Montaigne, 1533~1592)
  - 교육목적: 현학적이고 박식한 사람을 길러내는 것이 아니라 **이해력과 양심을 가진 신사를 기르는 것, 삶을 살아가는 지혜**를 가지도록 하는 것
  - 교육방법
    - 여러 가지 다양한 교과목과 지식을 습득해야 하지만 모든 이들에게 똑같이 주어져서는 안 됨
    - 판단력과 선의지가 부족한 사람에게 제공되면 위험한 결과를 가져올 수 있음
  - 지식의 가치를 부정하거나 경시한 것은 아님. 지식은 위대한 장식이고 유용한 도구
  - 실제적 지혜의 기초가 충분히 다져지기까지는 학문적 지식을 습득하는 공부는 보류
  - **삶의 지혜를 기르는 교육**: 주위 사람들과의 교류 - 여행을 통해 세상 견문을 넓히고, 역사 공부를 통해 다른 시대에 살았던 사람들과 교섭
  - **세상은 가장 훌륭한 교과서**

- 여행은 교사로 하여금 부모의 간섭을 받지 않고 학생을 거친 생활과 힘든 일에 적응시킬 수 있게 함

  ☞ "아동을 보다 지혜 있고 선량한 사람으로 가르치고 난 뒤에 우리는 그에게 논리학, 물리학, 기하학, 수사학에 관하여 설명해 준다. 그 전에 이미 판단의 훈련을 받았기 때문에 아동은 머지않아 자신에게 맞는 지식을 습득하게 될 것이다."

ⓒ 로크(John Locke, 1632~1704)

- 베이컨의 경험론을 계승한 철학자이며, 몽테뉴의 사회적 실학주의 교육사상을 계승
- **백지설(Tabla rasa): 인간의 본성은 본래 타고나는 것이 아니라 후천적인 경험을 통해 만들어지는 것**
- 인격: **감각적 경험의 산물**, 우리가 태어나서 무엇을 보고, 듣고, 경험하느냐가 우리들의 사람 됨됨이를 결정함
- 교육목적: **사회적으로 유능한 신사(紳士)를 길러내는 일**, 신사가 되기 위해서는 **덕(virtue), 지혜(wisdom), 예의(breeding), 학문(learning)**을 고루 겸비해야 함. 이 중 덕이 신사가 먼저 갖추어야 할 1요소
- 교육과정: **지육(智育), 덕육(德育), 체육(體育)** 모두가 필요한데 **그중에서 체육이 중요**하다고 봄. 읽기, 쓰기, 그리기, 언어, 산수, 지리, 역사, 기하학, 윤리학, 시민법, 헌법, 수사학, 논리학, 자연철학, 그리스어, 춤, 음악, 펜싱, 승마, 여행 등
- 교육대상: **부유한 가정의 자제들**
- 평가: 로크의 교육에 관한 생각은 지나치게 귀족주의적이고 교사 중심적이며 너무 많은 교과목을 제시했다는 점에서 비판을 받았지만, 영국 교육의 정신적 지주가 되었으며, 그가 정립한 신사도(紳士道)는 영국을 넘어 세계적인 인간상이 되었다.

(3) 감각적 실학주의

① **진정한 의미의 실학주의**로, **자연과학의 지식과 연구방법**을 교육에 끌어들임으로써 교육의 **현실적 적합성과 실용성**을 확보하고자 한 교육사조이다. → **과학적 실학주의(Scientific realism)**

② 베이컨의 경험론 철학에 의해 촉발되었다. 베이컨의 경험론 철학에 감화된 감각적 실학주의자들은 **감각경험만이 올바른 지식을 획득하는 통로**라고 생각하여 교육의 기본원리로 삼았다.

개념 ➕

프란시스 베이컨
- 지식은 감각경험을 귀납적으로 일반화하여 얻어지는 것
- 여러 가지 사물과 자연현상의 원인을 알아냄으로써 그것을 역으로 이용하여 자연을 통제할 수 있는 힘을 얻게 됨
- "아는 것이 힘이다."
- 삶에 힘이 되는 과학적 지식을 얻기 위해서는 모든 고정관념에서 벗어나 자연을 관찰하고 귀납적 방법으로 연구

③ 감각경험을 통해 이루어지는 실물학습(object lesson)은 책을 통한 간접학습보다 효과적이며, 자연법칙에 따라 교육을 하고 자연과학의 지식을 존중하였다.

④ 교육의 중심과업: 감각을 훈련하는 일

⑤ 대표적 학자

　㉠ 영국의 리처드 멀캐스트(Richard Mulcaster, 1530~1611)

　㉡ 독일의 볼프상 라트게(Wolfgang Ratke, 1571~1635)

　㉢ 체코의 요한 아모스 코메니우스(Johann Amos Comenius)

핵심정리 ✓

인문주의	구분	실학주의
• 폭넓은 교양 • 고전과 고전언어 중시	교육목적	• 실용성 • 모국어와 현대 외국어 중시
언어중심 교육	교육내용	실물중심 교육 "언어 이전에 사물을"
• 고전작품 속 '말씀' • 관념적·추상적인 간접교육	삶의 지혜	• 삶의 현장에서 직접 체험 • 실제적·구체적인 직접교육
7자유학과	교과목	20~30개의 교과목
암송	교육방법	• 오감(五感)을 폭넓게 활용하는 감각적 방법을 동원하는 것 • "모든 지식은 감각으로부터 나온다." • 여행, 관찰, 실습, 실험, 그림과 같은 도표, 지도와 지구본 등의 교구 도입

3 요한 아모스 코메니우스(Johann Amos Comenius, 1592~1670)

코메니우스의 눈에 비친 학교교육은 제대로 된 교과서도 없이 뜻도 모르는 문법규칙을 외우게 하는 형편없는 교육이었다.

(1) 『대교수학(Didatctika Magna)』

교육에 대한 자신의 생각을 정리한 책이다.

(2) 교육목적

지식을 쌓고, 도덕을 함양하며, 신앙심을 길러 완전한 삶을 준비

(3) 교육내용

① 범지학(汎知學, pansophia: 일체지 – 지식의 총체)의 획득

② "모든 사람들에게 모든 것을 가르친다."

(4) 교육대상

① 교육은 일부 상류층을 위한 것이 아니라 **모든 인간을 위한 것** – 마틴 루터 계승
② **보통의무교육제도**의 성립을 촉진

(5) 교육방법

합자연의 원리 – "이상적인 교육의 원리는 자연의 움직임과 일치하는 것이어야 한다."

개념 +

자연의 방법
① 모든 자연현상에는 원인이 있고 순서가 있으므로 학습에도 순서가 중요하다.
② 식물은 줄기가 먼저 자라고 그 다음에 가지가 자라므로, 학습에서도 **보편적 원리를 먼저 가르치고 구체적이고 특수한 것은 나중에 가르쳐야 한다.**
③ 자연에서는 재료가 먼저 준비되고 형태는 나중에 부여되므로, **학습에서도 실물에 대한 지식을 먼저 가르치고 논리적 분류는 나중에, 언어를 먼저 가르치고 문법은 나중에 가르쳐야 한다.**
④ 자연의 작용은 획일적이므로 교육의 방법도 **모든 교과목에 동일하게 적용되어야 한다.**

(6) 시청각 교육의 모체: 『세계도회(Orbis Sensualium Pictus)』

① 세계 최초의 그림이 든 교과서
② 어린 아동을 위한 교과서

(7) 교육단계

어머니 학교	• 태어나서 6세가 될 때까지 아이가 어머니 무릎에서 건강과 삶에 필요한 지식의 기초를 다지고, 신앙생활의 기본습관을 익히는 것 • 자연의 사물을 바르게 지각할 수 있는 외적 감각을 개발
모국어 학교	• 6세~12세 사이에 있는 모든 아동에게 생애 전체를 통해 유용하게 쓰일 모국어 읽기, 쓰기, 산수, 측정, 노래, 역사, 기술의 원리 그리고 도덕과 종교를 가르치기 위한 학교 • 상류층 아동들만 초등교육을 받던 당시의 관행에 반대 • 모든 아동이 먼저 모국어 교육을 받아야 함 • 학교의 기능: 상상과 기억이라는 내적 감각 발달
라틴어 학교	• 학교의 기능: 이해와 판단능력을 기르는 것 • 라틴어, 그리스어, 히브리어와 현대 외국어 한 가지를 배우고 모든 과학과 문학의 기초를 다짐
대학	• 앞 단계에서 길러진 모든 능력을 조화롭게 하는 의지를 개발 • 대학교육의 기회는 라틴어 학교의 마지막 단계에서 시험을 통과해 합당한 자질을 갖춘 선발된 지성인에게만 부여

(8) 저서

① 『유아기의 학교(The School of Infancy)』: 생후 6년 동안의 가정교육

② 『언어입문(Janua Linguarum Reserata)』: 라틴어 교과서

③ 『사물입문(Janua Linguarum Reserata)』: 신과 자연과 학문에 관한 근본적인 개념을 백과사전식으로 형식에 맞게 체계적으로 제시

핵심정리 ✓

인문적 실학주의	• 인문주의적 고전어 교육을 수용하되, 고전의 형식보다는 실생활과 관련된 내용을 중시하는 점에서 인문주의와 구분 • 대표학자는 라블레와 밀턴
사회적 실학주의	• 사회생활의 경험을 주요 교육내용으로 강조하고, 세상에 밝고 세련된 사회성을 지닌 사람(신사)을 양성하는 것을 교육목적으로 함 • 대표학자는 몽테뉴와 로크
감각적 실학주의	• 지적 탐구와 교육에 있어서 감각적 직관을 중시하는 감각적 실학주의는 실학주의의 핵심 • 대표학자는 라트케와 코메니우스

제4절 계몽주의 교육

1 계몽주의와 교육

(1) 계몽주의의 등장배경 및 특징

① 18세기에 유럽에서 계몽사상(enlightment)이 출현하였다. **계몽(啓蒙)이란 '꿈에서 깨어난다는 것'을 의미**한다. 즉 몽매함, 구습, 무지, 편견, 권위에서 벗어난다는 것을 뜻한다.

② 계몽주의자들은 신앙을 탄압했던 종교적 권위주의에 도전했으며, 사회적 불평등을 가져오는 그릇된 제도를 고발했다. 뿐만 아니라 시민의 자유와 인권을 짓밟는 정치적 전제주의에 강력하게 저항하였다.

③ 계몽사상은 한편으로는 정치적 혁명운동으로 전개되었으며, 다른 한편으로는 사회개혁운동으로 전개되었다.

④ 계몽사상의 특징

　㉠ 계몽사상은 **합리주의(rationalism)를 지향**한다. 합리주의란 이치(理致)에 맞도록 생각하는 힘, 즉 **이성을 가장 중시하는 사상**이다.

　㉡ 계몽사상은 **자연주의(naturalism)를 지향**한다. 계몽사상가들은 **자연법(自然法) 사상에 기초하여 자연의 빛에 비추어 보면 인간은 본래 자유롭고 평등한 존재**라고 주장하였다.

(2) 계몽주의 교육의 특징

① 교육목적: **이성을 구사할 수 있는 사람을 양성**하는 데 있다고 생각했다. 그들은 **이성의 능력을 강화시키면 시킬수록 합리적인 판단능력이 커질 것**이며, 나아가 사회개혁 및 사회진보의 가능성도 커질 것이라고 믿었다.

② 교육과정: 이성의 능력을 키우기 위해서는 **철학을 비롯하여 자연과학, 정치, 경제, 미술, 문학, 사교상의 예법**을 가르쳐야 한다고 주장했다. **철학은 이치(理致)를 탐구하는 학문으로서 합리적인 능력을 기르는 데 가장 효과적이고 적합한 분야**라고 생각했기 때문이다.

(3) 계몽주의 교육사상가

① 18세기 계몽주의 교육이론 및 실제에 영향을 준 사상가들로서는 **볼테르(F. M. A. Voltaire), 디드로(D. Diderot), 흄(D. Diderot), 칸트(I. Kant)** 등을 들 수 있다. 이 중 칸트는 철학자로서 더 많이 알려진 인물이지만 교육에 대한 관심도 대단히 컸다.

② 칸트(I. Kant, 1724~1804)

    ㉠ 칸트는 인식론 분야에서 데카르트의 합리론과 베이컨의 경험론을 비판적으로 종합하였으며, 윤리학 분야에서 행위의 결과만을 중시한 **목적론적 윤리학설을 비판하고 행위의 동기를 중시하는 의무론적 윤리학설의 체계**를 완성하였다.

    ㉡ 인간이 자신의 이성에 의해 외부의 도움 없이도 지식과 행동의 원리들에 의해 살아갈 수 있다는 자율성(autonomy)을 강조한 철학자이다.

    ㉢ 그의 철학의 정수를 담고 있는 책으로 **『순수이성비판』, 『실천이성비판』, 『판단력비판』** 등이 있으며, 교육에 지대한 관심을 가지고 1803년에는 『교육론』을 써냈다.

    ㉣ 이상적 인간상: 먼저 훈련되어야 하며, 풍부한 교양을 가지고 있어야 하고, 명석한 지혜를 가지고 있어야 한다. 또한 도덕적으로 훈련되어 있어야 한다. 즉, 칸트에게 있어서 **훈육, 교양, 지혜는 교육받은 사람의 이상**이었다.

2 자연주의 교육

(1) 자연주의 교육의 특징

① 18세기는 철학적으로 이성과 합리성이 지배했던 시대이기는 했지만, **교육사적으로는 자연주의 교육사상이 풍미했던 시대**였다.

② 교육사에서 말하는 자연주의는 **인위적인 교육에 반대되는 자연적인 교육**을 의미한다.

③ 특징

    ㉠ 자연주의 교육이란 **자연에 일치하는 교육**을 의미한다. 즉, 자연의 법칙을 교육의 과정에 적용·응용한다는 것을 의미한다. 이러한 의미에서 자연주의는 **라트케(W, Ratke)와 같은 실학주의 교육사상가들의 사상을 계승**하였다고 할 수 있다.

ⓛ 자연에 일치하는 교육을 한다는 것은 모든 인위적인 것에 반대하여 **자연으로 돌아간다는 것**을 뜻한다. 그리하여 자연주의자들은 **아동에 대한 인위적인 환경과 훈련을 공격하고, 아동의 자연스러운 자발성을 해치는 요소들을 비판**하였다.

ⓒ 자연주의 교육이란 **인간의 자연스런 본성을 최대로 드러내는 것을 목표로 하는 교육**이다. 따라서 자연주의교육자들은 아동의 자연스러운 본성이 최대한 드러나도록 하기 위해서는 **가능한 많은 자유**를 주어야 하며, **간섭을 최소화**해야 한다고 생각했다.

(2) 루소(J. J. Rousseau, 1712~1778)의 교육사상

① 교육의 목적

　ⓖ **자연인을 육성**

　ⓛ 자연인: 야만인이 아니라, 사회제도의 법칙보다는 그 자신의 본성의 법칙에 의해 지배되고 지도되는 인간

　ⓒ 고상한 야인: 자연성을 보존하면서 도덕적 자유를 실천할 수 있는 사람

② 소극적 교육론(negative education)

　ⓖ 어린이 밖에서 어린이에게 적극적인 영향을 주어 어린이를 강제적으로 통제하려는 적극적 교육론의 반대개념

　ⓛ 인간교육과 사물교육이 자연교육에 따라야 함

③ 『에밀』

　ⓖ 『에밀』은 완전한 형태의 소설은 아니다. 부분적으로 소설의 형태를 취하기는 했지만 논리정연하게 쓰여 있다.

　ⓛ 성선설(性善說): "조물주가 만물을 창조할 때는 모든 것이 선하지만 인간의 손에 넘어오면 모든 것이 타락한다." 이 선언은 인간의 본성이 본래 선하다는 성선설을 전제하고 있다. 자연스런 본성을 지닌 자연인이 도심지의 사람들과 어울리고 그들에 의해 양육될 때 그의 본성은 타락할 수밖에 없다는 것이다.

④ 여성교육관

　ⓖ 지나치게 **보수적이라는 비판**을 받는다.

　ⓛ 여성은 순종과 겸양의 미덕을 갖추고, 남편을 즐겁게 해 주며 노인들을 위로해 주어야 한다는 모습을 강조했다.

　ⓒ **남녀의 교육은 동일할 수 없다.**

1부	0~5세, 유아기	• 유아기는 주변에 있는 사물과 사람들을 모방하고 반응하는 법을 배우는 시기 • 가능하면 많은 자유를 주어야 하며, 자연스러운 성장의 발달을 저해하는 요소를 제거해야 함 • 아이를 유모나 가정교사에게 맡기는 것은 자연의 이치에 어긋나는 것 • 아이의 자연스러운 성장을 막는 인위적인 지적이고 도덕적인 교육을 삼가야 함
2부	5~12세, 아동기	• 아동기는 언어의 습득과 오관의 발달이 주요한 시기 • 언어와 오관의 발달은 책을 통해서가 아니라 직접적인 경험을 통해서 배워야 함
3부	12~15세, 청소년기	• 에밀이 지식을 배우는 시기 • 천문학, 물리, 지리 등 자연과학과 수공(手工)을 배움 • 책을 통해서가 아니라 실물교육을 통해 스스로 발견하도록 해야 함 • 자연과학과 실물교육에 필요한 교과만을 가르쳐야 하며 형이상학, 도덕과 같은 교과들을 가르쳐서는 안 됨
4부	15~20세, 청소년기	• 인과관계와 사회제도에 관한 지식을 배움 • 사회학, 심리학, 윤리학, 정치학 등을 배움 • 이 시기는 정열이 발달하는 시기로 이 정열을 통제하기 위해 종교교육과 도덕교육이 이루어져야 함
5부	소피 (Sophie)	• 에밀의 배우자가 될 소피의 교육과정과 결혼생활에 대한 내용 • 루소의 이상적인 여성관과 여성교육관이 잘 드러난 곳

(3) 범애주의

① 특징

㉠ **계몽사조를 기반으로 루소의 영향을 받아 형성**

㉡ 목적: 공리공론보다 실리에 중점, 평화롭고 행복한 생활을 하는 시민 육성

㉢ 성격: 문자 그대로 종교나 국가의 차별 없이 **전 인류를 사랑하여 행복을 증진시키는 것**을 중시

② 바제도(Johahard Bernhard Basedow, 1723~1790)

㉠ 루소의 『에밀』 출판 이후 독일에서 그의 영향을 받아 실제적인 교육개혁운동이 범애학파를 중심으로 전개되었다.

㉡ **바제도로부터 출발한 범애주의 교육운동은 독일의 교육발전에 기여**하였다.

㉢ 범애주의에 입각한 독일의 교육개혁을 주장하였다.

㉣ 1774년 데싸우(Deassau)에 설립한 **범애학교에서는 루소의 자연주의 교육의 영향을 받아 학생들의 생활을 구속하는 전통적 교육의 인위적 관습을 없애고, 모든 것이 자유롭고 자연스러운 상태 속에서 학습**할 수 있도록 하였다.

③ 잘츠만(Christian Gothilf Salzmann, 1744~1811)

㉠ 바제도의 글을 읽고 영향을 받아 범애학파의 사상을 연구

㉡ 1781년 바제도가 운영하는 데싸우의 범애학교에서 종교교사로 근무하였으나, 이 학교를 그만두고 1784년 슈네펜탈(Schnepfental)에 새로운 범애학교를 설립

ⓒ 이 범애학교에서는 전 교직원 및 가족 그리고 학생들이 함께 생활하는 공동체를 형성

ⓔ 교육의 목적: **개인으로서 행복을 자각하게 하고, 나아가 타인의 행복을 증진하는 데 충분히 노력**하고 기여할 수 있는 인간형성

제5절 국가주의 교육

1 19세기의 시대적 배경

(1) 시대적 배경

① 19세기는 단일한 개념으로 규정하기 힘든 복잡한 시대이다. 정치적으로는 제국주의(帝國主義)가 등장하여 영토 확장과 식민지 확보에 혈안이 되어 있었고, 경제적으로는 산업혁명의 결과 가내 수공업에서 공장제 기계공업에로의 변화가 이루어짐에 따라 초기 자본주의(資本主義) 경제체제가 성립되었다.

② 초기 자본주의의 경제체제는 기계를 사용함으로써 대량생산을 해 낼 수 있었고 국부창출의 원동력이 되었다. 그러나 산업혁명은 부의 불평등한 분배로 부익부 빈익빈 현상을 가져왔으며, 급기야는 자본가와 노동자 간의 극심한 대립과 반목을 가져왔다.

③ 산업혁명에 성공한 유럽 국가들 안에서 소수의 자본가들이 다수의 노동자의 임금을 착취하는 일이 만연하였다. 유산자와 무산자라는 계급의 양극화는 경제적 불평등은 물론이고 사회적 부조리를 낳았으며, 실업률의 증가, 빈곤과 기아의 만연, 범죄율의 증가라는 심각한 사회문제를 양산해 냈다.

(2) 국가주의 사상의 출현

① 19세기에는 국가주의(國家主義) 사상이 발흥하였다. 국가주의는 **개인의 이익보다는 국가나 민족 전체의 이익을 우위에 두는 이념 및 사상**을 말한다. 따라서 이 사상은 국가의 이익이 그 어느 것보다도 우선하기 때문에 **국민 개개인은 언제나 국가 전체 이익을 위해서 희생해야 한다**는 논리를 내세운다.

② 이러한 사상이 등장하게 된 것은 나폴레옹(Napoleon) 전쟁과 관련이 깊다. 나폴레옹의 침략을 받은 유럽 국가들은 앞을 다투어 대외적으로는 국가차원의 국가조직 및 체제정비를 통해 부국강병을 꾀하는 동시에 대내적으로는 국민정신과 민족정신을 고양시키기 위한 방안을 모색하기에 이르렀다.

③ 이러한 국가주의 사상의 형성 및 발전에 기여한 인물들로서는 독일의 피히테(J. G. Fichte), 헤겔(G. W. F. Hegel), 덴마크의 그룬드비히(Grumvig), 프랑스의 샬로테(La Chalotais), 영국의 랑카스터(J. Lancaster), 오웬(R. Owen), 미국의 제퍼슨(T. Jefferson) 등을 들 수 있다.

(3) 사회개혁 사상의 출현

① 19세기에는 산업혁명이 가져온 모순과 문제점을 개선하고자 하는 사회개혁 사상이 등장하였다. 하나는 **사회주의(socialism)** 사상이며 다른 하나는 **공리주의(Utilitarianism)** 사상이다.

② 사회주의는 초기 자본주의가 가져온 폐해와 모순을 타파하고 새로운 국가를 건설해야 할 것을 역설한 사회혁명 사상이다. 이러한 사상은 프랑스의 생시몽(C. H. Saint Simon), 프리에(C. Fourier), 영국의 오웬(R. Owen)에 의해 시작되었으나, 이것을 계승·발전시킨 것은 독일의 **마르크스(K. Marx)와 엥겔스(F. Engels)**였다.

③ 마르크스와 엥겔스는 『공산당선언』(Communist Menijesto, 1948)이라는 책을 통해 사회혁명에 대한 구체적인 이념과 목표와 방법을 제시했다. 그들은 부조리하고 불평등한 자본주의를 타도하기 위해서는 착취받고 있는 노동자와 농민들이 대동단결하여 '폭력혁명'을 일으켜야 한다고 주장했다.

④ 공리주의자였던 **벤담(J. Bentham)과 밀(J. S. Mill)**은 소수의 사람만이 행복하고 다수의 사람들이 불행한 초기 자본주의 사회는 개선되어야 한다고 생각했다.

⑤ 그들은 사람들이 '**최대다수의 최대행복**'의 원리에 입각하여 행동할 때 이상적인 사회가 실현될 수 있다고 생각했다. 어떤 행동이 특정한 개인이나 특정한 집단의 이익을 증진시키기보다는 사회 전체의 이익을 증진시켰을 때 비로소 그 행위가 도덕적으로 정당화될 수 있다고 주장했다.

2 국가주의 교육

(1) 등장배경 및 특징

① 근대 초 민족주의 국가가 형성되면서 이들 국가들은 17~18세기에 이르러 확연한 영토와 경제적 부를 축적하고, 막강한 군사력을 가지면서 완전하고 힘 있는 국가로 성장·발달하게 되었다.

② 유럽지역에서는 **국가가 필요로 하는 인재를 양성할 것을 목적으로 하는 국가주의 교육사상 또는 국민주의 교육사상이 등장**하였다.

③ 19세기에 이르러 나폴레옹의 침략주의에 부딪치게 되자 각국에서는 국가적·국민적 사상이 대두하게 되어 국민교육의 필요성이 더욱 고조되었다. 그리하여 유럽의 **국가주의 국가들은 교육을 국가가 관리하고, 교육제도를 재조직하며, 의무교육제도를 실행**하는 등 교육계에 커다란 변화가 일어났다.

④ **공교육(公敎育)이 본격적으로 강화**되기 시작한 것도 바로 이때부터이다.

⑤ 특징

  ㉠ 국민의 의지를 결속시키고 **애국심을 고취**시키기 위해 지리학, 언어학, 역사학 등의 교과학습을 중요시

ⓒ 교육목적, 내용, 방법, 제도 등을 **국가의 이익과 발전**을 위해 재조직하고 통제

ⓒ **개인의 자유, 인권, 창의성, 자율성은 개입될 여지가 없었음**

(2) 피히테(J. G. Fichte, 1762~1814) – 『**독일 국민에게 고함**』

① 독일이 패망하게 된 원인

   ㉠ 국민 모두가 개인주의적 이기심에 빠진 점

   ㉡ 진리에 대해 냉담하고 무관심한 점

   ㉢ 죄악에 지배되어 도덕적으로 파멸한 점

② 새로운 국민교육

   ㉠ 새 교육의 목적은 애국적인 독일인 양성

   ㉡ 새 교육은 그 방법 면에서 직관과 자기활동을 위주로 하는 것

   ㉢ 새 교육은 공동체 생활을 통한 **실생활 준비교육**이 되어야 함

   ㉣ 새 교육은 **계층과 사회적 지위에 관계없이 모든 국민을 대상**으로 해야 함

   ㉤ 새 교육은 **남녀아동이 함께 양육**되어야 하며, 각각의 성(性)에 특이한 부분을 제외하고는 동일한 교육을 받아야 함

③ 도덕교육

   ㉠ **철학, 시, 살아 있는 언어**가 중요

   ㉡ **철학과 교육은 불가분의 관계**를 가지며, 국민이 교육을 받지 않으면 철학을 이해할 수 없고, 철학이 없으면 교육이 완전해질 수 없음

   ㉢ **조국애가 국가보다 더 높은 개념**이므로 조국애가 국가를 지배해야 한다고 생각

④ 페스탈로치에 대한 평가

   ㉠ 페스탈로치의 민중교육론을 높이 평가하였다. 그의 교육방법이 민중교육을 일반화하고 사회 전반에 만연되어 있는 계급의 격차를 해소하는 데 기여할 것으로 믿었다.

   ㉡ 페스탈로치의 노작교육론(勞作敎育論)에 대해 긍정적으로 평가하며 노동의 가치와 근로의 습관을 가지도록 가르쳐야 한다고 주장하였다.

   ㉢ 학교 안에서 학습과 노작이 결합된 교과로서 농업, 수공, 원예, 목축 등을 가르쳐야 한다고 주장하였다.

1 신인문주의 교육의 특징

(1) 유럽 전역에 국가주의 교육사상이 확산되고 있을 즈음 다른 한편에서는 신인문주의(Neo-Humanism) 교육사상가들이 등장하여 활약하였다.

(2) 신인문주의자들은 **18세기의 합리주의 교육론과 주지주의적 교육론이 이성과 지성의 계발 및 도야를 지나치게 강조**함으로써 절름발이 인간을 길러 냈다고 비판하고, **지(知), 정(情), 의(意)를 고루 겸비한 전인(全人)**을 길러 내야 한다고 주장했다.

(3) 18~19세기 초 국가주의자들이 국가적 이상을 실현하기 위해 교육제도를 조직하고 교육환경의 개선에 관심을 가졌음에 비하여, **인간 발달의 법칙에 합치하도록 교육과정 자체를 개혁**하려고 하였다.

(4) 교육이란 외부에서 성인(成人)의 표준을 강제하는 대신에 **내부에서 아동의 내면세계를 계발해 내는 것**이라고 보았다.

(5) 특징
① 고대 그리스 문화의 핵심인 **인간성의 조화로운 발전**을 추구
② 인간의 보편성보다는 **각자의 개성과 역사 및 민족의 특수성**을 강조
③ 개인의 삶에 있어서 **사회와 역사와 문화전통의 중요성**을 강조
④ 신인문주의의 착안점은 고전의 형식이 아닌 **정신과 내용**
⑤ 고전문화에 대한 자각적 태도, 고전을 위한 맹목적인 부흥이 아니라, **자신과 국민문화를 위해 유용한 고전을 부흥**하고자 함

> **개념 +**
>
> "고대인의 서적을 읽고 그것을 이해하는 삶은 과거에 있었던 위대한 사람들의 고귀한 마음과 교류를 맛볼 수 있을 것이다. 그리고 고대연구를 통해 그리스인만이 그 원천이며, 로마인은 그리스인의 모방자였음을 깨닫게 될 것이며, 고대 로마인들은 그들의 지혜와 교양의 대부분을 그리스인으로부터 배웠음을 알게 될 것이다."
>
> 게스너(Johann Matthias Gesner, 1691~1761)

계몽주의	합리주의	개인주의	반역사주의	사해동포주의	초국가주의
신인문주의	정의(情意)주의	낭만주의	역사주의	민족주의	국가주의

2 신인문주의 교육사상가

(1) 페스탈로치(Johann Heinrich Pestalozzi, 1746~1827)

① 특징
  - ㉠ 일생 동안 교육실천을 통해 **계발주의 이념을 실천한 교육자**
  - ㉡ 루소의 『에밀』에 큰 영향을 받음

② 교육목적
  - ㉠ 인간의 본능적 욕구, 예컨대 생리적 욕구의 충족, 의식주 문제의 해결, 흥미와 호기심의 충족
  - ㉡ 사회적 계약을 잘 지킬수 있도록 언어와 행동양식을 익히고 가치관과 문화유산을 습득
  - ㉢ 각자의 **개성적 결단에 의해 자신의 인격을 완성적으로 도야**하고, **새로운 가치와 규범을 모색함**으로써 **도덕적 상태의 인간이 되도록 하는 것**

③ 교육사상
  - ㉠ **평등적 인간관**을 바탕으로 인간의 도덕성을 일깨울 수 있음

    > 인간은 옥좌(玉座) 위에 앉아 있으나, 초가의 그늘 아래 누워 있으나 평등하다. 모든 어린이에게는 하느님이 주신 성스러운 인간성의 힘이 깃들어 있다.
    >
    > 『은자의 황혼』

  - ㉡ **삼육론(三育論)**: 머리·가슴·손으로 특정 지어지는 인간의 **지능(知能), 심정(心情), 기능(技能)**을 모든 사람에게 고르게 도야하고자 하는 **전인교육관**

④ 교육방법: **합자연(合自然)**
  - ㉠ 감각과 정신을 함께 내포하는 순박한 인간본성을 발전시키는 것이 자연에 일치하는 교육
  - ㉡ 자연의 필연적인 법칙을 따라야 함
  - ㉢ 식물의 성장과정처럼 안에서 밖으로, 단순한 것에서 복잡한 것으로, 가까운 곳에서 먼 곳으로, 수동성에서 자발성으로

개념 ➕

페스탈로치 교육의 원리
- 안방교육의 원리
  - 인간교육은 생활의 근거지이자 사랑이 충만한 안방에서 출발되어야 함
  - 안방에서 우리는 기본적인 언어와 행동양식과 가치규범을 배우며, 가족공동체 생활을 통해 이웃에 대한 사랑과 신에 대한 사랑을 배움
- 일반 도야의 원리
  - 직업교육보다 인간교육이 우선되어야 하며, 직업교육은 인간교육에 종속되어야 함
  - 인간교육이란 인간이 선천적으로 지니고 있는 지·덕·체의 세 힘을 조화롭게 발전시키는 것
  - 도덕교육이 모든 교육의 초석 → 학교는 읽기·쓰기·셈하기 등의 기능적 교육을 하는 곳이 아니라 먼저 인감됨을 배우는 인간학교이어야 함

- 자기계발의 원리
  - 교육이란 가치·규범·행동양식·지식·기능 등을 밖에서 안으로 주입하는 것이 아니고, 안에서 지니고 있는 내면적 힘을 스스로 계발·발전시켜 스스로가 이러한 것을 찾으며 익히게 하는 것
  - 자기계발이 가장 자연스럽게 이루어지는 곳이 생활의 마당 "생활이 도야한다."
- 도덕교육 중시의 원리
  - 지·덕·체의 조화로운 교육을 인간교육의 기본으로 생각, 이중에서 도덕성 함양이 인간교육의 가장 핵심이라고 봄
  - 지능력(知能力), 심정력(心情力), 기능력(技能力) 중에서 가슴에 해당하는 심정력을 가장 중시
  - 심정력이란 바로 도덕적 품성·정서·감정·용기 등을 길러주는 힘
- 직관의 원리

외적 직관	우리들의 감각기관을 통해 외계의 인상을 받아들이는 것 📌 식탁에서의 경건한 기도, 자녀를 위한 부모의 사랑과 배려를 생활 속에서 접합으로써 아이들은 기독교에서 가장 소중하게 여기는 덕목인 사랑·순종·감사의 개념을 알게 됨
내적 직관	자신의 마음의 눈으로 세계의 본질을 체험하는 것 📌 사랑·순종·감사의 마음의 원천인 보이지 않는 신의 존재를 마음으로 느낌으로써 신앙을 인격적·의지적 결단으로 굳힘

- 기초도야의 원리
  - 기초과목은 가정교육의 단계에서부터 철저하게 다져야 함(조기교육)
  - 과목: 논리적 사고력을 훈련시키는 산수, 공간적 감각을 도야시키는 도형기하학, 모든 문화의 터전이며 한 민족의 전통과 사상이 압축되어 있는 국어

(2) 헤르바르트(J. F. Herbart, 1776–1841)

① 생애

㉠ 헤르바르트는 독일의 저명한 철학자이며 교육학자로서 피히테(Fichte)의 제자이기도 하다. 그는 철학자로서 교육학을 독자적인 하나의 학문으로 체계화함으로써 과학적 교육학의 창시자로 평가받고 있다.

㉡ 헤르바르트는 1776년 올덴부르크(Oldenburg)에서 태어났다. 그는 어린 시절부터 지적인 분위기에서 자랐다. 그는 예나대학 재학 중 피히테의 제자가 되었으며, 1799년에는 페스탈로치의 교육사상에 심취하여 부르그돌프 학교를 방문하기도 했다.

㉢ 1802~1809년까지 게팅엔 대학에서 교육학을 가르쳤으며 이때 그의 주저라고 할 수 있는 『일반교육학』(1806)을 발표하였다. 1809년 칸트의 후임으로 쾨니스 대학의 철학과 교수가 되었다.

㉣ **형이상학으로부터 교육목적을, 심리학으로부터 교수방법**을 이끌어 냈다.

② 교육목적

㉠ 교육의 최고목적은 학생의 **도덕성을 함양**하는 것이다.

㉡ **도덕성 함양은 교육의 모든 세부적 목적들을 포괄하는 최고의 목적**이다.

ⓒ '다섯 가지 도덕적 이념(Fünf Ideen, five ideas)'

내면적 자유의 이념 (idea of inner freedom)	• 도덕적 행위를 결정하는 개인의 의지가 자유라는 생각을 말한다. • 이 이념은 우리가 한 사람의 행위에 대해 도덕적 책임을 물을 수 있는 근거로, 어떻게 행동해야 하는지에 대한 판단과 그것을 실천에 옮기는 의지가 일치하도록 그 의지를 훈련함으로써 성취될 수 있다.
완전성 또는 완벽성의 이념 (idea of perfection or completeness)	• 하나의 의지가 행동으로 실천될 수 있도록 강력, 충실, 조화의 세 가지 조건을 구비하는 것으로, 특히 교사의 관심사가 되는 이념이다. • 교사는 학생들이 현재의 수준에 만족하지 않고 보다 완전하고 완벽한 것을 추구하기 위하여 자신의 역량을 키우도록 가르쳐야 하기 때문이다.
선의지 또는 호의의 이념 (idea of good will)	다른 사람의 행복을 자신의 의지의 대상으로 삼는 것으로, 타인에 대한 태도로 표현된다.
권리의 이념 (idea of rights)	• 재산 문제나 사회제도 문제와 관련되는 것으로, 다른 사람의 의지를 나의 의지와 동등하게 존중하는 것을 말한다. • 서로 다른 두 의지가 충돌할 경우에 정의에 입각하여 조화롭고 합리적으로 해결하려는 생각을 말한다.
형평 또는 공정성의 이념 (idea of enuit)	행한 선과 악에 따라 응분의 보상 또는 대가를 받아야 한다는 생각, 즉 대가 없이 부당한 이득을 취하거나 잘못을 저지르고도 책임지지 않는 것을 용납하지 않는 생각을 말한다.

③ 교육방법: 헤르바르트는 도덕성 함양이라는 교육목적을 달성하는 방법으로 **관리(regierung), 훈련(zucht), 교수(unterricht)**의 세 가지를 들었다.

㉠ 관리
 • 아동이 아직 자신의 본능적 욕구나 행동을 스스로 조절하지 못할 때 외부적 권위의 힘으로 규제하는 것을 말한다.
 • 이것은 교수나 훈련을 효과적으로 하기 위한 준비로서 꼭 필요한 것이지만 **교육 본래의 영역은 아니다.**
 • 관리에는 아동에게 과제를 주어 거기에 몰두하게 함으로써 질서를 유지하는 적극적인 방법과 감시, 금지, 명령, 처벌 등의 외적 강제력으로 아동의 욕구를 억제함으로써 질서를 유지하는 소극적인 방법이 있다.

㉡ 훈련
 • **교재나 아이디어를 매개로 하지 않고 직접적으로 아동의 정서와 도덕성을 도야**하는 방법이다.
 • 관리가 일시적이고 준비적인 것인 데 비하여 **훈련은 영속적이고 아동의 내면에 적극적인 영향**을 주는 것이라는 점에서 **교육 본래의 영역**에 속한다.
 • 그러나 **교재를 매개로 하지 않는다는 점에서 교수와는 구별**된다.

ⓒ 교수
  • 직접적으로 교육의 목적을 달성하기 위한 가장 중요한 방법이다. 그런데 헤르바르트가 말하는 교수는 **"인격형성을 목적으로 학생들에게 정보를 전달하는 것"**을 뜻한다.
  • 그는 이것을 단순한 정보전달과 구분하기 위하여 **'교육적 교수(educative instruction)'**라 불렀다. 이 개념에는 도덕성과 지식의 관계에 관한 그의 생각이 숨어 있다.
  • **의지는 사고권에서 솟아나오는 것이므로 도덕성은 지식에 기초를 두고** 있다.
ⓔ 도덕적 의미
  • 올바른 **도덕적 의지는 올바른 도덕적 관념에서 나온다.** 무엇이 올바른 행동인지 알면서도 적절한 훈련의 결핍으로 그것을 실천하지 못하는 사람들이 있을 수 있지만, 무엇이 올바른 것인지에 관한 관념이 없는 사람이 도덕적으로 바른 행동을 한다는 것은 논리적으로 불가능하다.
  • **도덕적 인격을 형성하는 일은 학생의 사고권을 확충하는 데서 시작**되어야 한다.
  • **"교수는 사고권을 형성하며, 교육은 인격을 형성한다."**
  • "사고권에 저장되어 있는 내용은 점차적으로 흥미의 단계를 거쳐 욕망으로 격상되며, 이것은 다시 행위를 수단으로 하여 의지로 승화된다."
  • 도덕적으로 올바른 생각이 도덕적으로 행동하려는 욕구를 낳고, 도덕적으로 올바른 행동을 반복하다 보면 도덕적 의지가 생긴다는 것이다.
ⓜ 헤르바르트는 **교육의 최고목적을 도덕적 인격, 즉 선의지의 형성에 두었지만, 의지는 사고권에서 비롯**된다고 말함으로써 교육에서 실질적으로 추구해야 할 목표를 **사고권을 형성**하는 일로 규정했다. 이러한 점에서 헤르바르트는 **주지주의자**로 평가된다.

④ 다면적 흥미
  ㉠ 사고권 속에 있는 관념은 흥미에 따라 행동하려는 욕망으로 변화되고 나아가 의지로 형성된다. 그러므로 어떤 형식의 지식이든지 그것이 학생의 인격에 영향을 미치려면 거기에는 반드시 흥미가 수반되어야 한다.
  ㉡ 흥미는 우리가 특정한 사실에 주의를 기울일 때 그것에 수반되는 특별한 정신상태, 즉 정신적 흥분과 쾌감을 뜻한다. 그러므로 어떤 대상에 흥미를 갖는다는 것은 거기에 주의를 기울이고 있다는 뜻이다.

원초적 주의	큰 소리나 밝은 색깔 같은 강한 자극에 무의식적으로 주의를 기울이게 되는 경우
통각적 주의	우리의 의식이 특정 대상에 선택적으로 주의를 기울이는 것

  ㉢ 헤르바르트가 보기에 **교육적으로 중요한 것은 통각적 주의이며, 그것은 수업의 수단이나 조건이 아니라 수업을 통해서 길러 주어야 할 목표**라고 할 수 있다.
  ㉣ 교육적으로는 **아동이 삶의 모든 측면에 흥미를 가질 수 있도록 그의 마음을 개발해 주는 것이 가장 이상적**일 것이다.

◎ 흥미
- 지적인 흥미: 사물이나 관계에 대한 인식적 관심, 즉 자연물에 대한 지식과 관련된 흥미로서 물리적 세계와의 접촉을 통하여 획득된다.
- 윤리적 흥미: 인간활동에 대한 참여적 관심, 즉 사람의 마음에 대한 공감과 관련된 흥미로서 다른 사람들과의 사회적 교섭을 통하여 획득된다.

지적인 흥미	경험적 흥미	사실에 관한 흥미, 골동품 수집가나 식물학자들에게서 볼 수 있는 것처럼 개별 사물들이나 사실들을 경험하는 데 대한 흥미
	사변적 흥미	사물들 또는 사실들 간의 관계나 법칙에 대한 흥미, 논리학자나 수학자처럼 개별 사실들 간의 관계를 일반법칙으로 파악하려는 흥미
	심미적 흥미	사물이나 그들 간의 관계를 미적으로 관조하고 평가하는 흥미, 시인이나 미술가, 조각가에게서 볼 수 있는 것처럼 세계의 미적인 측면을 드러내 보이는 데 대한 흥미
윤리적 흥미	공감적 흥미	• 동료 인간으로서의 다른 개인들에 대한 흥미 • 타인의 마음, 그들의 고통과 쾌락에 공감을 느끼는 것과 관련된 흥미
	사회적 흥미	• 집단, 조직, 국가 등 개인들의 집합체인 사회에 대한 흥미 • 사회집단의 행복과 불행에 공감을 느끼는 것과 관련된 흥미
	종교적 흥미	신적 존재에 대한 흥미

ⓗ 학교교육은 '다면적 흥미를 길러 주는 것'을 목표로 해야 하며, 그 점에서 다면적 흥미는 전인적 발달의 의미를 구체적으로 규정해 주는 것이라고 말할 수도 있다.

ⓢ 헤르바르트는 학교의 교과를 윤리적 흥미를 길러 주기 위한 역사 영역과 지적 흥미를 길러 주기 위한 과학 영역으로 구분했다.

ⓞ 역사 및 과학 영역 외에 실제적 활동도 교육과정에 포함시켰다. 여기에는 수공훈련, 즉 손으로 하는 작업이 포함된다. 수공훈련을 포함시킨 것은 단순한 직업준비로서가 아니라 그것이 자연적 사실에 대한 이해와 인간의 목적 사이의 연결점을 제공하는 교과라는 점 때문이었다.

⑤ 4단계 교수론
㉠ 교육은 조화로운 다면적 흥미를 목표로 해야 한다. 그런데 흥미의 통합이 이루어지기 위해서는 우리의 마음속에서 두 개의 과정이 일어나야 한다.
㉡ 하나는 우리의 의식이 하나하나의 개별 관념에 초점을 맞추어 그것을 점차 명확하게 파악하게 되는 과정이며, 다른 하나는 개별적으로 파악된 관념들을 통일된 하나의 덩어리로 통합하는 과정이다.
㉢ 헤르바르트는 앞의 과정을 '전심(專心, Vertiefung, concentration)'으로, 뒤의 과정을 '치사(致思, Besinnung, reflection)'로 불렀다.

전심 (concentration)	정지적 전심	명료	개개의 대상에 몰입하여 명료한 인식을 획득
	진동적 전심	연합	하나의 전심에서 다른 전심으로 전이되어 이미 습득한 표상이 새로운 표상과 결합하여 표상 간의 연합
치사(숙고) (correlation)	정지적 숙고	체계	중요한 관련과 중요하지 않은 관련을 구분하고, 관련 사실들을 하나의 통일된 전체로서 배열
	진동적 숙고	방법	지식내용의 체계를 실제의 생활 속에 적용

⑥ 표상심리학과 통각이론

　㉠ **사고권**: 관념들의 덩어리다. 우리가 '영혼'이라고 부르는 것은 어떤 신비한 실재가 아니라 개개인의 경험의 결과로 생긴 정신상태이며, 우리가 획득하여 가지게 된 관념 또는 표상들의 총화다.

　㉡ **표상**: 우리의 영혼 속에 들어와 있는 사물이나 사건의 상이자 우리의 의식을 구성하는 내용물이다. 의식 바깥에 있는 사물은 우리의 감각신경을 자극함으로써 의식 속에 감각지각을 일으킨다.

　㉢ **기억표상**: 바깥의 감각자극이 소멸되어도 지각의 흔적은 남게 되는데, 우리는 그것을 기억표상이라 부른다.

　㉣ **통각**: 우리 영혼 속에 있는 관념 또는 표상은 의식 위로 떠오르기 위해서 서로 억제, 방해, 결합, 재생 등의 상호작용을 한다. 이러한 상호작용을 헤르바르트는 '통각(apperception)'이라 불렀다.

　㉤ **통각작용**
　　• 동류관념 상종(같은 류의 관념들은 서로 잘 어울림)
　　• 상이관념 혼재(상호 무관한 관념들이 뒤섞여 있음)
　　• 반대관념 배척(반대되는 관념은 서로 배척함)이라는 세 가지 법칙에 따라 일어난다.
　　이러한 통각작용에 따라 관념들은 서로 갈등하고 융합하면서 관념 덩어리들을 형성하는데, 그렇게 형성된 관념 덩어리들로 채워진 영혼이 곧 우리의 마음이다. 헤르바르트가 상상한 인간의 마음은 바로 관념 덩어리들이 포도송이처럼 얽혀 있는 모습이다. 그 관념 덩어리들의 총체가 다름 아닌 그 사람의 사고권인 것이다.

⑦ 헤르바르트 학파의 5단계 교수법

　㉠ 제자인 칠러(T.Ziler)는 첫 번째 단계인 '명료'를 '분석'과 '종합'으로 분리함으로써 분석, 종합, 연합, 계통, 방법이라는 다섯 단계로 나누었다.

　㉡ 칠러의 제자인 라인(W. Rein)은 다시 **준비, 제시, 연합, 총괄, 응용이라는 다섯 단계로 수정**하였다. 이것이 학교에서 교과지식을 가르치는 수업원리의 고전적 모형이 된 '헤르바르트 학파의 5단계 교수법'이다.

(3) 프뢰벨(Friedrich Freöbel, 1782-1852)

① 유치원

  ㉠ 프뢰벨은 **유치원의 창시자**이다.

  ㉡ 프뢰벨은 헤르바르트와 마찬가지로 페스탈로치의 이론을 발전시킨 사상가이다. 헤르바르트가 교수의 방법과 활동에 관심을 둔 것과는 달리 프뢰벨은 유아의 발달과 활동에 관심을 기울였다.

  ㉢ 선천적인 능력의 계발은 중등교육을 통해서가 아니라 **유아교육을 통해서 더 잘 실현**될 수 있다고 생각했기 때문이다.

  ㉣ 유아기에 무엇을 보고 듣고 경험하느냐가 **인간 삶의 질을 결정**한다고 믿었다.

  ㉤ 그가 세운 **유치원은 교육만을 위한 기관이 아니라 전쟁의 와중에 유아를 보호하기 위한 보호소의 역할**을 하기도 했다.

② 교육: 유아들이 자기활동을 통해 **자기의 선천적인 능력을 밖으로 이끌어 내도록 도와주는 일**

③ 교육목적: **신성의 완성, 즉 개인을 초월하는 인간의 보편적 본성**을 완성

④ 교육원리: 자발성

  ㉠ 선천적인 능력은 **최대한의 자유**가 주어질 때 발휘될 수 있다고 생각했다.

  ㉡ 아동을 자유롭게 놓아두면 그의 마음속에 들어 있는 정신, 즉 **신의 정신**이 아동의 활동을 통하여 스스로 모습을 드러내며, 이 과정을 통하여 **정신의 성장**이 이루어진다고 보았다.

⑤ 놀이: 유아에게 **자유로운 자기활동을 위한 최선의 방법**

⑥ 은물(恩物): 유아들의 자기활동을 도울 수 있는 장난감을 제작하였는데, 그는 이러한 **장난감을 하나님이 주신 선물이라는 뜻에서 은물**이라 불렀다. 장난감을 가지고 노는 동안에 협동심과 사회성이 자연스럽게 발달할 수 있다고 보았다.

⑦ 교육과정

아동기	• 내면의 본성을 밖으로 드러내게 하는 데 초점 • 아동으로 하여금 외부세계의 인간과 사물에 작용하게 함으로써 자기 본성이 발현될 수 있는 기회를 주는 것이 중요 • 이는 '직관'과 '놀이'라는 두 가지 방식을 통해 이루어질 수 있다.
청소년기	• 삶의 사실들을 이해함으로써 바깥의 것을 안의 것으로 만드는 데 초점 • ① 종교 ② 자연과학과 수학 ③ 언어 교과 • "학교의 본질적 과업은 잡다한 사실들을 전달하는 데 있는 것이 아니라 모든 사물 안에 들어 있는 영원불멸의 합일성을 드러내는 데 있다." • 영혼이 언어를 통한 이성적 표현 이외의 방법으로도 표현될 수 있고 또 표현되어야 한다는 근거에서 음악과 미술을 학교 교육과정에 포함시켰다.

CHAPTER 04 현대의 교육

제1절 20세기 초 교육개혁운동

정치·경제 분야에서 다양한 이념과 이데올로기를 신봉하는 체제가 출현하여 극한 대립을 보였던 20세기 초, 교육계 안에서도 놀랄 만한 변화가 일어났다. 유럽 전역에서는 전통적인 학교 및 교육내용을 개선하려는 신교육운동(New Education Movement)이 전개되었으며, 미국에서는 교육방법을 개선함으로써 학교를 민주화하려는 아동해방운동이 일어났다.

1 독일의 교육개혁운동

1900년대를 전후하여 유럽에서는 교육내용을 개선하려는 신교육운동이 전개되었는데, 이러한 운동을 전개한 선구적인 인물로서는 영국의 세실 레디(Cecil Reddie), 프랑스의 도모랑(J. E. Domolin), 독일의 리츠(H Lietz), 비네켄(G. Wyneken), 게헤프(P. Geheeb), 켈젠슈타이너(G. Kerschensteiner) 등이 있다. 특히 독일의 교육개혁운동가들은 기존의 학교체제가 지닌 문제점을 부분적으로 개선하기보다는 오히려 새로운 교육이념과 목적을 가진 학교를 건립하여 운영했다는 점에서 그 역사적 의의가 크다고 할 수 있다.

(1) 전원기숙학교

① **정의**: 전원기숙학교는 말 그대로 도심지에 있는 학교가 아니라 **전원에 세워진 학교**이다. 이 기숙학교 운동은 주로 리츠, 비네켄, 게헤프 등과 같은 교육개혁가들에 의해 확산되어 나갔다.

② **교육목표**: 이들에 의해 세워진 학교들은 전통적인 학교와는 달리 **학생들의 자발적인 활동을 발달시키는 것을 목표**로 하였다. 따라서 이 학교들은 자발적인 활동을 이끌어 내기 위한 방법으로 학생들에게 편안하고 친숙한 자연환경을 제공하려고 하였다.

③ **공동생활**: 전원기숙학교는 **도심지에서 멀리 떨어진 조용하고 한적한 전원(田園)에 설립**되었으며, **교사와 학생 모두가 함께 공동생활**을 하면서 가르치고 배우는 형식을 갖추게 되었다.

(2) 노작학교

노작학교운동은 말 그대로 **'노작(勞作)', 즉 노동(勞動)을 중시하는 교육운동**을 말한다. 독일에서 이 노작학교의 개념은 19세기 말 서적만을 중시하는 **"학습학교"(Lernschule)에 대한 비판으로 등장**했으며, 1차 세계대전 이후에는 이것이 하나의 학교교육운동으로 전개되었다. 이 노작학교운동은 크게 두 가지 방향으로 전개되었는데, 하나는 게르셴슈타이너에 의한 것이고, 다른 하나는 가후디히(H. Gaudig)에 의한 것이다.

① 게르센슈타이너: 교과서 중심의 학교교육을 비판하고 학생의 고유한 활동을 자극하기 위한 방법으로 수공(手工: Handarbeit)을 강조했다. 그는 수공이 단지 직업을 위한 수단이라기보다는 인격을 도야하기 위한 방법이라고 생각했다.

② 가후디히: 가후디히는 게르센슈타이너의 수공적 노작의 가치를 부인하지는 않았지만 수공이 노작교육의 본질적인 요소는 아니라고 보았다. 사실, 손으로 하는 작업이 중요한 것은 사실이지만 그것은 어디까지나 노작교육의 일부에 지나지 않는다. 그리하여 그는 육체적인 수공을 중시하는 노작학교보다는 정신을 자유롭게 하는 "노작학교"를 강조하였다.

(3) 예술교육운동

① 배경

㉠ 독일에서 교육개혁운동은 예술교육 분야에서 두드러지게 나타났다. 지금까지의 예술교육은 위대한 예술작품에 대한 감상이나 이해의 수준을 벗어나지 못하고 있었다. 기껏해야 위대한 예술작품을 모방하는 수준에 머물고 있었다.

㉡ 20세기에 접어들면서 **아동은 단순한 예술의 감상자로서가 아니라 창작자로서 인정**받기 시작했다. 그때까지만 해도 아동은 예술의 가장자리로 철저하게 밀려나 있었으며 아동의 작품은 평가의 대상에서 제외되었다.

㉢ 아동의 자발성과 자기표현능력을 중시하는 새로운 예술교육운동이 일면서 아동은 예술가로서 인정받게 되었으며, **아동의 예술작품들이 아동의 정신능력을 계발하는 데 큰 영향**을 준다는 인식이 확산되기 시작했다.

② 교육목표

㉠ 예술교육운동은 예술을 통해 **자유롭고 기쁨에 넘치며 생동감 넘치는 인간, 창조적인 인간을 길러내는 것**을 기본과제로 삼게 되었다.

㉡ 대도시의 여러 교육개혁운동에 자극을 주었으며, 특히 **학교의 교육과정을 개혁하기 위한 교육원리들을 제공**해 주었다.

㉢ 노래, 그림, 조형예술, 글짓기, 체육 등 예술 관련 과목의 내용과 방법을 크게 변화시켰으며, **이 과목들이 학교에서 정규교과로 채택**되는 데 결정적인 역할을 하였다.

▌2▐ 미국의 아동해방운동

1900년대를 전후하여 미국에서는 교육방법을 개선하려는 아동해방운동이 전개되었다. 이러한 운동을 전개한 선구적인 교육사상가는 파커(F. W. Parker)와 듀이(John Dewey)이다.

(1) 파커학교

파커는 1875년 메사추세츠주 퀸시의 교육장이 되어 프뢰벨의 교육사상을 학교교육에 적용하려고 하였다. 또 1883년부터 1889년까지 일리노이주 쿠크 카운티 사범학교의 교장으로서 프뢰벨주의에 의한 교육운동을 본격적으로 전개하였다. 그는 이 사범학교의 부속학교인 "파커학교"(Parker School)를 개교하여 **아동중심의 교육, 생활중심의 교육을 전개**하였다. 그는 학교를 이미 논리적으로 체계화되어 있는 교과를 학습하는 곳이 아니라, **아동 자신이 스스로 학습하는 곳**으로 보았다. 이것은 전통적인 학교관과는 전혀 다른 것이었다. 이러한 파커의 교육개혁운동은 **듀이에게 영향을 주었고 진보주의(progressivism) 교육운동의 기초**가 되었다.

(2) 듀이학교

듀이는 1896년 시카고 대학교 안에 부설 초등학교인 "듀이학교"(The Dewey School)를 설립하여 운영했는데, 이 학교는 전통적인 학교들과는 완전히 다른 새로운 철학에 기초해 운영되었다. 즉, 듀이는 성인중심, 교재중심의 교육이 아닌 **아동중심, 생활중심, 흥미중심의 교육**을 통해 기존의 교육개념, 학교관, 교수관, 학습관을 바꾸어 보려고 하였다. 이러한 그의 교육철학은 **진보주의 교육이론가들에 의해 계승**되었다.

(3) 진보주의

① 진보주의 교육협회의 설립: 챠일즈(J. L. Childs), 보드(B. H. Bode), 킬패트릭(W. H. Kilpatrick), 카운츠(G. Counts), 테일러(H. Taylor), 라웁(R. B. Raup) 등과 같은 교육이론가들은 듀이의 교육사상을 계승·발전시키는 데 힘을 기울였다. 이들은 1919년 **진보주의 교육협회(Progressive Education Association)를 결성**하여 자신들의 교육적 신념을 **학교교육에 적용시키기 시작**하였다.

ⓐ **흥미와 욕구가 모든 학습의 기초**가 되어야 한다.

ⓑ 아동의 **생활경험이 지식의 토대**가 되어야 한다.

ⓒ 교육이 제대로 이루어지기 위해서는 무엇보다 **학교가 민주화**되어야 한다.

이러한 진보주의자의 주장은 사회적 지지와 공감을 얻어 미국 전역으로 확산되어 나갔다. 권위주의적인 교사 대신에 민주주의적인 교사가 들어왔으며, 주입식 수업 대신에 탐구중심의 수업이 진행되었다. 훈육과 체벌 대신에 사랑과 합리적 설득이 학교에 들어옴으로써 학교는 아주 행복하고 매력적인 장소로 변모해 나갔다.

② 비판 및 해체
   ㉠ 1920년대 말엽 진보주의 교육은 전통적인 교육이론가들로부터 비판을 받기 시작했다. 예컨
      대, **베글리(W. C. Bagley)를 중심으로 한 본질주의(本質主義, essentialism) 교육론자들
      과 허친스(R. M. Hutchins)를 중심으로 한 항존주의(恒存主義, perennialism) 교육론자
      들은 진보주의 교육이 학습자의 흥미와 요구를 지나치게 강조함으로써 일선 학교에서 기초
      학력의 저하**를 가져오게 했고, 교육의 주도권을 학생에게 넘기라고 주장하다 보니 결국 교육
      이 나아가야 할 방향을 상실해 버리는 결과를 낳았다고 비판했다.
   ㉡ 진보주의가 당장 당면한 현실문제 해결을 위한 지식과 방법을 전수하는 데 급급한 나머지
      사회적 가치 및 문화적 전통을 소홀하게 여기는 풍토를 낳게 했다고 비판했다.
   ㉢ 1929년에 시작된 미국의 경제대공황, 제2차 세계대전에 대한 위기감의 고조로 교육계에서
      보수적인 입장을 취했던 전통적인 교육이론가들이 진보주의 세력을 더욱 거세게 비판함에
      따라 1955년 **진보주의 교육협회가 해체**되었다. 1957년에는 **소련의 인공위성 스푸트니크
      (Sputnik) 1호의 발사로 인한 충격으로 말미암아 진보주의 교육운동은 급격히 퇴조**하였다.

제2절 20세기 교육사상가

1 몬테소리(M. Montessori, 1870~1952)

몬테소리는 이탈리아의 여류 교육사상가로서 유럽의 신교육운동을 주도했던 인물들 중의 하나이다.
20세기 초반 듀이가 미국에서 아동해방운동을 전개하고 있을 때 이탈리아의 몬테소리는 **전통적인 지
식 위주의 기계적인 교육, 일방적인 교육, 권위주의적인 교육을 비판하고 아동중심의 교육, 활동중심
의 교육을 전개**하였다.

(1) 어린이집

   ① 그녀는 1907년 로마의 산 로렌조(San Lorenzo)에 **'어린이집'을 개원**하였다. 이곳에서 그녀는
      신체는 건강하지만 보호받지 못하는 **저소득층의 2~6세에 해당하는 아동들을 돌보기 위해** 보모
      를 구하고 기부금을 모았으며 아이들이 사용할 교구를 직접 제작하였다.
   ② 그녀가 **직접 제작한 교구를 '몬테소리 교구'**라고 부른다.
   ③ '어린이집'의 운영이 크게 성공을 거두자 그녀의 명성이 국제적으로 널리 알려지게 되었다. 그녀
      는 이탈리아를 비롯해 스위스, 영국, 아르헨티나, 프랑스, 미국 등 유럽의 여러 나라를 순회하며
      강연을 했다. 그 결과 몬테소리 운동이 하나의 교육운동으로 전개되었으며 몬테소리 교육방법
      이 여러 나라에 도입되었다.
   ④ 유럽 각국에 '아동의 집'이 건립되었으며, 1929년에는 국제 몬테소리협회가 결성되었다.

(2) 연구활동

① 1909년에는 친구들의 권유로 『과학적 교육학의 방법론』을 출간했으며, 1914년에는 『몬테소리 핸드북』을 출간해 냈다.

② 1916년부터 1936년까지 바로셀로나에 거주하였는데, 이곳에서 그녀는 『학교에서의 자율교육』(1916), 『교회 안에서 사는 어린이』(1922), 『가정에서의 어린이(1923)』 등을 출판해 냈다.

③ 1936년 스페인에 시민전쟁이 발발하자 그녀는 암스테르담으로 거처를 옮겼으며 이곳에서 『어린이의 신비』를 출간해 냈다.

(3) 교육관

① 그녀는 "어린이의 집을 운영하는 가운데 아동들에 대한 관찰과 실험을 통하여 아동을 무한한 잠재능력을 가진 존재로 파악하였다.

② 아동은 단지 수동적인 존재가 아니라 **자기 스스로 성장하려는 내적 생명력을 가진 존재**로 파악하였다.

③ 아동에게 어떤 조건이나 기회만 부여해 준다면 그 생명력이 샘솟을 것이라고 믿었다.

④ 그녀는 **아동을 존중하는 것이 교육의 출발점이 되어야 하며, 아동의 내적 생명력과 자발적인 능력을 길러 주는 것이 교육의 사명**이 되어야 한다고 생각했다.

(4) 아동의 특징

몬테소리는 아동을 연구하고 가르치는 동안 아동에게서 나타나는 몇 가지 특징들을 발견했다. 즉, 아동은 성장해 가는 과정에서 '**민감기**', '**집중현상**', '**정상화**'의 특징을 보인다는 것이다.

① 민감기: **민감기란 지적인 흡수력이 강한 시기**를 말한다. 그녀는 발달단계에 따라 아동은 질서, 감각, 언어에 대해 민감하게 반응한다고 생각했다. 이때 교사가 해야 할 일은 아동이 민감한 반응을 보이면서 자기의 활동을 계속 지속해 갈 수 있도록 환경을 조성하고 돕는 것이다.

② 집중현상: 아동에게 최적의 환경을 마련해 주면 **아동은 자연히 사물과 언어에 대한 강한 '집중현상'**을 나타내 보인다.

③ 정상화

  ㉠ 아동은 최적의 환경이 제공될 때 자기의 내적인 욕구를 최대한으로 발휘하며 자기 활동을 지속해 간다. 몬테소리는 이렇게 **최적의 학습환경을 제공함으로써 아동을 정상화의 단계로** 끌어올릴 수 있다고 생각했다.

  ㉡ 몬테소리는 최적의 환경을 제공하기 위한 한 방안으로 **특별한 교구(教具)의 활용**을 제안했다.

  ㉢ 물론 교구는 아동의 발달단계에서 나타나는 민감한 반응에 잘 어울릴 수 있도록 다양하고도 세부적 단계로 구분하여 제작·제공해야 한다고 생각했다.

2 니일(A. S. Neill: 1883~1973)

니일은 권위주의적인 교육에 반대하고 자유주의 교육을 전개한 대표적인 교육사상가이며 교육실천가이다. 그는 자신이 설립한 **섬머힐 학교(Summerhill School)**를 통해 자신의 교육적 이상을 실현하고자 했다. 20세기에 들어 신교육운동 혹은 자유학교운동에 동참한 진보적인 교육사상가들이 많았지만 니일만큼 급진적이면서도 개혁적인 성향을 가진 교육사상가는 없었다.

(1) 아동관

① "어린이는 태어날 때부터 본성적으로 슬기롭고 실제적이라는 것이 나의 생각이다. 어른들이 간섭하지 않고 그렇게 맡겨 둔다면 어린이는 자기가 발전할 수 있는 최대한도까지 발전할 것이다."

② 니일은 **아동의 성선(性善)과 생래적(生來的) 발전가능성을 굳게 믿었다.** 이 같은 그의 아동관은 결코 관념적 사유의 산물이 아니었다. 그것은 그가 오랫동안 섬머힐 학교를 운영하면서 얻어낸 관찰과 실험의 결과였다.

③ 그는 **간섭과 통제를 없앴을 때 아동의 착한 본성이 훨씬 더 잘 드러난다는 사실을 확신**하게 되었으며 이것을 교육사상의 출발점으로 삼았다.

(2) 교육목적

① 니일은 **아동에게 최대한의 자유(自由, freedom)가 주어질 때 교육목적을 실현할 수 있다고 생각**했다. 그가 실현하고자 했던 **교육목적들은 행복, 균형, 진실성, 독창성 등**이다.

② "자유 속에서 아동들은 그 어떤 강제적인 체제가 그들에게 줄 수 없는 어떤 것을 획득하게 되는데, 그것은 삶에 용감히 맞서는 진실성과 독립적이고 융통성 있는 삶에 대한 태도, 이 세상의 모든 교과서들이 아동에게 줄 수 없는 사람과 사물에 대한 관심이다."

(3) 섬머힐 학교의 특징

① 교육목적을 실현하기 위해 1921년 섬머힐 학교를 건립하였다. 이 학교는 "어린이를 학교에 맞추는 대신 아이들에게 맞는 학교"로서 **완전한 자유의 원칙에 입각하여 운영**되었다. 섬머힐 학교는 학습과 관련하여 최대한의 자유를 허용하였다.

② 학습하고자 하는 **학과목의 선택, 학습동기 및 목표의 선택 등에 관하여 학생들로 하여금 자율적인 결정**을 하도록 했으며 **수업출석의 자유까지 허용**하였다. 나아가 학습시간을 특정 교과수업시간에 국한시키지 않고 아동들이 학습하고자 하는 것은 언제든지 학습할 수 있도록 학습의 기회와 선택을 최대한 개방하였다.

③ **놀이의 자유를 허용했다.** 니일은 자유로운 놀이활동이 학습의 중요한 조건이며 치유적인 효과를 가진다고 생각했다. 니일은 놀이가 충족되지 않으면 학습에의 자발적인 몰입이 불가능하다는 것을 관찰했으며, 아이들이 놀이를 통해 억압된 감정을 해소하고 조절해 가는 것을 확인했다.

④ **일체의 도덕적 훈육을 배제**시켰다. 니일은 성인에 의해 일방적으로 행해지는 도덕적 훈육이 아동의 도덕적 자율성의 발달을 해친다고 생각했다. 왜냐하면 그는 도덕적 훈육의 속성이란 아동의 자연스럽고 긍정적인 본성을 억압하고 왜곡시킴으로써 그 훈육이 의도하는 도덕성의 발달과는 무관한 결과를 초래한다는 점을 확인했기 때문이다. 그는 아동을 대상으로 한 도덕적 훈육을 철폐해야 한다고 주장했다.

⑤ **자치 공동생활의 자유를 최대로 허용**했다. 섬머힐의 자치는 규칙위반에 대한 처벌까지 포함해서 공동체 생활에 관련된 모든 일을 토론 및 투표방식으로 처리하는 매주 토요일 밤의 전교회의를 통해 이루어진다. 교직원과 학생은 연령에 관계없이 한 표씩의 투표권을 가지며, 회의 때마다 전 회장이 새로운 회장을 지명하며 서기는 지원하는 사람이 맡는다. 물론 이러한 자치과정을 지배하는 원리는 자율(自律)이다.

(4) 평가

니일의 교육사상은 급진적이며 혁명적이었기 때문에 교육계에 큰 반향을 불러일으켰다. 교육학자들 사이에 격렬한 논쟁이 벌어졌으며 일선학교의 교사 및 부모들에게 큰 충격을 주었다. 교육을 담당하고 있는 많은 교사들은 니일의 교육사상이 오히려 학교를 혼란에 빠트릴 수 있으며 위험에 빠트릴 수 있다고 생각하였다. 하지만 그의 교육사상은 공교육이 가진 한계를 극복하고 새로운 교육의 방향을 모색하려는 자율학교운동 및 대안학교운동에 커다란 영향을 주고 있다는 점에서 그의 교육사상이 가지는 가치를 높이 평가해야 할 것이다.

3 허친스(R. M. Hutchins: 1899~1977)

허친스는 **항존주의자**로서 듀이와 진보주의 교육이론이 미국의 학교교육을 지배하고 있을 때 이에 맞서 싸웠던 미국의 교육사상가이다. 그는 30세의 젊은 나이에 시카고대학의 총장에 선임될 정도로 유능한 대학행정가이기도 했지만, **진보주의 교육이론이 미국 교육 및 문화에 가져온 해악을 비판하고 그 대안을 제시**했던 교육사상가이기도 하다.

(1) 교육사상

① **항존주의 교육사상의 창시자**이다. 그는 항존주의자로서 이 세상에는 **영원불변하는 진리**가 있다고 믿고 이러한 진리를 탐구하는 것이 바로 교육의 중요한 사명이라고 생각했다. 그는 일찍이 플라톤, 아리스토텔레스, 아퀴나스의 철학에 기초하여 **진리란 어느 곳, 어느 때이든지 보편적이고 항구적이며 영원하다고 주장**하였다.

② 그의 교육사상은 **듀이의 교육사상이 가져온 폐해와 문제점을 비판하고 이를 개선**하려는 데서 출발한다. 그는 듀이와 진보주의 교육이론이 미국 교육계를 황폐하게 만들었다고 신랄하게 비판하였다. 즉, 진보주의 교육이론은 미국 사회에 물질만능주의, 과학숭배주의, 흥미중심주의 풍조를 낳게 했으며, 동시에 듀이의 교육사상은 상대주의, 과학주의, 회의주의, 반지성주의를 낳게 했다고 비판하였다.

(2) 교육방법

① 그는 **지적 탁월성과 도덕적 탁월성을 기르는 것이 교육의 중요한 사명**이라고 생각했다. 그는 이러한 능력을 기르기 위해서는 무엇보다 **이성(理性)과 합리성(理性)을 계발**해야 한다고 주장했다. 그는 서양의 지혜를 담고 있는 **위대한 저서들(Great Books)을 탐독**함으로써 이성과 합리성을 계발할 수 있다고 생각했다.

② 허친스는 그의 동료 **아들러(M. J. Adler)**를 비롯한 여러 편집위원들의 도움을 받아 지난 3천년 동안 쓰여진 책들 중 74명의 저자들이 쓴 443편의 글을 선정하여 이것을 54권으로 된 전집으로 간행하였다. 그는 이것을 기초로 **'위대한 저서 읽기 프로그램'(Great Books Program)**을 만들어 학부 학생들에게 널리 보급하기 시작하였다.

(3) 비판

① 보드(B. Bode), 버츠(R. F. Butts), 캘드웰(O. W. Caldwell), 체이스(H. W. Chase), 코난트(J. B. Conant), 카운츠(G. Counts), 크로커(W. Crocker), 듀이를 비롯한 많은 이들이 그의 사상을 비판했다. 비판자들은 허친스의 사상이 지나치게 **주지주의적이고, 귀족주의적이며, 엘리트주의적**이라고 생각했다.

② 그들은 그의 교육이론이 민주주의의 정신에 위배될 뿐 아니라 생산적이고 활동적인 인간을 육성하는 데 비효과적이라고 생각했다.

(4) 영향

① 허친스의 교육사상은 그 당시와 그의 사후에도 미국의 중등학교와 대학에 큰 영향을 주지 못했다. 1977년 허친스가 타계한 후 동료인 아들러는 대학교육과 성인교육을 개혁하는 일보다 초·중등교육을 개혁하는 일을 더 우선해야 한다고 생각했다.

② **아들러는 초·중등교육을 개혁하기 위한 방안으로 '파이데이아 그룹(Paideia Group)'을 결성**하게 되었다. 그는 1982년 그룹의 교육적 입장을 『파이데이아 선언』이라는 책으로 발표하였다. 그는 이 책에서 허친스와 함께 사색해 왔던 교육적 신념을 간결하게 천명하였다.

4 피터스(Richard Stanley Peters: 1919~2011)

(1) 영국 교육철학의 아버지

피터스는 20세기 후반 영국이 낳은 위대한 교육철학자이다. 그가 교육학계에 끼친 가장 큰 공헌은 언어분석의 방법을 통해 교육의 주요 개념들의 의미를 명료화하고, 교육적 논의 속에 들어 있는 논리적 가정(論理的 假定)들을 드러냈으며, 나아가 교육에 관한 주장들을 정당화하였다는 점이다. 그렇게 함으로써 그는 어중간한 위치에 머물렀던 교육철학을 엄밀하고도 독립적인 학문분야로 거듭나도록 하는 데 결정적인 역할을 했다. 이러한 이유로 그는 20세기 후반에 새롭게 형성된 '영국 교육철학의 아버지'로 불리고 있다.

(2) 윤리학과 교육

허스트(P. H. Hirst)와 함께 현대적인 자유교육론의 체계를 수립하는 데 기여하였으며, 교육윤리학의 성립과 발전에도 상당한 기여를 했다. 1966년에 발표한 『윤리학과 교육』(Ethics and Education)은 바로 교육윤리학적 접근을 시도한 대표적인 저서이다. 이 책은 존 듀이가 쓴 『민주주의와 교육』과 함께 교육고전의 지위를 차지하고 있다.

(3) 교육철학의 특징

① 피터스 교육철학의 가장 큰 특징은 **'교육'의 개념을 '체계적'으로 분석**했다는 점이다. 그는 『윤리학과 교육』(Ethics and Education) 제1장에서 어떤 활동을 '교육'이라고 부르기 위해서는 세 가지 준거(準據) 혹은 기준에 합당해야 한다고 주장했다. 그가 말한 세 가지 준거란 **규범적 준거, 인지적 준거, 과정적 준거**를 말한다.

② 민주주의 교육의 중요한 원리라고 할 수 있는 **자유, 평등, 가치 있는 활동, 이익, 인간존중, 권위, 벌 등의 개념을 분석하고 그러한 원리 배후에 있는 논리적 가정(presupposition)을 밝히고 이를 정당화**했다는 점이다. 여기서 정당화란 어떤 행위에 대해 합리적 이유나 근거를 제시하는 활동을 말한다.

③ 그는 허스트(P. H. Hirst)와 함께 고전적 자유교육론을 부분적으로 계승하면서도 **현대적 자유교육론의 체계를 수립**했다. 여기서 자유교육(liberal education)이란 합리적인 마음을 계발하는 것을 목표로 삼는 교육으로서 오랜 지적 전통을 가지고 있다. 그는 자유교육이란 '직업교육이 아니며', '전문적인 교육이 아니며' 등의 방식으로 설명하고 있다. 요컨대, 피터스에 있어서 **자유교육은 특별한 종류의 교육을 지칭하는 것이 아니고 교육의 개념 그 자체를 실현하는 데 장애가 없어야 한다는 소극적 의미에서의 교육**이라고 할 수 있다.

④ 피터스 교육철학의 또 다른 특징은 그가 구사한 방법론이 **교육윤리학 분야의 발달에 크게 기여**했다는 점이다. 그는 『윤리학과 교육』에서 교육이 세 가지 측면에서 윤리학과 깊은 관계를 맺고 있음을 보여 주었다.

  ㉠ 첫째, 그는 교육이라는 말 속에 이미 가치롭다거나 바람직한 것이 포함되어 있다는 점을 밝힘으로써 교육이 윤리학과 깊이 관련되어 있음을 보여 주었다.

  ㉡ 둘째, 그는 어떤 활동이 가치 있는 활동이며 이것을 왜 가르쳐야 하는지에 대해 논의함으로써 교육과정과 윤리학이 깊이 관련되어 있음을 보여 주었다.

  ㉢ 셋째, 민주사회를 살아가는 데 필요한 절차적 원리들을 밝히고 정당화함으로써 교육방법과 윤리학이 깊이 관련되어 있음을 보여 주었다.

중등 교원임용
변민재 교육학
인사이드 (상)

PART

04

교육철학

- **전통철학과 교육**
  - 이상주의
  - 현실주의
  - 프래그머티즘

- **20세기 전기철학**
  - 진보주의
  - 항존주의
  - 본질주의
  - 재건주의

- **20세기 후기철학**
  - 실존주의 교육철학
  - 분석적 교육철학
  - 비판적 교육철학
  - 포스트모더니즘 교육철학

CHAPTER 01 전통철학과 교육

제1절 이상주의와 교육

1 이상주의(idealism, 관념론)

이상주의는 우주의 실체가 본질적으로 정신이나 관념이라고 주장한다. 서구에서는 이상주의의 기원을 그리스의 철학자인 소크라테스(Socrates,B.C. 469~399)와 플라톤(Plato, B.C. 429~347)에서 찾는다. 현대에는 이상주의자들이 소수이지만 과거의 역사에서 중심적인 역할을 해 온 셈이다. 18~19세기 독일에서 칸트(Immanual Kant, 1724~1804), 피히테(Johann GottliebFichte, 1762~1814), 쉘링(Friedrich Schellin, 1775~1854), 헤겔(G. W. Friedrich Hegel, 1770~1831) 등을 들 수 있고, 영국의 초월주의자인 에머슨(Ralph Waldo Emerson, 1803~1882), 프뢰벨(Friderich Wilhelm August Fröbel, 1782~1852), 헤겔주의자였던 해리스(William Torrey Harris, 1835~1909), 미국의 호온(Herman Harrell Horne, 1874~1946) 등을 들 수 있다.

2 플라톤의 교육론

소크라테스의 제자인 플라톤(B.C. 429~347)은 아테네에서 기원전 387년에 아카데미를 설립하였고, 많은 철학 저서를 남기어 서양 철학의 기초를 마련한 사람이다. 작품 중에는 도덕의 문제를 검토한『프로타고라스(Protagoras)』, 영혼의 영원성을 다룬『파이돈(Phaedo)』, 그리고 교육과 정치 문제를 다룬『국가(Republic)』,『법률(Law)』등의 저술이 있다. 플라톤은 그의 스승과 같이 **소피스트의 상대주의와 직업 전문교육을 거부**한다. 그의 철학은 **항구적인 보편의 개념으로 진리·정의·미·선을 믿고** 있는데, 완전한 **이데아(Idea)**의 세계, 즉 이상적인 형태(ideal form)에 대한 **형이상학적 신념**에 기초하고 있었다. 그에 의하면, 개인들은 이데아계의 완전한 이상적 형태가 투영된 불완전한 존재들이므로 그러한 **보편적 완전한 이상에 도달할 수 있는 고귀한 존재들**이다.

3 이상주의의 교육이론

(1) 교육목적

① 이상주의자들은 학생들에게 진리탐구자 또는 진리발견자가 되도록 시키고 있다.

② 교수학습과정은 학생이 자신에게 내재되어 있는 **고유한 잠재력을 충분히 발휘**할 수 있도록 도와야 한다.

(2) 학교

학교는 과거의 문화, 즉 과거의 지식·기술·학문을 잘 보존하여 앞으로 어린이들이 **자신들의 문화유산을 전달할 수 있도록 하는 곳**이다.

(3) 교육과정

① 이상주의의 교육과정은 기본적으로 **개념화하고 관념화한 지식위주의 교과목이나 학습내용**이 된다.
② 여러 가지의 **지식체계들은 절대진리에 기초**하여 있고, 또 그것을 설명하기 위한 것이다. 그러한 체계화된 개념들은 단일 개념과 이상으로부터 출발했으며 결국 그 단일 관념이나 이상에 이르기 위한 것이다.

(4) 교육방법

① 이상주의에서는 개인에게 절대진리나 보편진리가 내재하고 있다고 보기 때문에 **학습자 자신의 내적인 사색을 통하여, 즉 자아반성 또는 자아성찰을 거쳐서 절대지식을 회상 또는 인식**한다고 본다.
② 이상주의의 교육방법은 **학습자 자신의 직관과 내적 자아탐구가 바탕**이 된다.
③ **성장과 발전은 기본적으로 학습자의 내적인 요소에서 시작되어 외적인 것으로 확산**된다. 그러므로 학습자를 자극하여 이끌 만한 방법이 특별하게 있는 것은 아니다.

(5) 교사

① 교사는 여러 가지 방법에 익숙해야 하며 이상적인 결과를 끌어내기 위해서 **가장 효과적인 방법을 잘 알고 있어야 한다**.
② 특별한 방법이 구체화된 것은 없지만, **소크라테스의 대화법** 같은 방법은 이상주의 수업에서는 적절한 방법이 될 수 있다. 그러나 소크라테스의 대화법 또는 질문법을 학습상황에 적용한다고 할 때에는 능수능란한 질문(skillful questioning)으로 수업을 이끌 수 있어야 한다.
③ 단순한 암기가 아니라 **더욱 발전된 사고를 촉진**할 수 있어야 하며, 모든 학생이 참여할 수 있는 **공동의 관심거리**를 늘 찾아야 한다.

제2절 실재주의와 교육

1 실재주의

실재주의는 앞의 다른 사조와 마찬가지로 서양에서 오랫동안 지속해 온 철학 중의 하나이다. 실재주의에서는 이상주의와는 대조적으로 **사물이 사람들의 지각과는 별개로 존재**한다고 생각한다. 실재주의에서 주장하는 기본전제는 다음과 같다

(1) 사람은 다른 사물과 같이, **많은 사람들 속에 실재한 존재**로서 세상에 있다.

(2) **사물은 사람들의 희망이나 기호와는 관계없이 존재**하며, 사람들은 그것을 만들어서 사용한다.

(3) 인간은 **자신의 이성으로 사물들에 대한 지식**을 알아낼 수 있다.

(4) 객관적으로 **사물의 질서나 체계가 존재**하며, 인간이 그 **실재로부터 지식을 얻을 수 있다**는 가능성을 주장하고 있다.

(5) 사람들이 그러한 **지식과 질서에 일치한 행동**을 해야 한다고 주장한다.

2 아리스토텔레스

(1) 실재주의의 기원

실재주의에는 고대 그리스에서 시작한 고전적 실재주의, 자연과학이나 과학적 방법으로 실재를 탐구하는 과학적 실재주의, 자연계의 창조자를 신으로 보고 있는 신학적 실재주의 등을 들 수 있다. 이러한 다양한 실재주의의 기원은 모두 아리스토텔레스의 작품에서 찾아진다.

(2) 저서

① 절제와 중용을 강조한 그의 저서 『니코마코스 윤리학(Nicomachean Ethics)』은 후에 실재주의의 가치관과 윤리론의 전형이 된다.

② 인간들의 상보적인 관계를 시민상으로 그린 『정치학(Politics)』도 그의 주요 저서 중의 하나이다.

(3) 계승

아리스토텔레스는 중세에 다시 발견되기에 이르는데, 토마스 아퀴나스(Thomas Aquinas, 1225~1274)와 같은 스콜라 철학자들에 의해서 아리스토텔레스의 철학과 기독교 신학이 결합되게 된다. 근대와 현대에 와서는 헤르바르트(Johann Friederich Herbart, 1776~1841), 코메니우스(Johann Amos Comenius, 1592~1670), 러셀(Bertrand Russell, 1872~1970), 허친스(Robert Hutchins, 1889~1977), 아들러(M. J. Adler, 1902~2001), 브라우디(Harry Broudy)와 같은 사람들이 실재주의의 이론에 기초하여 그들의 교육론을 펼쳤다.

3 실재주의의 교육론

(1) 교육목적

① **조직화된 체계적인 지식을 연구하고 배움**으로써 사람이 갖고 있는 가장 큰 힘인 **이성을 계발**한다.

② 사람들이 자신의 선택을 합리적으로 할 수 있도록 고무·격려하고, 그들의 **잠재성을 최대로 실현**할 수 있도록 도우며, **합리적인 위계적 질서체제**에 자신들의 위치와 역할을 통합시키는 일을 하도록 돕는다.

(2) 학교

① 다른 기관들이 각각의 역할을 수행해야 한다고 보는 것과 같이 독특한 기능, 즉 **인간의 이성을 고양시키는 일차적인 사명**을 가진다.

② 학생에게 **지식의 체계와 탐구의 기술을 전달할 수 있는 특수한 기능**을 가지고 있어야 한다.

③ 학교 행정가는 **교사의 주요 업무를 흩뜨리지 않아야 하며 불필요한 비교육적 업무를 부담시켜서는 안 된다**.

④ **행정가는 특별하게 가르치고 배우는 자유와 학문의 자유를 유지**시키는 데에 힘써야 한다.

(3) 교육과정

① 실재주의는 **실재의 객관적 질서**를 중요하게 여긴다.

② 실재를 지닌 **사물은 기본적으로 유사성에 기초하여 범주화**할 수 있다.

③ 실재주의에 기초한 교육과정에서는 실재를 탐구하는 가장 효율적인 방법인 **합리적 근거를 통하여 교과목을 체계적으로 조직화**한다.

(4) 교육방법

① 학습의 목적은 **교사가 학생에게 지식을 제공**하는 것이다.

② 교과내용과 **교육방법은 역사와 같은 지식과 읽기와 쓰기와 같은 기능을 학습하는 일**이다. 이 과정에 감각적 교류 또는 정신치료법, 오락, 자유스러운 대화 등이 포함된다.

(5) 교사

① 교사는 **교과목에 대한 지식과 방법을 알고 있는 전문가**이어야 한다.

② 인문학뿐만 아니라 과학에 대해서도 잘 익숙하도록 교육받아야 한다.

제3절 프래그머티즘과 교육

1 프래그머티즘

(1) 성립과 발전

실용주의로 번역되는 프래그머티즘은 1870년대에 미국의 퍼어스(C. S. Perce)에 의해 주장되었고, 19세기 말 제임스(W. James)에 의해 전 세계에 퍼졌으며, 20세기 전반(前半)에 와서 미드(G. H. Mead)와 듀이(J. Dewey)에 의해 더욱 구체화되었다.

(2) 진리

실생활에 유용한 지식과 실용성이 있는 이론만이 진리로서의 가치가 있다고 하는 생각이다.

(3) 프래그머티즘의 근본원리

① 이 세상에 영원·불변하는 것은 없고 **오직 변화만이 실재**한다.

② **가치는 상대적**이다.

③ 인간은 **사회적이고 생물학적인 존재**이다.

④ 모든 인간의 행동에 있어 **비판적 지성**의 가치가 발동되어야 한다.

2 듀이의 도구주의

개념 +

듀이(John Dewey, 1859~1952)
듀이는 20세기 대표적인 프래그머티즘 철학자이며, 진보주의 교육운동의 중추적인 역할을 하였다. 듀이는 1896년 시카고 대학 부속 초등학교를 세웠으며, 약 7년간에 걸쳐 운영되었는데, 듀이 스쿨이나 실험학교로 더 잘 알려졌다. 그는 헤겔(Hegel)의 변증법, 다윈(Darwin)의 진화론, 퍼스(C. Peirce)와 제임스(W. James)의 프래그머티즘으로부터 큰 영향을 받았다. 듀이는 평생 약 40권의 저서를 내고, 700편의 논문을 발표한 대학자이다. 교육에 관한 그의 생각을 가장 잘 요약한 두 권의 책은 『민주주의와 교육』(Democracy and Education)과 『경험과 교육』(Experience and Education)이다. 초기의 듀이는 헤겔주의의 이상주의자였다. 그가 처음으로 대학 강의를 했던 10년(1884~1894) 동안에, 그는 도구주의라는 실용적 철학의 시작을 위해 이상주의자들의 캠프로부터 나왔다. 이 철학은 지성의 사회적 기능을 강조했다. 또한 관념을 삶의 목적으로서가 아니라 삶의 도구로 보았다.

(1) 도구주의

① 수십 년 동안 미국의 교육학과 철학을 주도해 온 **듀이의 프래그머티즘은 도구주의(instrumentalism)** 로 통용되고 있다.

② 듀이에게 있어 **모든 사고(思考)는 혼탁하고 불확실한 상황을 명확한 상황으로 개조하는 노력**, 다시 말하면 **탐구**이다. **관념이란 이를 위한 실험적인 가설(假說)이며 도구**이다.

③ **관념의 좋고 나쁨(진위)은 상황을 개조할 수 있는지의 유효성(有效性)에 의하여 판정**된다.

④ 듀이는 **생활에 변화를 가져오지 못하고 그 자체로 추구되는 지식은 의미가 없다**고 주장한다.

⑤ 지식을 그 자체로 추구하지 않고 **생활에 도움이 되는 수단으로 여기는 듀이의 견해를 학자들은 '도구주의'**라고 부른다.

(2) 지식

① 도구는 시간이 지남에 따라 항상 개선되고 진보하기 마련이다. '지식이라는 도구'도 마찬가지이다. **절대적으로 참되고 변화하지 않는 지식**이란 없다. **지식은 끊임없이 변화하고 진화한다.** 따라서 **절대적인 진리를 추구하는 철학자들의 노력은 무의미**하다.

② 우리는 이런 헛된 노력을 버리고 생활에 더 많은 유용함을 가져오는 '더 나은 지식'을 추구해야 하는 것이다.

3 프래그머티즘의 교육론

(1) 학교

① 교육은 넓은 의미에서 생명을 사회적으로 지속시키는 일이다.

② 이를 위해 **학교가 지역사회의 중심**이 되어야 한다.

③ 우리는 **학교를 통해 아이들에게 사회에 적응**하며 나아가서 그 사회를 개혁하면서 자신의 생활을 확충할 수 있는 심적·도덕적 성향을 길러 줄 수 있기 때문이다. 따라서 교육은 생활, 구체적으로 **사회적 생활을 의미**한다.

(2) 교육목적

① 프래그머티즘에서는 교육의 목적이나 방법이 계속적으로 개조될 수 있도록 **개방성과 융통성**을 가져야 한다.

② 교육의 목적은 **개인의 성장능력**을 토대로 설정해야지 교사나 어떤 사회적 세력이 결정해서는 안 된다.

③ 교육의 목적은 **개인의 경험이 반복되고 재구성되어 감에 따라 융통성 있게 조절**되어야 한다.

(3) 교육방법

① 교육의 방법은 **개인의 욕구와 흥미와 필요**에 기초하여야 한다.

② 교사가 교과를 다루는 전통적 방식에만 연연해하면서 아동의 개인적 특성을 고려하지 않으면, 그 교육은 획일적이 되고 아동의 활동은 생기를 잃게 된다.

(4) 교육과정

① 교육의 과정은 **경험이 끊임없이 재구성되는 과정**이다. 교육은 경험을 떠나서는 불가능하다.

② 하나의 경험은 후속되는 경험에 **새로운 방향을 제시하고 통제하는 힘**을 가지고 있다. 그것은 하나의 경험이 자신의 성장에 어떤 영향을 미쳤는지를 평가함으로써 이루어진다.

③ 이런 과정을 계속하면서 **경험이 재조직·재구성되고, 인간은 성장**해 간다.

④ 교육은 이처럼 **개인의 경험을 재구성하는 일이며, 개인을 성장시키는 과정**이다.

(5) 학습자

① 학생은 미성숙자이지만 수용력과 잠재적 능력을 갖춘 **발전적 성장체**로 보아야 한다.

② 미성숙은 성장의 잠재조건이다. 학생들에게 **수용력(capacity)과 잠재적 능력(potentiality)이 내재되어 있음**을 인식해야 한다.

③ 이러한 능력들이 잘 발휘될 수 있는 활동무대를 그들의 생활 속에 마련해 주어야 한다.

CHAPTER 02 20세기 전기의 교육철학

제1절 진보주의

1 진보주의 철학의 배경

(1) 정의

진보주의(progressivism)는 20세기 미국 교육의 전체적 경향을 대표하는 교육사조로, **교사 중심의 전통적 교육의 편협성과 형식주의가 낳은 비인간화에 대한 반발**로 일어난 교육운동이다.

(2) 아동중심

① 역사적으로 볼 때 이 운동은 **루소의 자유주의적 아동교육론, 페스탈로치와 프뢰벨의 교육사상, 20세기 듀이, 니일, 몬테소리** 등 자유주의 아동중심 교육사상과 맥락을 같이하고 있다.

② 모든 **교육의 중심에 아동**을 두고, **아동의 전인적 성장발달**에 초점을 두었다.

③ 기본사상은 **아동중심주의에 입각하여 '행함으로 배우는'**(learning by doing), 즉 최근의 용어를 빌리면 아동의 **'자기주도적 학습'**을 내세웠다.

(3) 학교와 학습

학교는 학습하기에 쾌적한 장소가 되어야 하며, 모든 **학습은 아동의 흥미나 욕구에 입각**해야 한다는 것을 강조했다.

> **개념 ➕**
>
> 존슨(M. Johnson)은 유기체적 교육의 원리들을 다음과 같이 묘사했다.
> "우리는 교육의 목적이 자라나는 아동의 요구를 충족시키는 데 있다고 믿는다. 아동기는 아동기 그 자체를 위한 시기이지 결코 성인기 생활을 위한 준비기가 아니라고 우리는 믿는다. 따라서 학교 프로그램은 다음과 같은 문제들에 대해 답해야 한다. 어느 특정 연령의 아동은 자신의 몸의 건강을 돌보고, 지성을 보존하고 그리고 성실하고 사심 없이 지내기 위해서 무엇을 필요로 하는가? 이러한 질문들에 대한 답변은 학교의 교육과정을 구성하게 될 것이며, 우리가 아동기의 성격과 요구를 이해하게 됨에 따라 교육과정은 변할 것이다."

(4) 진보주의 교육협회

① 1918년 **듀이와 킬패트릭(W. H. Kilpatrick)**을 중심으로 「진보주의 교육협회(Progressive Education Association)」를 결성하여 전통적 교육환경을 개선하는 데 기여하였다.

② 이 협회는 미국의 교육개혁운동으로 발전하였고, 이후 30년 이상 미국 내외에 영향을 미쳤다. 진보주의 교육의 주된 세력은 1940년대에 기울어져, 1950년대에는 종식되었다.

(5) 영향

① 현대의 아동중심 진보주의는 **인간주의적 교육**으로, 영국 초등학교에 기초한 열린교육체제로 표현되고 있다.

② 우리나라의 경우, 광복 후 미군정시대에 교육정책의 기본이념으로 진보주의를 채택하였으며, 1950년대 새 교육 운동으로 발전하기도 하였다.

2 진보주의의 교육이론

(1) 교육강령

1918년 조직되어 1955년에 해산된 진보주의 교육협회는 그 조직이 느슨하였기 때문에 단일의 종합적인 교육철학에 의하여 통합되지 못했다. 그러나 그들은 7개항의 교육강령을 채택하여 전통적인 학교교육을 반대하는 데는 일치를 보았다.

① 모든 아동에게 **스스로 발달할 수 있는 자유를 부여**해야 한다.

② **아동의 흥미가 모든 학습활동의 동기**가 되어야 한다.

③ 교사: 학생의 모든 활동을 고무하고 적절한 정보를 제공하는 **안내자**여야 한다.

④ 교육목적: 학업성적뿐만 아니라 **신체적, 지적, 도덕적, 사회성을 포함하는 전인적 발달**에 두어야 한다.

⑤ 교육목표: **건강증진에 두어야 하며, 따라서 학교의 시설, 환경, 인적 조건은 명랑**해야 한다.

⑥ 학교

　㉠ **가정과 긴밀한 관련하에 아동의 생활에 만족**을 줄 수 있도록 노력해야 한다.

　㉡ **실험학교로서 과학적인 연구**를 통하여 교육개혁의 중추가 되어야 한다.

　　　☞ 이와 같은 진보주의 교육운동의 강령은 **아동중심의 인간교육을 표명한 것으로, 교사는 조언자, 협력자가 되어야 함을 강조**하고, **맹목적인 암기, 암송, 교과서 권위를 강조하는 전통으로부터 아동의 해방을 촉구**하였다.

(2) 특징

① 전통적 교육과정의 인습적인 교과서 편제에 반대하여 진보주의는 대안적 교육과정 조직방식을 실험했는데, 예를 들면 **활동, 문제해결 그리고 구안법을 사용**하였다.

② 진보주의 교육은 **교과목보다는 학습자인 아동에 초점**을 맞추었다.

③ **구어적·문자적 기능보다는 활동과 경험을 강조**하였으며, 경쟁적인 개별화된 학습보다는 **협동적 집단학습을 고취**시켰다.

④ **민주적 학교절차를 활용**하는 것을 지역공동체 개혁과 사회 개혁의 서곡으로 간주하였다.

진보주의 교육원리

첫째, **교육은 미래 생활을 위한 준비가 아니라, 현재의 생활 그 자체이다.** 교육은 **문제해결을 통한 경험이 계속적으로 재구성되는 성장의 과정이다.** 때문에 교육을 통해 아이들에게 **비판적·지성적 사고방식을** 길러 주어야 한다. 그러기 위해서는 배우는 장소가 비판정신과 지성을 발로시킬 수 있는 곳이어야 한다. **학교는 특히 어린이가 장차 부딪칠 생활환경과 비슷한 것을 교육**해야 한다.

둘째, 학습은 직접적으로 **아동의 흥미와** 관련되어야 한다. 교육활동에 있어서 아동의 생활을 무시해서는 안 되며, 그들의 흥미와 관심의 소재를 파악해야 한다. 그러기 위해서 **학습과정은 교사 혹은 교과서에 의해 일방적으로 정해져서는 안 되며,** 아동의 흥미와 욕구가 반영된 것이어야 한다. 아동은 그들의 생활 속에서 배워야 하며 **학습은 어린이의 성취도에 맞추어 진행**되어야 한다.

셋째, 교육내용의 이수보다 더 중요한 것은 **문제해결 방법을 배우는 것이다.** 전통적인 학교에서는 지식은 그 자체로서 가치가 있는 것이므로 교사를 통해 그것은 체계적으로 배워야 할 것으로 여겨졌다. 그러나 진보주의 교육운동은 **지식이란 늘 새롭게 전개되며 능동적인 활동에 의해 얻어지기 때문에 행동으로도 옮겨져야 할 것이다. 안다는 것과 행동한다는 것은 일치**해야 한다. 이것이 실험적 방법의 원리이다.

넷째, 교사는 아동을 지휘하는 입장이 아니라 **도와주는 입장**이어야 한다. 왜냐하면 어린이의 흥미는 그 자신이 배우고자 하는 것을 결정하는 데서 생기기 때문이다. 교사는 어린이가 자신의 발달단계와 능력에 맞는 학습계획을 짤 수 있도록 **상담해 주며, 자유롭게 학습하도록** 하되, 곤경에 처해 있을 때는 도와주어야 한다. 즉, 교사는 권위를 지닌 자로서가 아니라 **경험이 풍부한 조력자**가 되어야 한다.

다섯째, **학교는 경쟁보다 협동을 장려**하는 곳이어야 한다. 인간이란 원래 사회적이고 대인관계가 원만할 때 만족을 느끼는 존재다. 경쟁심을 길러 주거나 개인적인 성공을 위해 뛰게 하지 말고, 사랑과 동료의식을 갖도록 인도해야 한다. 더욱이 과학기술문명이 발달하면 할수록 공동체적 경험이 중요한 것임을 인식하고 학교는 **공동체적 가치를** 심어 주도록 한다.

여섯째, **민주주의만이 성장에 필요한 사상과 인격의 자유로운 상호작용을 허용하고 촉진**한다. 진보주의 입장에서는 **민주주의는 하나의 정치제도 이상의 것**이며 사람들이 협력해서 사는 방식이자 경험을 교환하는 방식이다. 따라서 민주주의를 가르치기 위해서는 우선 학교생활 그 자체가 실천할 수 있는 과외활동이 권장되어야 한다. **민주적으로 운영되어야 하며, 민주주의에 대한 이해를 깊게 하고 그것을 실천할 수 있는 과외활동이 권장되어야 한다.**

3 킬패트릭(William H. Kilpatrick)의 구안학습법

킬패트릭(William H. Kilpatrick)은 다윈·퍼어스·제임스, 그리고 듀이로부터 사상적 영향을 많이 받았다. 그의 이름이 세계적으로 알려지게 된 것은 1918년에 발간한 『**구안법(The Project Method)**』이라는 저서 때문이었다. 물론 구안이라는 용어 자체는 그 이전에 다른 사람들에 의해 사용된 적이 있으나 킬패트릭이 그것을 이론적으로 체계화하여 교육 실제에 적용될 수 있도록 공헌을 한 것이다.

(1) 구안법(The Project Method)

① 배경: 듀이가 실험학교에 도입한 문제해결학습(problem solving method)을 발전시켜 구안법을 제창하게 되었다.

② 정의
  ㉠ 학습자가 마음속에 가지고 있는 생각을 외부로 던짐으로써 구체적으로 실현하고 형상화하기 위해 학습자 스스로 계획에 따라 시행하게 하는 자발적이고 창의적인 학습방법
  ㉡ 사회환경 속에서 전심전력을 다하여 행하는 목적지향적 활동을 의미
③ 이론적 토대
  ㉠ 손다이크(Thorndike)의 학습의 법칙(laws of learning)을 이론적 토대로 하고 있다.
  ㉡ 준비성의 법칙·연습의 법칙·효과의 법칙에 의거하여 구안법을 이론화하였다.
④ 특징: ㉠ 목적을 고정시키며, ㉡ 과정을 안내하며, ㉢ 충동 또는 내적 동기를 제공한다.
⑤ 구안법의 네 가지 형태
  ㉠ 구성적 또는 창조적 구안(constructive or creative project)
    • 외적 형태 면에서 어떠한 이상이나 계획을 구체적으로 나타내려는 데 목적이 있다.
    • 예컨대, 보트를 만든다거나, 편지를 쓴다거나, 연극을 하는 것 등이다.
  ㉡ 감상 또는 즐거움을 위한 구안(appreciation or enjoyment project)
    • 심미적 경험을 향유하는 데 목적이 있다.
    • 예컨대, 이야기를 듣는다거나, 교향곡을 듣는다거나, 그림을 감상하는 것 등이다.
  ㉢ 문제구안(problem project)
    • 지적인 문제를 해결하려는 데 목적이 있다.
    • 예컨대, 비가 내리는 원리, 도시의 인구집중 문제를 탐구하는 것 등이다.
  ㉣ 연습 또는 특수화된 구안(drill or specific learning project)
    • 어느 정도의 기술이나 지식을 획득하는 데 목적이 있다.
    • 예컨대, 글씨 쓰기 연습을 한다거나, 덧셈 연습을 한다거나, 자전거 타기 연습을 하는 것 등이다.

(2) 교육개념

① 교육의 중심개념으로 생활·문화·인격, 그리고 지성을 제시한다. 그래서 그가 강조하는 교육이란, **목적지향적 활동을 통한 인격교육으로 정리**된다.
② 생활
  ㉠ '**살기 좋은 생활**'을 의미한다. 살기 좋은 생활이란 물질적으로만이 아니라, **도덕적으로도 살기 좋다는 것**이며, 또한 **만족을 주는 생활**을 의미한다.
  ㉡ 가장 잘 산다는 것은 **가장 많이 생각하고, 가장 고상하게 느낀다는 것이며, 최선을 다하여 행동한다는 것**을 뜻한다.
  ㉢ **민주주의는 모든 사람으로 하여금 잘살게 한다는 전제하에서 사회를 이끌게 하려는 노력**이다.
  ㉣ 그러므로 교육은 본질적 의미에 있어서 학생들로 하여금 살기 좋은 생활을 배우게 하며, 또한 그렇게 살게끔 이끌어주는 것을 그 목적으로 삼아야 한다.

③ 문화
   ⊙ 사회적 유산을 뜻하는 것으로, **'누적된 문명의 자본'**이다.
   ⓒ 그것은 우리 조상들이 보다 나은 생활방식을 마련하느라고 힘쓴 그들의 고귀한 공헌이라고 볼 수 있다.
④ 인격: 그는 바람직한 인격형성을 위한 일곱 가지 생활 및 학습의 원리를 다음과 같이 제시하였다.
   ⊙ 어떤 바람직한 특성의 인격을 형성하기 위해서는 개인은 그와 같은 특성의 환경 속에서 살아야 하며, 동시에 그와 같은 방식으로 행동해야 한다.
   ⓒ 개인은 이와 같은 새로운 행동을 자기 것으로 받아들여야 한다. 그래야만 유효한 인격을 이룩하는 일을 배우게 된다.
   ⓒ 인격형성의 내적 요소를 배양하는 데는 교사나 부모가 아동의 태도 및 감정에 대해서 세심한 유의를 해야 한다.
   ② 개체가 성장해 감에 따라서 교사나 부모는 더욱더 그가 하는 일에 대해서 '왜' 그렇게 하는가를 생각하도록 해 주어야 한다. 이것은 정도에 맞게 해야 할 것이며 너무 일찍부터 서둘러서 할 경우 오히려 역효과가 난다.
   ⑩ 인격의 강인성은 어느 정도 행동에 대한 결정의 명석성과 결정을 내리게 하는 내면적인 '노력의 힘'에 의한다.
   ⑪ 새로운 행동이 자기 자신에게 매우 중요한 것이라고 느껴지면 느껴질수록 더욱더 앞에서 말한 원리가 분명하게 작용하게 될 것이다.
   ⑫ 시인해야 할 새로운 규준에 대하여 내적 갈등을 느끼게 되는 경우와 마찬가지로, 시인된 규준에 대하여 어떤 곤란을 느끼는 사례에 특히 유념해야 한다. 이런 경우에 무엇을 할 것이며 왜 하느냐를 분명하게 해 줌으로써, 그리고 개인적으로나 집단적으로 할 수 있는 한 최선의 방도를 생각하여 격려하는 것이 크게 도움이 될 것이다.
⑤ 지성
   ⊙ 교육은 문제해결의 태도와 능력을 갖도록 도와주는 일이기에 지성은 중요한 의미를 지닌다.
   ⓒ 인생문제를 해결하기 위해 '지성'을 사용한다는 것은 인간만이 할 수 있는 것이며, 개인과 사회는 변화하는 것이고 사회적 가치도 변화하나 거기에 조정해 나갈 수 있는 것은 '지성'이 있기 때문이다.

4 올센(E. G. Olsen)의 지역사회학교

(1) 학교
① **지역사회의 중심**이다.
② **지역사회 자료**를 충분히 활용하여야 한다.
③ **지역사회 교육의 중심**이 되어야 한다.

(2) 교육과정

교육과정에는 지역사회의 문화와 문제를 담으며, 지역사회의 여러 활동에 참여하면서 그 발전에 기여하여야 한다.

(3) 열 개의 다리

오늘날 학교가 실사회나 지역사회에서 떨어져 있는 현실을 비판하고, 이 같은 학교를 실사회, 지역 사회와 연결시키는 데는 '열 개의 다리'가 필요하다면서, 이 다리를 중심으로 교육을 전개할 것을 주장하였다. 열 개의 다리는 다음과 같다. ① 지역사회 문서(documentary materials), ② 시청 각 교구(audio-visual aids), ③ 전문가 초빙(resource visitors), ④ 면담(interview), ⑤ 현 장견학(field trips), ⑥ 조사연구 (surveys), ⑦ 광범위한 현장연구(extend field studies), ⑧ 야영(school camping) ⑨ 봉사활동(service projects), ⑩ 현장에서의 작업경험(work expe-riences)

5 파크허스트(H. Parkhurst)의 달톤플랜

(1) 정의

① **아동이 꽤 긴 시간 자기의 어느 한 문제를 집중적으로 다루면서 스스로 학습하게 하는 방법**이다.
② 파커스트(H. Parkhurst) 여사가 매사추세츠주의 달톤시에서 시작했다 하여 달톤플랜(Dalton plan)이란 명칭이 붙었다.

(2) 특징

① 아동과 교사가 **학습활동에 대해서 계약을 맺고 그대로 진행**시킨다.
② **계약학습(the contract plan)**이라고도 한다.

(3) 계약학습

① 교사가 아동에게 과제를 낸다.
② 아동은 교사와 독립해서 자신의 진도에 맞추어 가면서 과제풀이를 수행한다.
③ 교사는 아동이 요구할 때에 한해서 자문에 응한다.

6 쿡(Cook)의 놀이학습법

(1) 정의

① **놀이의 특성을 교육의 방법으로 도입한 학습법**이다.
② 방법의 핵심은 **놀이(play)와 작업(work)의 결합**이다.

(2) 특징

① 교과서 안에만 갇혀 있는 내용들을 아이들의 활동을 유발하는 놀이의 장으로 해방하여 그것에 아동의 정감과 지성을 담는 시도이다.

② 백설공주, 콩쥐팥쥐 등의 연극, 축구나 테니스 등의 시합, 화단 만들기나 텐트 치기 등의 창작·설계 등

③ 교육내용이 모두 이 같은 '놀이' 안에 들어올 수 없다.

제2절 항존주의

1 항존주의 철학의 배경

(1) 정의

항존주의(perennialism)는 라틴어 '페르'(per)에서 나온 **'불변', '영원', '항존'의 의미를 지닌 진리의 절대성과 불변성, 그리고 영원성을 믿은 신념**을 말한다.

(2) 특징

① 항존주의의 철학적 배경은 **고전적 실재론**에 뿌리를 두고 있다. 고대의 **영구적, 항구적, 근본적인 것의 추구에 관심을 기울인 플라톤과 아리스토텔레스**에 사상적 뿌리를 두고 있다.

② 항존주의자들은 **인간은 이성적 동물이라는 아리스토텔레스의 견해에 동의**하여 학교를 인간의 지능을 배양시키기 위한 제도로 본다.

(3) 기본입장

① **인간의 본성은 변하지 않으며 본질적으로 동일**하다는 가정에 기초한다.

② 항존주의 교육에는 '**절대(絕對)의 원리**'가 적용된다. 이것은 '**변화의 원리'가 적용되는 진보주의 교육과는 완전히 대조**된다.

③ 심각한 사회적 변화에도 불구하고 **영속적인 것이 참되고 이상적인 것**이라고 본다.

④ 과학주의, 세속주의, 물질주의 성격을 띤 진보주의와 본질주의 교육사상을 배격하고 **반(反)과학주의, 탈(脫)세속주의, 정신주의**를 견지한다.

⑤ 비세속적인 입장에서 항존주의는 **시간과 공간을 초월한 정신적, 초자연적, 영구불멸의 진리를 이성을 통해 획득**할 수 있다고 주장하였다.

(4) 항존주의 사상가

① 항존주의에 속하는 학자들로는 비종교적인 학자로 **허친스(R. M. Hutchins)**, **아들러(M. J. Adler)** 등이 있고, 종교적인 색채가 강한 학자들로는 **마리땡(J. Maritain)**, **커닝햄(W. F. Cunningham)** 등이 있다.

② 허친스는 물질주의에 사로잡히고 절대적인 진리와 가치를 상실한 현대문명, 특히 현대교육이 병들고 있다고 지적하면서, 이 사회를 다시 건강하게 만드는 길은 **고대 사상가들이 만들어 놓은 불변의 진리와 가치에 복귀하여 오직 사람만이 가지는 이성을 단련·계발**시키는 일이라고 믿었다.

③ 30대에 시카고 대학의 총장이 된 허친스는 당시 교육의 반지성적인 점을 비판하면서, 올바른 방향감을 잃고 그릇된 가치관 속에서 방황하며 타락해 있는 교육을 근본적으로 개혁할 것을 주장했다. 이것을 위해 그는 시카고 대학의 교양과목으로 **'위대한 저서 읽기 프로그램'(The Great Books Program)**을 창안하여 대학생들에게 읽게 하였다.

2 항존주의의 교육이론

(1) 특징

① 항존주의 교육철학은 **고대 그리스의 이성관과 지식관**을 그대로 이어받고 있다.
② **인간은 이성을 지닌 존재이며 이성의 계발을 통하여 인간다운 삶을 영위**할 수 있다고 보았다.

(2) 교육목적

① 교육의 최대 목적은 **이성의 계발**에 있다.
② 이성은 **영원불변하는 진리를 습득함으로써 계발**된다.

(3) 교육적 이상

① **고대 그리스 이래의 자유교양교육**을 교육적 이상으로 받아들였다.
② 보편적 교육의 가능성, 즉 **교육은 시대와 사회에 관계없이 모든 사람에게 동일**한 것이어야 한다고 생각했다.

(4) 교육내용

① 초등학교: 읽기(reading), 쓰기(writing), 셈하기(arithmetic)와 같은 기본적인 교과를 중요시하였다.
② 중·고등학교: **중세 7자유교과의 주요 내용, 즉 논리학, 수학, 문법, 수사학, 그리스어와 라틴어 같은 고전적인 언어**를 중시하였다.
③ 대학: **'위대한 저서 읽기 프로그램'**에 따라 고전 100권을 선정하여 필독서로 권장할 것을 주장하였다.

항존주의의 기본적 교육원리

첫째, **인간성은 변하지 않기 때문에 교육의 본질도 변하지 않는다**. 따라서 교육은 언제 어디서나 동일해야 한다.

둘째, 인간의 뛰어난 특징은 이성에 있기 때문에, **교육은 이성을 발달시키는 데 집중**되어야 한다. 사람들은 이성을 가지고 자신의 본능적 성질을 선택된 목적에 맞도록 제어하고 지배하는 데 사용해야 한다.

셋째, 교육의 과업은 **영원한 진리에 인간을 적응**시키는 것이다. 허친스는 "교육은 교수를 포함한다. **교수는 지식을 가르치는 것을 의미한다. 여기서 지식은 진리이다. 진리는 어느 곳에서나 동일하다**. 그러므로 교육은 학습자를 현실적 세계가 아닌 진리의 세계에 적응시켜야 한다."고 보았다.

넷째, 교육은 생활의 모방이 아니라 **생활을 위한 준비**이다. 학교는 실제 생활상황이 아니며 또 그렇게 되어서도 안된다. 학교는 학습자가 그의 **문화적 전통이 가장 훌륭한 업적을 습득할 수 있도록 준비된 인위적인 환경**이 되어야한다.

다섯째, 학생들은 세계의 영원성에 익숙하게 하는 기본적인 과목들을 배워야 한다. 학습자는 그 시대에 중요하게 여기는 것을 학습하는 데 급급해서는 안 되며, 그 자신의 특정한 연령에 있어서 절실하게 요구되는 것을 학습하도록 허용해서도 안 된다. 학습자는 **기본적인 과목을 통해 이성을 일깨우고 지성을 배양**해야 한다.

여섯째, 학생들은 문학, 철학, 역사, 과학과 같이 여러 시대를 거쳐 인간의 위대한 소망과 성취를 나타낸 '**위대한 고전들**'을 읽어야 한다. 고전에 담긴 메시지는 결코 시대에 뒤떨어진 것이 아니다. 고전은 인류가 오랜 세월 동안 담아온 지혜의 보고이다. **과거의 전통을 공부함으로써 학생들은 진리를 발견**하게 된다.

3 마리땡의 인격도야론

개념 ➕

마리땡(Jacques Maritain, 1882~1973)

마리땡은 프랑스의 가톨릭 철학자이다. 처음에는 개신교를 믿었고 한때는 불가지론자였다가, 1906년에 가톨릭으로 개종하였다. 그는 수많은 저작을 남겼는데, 특히 토마스 아퀴나스에 대한 저작을 통해 아퀴나스를 현대적으로 재조명하는 데에 공헌하여 신토마스주의자의 대표적 인물로 꼽히기도 한다. 가톨릭에 기반을 둔 인간주의를 통해 현대 사회의 문제를 극복할 것을 주장하였다. 그의 관심사와 저작은 가톨릭 철학뿐만 아니라 교육철학, 미학, 정치철학, 과학철학 등 여러 분야에 걸쳐 있다.

(1) 교육목적

① **인간성(humanity)의 도야**와 **문화유산에의 적응**

② 각 개인이 **지식과 판단력 그리고 도덕성**으로 무장하도록 돕는 일

③ **민족과 문명의 정신적 유산을 전달**

(2) 현대교육의 7가지 오류

마리땡은 『**기로에 선 교육**』의 첫머리에서부터 그릇 설정된 교육목적을 비판하였다.

① 목적의 무시다. 교육은 윤리적 목표를 달성하기 위한 예술이다. 그런데 이런 목적·방향이 뚜렷하지 못해 목적 없는 능률만이 판치고 있다.

② 그릇된 이념이다. 현대교육은 철학적 인간관을 멀리하고 과학적 인간관만을 숭상하고 있다.

③ 행동주의다. 현대교육에서는 이 진리감각이 소홀히 되어 있기에 회의주의자들만 양산되는 결과를 가져왔다.

④ 사회중심주의다. 현대교육은 시민교육을 강조한 나머지 인간교육을 소홀해 하고 그 결과 정신적인 기쁨, 지혜에 대한 기쁨, 미에 대한 기쁨을 모르는 청년들을 양산하고 있다. 그래서 그들의 삶은 권태에 지쳐 있다.

⑤ 주지주의(主知主義)다. 주지주의가 인간을 전문화된 부분에만 능하고 본질적인 문제에 대해서는 무능한, 진화된 동물화의 길로만 치닫게 했다. 그리하여 현대교육의 주지주의는 인간을 과도하게 전문화·기계화해서 비인간화하고 있다.

⑥ 주의주의(主意主義)다. 인간의 마음을 비합리적인 교조를 신봉케 하여 인간의 마음 가운데 있는 진리의 감각을 분쇄하고, 언어의 참된 기능을 악용하여 젊은이들을 도덕적 황폐로 몰아넣은 다음, 모든 것을 국가에만 매달려 생각하게 하는 인간을 만들어 내었다.

⑦ 교육만능주의다. 그 결과 진정한 의미의 사랑, 신앙, 지혜, 직관 등은 교육의 장에서 사라졌다.

(3) 교육규범

① 제1규범: 교육은 아동의 기본적 성격을 배양함에 있어 진·선·미에 대한 감각을 갖추게 하는 일
② 제2규범: 인간의 내면화를 심화하는 일
③ 제3규범: 교육의 전 과정을 인격화하는 일
④ 제4규범: 이성·지성을 도야함으로써 인간을 자유롭게 하는 일. 이는 성경에 나오는 "진리가 너희를 자유롭게 한다"는 말씀 바로 그것이다.

4 허친스의 고전독서교육

허친스는 『미국의 고등교육』에서 다음과 같이 말했다. "교육은 가르침이요, 가르침은 지식이요, 지식은 진리다. 진리는 모든 곳에서 동일하다. 그러기에 교육은 모든 곳에서 동일하다."

(1) 교육목적

① **지성의 계발**
② **지성의 계발은 덕성의 계발**로 이어진다.

(2) 교육방법

① 지성의 계발을 위해서는 **전통적인 3학4과를 주축으로 하는 교양교육**이 유효하다.
② 허친스는 여기에다 **고전독서교육**을 하나 더 첨가한다. 왜냐하면, 고전은 모든 시대의 과제들과 씨름한 귀한 경험들을 담고 있기 때문이다.

③ 소크라테스의 물음은 플라톤이 그것을 받았을 당시의 가장 귀한 물음이었고, 동시에 바로 오늘날의 가장 귀한 물음이기도 하기 때문이다.

(3) 고전독서교육

① 허친스와 아들러 등은 100종에 걸치는 144권의 **'위대한 고전들'**을 선정하고, 이것을 1년에 16권씩 9개년에 걸쳐 완독시킬 독서계획을 짰다.

② **고등학교 과정에서부터 시작하여 대학**에까지 이어간다.

제**3**절 본질주의

1 본질주의 철학의 배경

(1) 기본입장

① 본질주의(essentialism)도 **진보주의 교육사조를 비판하는 사조**라는 점에서 항존주의와 같은 입장을 취한다.

② 항존주의자들이 확고한 철학적 신념들에 입각해 있는 반면, 본질주의자들은 다양한 견해들이 결집되어 있고 또한 일부 진보주의자들의 견해에 동의하기도 한다.

(2) 특징

① 1938년 **베글리(W. C Bagley)**를 중심으로 미국 본질주의 교육 개혁위원회(The Essentialist Committee for the Advancement of American Education)를 결성하고 본격적인 활동을 하였다.

② 위원회의 구성원들은 교육학자들로 한정된 것이 아니라 **각계의 학자들로 구성**되었다. 그래서 교육을 보는 관점도 다양하지만, 공통된 경향은 대체로 **프래그머티즘 사상과 진보주의 교육의 독주에 회의**를 나타낸다는 점이다.

(3) 차이점

진보주의	• 본질주의자들은 **진보주의자들이 지나치게 아동의 흥미와 자유를 존중한 나머지 진정한 문화유산의 전달을 망각**하고 있다고 비판하였다. • 진보적 학교에서는 **학습자가 기본적인 학문을 학습할 수 없다**고 보고, **학습은 인류가 쌓아온 문화적인 전통 중에서 가장 본질적이고 중핵적인 것을 배우는 것이어야** 한다고 주장했다. • 교육의 기능을 **인류가 축적해 놓은 문화재 중에서 가장 본질적이고 보편적인 것을 간추려서 다음 세대에 전달**하는 것이라고 보았다.

항존주의	• 그들은 **문화유산을 강조하지만 항존주의처럼 영원불변의 진리가 있다고 생각하지는 않는다.** • 본질주의자들은 학생에게 가르쳐야 할 '**본질적인**' 것들은 대개 이전 세대부터 전수받은 것들이지만, 그렇다고 그것들이 영원불변한 것은 아니라고 보았다. • 본질주의자들은 **현실적인 문제해결에 중점을 두고**, '위대한 고전들'을 비롯한 **모든 지식을 인류가 부딪치는 문제를 해결하기 위한 도구**로 보았다.

(4) 본질주의 사상가

① '미국 본질주의 교육 개혁위원회'를 결성한 베글리(W. C. Bagley), 데미아쉐비취(M. Demiashevich), 브릭스(T. Briggs), 브리이드(F. Breed), 칸넬(I. L. Kandel), 모리슨(H. Morrison), 혼(H. H Home)

② 그 계승자로는 관념론자인 울리크(R. Ulich)를 비롯하여, 진보주의와 본질주의의 중간 길을 걷고 있는 우드링(P. Woodring)과 코난트(J. B. Conant) 등을 들 수 있다.

2 본질주의의 교육이론

(1) 특징

① 본질주의는 **진보주의적 교육에 대한 반응으로 일어난 보수주의적 교육이론**이다.

② 본질주의는 근본적으로 **교사의 권위와 교과 교육과정의 가치를 강조**하는 입장이다.

③ 본질주의자들에게 있어서 교육은 **과거로부터 발전해 온 기초기능, 예술 그리고 과학 등을 학습**하는 것이다.

(2) 교육과정

① 초등학교: 읽기, 쓰기, 셈하기와 같은 본질적인 기능 등이 포함되어야 한다.

② 중등학교: 기초 교육과정은 예술과 과학 및 인문 교과목으로 구성된다.

③ 이러한 기능과 교과목을 완전 습득함으로써 학생들은 문명사회의 한 구성으로서 제 역할을 하게 된다. 뿐만 아니라, 학생들은 성공적으로 삶을 영위하는 데 필요한 행동을 습득해야 한다.

④ 본질적 **교육과정의 학습은 훈육과 면학을 강조**한다.

(3) 교사

풍부한 지식을 소유해야 하고, 그것을 가르치는 데 능숙해야 한다.

(4) 교육의 핵심

① 현대의 본질주의자들은 **인문교양과목과 과학을 개인에게 필수적인 일반교육의 중핵**으로 보았다.

② 생활적응과 비본질적인 것을 강조한 직업적 교육자들이 미국 교육의 지적 질을 떨어뜨렸다고 주장했다.

본질주의 교육원리

첫째, **학습은 원래 강한 훈련을 수반**하는 것이어야 한다. 따라서 학습자들이 싫어하는 경우에도 이것을 시켜야 하며, 또 응용도 시켜야 한다. 진보주의에서는 학습자의 자유, 직접적인 흥미를 중시하지만, 본질주의는 **훈련 그 자체와 장래의 목적과 그리고 노력 자체를 소중히 여긴다.**

둘째, 교육의 **주도권은 교사에게 있어야** 한다. 진보주의에서 학습하는 것은 학생이기 때문에, 학생이 교육과정의 주역을 담당해야 한다고 생각하지만 본질주의는 이런 생각을 전적으로 부정한다. 왜냐하면 어린이가 한 인간으로서 잠재능력을 충분히 발휘하려면 그것을 객관적으로 잘 알고 있는 **교사의 지도와 감독**이 필요하기 때문이다. **교사는 어린이의 잠재능력을 계발시켜야 한다.**

셋째, 교육과정의 핵심은 **소정의 교과를 철저하게 이수**하는 일이다. 이것은 아동이 흥미를 가지고 배우는 내용에 몰입해야 한다고 주장하는 진보주의의 입장과 일치한다. 그러나 본질주의자들은 이런 **흥미가 교과의 논리적 체계와 자신의 도덕적 훈련에 의한 결과**로 수반되어야 한다는 점을 강조한다.

넷째, 학교는 **전통적인 학문적 훈련방식을 계속 유지**해야 한다. 진보주의 문제해결 방식에도 장점은 있지만, 그것이 모든 교과에 적용되는 것은 아니다. 어떤 지식은 원래 추상적이기 때문에 현실적인 문제해결 방법으로는 적합하지 않다. 아동이 배워야 할 것은 **교과나 지식의 본질적인 개념**들이며, 이런 개념들은 **전통적인 학문적 훈련방식으로** 가르쳐져야 한다.

3 브리드(Frederick S. Breed)

(1) 교육의 양극적 이론

① 브리드(Frederick S. Breed)는 **"보존 없이 진보는 없다."**고 보았으며, 이런 입장에서 '교육의 양극적 이론'을 주장하였다.

② 완고한 보수주의자가 전통을 지나치게 존중함으로써 잘못을 범하는 것과 마찬가지로, 극단적인 자유주의자도 또한 잘못을 범한다고 보았다.

④ 진보주의자가 방법에만 너무 몰두한다면, 전통주의자가 학과에만 너무 몰두한다고 비난받는 것과 마찬가지일 것이라는 관점에서 그는 '교육의 양극적 이론'을 제창하였다.

⑤ 자유와 권위의 균형을 수레의 두 바퀴에 비유하면서 **교육도 하나의 극단적인 이론만을 따라서 진행할 수는 없는 것**이라고 보았다.

(2) 아동의 흥미

① 개성을 존중한다는 것은 아동의 경험을 중시한다는 것이다. 이는 아동의 우연한 **흥미가 교육의 방향을 결정해야 한다는 뜻이 아니다.**

② 흥미는 단지 **하나의 출발점을 제공할 뿐**이다.

(3) 교사

① 진보주의에서처럼 활기 없는 중립적 관찰자가 아니라 **지성적인 안내자**

② 아동의 현재 상태와 중요한 목적을 모두 참작하여 **학습과정을 이끌어 가는 자**

1 **재건주의 철학의 배경**

(1) 특징

① 사회변화에 대한 관심으로 인해 (사회적) 재건주의자라고 불린 진보주의자들은 진보주의 교육
은 **사회적·교육적 현 상태를 개혁하는 것 그 이상, 즉 새로운 사회를 창조**해야 한다고 주장했다.

② 재건주의(reconstructionism)는 **교육의 사회적 역할**을 강조하고, 교육을 통한 **사회개조**를 강
조하며, 진보주의의 교육에 대한 입장을 **아동중심에서 사회중심**으로 적극 전환하기를 주장하는
교육사조이다.

(2) 기본입장

① **진보주의의 변형된 후예**로 자처하는 재건주의는 첫째 미국의 문화, 세계의 문화는 현재 **심각한
위기**에 직면해 있고, 둘째 **종래의 교육으로는 이 위기를 극복할 수 없다**는 두 가지 전제하에
출발한다.

② 만약 전통적 교육이론가들이 제안하는 것처럼 학교가 지배적 사회가치를 반영한다면, 학교교육
은 인류를 괴롭히는 각종 사회병폐를 전달하는 데 그칠 것이다.

(3) 교육목적

① 교육의 정당한 목적으로 사람들이 **자신들의 운명을 통제할 수 있는 세계질서를 창조**하는 것이라
고 단언한다.

② 핵무기 시대에는 사회가 사회 자체를 파괴하기 전에 자신을 재구성해야 할 시급성이 있다.

(4) 문화적 위기

① 인류가 발명과 과학적 발견의 기반 위에서 시골·농업사회로부터 도시·기술사회로 옮겨가는 동
안에 기술사회의 실재에 문화적으로 적응하는 데 있어 심각한 지체가 있다고 재건주의자들은
주장한다.

② 인류는 기술세계에서의 변화를 따라잡기 위해서는 **자신의 가치를 재구성**해야 할 과제가 남아
있으며, 그리고 학교교육은 **문화의 가치와 기술 사이의 격차를 줄이는 데 주된 역할**을 해야 한
다고 주장한다.

③ 이러한 이유로 재건주의는 **문화적 재건주의**라고도 한다.

(5) 재건주의 사상가

① 재건주의적 주장의 대표자는 **브라멜드(T. Brameld), 라우프(R. B. Raup), 벤(K.D. Benne)**
등이 있다.

② 이들에 의해 교육학적으로 체계화된 재건주의 교육철학은 1960년대의 새로운 교육사상으로 등장하였다.

③ 1957년 러시아의 스푸트니크 발사 후 미국 교육이 근본적으로 재검토되고 비판을 받는 과정에서 새로운 교육철학으로 주목받게 되었다.

2 재건주의의 교육이론

브라멜드는 1950년『교육철학의 유형』, 1955년『문화적 입장에서 본 교육철학』, 1956년『재건된 교육철학을 지향하여』를 통해 재건주의를 체계화하였다. 특히『재건된 교육철학을 지향하여』에서 진보주의, 본질주의, 항존주의를 다음과 같이 비판하고 재건주의를 제창하였다.

개념 ⊕

브라멜드(Theodore Brameld, 1904~1987)

브라멜드는 미국의 교육철학자로, 재건주의 교육운동의 주도적 인물이었다. 그는 당대 미국에서 큰 영향력을 행사하고 있던 진보주의나 본질주의로는 현대 사회의 위기를 극복하기 어렵기 때문에, 새로운 '재건'을 위하여 재건주의가 필요하다고 보았다. 그리고 그런 재건을 가능하게 하는 것이 바로 교육이라고 인식하였다. 그에 따르면, 민주적 세계문화 건설을 위해서는 '힘으로서의 교육'이 필요하고, 학교교육은 사회개혁을 실현시키는 가장 중핵적인 활동으로 이론적 분석력을 함양시키는 인문사회과학과 도덕을 중시한 프로그램이어야 하고, 교육방법은 인간의 공통분모를 예증하고 이해시키는 것이어야 하며, 교직을 더욱 전문적인 직업으로 만들어야 한다고 주장했다.

(1) 진보주의

① 진보주의는 비록 과학적 방법에 있어서는 강하지만, 이 방법의 구체적·포괄적 결과에 대한 관심에 있어서는 약하다.

② 사고방식을 가르치는 데는 강하지만, 무엇을 향하여 사고할 것인가 하는 목적을 제시하는 데는 약하다.

③ 진보주의는 자유주의의 강점에 있어서는 전적으로 강하지만, 자유주의의 약점에 있어서는 전적으로 약하다.

(2) 본질주의

① 본질주의의 공헌을 전적으로 감안하더라도 우리가 당면한 문화적 변동기에 적당한 것이라고 생각할 수 없다.

② 본질주의의 의식적·무의식적 의도는 지나간 시대에 적합하였던 신조와 습관을 영속시키고 복구시키자는 데 있다. 그러나 이것을 통해서는 안정되고 역동적인 문화를 수립할 수 없다.

(3) 항존주의

① 항존주의는 역사의 시계를 되돌리려 하기 때문에 우리 문화의 향상에 부적당할 뿐 아니라 위험한 길이다.

② 전형적 항존주의자는 진정한 의미의 민주적이 될 수 없다.

③ 항존주의는 고답적인 귀족 계급의 부활을 추구하는 것으로, 민주주의와 상반된다.

(4) 재건주의

① 브라멜드는 진보주의, 본질주의, 항존주의 모두 새 사회 질서를 수립하는 교육이론으로 받아들일 수 없음을 주장하였다.

② **항존주의는 과거를, 본질주의는 과거와 현재의 중간적 위치를, 진보주의는 현재를 지향**함에 반해 **재건주의는 미래를 지향**한다고 하면서 자신의 교육철학을 전개하였다.

개념 ➕

재건주의 교육원리

첫째, 교육의 가장 중요한 목적은 **사회를 재구성하는 데 필요한 프로그램 제작**에 있다. 오늘의 문명은 파멸의 가능성에 직면해 있다. 이 긴박한 위기의 극복은 오직 교육의 힘을 통해 가능하다. 교육은 **인간 정신에 깊은 변화를 줌으로써, 거대한 과학의 힘을 인류를 파멸시키는 일보다는 새로운 문화를 창조**하는 일에 사용하도록 해야 한다.

둘째, 새로운 **사회질서는 완전히 민주적**인 것이어야 한다. 이상적인 사회는 민주주의 사회이며, 이러한 사회는 또한 민주적인 방법으로 실현되어야 한다. 새로운 사회질서의 구조나 목적이나 정책은 국민의 지지를 받아서 결정되어야 한다. 이것을 위해서는 정치적 혁명보다 더욱 어려운 마음의 혁명을 해야 하는데, 이것은 교육을 통할 수밖에 없다.

셋째, 교사는 **재건주의 사상의 타당성과 긴급성을 민주적 방법으로 학생들에게 설득**시켜야 하고, 교육자들은 열심히 맡은 바 과업을 수행해야 한다. 이것을 위해 교사 자신이 먼저 구체적인 문제에 대하여 뚜렷한 해결방안을 가지고, 공개강연이나 공개토론 등의 기회를 이용하여 이것을 피력해야 한다. **교사는 교사인 동시에 시민임**을 잊어서는 안 된다.

셋째, 교육의 목적과 방법은 **행동과학에 의해 발견된 연구성과에 따라 재구성**되어야 한다. 교육의 목적과 방법들은 현재의 위기에 대처하기 위하여 모양을 바꾸어야 하며, 특히 이것은 행동과학의 연구성과를 이용하여 이룩되어야 한다. 행동과학은 역사상 처음으로 각 문화에 공통되거나 보편적인 가치에 근거하여 인간의 목적을 설정할 수 있다는 가능성을 보여 주었다. **교육과정의 구성, 교과내용, 수업방법, 행정조직, 교사양성 등은 과학적이고 합리적으로 도출된 인간성에 대한 통합적 원리에 따라 재조직**되어야 한다.

다섯째, **학생·교육·학교는 크게는 사회적·문화적 힘에 의해 재구성**되어야 한다. 물론 진보주의도 교육의 문화·사회적 성격 및 협동적 성격 배양을 중시하였다. 그러나 진보주의는 개인주의적 입장에서 아동의 자유를 강조하는 면이 더욱 강했다. 재건주의는 **학생·교육·학교가 사회문화에 의하여 규정**되어야 한다고 보고, 본질주의자들이 말하는 자기실현을 **사회적 자아실현**으로 전환시켜야 한다고 주장했다.

이론	목적	커리큘럼	대표자
진보주의	흥미와 욕구에 따른 개인교육	활동과 구안	듀이, 존슨, 킬패트릭, 파커, 워시번
본질주의	유용하고 유능한 인간양성	기본교육: 읽기, 쓰기, 셈하기, 역사, 국어, 과학, 외국어	칸델, 모리슨, 배글리, 베스터, 브리드
항존주의	이성적 인간의 도야	이성의 계발을 위해 체계적으로 준비된 교과(위대한 고전들 등)	아들러, 허친스, 마리땡
재건주의	사회의 재건	재건의 도구로 사용될 수 있는 사회과학	브라멜드, 카운츠, 스탠리

```
              항존주의    본질주의    진보주의    재건주의

  과거  ←────────┼────────┼────────┼────────┼────────→  미래
```

CHAPTER 03 20세기 후기의 교육철학

제1절 실존주의 교육철학

1 실존주의 철학의 등장배경

(1) 배경

① **'인간의 주체성 회복의 철학'**인 실존주의는 니체(P. Nietzsche)와 키에르케고르(S. Kierkegaard)에 의해 19세기 합리주의적 관념론과 실증주의에 대한 비판과 도전으로 시작하였다.

② 2차 세계대전이 시작되기 전 유럽의 불안하고 절망적인 상황에서 야스퍼스(K. Jaspers)와 하이데거(M. Heidegger)를 중심으로 전개되었다.

③ 2차 세계대전 후 실존주의적 작가인 사르트르(J.P.Sartre)를 중심으로 전개되어 현대 철학의 핵심적 위상을 확보하였다.

(2) 특징

① 1차, 2차 세계대전을 겪으면서 모든 질서, 권위, 가치가 다 의심스럽게 되었으며 이렇게 불안한 사람들에게 어떤 확고하고 절대적인 것이 필요했다. 그리하여 사람들은 오직 자기 자신의 '내면적인 것'으로 돌아가 거기서 마지막 뒷받침을 얻으려고 하였으며, 이 **인간의 가장 내면적인 마지막 핵심을 '실존'(Existence)이라는 개념으로 표현**하였다.

② 실존주의는 관념론과 실재론처럼 체계적인 철학을 구성하기보다는 **인생을 매우 개인적인 차원에서 검토**한다.

③ 어떤 면에서 실존주의는 절망감을 대변하지만, **희망의 정신을 내포**하고 있다.

④ 실존주의적 입장을 따르는 **교육은 자신의 신념과 선택에 대한 깊은 개인적 반성을 강조**한다.

(3) 사르트르

① 사르트르는 실존주의의 근본규정으로 **"실존은 본질에 앞선다(Existence precedes essence)"**와 **"실존은 주체성이다(Existence is subjectivity)"**라는 두 개의 명제를 제시하였다.

② **실존철학은 본질보다 실존의 우위성을 강조하고 보편보다 개체를 중요시**하는 철학이다.

③ 물건은 단순히 존재하지만 **실존은 행동**한다. 실존은 **자기 존재에 대한 물음과 자각을 가지고, 행동의 자유를 가지며, 행동의 결과에 대한 책임**을 스스로 짊어진다.

④ 실존은 **자각, 자유, 선택, 책임의 주체**인 것이다.

⑤ 사르트르의 실존주의는 객관주의적 철학이 아니라 **주체주의적 철학**이다.

⑥ 객관적 대상을 해석하고 조용히 바라보는 관상(theoria)의 철학이 아니라 **주체적 자각, 결단, 실천**을 강조하는 **행동의 철학**이다.

(4) 대표적 사상가

실존주의를 교육적으로 이해한 대표적 인물로는 **볼노우(O. F. Bollnow), 부버(M. Buber)** 등을 들 수 있다.

2 실존주의와 교육철학

(1) 기본입장

① 전통적 의미에서의 **교육이 인간을 지속적으로 자신을 형성해 나가는 존재로 이해한다는 점을 비판**한다.

② **전통적 교육은 인간의 가소성(可塑性)을 전제**로 하기 때문에 교육을 통한 지속적인 발전과 점진적 개량이 가능하다는 신념이 생기게 된다는 것이다.

③ 실존철학은 **인간의 가소성을 전제로 한 교육을 부인**한다. 인간에게는 '실존'이라는 핵심이 있고, 이는 본질적으로 지속적인 형성의 과정을 거부한다는 것이다.

④ 인간의 **실존이란 순간적으로 실현되었다가 또 다시 순간적으로 소멸하는 특성**을 지니고 있기 때문이다.

(2) 단속적 교육

① 실존적인 영역에서는 **지속적인 형성은 물론이고 순간을 보존하는 일조차 가능하지 않다**.

② 실존주의 교육학은 지속적 과정으로 교육을 이해하는 **전통적 관점에 대비되는 개념으로 '단속적 교육 형식'**을 제시한다.

③ 지속적 교육 형식은 단속적 교육 형식을 통해 보충되고 확장되어야 한다. 이 두 가지 교육 형식은 정당한 관계 형성을 통해 **서로를 보충**해야 한다는 것이다.

④ 단속적 교육 형식에는 **'위기, 각성, 충고, 상담, 참여'**와 같은 개념이 중요한 의미를 지닌다. 이러한 개념들 가운데 실존주의 교육학을 설명하는 데 가장 잘 알려진 개념은 **'만남'**이다.

(3) 만남

① 부름을 받는 자로서의 **실존적 인격은 항상 다른 인격들과 관계를 형성**하고 산다. 여기서 인격과 인격 '사이에' **관계를 형성하는 일은 삶의 실천적 차원**으로서 교육적으로 중요한 의미를 지닌다.

② '사이'(between)는 서로가 서로를 부르는 공간으로서 **만남과 대화의 공간**이기도 하다.

③ 부버는 자신의 철학적 원리라고 할 수 있는 대화, 만남, 관계 또는 사이의 개념을 철학은 물론 종교, 윤리, 사회 그리고 교육에 적용하여 만남과 대화의 사상을 펼쳤다.

④ '만남은 교육에 선행한다'는 부버의 교육사상은 흔히 '대화의 교육' 또는 '인격적 만남의 교육'으로 칭해졌다.

⑤ 부버에 따르면 '나-그것'의 관계는 객관적 경험과 인식 또는 이용의 대상이 되는 사물의 세계이고, '나-너'의 관계는 인격적 만남의 세계이다. **교육은 인격적 만남의 세계인 대화적 관계에서 일어난다.**

(4) 특징

① 교사

ㄱ 주어진 지식을 일방적으로 주입하는 사람이 아니라, **학생 각자의 특수성에 맞는 적절한 만남을 예비하는 사람**

ㄴ 학생들에게는 삶과 사랑과 죽음에 관한 인간적 경험의 의미에 관해 깊이 사색하는 활동이 중요시된다. 따라서 교사는 이러한 의문을 제기하고, 이에 대해 학생들에게 생각할 기회를 제공해야 한다.

② 지식

ㄱ **인간의 존재조건과 각 개인이 내리는 선택에 관한 것**

ㄴ 교육은 **선택할 자유와 그러한 선택의 의미와 책임에 관한 의식을 발달**시키는 과정이고, 우리에게 자아인식을 창출시키기 위한 것이며, **인간으로서의 완전성에 기여하기를 바라는 것**

ㄷ 지식 그 자체가 목적이 아니라 **지식은 인간의 자아실현을 위한 수단**에 불과하며, 진정한 교육은 **지식과 감성, 감정, 의지, 체험 등이 결합된 전인교육**을 의미

③ 교육과정

ㄱ **철학적 대화를 내포한 경험 및 주제로 구성**되어야 한다.

ㄴ 그러한 주제는 개인적 선택의 과정을 생생하게 묘사하는 일과 관련 있다.

ㄷ 실존주의에 있어서 선택이란 극히 개인적이고 주관적인 일이기 때문에 실존주의적 **교육과정의 주제로 감성적, 미적, 시적인 것**들이 적당하다.

④ 학교

ㄱ 학생들이 서로 만나 자신의 **삶과 개인적 선택에 관하여 대화하고 토론하는 장소**이다.

ㄴ 대화와 토론을 통해 개인을 **자유롭고 창의적이며 주체적인 인간으로 성장하도록 그리고 각자의 자아실현을 돕는 곳**이다.

ㄷ 교육에서 가장 중요시해야 할 존재는 바로 **실존적 주체로서의 학습자 개개인**이다. 인간은 누구에게나 어려운 상황이 있고, 또 누구에게나 가능성이 있기 때문에, **학교교육의 기회는 모두에게 제공**되어야 한다.

ㄹ 학교에서는 교사와 학생 모두에게 질문을 할 수 있고, 제안을 하고, 대화에 참여할 수 있는 기회가 제공되어야 한다.

제2절 분석적 교육철학

1 분석철학의 등장배경

(1) 정의

① 분석철학자들은 **언어의 모호성을 제거**하기 위하여 **언어의 분석, 즉 언어의 논리적 구조를 밝히고 그 뜻을 분명히 하는 작업**을 중시하였다.

② 분석이란 개념에 대해서는 학자마다 조금씩 견해를 달리하는데, 러셀(B. Russell)은 **복잡한 것들의 궁극적 구성요소들을 밝혀냄**을 분석이라 한다.

③ 무어(G. E. Moore)는 **개념이나 명제의 명료화 또는 정의(定義)**를 분석이라 한다.

④ 분석철학자들 상호 간의 개념 차이에도 불구하고, 그들의 공통점은 모두 **철학의 명료성을 확립**하고자 했던 데에 있다.

(2) 배경

실존주의와 더불어 20세기 철학의 새로운 조류를 형성한 분석철학이 대두되게 된 배경에는 두 가지 요인이 있다.

① 철학의 본질에 관한 반성이며, 다른 하나는 형이상학을 배제하고서 논리나 검증을 철학하는 방법으로 규정하려는 움직임에서 비롯된 것이다.

② 이렇게 형성된 분석철학의 일반적 경향은 크게 **논리실증주의(logical positivism)**와 **일상언어학파(ordinary language analysis)**로 나눌 수 있다.

    ㉠ 논리실증주의
- 1923년 슐리크(M. Schlick), 카르납(R. Canap)을 중심으로 한 과학자, 철학자들이 비엔나 학단을 세우고 여러 개별 과학들을 하나의 학문적 체계 속에 통일시키려고 시도한 것에서 발단되었다.
- 통일·과학을 이룩하기 위해 이들은 논리적 분석방법을 사용하여 심리학을 생물학으로 환원시키고, 생물학과 화학을 다시 물리학으로 환원시킬 수 있음을 증명하려 하였다. 따라서 **근본적으로 필요한 것은 물리학의 언어와 법칙**뿐이었다.
- 이들은 의미 있는 명제가 어떤 명제인가 하는 물음에 대해 **검증가능성이라는 기준**을 제시한다.

    ㉡ 일상언어학파
- 논리실증주의의 한계극복을 시도한 일상언어학파는 우리가 일상생활에서 사용하는 **언어의 의미**를 밝히는 것에 관심을 두고 있다.

- 이들의 목적은 새로운 이론이나 지식을 정립하는 것이 아니라 **언어의 참다운 뜻을 규명하고, 풍부한 의미를 찾아내는 것**이었다. 어떤 개념을 설명하려면 **단어와 문장의 일상적 용법을 조사**해야 한다고 주장한다.
- 일상언어학파의 대표적 인물인 비트겐슈타인(L. Wittgenstein, 189~1961)은 '완전한 혹은 이상적 언어'가 언어의 본질을 왜곡시키고, 인위적 언어에 불과하다고 비판하면서 **용도의미론(use of meaning)**을 제기한다.
- 일상언어학파의 일상언어란 우리가 사용하고 있는 **언어를 그대로 관찰하고 분석함으로써 그 의미를 밝히는 일**이며, 이것을 통해 그 **언어를 사용하는 사람들의 삶을 이해**하게 된다는 것이다.

논리실증주의	일상언어학파
명제진술의 문법적·논리적 구조를 논리적으로 분석	일상언어의 의미를 명료히 하고자 함
둘 다 언어와 그 의미에 관심을 두고 있고, 가치와 규범적인 문제에는 관심을 배제하려고 하며, 철학은 주로 학문의 언어인 이차 언어를 연구의 대상으로 함	

(3) 대표적 사상가

① 분석철학 방법을 교육연구에 적용하려는 시도는 **하아디(C. D. Hardie)**에 의해 처음 이루어졌다.
② 이후 교육학에 철학적 분석의 방법을 적용한 사례는 **오코너(D. J. O'Connor), 쉐플러(L-Scheffler), 라일(G. Ryle), 피터스(R. S. Peters), 허스트(P. H Hirst)** 등에게서 볼 수 있다.

2 분석적 교육철학

(1) 기본입장

① 개념 분석방법을 통하여 **교육의 주요 개념이나 의미를 명료**하게 한다.
② 교육적 주장과 논의에 들어 있는 **각종 논리적 가정과 함의**를 분석한다.
③ 교육에 관한 주요 **주장들을 검토하고 정당화**하는 일에 관심을 가진다.

(2) 영국의 분석적 교육철학(1960~1980년)

① 배경

  ㉠ 1960년대 시작되어 1980년 사이에 풍미한 영국의 분석적 교육철학이 전성기를 구가하게 된 것은 1962년 피터스가 런던대학교 교육대학원에 부임하고, 1964년 허스트와 함께 영국 교육철학회를 창립하면서부터이다.

  ㉡ 분석적 교육철학에 대한 피터스의 지대한 영향력으로 말미암아 그를 중심으로 하는 소위 '**런던라인**'(the London line)이 자연스럽게 형성되었다.

  ㉢ **피터스, 화이트(J. P. White), 허스트**로 대표되는 '런던라인' 교육철학자들은 **분석철학적 방법, 특히 비트겐슈타인 후기 철학의 맥**을 잇고 있었다.

② 기본입장

  ㉠ 교육의 주요 개념의 일상적 용법과 사용규칙을 분석하여 교육문제 논의에 사용한다.

  ㉡ 피터스는 일상적으로 사용되고 있는 교육의 개념을 규범적 준거(nomative criterion), 인지적 준거(cognitive ariterion), 과정적 준거(procedure criterion)로 나누어 분석한다.

  ㉢ 분석적 교육철학자들은 교육의 주요 개념을 명확하게 규정하고 분석하는 일, 다양한 교육논의 속에 들어 있는 논리적 가정을 밝히고 정당화하는 일, 지식의 근거를 밝히고 정당화하는 일 등을 하였다.

  ㉣ 교육, 교수, 학습, 발달, 창의성, 정서, 자유, 평등, 권위, 벌 등과 같은 개념들의 준거를 밝히고, 그들 교육개념들 사이의 상호관련성을 탐색하였다.

③ 교양교육

  ㉠ 피터스를 비롯한 런던라인이 분석철학적인 방법으로 추구하고 정당화하고자 한 것은 교양교육(liberal education) 이념이다.

  ㉡ 다소 관점의 차이가 있긴 하지만, 그들은 공통적으로 교양교육의 가치인 합리성, 이론적 지식, 자율성 등을 강조한다.

  ㉢ 좋은 삶은 교육의 내재적 가치인 합리성을 추구하는 삶이며, 교육의 목적은 다름 아닌 합리적 마음을 발달시키는 데 있다.

  ㉣ 마음과 지식 간에는 논리적인 관련이 있기 때문에 지식의 획득은 필연적으로 마음의 발달과 관련되어 있다.

  ㉤ 합리적 마음을 발달시키기 위해서는 인간 삶의 형식이 반영된 것으로 볼 수 있는 여러 가지 '지식의 형식'에 학생을 입문시키는 것이 불가피하다.

개념 ➕

피터스 – 분석적 교육철학의 주요 관심영역
• 교육의 주요 개념분석: 교육의 특수한 개념, 예컨대 교육, 수업, 훈련 등을 분석
• 교육윤리학: 바람직한 교육내용과 절차에 관한 상정에 윤리학과 사회철학을 적용
• 교육심리철학: 교육과정에 대해 교육심리학자가 사용하고 있는 개념구조와 상정들을 검토
• 교육과정철학: 교육과정의 내용과 조직 및 학습에 관련된 질문들의 철학적 성격을 검토

---

(3) 미국의 분석적 교육철학(1960~1980년)

① 배경

  ㉠ 미국의 교육철학은 1960년 이전에는 철학이론이나 지식을 교육에 적용하는 것으로 보는 견해가 지배적이었다. 특히, 미국에서 자생한 프래그머티즘과 그 대표자인 듀이의 영향이 절대적이었다.

ⓒ 1950년대 말부터 점차적으로 분석적 교육철학이 소개되고, 그 후 약 20여 년 동안 분석적 교육철학이 주류를 형성하였다.

ⓒ 이 기간 동안에도 미국의 교육철학 내에는 다양한 교육철학이 존재했으며, 특히 듀이 교육의 영향과 과학철학적 전통이 강하게 스며 있었다고 말할 수 있다.

② 쉐플러

ⓒ 미국 분석적 교육철학의 선구자인 하버드대학의 쉐플러는 자신의 대표적 저서 『교육의 언어』에서 교육에서 사용되고 있는 **논의와 언어적 형태를 분석**하였다.

ⓒ 교육을 정의하는 방식을 **기술적 정의, 약정적 정의, 강령적 정의**로 나누어 설명하고 있으며, **'우리는 교과를 가르치는 것이 아니라 아동을 가르친다'**와 같은 진보주의 슬로건 등 교육적 슬로건의 의미를 명백히 하고 있다.

ⓒ 나아가 교육에서 사용되고 있는 **성장, 주형, 유기체 등의 비유를 분석하고 논의**하였다. 그리고 교육의 핵심개념이라고 볼 수 있는 교수 개념을 이유와 합리성과 관련하여 분석하였다.

ⓒ 쉐플러가 보기에, 교육은 근본적으로 **합리성을 촉진시키는 일**이며, 표준적 의미에서 교수(teaching)는 학생들의 **이성, 즉 학생에게는 독립적으로 이유를 제시할 수 있고 판단할 수 있는 능력이 있다는 것을 전제**하고, 그러한 것을 존중하는 활동이다.

③ 기본입장

ⓒ 미국의 분석적 교육철학은 대체로 말해서 초기에는 엄격한 **과학적·가치중립적 태도에 따라 언어 혹은 개념을 면밀하게 분석**하였다.

ⓒ 점차적으로 언어 혹은 개념의 다원성을 인정하는 방향으로 나아가 언어 혹은 개념 분석에서 **가치의 문제나 역사적 문제를 포함하는 방향**으로 변화되었다.

④ 대표적 사상가

ⓒ 미국의 분석적 교육철학은 쉐플러 외에 콜럼비아대학의 **솔티스(J. F Soltis)**, 일리노이대학의 **파인버그(W. Feinberg)** 등에 의해 주도되었다.

ⓒ 솔티스는 교육학과 교육학의 개념, 지식, 교수, 학습, 이해, 설명 등을 철학적으로 분석하였으며, 파인버그는 주로 사회정의, 자유, 평등 등 자유 민주주의 사회의 가치들을 분석하였다.

(4) 1980년대 이후 영·미의 분석적 교육철학

① 배경

ⓒ 영·미 교육철학의 대명사로 불리던 분석적 교육철학도 1980년대에 접어들면서 퇴조의 기미를 보이거나 새로운 양상으로 드러나게 된다.

ⓒ 그 이유는 크게 두 가지 때문이다. 하나는 개념 분석방법이 교육철학의 유의미한 방법인지에 대한 회의 때문이고, 다른 하나는 인간, 사회, 지식, 도덕적 가치의 본질 등 인간의 근본적인 신념에 대한 보다 적극적인 해명이 요청되었기 때문이다.

② 전개: 분석적 교육철학이 당면한 제 문제를 의식하여 1980년대 이후 영·미 교육철학은 두 가지 방향으로 전개된다.

⊙ 사회적·역사적 맥락에 비추어 전통철학의 주장을 분석적·비판적으로 재검토하는 일이다. 이러한 입장은 기본적으로 분석철학적 방법을 유지하면서 학문의 관심사를 대폭 확대하는 입장이다.

ⓛ 다른 한 방향은 분석철학적 입장을 고집하지 않으면서, 학문의 관심사가 순수이론적 관심 대신에 우리가 살고 있는 인간과 사회를 둘러싼 다양한 철학적 문제에 관심을 두고 가치를 적극적으로 제시하는 방향으로 전개되었다.

ⓒ 이 시기 영·미 교육철학의 관심사와 범위는 이전의 분석적 교육철학에 비하여 훨씬 광범위하고 다양화되었을 뿐만 아니라, 교육의 사회적·정치적 문제를 적극적으로 논의하고 해명하려 하였다.

③ 대표적 사상가

⊙ 1980년대 이후의 영·미 교육철학에 중요한 영향을 미친 대표적 학자로는 **롤즈(J. Rawls), 맥킨타이어(A. C. Macintyre), 테일러(C. Taylor), 윌리암스(A. Williams), 로티(R. Rorty)** 등을 들 수 있다.

ⓛ 롤즈는 정의를 비롯한 사회철학적 문제를, 맥킨타이어는 계몽주의 도덕의 문제와 덕의 회복 문제를, 테일러는 자아와 자유의 문제를, 윌리암스는 도덕성과 의무, 수치심과 죄의식의 문제를 논의하였으며, 로티는 정초주의 지식관의 문제를 비판적으로 논의하였다.

제3절 비판적 교육철학

1 비판이론의 등장배경

(1) 비판적 교육이론

① 비판적 교육이론은 2차 세계대전 이후 독일에서 주로 발전된 대표적인 현대 교육철학이다. 이 이론은 하나의 개념으로 체계화된 교육철학은 아니다.

② 교육학의 비판적 성격을 여러 각도에서 논의한 학자들의 이론적 업적을 총칭한 말이다.

(2) 배경

① 비판적 교육이론은 비판이론에 기초하여 성립되었다.

② 비판이론은 독일철학, 특히 **헤겔(G. W. Hegel)과 마르크스(K. Marx) 철학에 그 뿌리**를 두고 있다.

③ 비판이론은 인간의 의식이나 지식이 **사회적·정치적·경제적 제약하에서 형성**된다는 인식하에, 인간의 자유로운 의식의 형성을 억압하고 왜곡시키는 **사회적·정치적·경제적 제약요인들을 분석·비판**하고자 하는 기본입장을 갖는다.

④ 분석과 비판을 통하여 불필요한 **사회적 억압이나 지배로부터 벗어난 자유롭고 합리적인 인간과 사회의 형성**을 위한 방안을 제기하고자 한다.

⑤ **인간과 사회의 해방**이라는 목적을 실현하고자 하는 것이다. 이러한 까닭에 비판이론은 인간과 사회의 관계를 설명하는 일종의 사회이론이기는 하지만 철학, 사회학, 정치학, 경제학 그리고 심리학 등의 여러 학문분야를 융합한 종합적이면서도 규범적인 사회과학의 성격을 띠고 있다.

(3) 형성

① 비판이론은 1세대로 일컫는 **호르크하이머(M. Horkheimer)와 아도르노(T. Adomo)** 등과 같은 프랑크푸르트 학파, 2세대로 불리는 **하버마스(J. Haberms)**와 같은 철학자들에 의해 형성되고 발전되었다.

② 비판이론 1세대는 자본주의적 사회체제와 정통 마르크스주의를 동시에 비판했다.

자본주의	생산된 사회적 자원을 산업체제에 예속되어 있는 사람들에게 자유를 증진시킬 수 있는 방식으로 사용하지 않고, 오히려 더 많은 부를 생산하려는 데만 급급해 왔다고 비판하였다.
마르크스주의	노동자 계급은 자본사회에 흡수되었기에 혁명세력이 될 수 없다거나, 자본주의가 많은 수정을 거쳤기 때문에 마르크스주의는 재고되어야 한다는 식으로 그 한계를 비판하였다.

③ 비판이론 2세대인 하버마스는 1세대의 주장에서 한 걸음 더 나아가 이전의 비판이론이 사회에 대한 연구를 마치 자연과학을 연구하듯 지나치게 객관화·법칙화했다고 비판했다. 그는 인간의 행위가 피할 수 없는 법칙에 따라 지배된다면 인간이 능동적으로 더 좋은 역사발전에 참여할 수 있겠는가 하는 문제를 제기한다.

(4) 기본입장

① 이론은 해방적 실천을 목적으로 개발되는 것이므로 실천과 분리될 수 있는 것이 아니며, 또한 **가치중립적일 수가 없다**는 것이다.

② **이론과 실천**은 다소 거리를 두고 있으나 **서로 동맹의 관계**에 있어야 한다.

③ **사회의 현실을 확실히 드러내어 이해**하고자 하였다.

④ 개인과 집단 간의 조화로운 합의보다는 **갈등과 긴장을 사회적 삶의 중심**으로 본다.

⑤ 지식이나 사회적 실제가 특정의 개인이나 집단에 **어떤 이익과 불이익을 주는지 탐색**하고, **불의와 불평등의 근원을 폭로**하여 사회적 삶의 실질적 조건을 드러내고자 하였다.

⑥ 사회적 삶의 조건들을 드러냄으로써 **사회적 계몽이 이루어짐과 동시에 인간이 해방**될 수 있다고 보았다.

(5) 대표 사상가

하버마스에 의해 이론적으로 집대성된 비판이론을 근간으로 한 비판적 교육이론은 1970년대 이후 프레이리(P. Freire), 애플(M. W.Apple), 바우어(C. A. Bowers), 지루(H. A. Giroux), 파인 버그와 같은 교육학자들에 의해 활발히 전개되고 있다.

2 비판이론과 교육

(1) 기본입장

① 교육이 **사회적·정치적·경제적 제약과 억압구조 속에서 이루어지고 있다**는 인식을 그 기초로 하고 있다.

② 그러한 제약 속에서 이루어지는 교육은 **학생들의 자유와 주체성을 손상시키며, 또한 억압적인 사회구조를 재생산하는 사회기구의 역할**을 하게 된다.

③ 교육은 **특정 사회집단에 대한 억압과 소외의 사회구조를 재생산**하는 데 기여한다는 점을 비판하는 데 주된 관심을 두고 있다.

(2) 교육목적

인간의 **자유로운 사고와 대화를 억압하고 왜곡시키며 특정 사회집단을 소외시키는 불합리한 사회적 요인을 분석·비판하는 능력**을 기른다.

(3) 하버마스

① 교육적 방안: **학습자의 문제해결력 증진을 제시**하면서 교육활동과 교사·학생 간의 의사소통에 관심

② 의사소통의 합리성

　㉠ 공동체가 문제해결에 사용할 수 있는 가장 효율적인 방법은 **민주적인 문제해결 방법**이라고 생각했다.

　㉡ 공동체의 문제해결을 위해, 그리고 교실에서 학습자의 문제해결력을 효율적으로 발달시키는 데 필수적인 것은 구성원 간의 **'열린 의사소통'**, 즉 **폭력과 강제에 빠지지 않고 타당한 합의를 목표로 한 의사소통인 '의사소통적 합리성'**이라고 생각했다.

③ 의사소통적 실천교육

　㉠ 의사소통적 실천교육은 **교육의 이데올로기적 맥락에 대한 비판과 자율적 인간형성과 해방된 사회의 건설**을 지향한다.

　㉡ **자아발달과 사회합리화의 실현**은 의사소통적 합리성의 교육실천적 방향이다.

　㉢ 사회합리화를 위한 교육은 사회통합과 통제보다 **참여와 합의를 존중**하고, 교육적 효율성의 제고보다는 **교육에 의한 상호 의사소통 능력의 증대**를 목적으로 삼는다.

(4) 프레이리

① 기존의 교육을 **'은행저축식 교육(banking education)'**으로 규정한 대표적 비판적 교육이론가인 프레이리는 비판적 교육이론이 목적으로 하는 불합리한 사회적 요인의 분석·비판능력을 '의식화'로 표현하고, 의식화 개념의 발달단계를 다음의 4단계로 나누어 설명했다.

본능적 의식의 단계	• 가장 낮은 단계의 의식으로, 이 단계에서는 가장 원초적 욕구의 충족에 매몰되어 있어서 생물학적 영역을 넘어선 문제나 도전들에 대해서는 거의 둔감하다. • 현실에 대한 역사의식이 거의 없으며, 억압적인 현실에 대한 문제의식도 존재하지 않는다.
반본능적 혹은 주술적 의식의 단계	• 제3세계의 신생국이나 패쇄사회에서 주로 나타나게 되며, 침묵문화의 지배적 의식수준을 형성한다. • 이 단계의 사람들은 그들의 사회문화적 상황을 '주어진 것'으로 받아들이며, 그것을 피할 수 없이 받아들여만 하는 것으로 간주한다. • 자신의 삶이나 생활의 모든 것은 운명 또는 인간이 제어할 수 없는 다른 힘들에 의해 결정된다고 하는 운명론과 자기 자신을 부정적으로 파악하고 보잘 것 없는 존재로 인식하는 '자기비하'에 빠져 있다.
반자각적 의식의 단계	• 대중적 의식이라고도 부른다. • 이 단계에서는 침묵이 계속되지는 않으며, 자신을 둘러싼 사회문화적 상황에 대한 문제의식과 의문이 제기되기 시작한다. • 그러한 문제제기나 의문은 아직 소박한 상태에 머물러 있다.
비판적 의식의 단계	• 의식화과정을 통해 형성된다. • 비판적 의식은 인간에 의해 만들어진 비인간적 사회구조에 대한 합리적이고, 격렬한 비판의식이다. • 자신을 둘러싼 사회문화적 환경에 대한 심각한 문제의식, 상황에 대한 정확한 인식, 논리적 사고, 다른 사람과의 토론에서의 자신감, 개방적 태도, 책임감 등이 이 단계에서의 일반적 특성이다.

② 의식의 한 단계에서 그 다음 단계로 발전하려면 **학습이 필요**하다. 이때의 학습은 **비판적 의식을 지향하는 하나의 운동**이며, 구체적으로 '**문제제기식 교육**'이다.

③ '**문제제기식 교육**'에서의 학습은 교사와 학생 상호 간에 가르치고 배우는 **상호작용의 관계** 속에서 이루어진다. 반면, 종래의 '**은행저축식 교육**'에서의 학습은 지식을 가진 것으로 자처하는 교사가 무지하다고 생각되는 학생에게 **지식을 부여**하는 것으로 간주된다.

④ 프레이리는 비판이론이 추구하는 인간해방을 위한 '의식화'는 일상적인 사회현실에 대한 **교사와 학생이 동등한 자격**으로 **자유롭게 참여하는 대화를 통해 가능**하다고 보았다.

⑤ 프레이리는 '**사회 현실에 대한 문제제기**'와 '**자유로운 대화**'를 인간해방을 위한 '의식화' 교육의 두 가지 요소로 강조한다.

1 포스트모더니즘의 등장배경

(1) 정의

① 포스트모더니즘(postmodernism)이라는 말은 1950년대 초기 역사학자 토인비(A. J. Toynbee)가 처음 사용한 이래 철학, 예술, 과학, 문화, 교육 등의 분야에 폭 넓게 사용되고 있다.

② 이것은 과학이나 언어, 예술, 사회와 문화에 대한 합리적 이해를 가능하게 하는 객관적 근거, 즉 궁극적 법칙이나 논리, 또는 구조를 인간의 이성에 의해서 찾아낼 수 있다는 **계몽사상적 이성, 혹은 합리성에 대한 믿음을 거역하고 보편적 이론이나 사상의 거대한 체제의 해체를 주장하는 경향**을 의미한다.

③ 20세기 산업사회의 지배적인 문화논리를 이루었던 **모더니즘(modernism)을 초월·극복하자는 사상**이다.

(2) 기본입장

① 시대적으로 나타나는 경향성을 뜻하는 것이기는 하지만, 특징적으로 **절대주의적 사고나 신념의 붕괴, 권위주의적 제도나 행동에의 저항, 전체주의적 체제나 지배의 거부**를 의미한다.

② 우리의 삶을 지배하는 지식, 가치 그리고 제도는 인간경험의 우연성에서 기인한 것이며 그만큼의 **상대성**을 지닌다는 것이다.

③ 철학에서의 포스트모더니즘은 데카르트 이후의 근대철학에서 선험적 판단의 권위를 의미하는 이성을 신봉하고, 진리와 합리성의 절대적 기반이 존재한다고 믿고 있던 **근대적 사고에 대한 도전의 형태**로 나타난 움직임이다.

④ 진리와 합리성은 선험적·절대적 사유의 업적이라기보다는 **역사적·사회적 산물**이며, 필연적이고 항구적인 것이라기보다는 **우연적이고 임의적**인 것이며, 주어져 있는 것이라기보다는 **인간의 관심과 목표와 삶의 형식에 의해서 성립된 것**이라고 주장하는 **상대주의적 경향**의 사고이다.

(3) 특징

① 반정초주의(anti-foundationalism)

㉠ 사람들은 일반적으로 도덕성을 불변하고 보편적인 기초, 삶의 기본원리를 이루는 것으로 이해한다. 하지만 포스트모더니스트들은 도덕이나 여타 다른 영역에서도 이러한 기초란 없다고 본다.

㉡ **가치는 문화적인 구성물이며, 시대에 따라 변하고, 문화에 따라 다르기 때문**이다.

㉢ 사람들은 그들의 다양한 이해관계, 전통, 환경 등에 따라 도덕성을 창조해 낸다는 것이다.

이처럼 포스트모던 철학자들은 지식이나 인간인식에 있어서 **궁극적이고 절대적인 기초가 존재한다는 근대철학의 기본가정과 신념을 정초주의라는 이름으로 비판·배격하고, 반정초주의를 그들의 기본입장**으로 표방한다.

② 다원주의(pluralism)

    ㉠ 포스트 모더니스트들은 **다양성**을 수용한다.

    ㉡ 삶에는 궁극적인 기초가 없으며, 지식은 인간의 이해관계와 전통을 변화시킴으로써 결정된다는 믿음에 토대하고 있다.

    ㉢ 상이한 사회와 이익집단들은 그들의 **특정한 필요와 문화에 적합한 가치**를 구성한다는 것이다.

③ 반권위주의(anti-authoritarianism)

    ㉠ 도덕적 지식을 포함하여 모든 지식은 그러한 지식을 생산하는 사람들의 이익과 가치를 반영한다고 본다. 그러므로 이러한 원천적인 편견을 반대하기 위해서 그들은, 도덕적 탐구가 **민주주의적이며 반권위적인 방법**으로 시행되어야 한다고 주장한다. 그래야만 다양한 사람들의 이익이 많이 고려될 수 있다는 것이다.

    ㉡ 도덕적 가치는 한 집단(부모, 교사, 학자, 성직자 등)에 의해 형성되어서 또 다른 집단(자식, 학생, 시민 등)에게 전달되지 말아야 한다. 즉, **모든 사람이 도덕성을 창조하는 행위에 들어와야 한다.**

    ㉢ 반권위주의적 상황에서 가장 중시되는 절차는 **대화적 절차(procedure of dialogue)**이다. **개방적이고 비판적인 대화의 중요성이 무엇보다도 강조되는 사회**가 포스트모던 사회이다.

④ 연대의식(solidarity)

    ㉠ 포스트모더니스트들은 타자에 대한 연대의식을 매우 강조한다.

    ㉡ 타자들에게 해를 끼치는 억압적인 권력, 조종, 착취, 폭력 등을 거부한다. 한 걸음 더 나아가 보다 더 적극적으로 그들은 공동체, 존중, 상호협력의 정신을 증진시키고자 한다.

⑤ 반(反)합리주의적

    ㉠ 근대사회는 이성적이고 주체적인 자아를 추구하였다.

    ㉡ 포스트모더니즘 사상가들은 **이성적·주체적 자아를 일반인을 속박하기 위해 만든 허구로 규정**한다. 그들은, 자아는 **우연적·타율적·분열적·모순적이므로 결코 합리적 사고와 행동의 주체일 수 없다**고 보았다.

    ㉢ 인간에게 합리적으로 사고하고 행동하기만을 요구하는 것은 부당한 속박에 지나지 않으므로 포스트모더니즘 시대의 **인간은 결코 합리성에 집착할 필요가 없다**고 주장한다.

⑥ 상대적 인식론

    ㉠ 서양의 전통적 지식관은 고정불변의 실재를 전제하고, 이 실재를 인간은 합리적 사고를 통하여 인식할 수 있으며, 인식결과는 보편타당하다는 합리적 지식관이라고 할 수 있다.

      ⓛ 보편타당한 지식을 추구하는 지적 탐구활동의 기초란 없으며, 따라서 **모든 인식활동은 인식자의 주관에 따른 상대적인 관점**에서 이루어질 수밖에 없다고 주장한다.

      ⓒ **불변의 실재와 그것에 대한 합리적 인식은 허구**라는 것이다.

  ⑦ 탈정전화(脫正典化)

      ㉠ 근대 사회·문화적 정전은 보편적 진리와 가치를 반영하고 있다는 점에서 정당화되었다.

      ⓛ 보편적 진리란 근거 없는 해체의 대상이라는 포스트모더니즘 사상가의 견지에서 **정전이란 의미가 없으며, 고급문화와 대중문화의 구분 또한 무의미**하다.

      ⓒ 오히려 **사고방식의 차이, 생활방식의 차이를 권유**한다.

      ⓔ **차이의 인정과 존중**이야말로 포스트모더니즘적 사고방식이다.

  ⑧ 유희적 행복감의 향유

      ㉠ 대중은 주체적 자아의 확립, 보편적 진리의 습득, 고급문화에의 입문 등의 문제로 긴장하거나 갈등할 필요가 없다.

      ⓛ 사람은 자신과 자기 주변에 대한 **실험적·유희적·감성적 접근태도**를 갖는 것이 오히려 바람직하다. 역사적·도덕적 중압감에서 벗어나 **유희적 행복감을 향유하는 것이 자연현상과 인간의 본질에 부합하는 바람직한 삶**의 모습이라는 것이다.

(4) 대표적 사상가

  ① 해체주의 철학이론을 제기한 **데리다(J-Derrida), 푸코(M. Foucault)**, 프로이트의 정신분석 이론을 재해석한 **라깡(J. Lacan)**이 있다.

  ② 20세기 후반 포스트모더니티 이론을 제안하면서 '포스트모더니즘'이라는 단어를 학술적 용어로 처음 사용한 **리오타르(J. F. Lyotard), 들뢰즈(G. Delueze), 로티(R. Rorty), 제임슨(F. Jameson)** 등이 있다.

2　포스트모더니즘과 교육

(1) 특성

  ① 인간의 해방을 추구한다는 특성에서 볼 때 포스트모더니즘은 **유토피아적 인본주의** 속성을 가지고 있다.

  ② 대중으로 하여금 사회 모순의 총체적 인식이나 사회개혁에 대한 의지형성을 가로막는 대신, 무엇이든 좋다는 강한 상대주의 속성과, 상품소비가 주는 가벼운 행복감을 유희적으로 즐기게 한다는 특성에서 볼 때 포스트모니즘은 **상업적인 보수주의** 속성 또한 가지고 있다.

  ③ 포스트모더니즘은 **근대주의를 비판하고 극복하고자 하면서도 근대주의의 일부 특성을 계승**하고 있다.

(2) 교육이론의 도입

① 포스트모더니즘의 이러한 양면성은 포스트모더니즘을 교육이론 및 실천에 도입하는 문제에도 반영된다.

② 포스트모더니즘을 교육학적으로 적용하는 데 부정적인 학자들은 그 허무적이고 상업적인 보수적 측면을 강조한다.

③ 긍정적인 학자들은 포스트모더니즘의 유토피아적 인본주의 측면에 비중을 두고 있다.

(3) 교육적 의미

① 지식에 대한 전통적인 관점을 전환

   ⊙ 전통적으로 교육이 포함하는 지식은 객관적이고 확실한 것으로 인식되었으며, 교육이 추구하는 가치는 절대적이거나 보편적인 것으로 인식되었다.

   ⓛ 포스트모더니즘은 그런 지식관과 가치관을 거부한다. 포스트모더니즘의 관점에서 볼 때, **세계나 사물에 관한 지식은 인간이 지닌 관심과 동기, 편견과 선입견, 신념과 가치관, 언어와 담론 형식, 기존의 지식과 경험 그리고 이론과 관점들이 복합적으로 작용함으로써 만들어진 것**이다.

   ⓒ 그런 지식의 성격은 **상대적**일 수밖에 없다.

   ⓔ 각각의 다른 관심과 문화적 맥락에서 생성된 지식은 각각의 맥락에서 정당성을 갖는다는 논리를 형성한다. 이것은 보편타당한 것으로 간주되었던 **교과 지식의 성격을 전반적으로 재검토하고 재인식할 필요**가 있음을 시사한다.

② 기존의 교육과정에 대한 비판

   ⊙ 교육이 단일하고 보편적인 지식과 가치를 전달하는 것이 아니라면, 단일한 교육과정을 구성하기는 어려울 것이다.

   ⓛ 학교의 교육과정은 사람들의 **다양한 관심과 가치를 존중하고 반영**할 수 있는 것이어야 한다.

   ⓒ 전통적인 교육과정은 지식 자체의 논리적 성격에 따라 교과를 분화시켜 왔다. 그러나 포스트모더니즘은 지식의 논리적 특성보다는 그것이 구성된 **사회문화적 맥락에 초점**을 둔다.

   ⓔ 포스트모더니즘은 각 학문이 그 **자체의 성립근거를 반성적으로 검토**할 것을 요구한다.

   ⓜ 교육과정은 지식의 논리적 특성에 근거할 것이 아니라 **지식의 사회문화적 특성에 근거**해야 한다.

③ 학생에 대한 전통적인 견해를 수정

   ⊙ 전통적인 교육에서 학생은 지식이나 가치를 주어지는 대로 배워 나가고 수용해 나가야 하는 수동적인 존재로 간주되어 왔다.

   ⓛ 포스트모더니스트들은 학생을 미성숙자라고 하여 그들의 목소리를 소외시켜서는 안 되며, 그들도 **인간 주체임**을 잊지 않아야 함을 강조한다.

© 학생을 백지(tabula rasa)로, 단순한 배움의 대상으로, 수동적 존재로 여길 것이 아니라, 학습내용을 재해석하고 재창조하는 **능동적이며 주체적인 존재**로 보아야 한다고 했다.

② 학생들의 **관심, 흥미, 기호, 사유, 행동양식** 등에 주의를 기울일 뿐만 아니라, 나아가 **교육의 과정에 적극 참여**시켜 그들이 지닌 **비판적 능력과 창의성 그리고 상상력을 충분히 신장·발현**할 수 있도록 해야 한다.

④ **전통적인 교육방법의 전환**

③ 전통적인 교육방법은 **전달과 주입이라는 획일적 방식**이었다. 일방적인 전달과 주입식 교육방법은 결과적으로 학생들의 사고와 행동의 무비판성, 수동적, 경직성을 초래했다.

© 포스트모더니즘은 이러한 전통적 교육의 획일적·일방적 방법을 교사와 학생, 학생과 학생 간의 **개방적이고 비판적인 대화와 토론, 협동, 자율적인 참여와 창의적인 탐구의 방법**으로 전환해야 한다고 제안한다.

© 학생들 간의 **공동학습 혹은 협동학습을 장려**한다. 협력학습을 통해 학생들은 서로의 공통점과 차이점을 확인하고 인정하는 자세와 태도를 익히게 된다.

⑤ **학생중심의 교육, 열린교육**

③ 포스트모던 사회에서는 변화하고 있는 청소년들을 받아들이고, **학생 개개인의 특수성과 독립성, 고유한 청소년 문화 등을 인정**하도록 요구하고 있다.

© 지식중심의 교육 속에서 청소년들의 마음을 풀어 줄 새로운 **다양한 감성교육**을 요구하고 있다.

⑥ **소서사적 지식관**

③ 소서사를 존중하는 포스트모더니즘은 그간 보편적인 큰 틀에 의해 **무시되고 소외되어 왔던 특수하고도 지엽적인 문제들을 공론화**시켰다.

© 예컨대 그간 모더니즘적 사유의 큰 틀 속에서 억압받고 무시되어 왔던 여성 및 성차별 문제, 인종문제, 빈민문제, 죄인문제, 아동문제, 환경문제 등과 같은 주제들이 수면 위로 떠오르게 되어 제 목소리를 낼 수 있게 된 것이다. 다시 말해, 사회적·교육적 불평등 문제를 정면으로 제기할 수 있게 된 것이다.

© **보편타당한 객관적 진리의 추구, 즉 대서사가 정당화되었던 근·현대 사회**와는 달리, **포스트모던 사회에서는 소서사가 정당화**된다.

② 리오타르에 의하면 **인지적 지식만을 지식으로 인정하는 대서사적 지식관은 포스트모던 사회에 부적합**하다.

⑩ 포스트모던 사회에서는 **기술적인 요소, 윤리적인 요소, 미적인 요소가 인지적 요소와 대등한 지식**으로 다루어져야 하며, 이들 요소로 이루어진 다양한 지식을 가진 사람만이 포스트모던 사회의 다양한 삶의 양식을 창조적으로 살아나갈 수 있다는 것이다.

⑦ 현행 교육체제의 근본적 재검토
  ⑦ 기존의 공교육제도는 산업화 사회의 부산물이다.
  ⓒ 국가발전에 필요한 산업인력을 대량생산하는 커다란 공장조직과 그 기능이 유사했다. 비유적으로 표현하면 **근대 공교육제도는 '소품종 대량생산'** 체제를 구축하고 있다.
  ⓒ 공교육체제는 필연적으로 **획일성과 경직성**을 그 특징으로 가질 수밖에 없었다.
  ② 획일성보다는 **다양성이 중시되는 사회에서 동일한 교육목적을 위해 동일한 교육내용을 동일한 교육방법으로 가르치는 교육체제는 시대착오적**이라는 것이다.
  ⑩ 포스트모더니스트들은 새로운 사회적 조건에 적합한 보다 **유연하고 다양한 교육체제**가 요구된다고 주장한다.

MEMO

중등 교원임용
변민재 교육학
인사이드 상

PART

05

교육과정

- **교육과정의 기본적 이해** ─┬─ 교육과정의 의미
                              ├─ 교육과정의 관점
                              └─ 교육과정의 종류 ─┬─ 공식적 교육과정
                                                  ├─ 잠재적 교육과정
                                                    └─ 영 교육과정

- **교육과정의 관점과 유형** ─┬─ 교과중심 교육과정
                              ├─ 학문중심 교육과정
                              ├─ 사회중심 교육과정
                              ├─ 경험중심 교육과정
                              ├─ 인간중심 교육과정
                              ├─ 역량중심 교육과정
                              ├─ 개념기반 교육과정
                              └─ 통합 교육과정

- **교육과정의 설계모형 및 원리** ─┬─ 타일러의 합리적 교육과정 개발모형
                                  ├─ 타바의 교사참여 교육과정 개발모형
                                  ├─ 스킬벡의 학교중심 교육과정 개발모형
                                  ├─ 위긴스와 맥타이의 백워드 모형
                                  ├─ 워커의 자연주의적 모형
                                  ├─ 아이즈너의 예술적 접근모형
                                  └─ 교육과정 설계의 일반원리

- **교육과정의 재개념화** ─┬─ 실존적: 윌리엄 파이나
                              └─ 구조적: 마이클 애플

- **교육과정의 실행** ─┬─ 충실도 관점
                        ├─ 상호적응 관점
                        └─ 교육과정 생성 관점

- **2015 교육과정**

- **2022 교육과정**

CHAPTER 01 교육과정의 기본적 이해

제1절 교육과정의 의미

1 교육과정의 개념적 의미

(1) 어원적 의미

① 교육과정은 curriculum이라는 영어의 번역어이다. curriculum이라는 단어는 라틴어 **'쿠레레'**(currere)로부터 유래한 것으로, 이는 경마장의 **'달려가야 할 코스'**를 의미한 것이다.

② 이 어원은 교육과정이 유형물로서의 '코스'를 의미할 수도 있고, 개인적 경험으로서의 '코스 달리기'를 의미할 수도 있음을 보여준다. 그러나 이 가운데 어디에 초점을 두는가에 따라 교육과정의 의미는 크게 달라진다.

(2) 결과

① 쿠레레의 의미 중 명사적 의미, 즉 **'코스'에 초점을 두는 접근**은 교육과정을 수업과 구분하면서 교육과정이란 수업이 따라야 할, 혹은 수업을 통해 도달해야 할 **'결과'(outcome)로 이해하는 경향**이 있다.

② 이러한 '결과'는 흔히 '학과 코스'(course of study)로 언급되어 왔으며, 따라서 이 접근에서 교육과정 설계는 **학과 코스를 선정하고 조직하는 문제**로 한정된다.

(3) 과정

① 쿠레레의 의미 중 동사적 의미, 즉 **'과정'에 초점을 두는 접근**은 교육과정을 교수-학습과정에서 **교사와 학생 간에 이루어지는 상호작용**과 관련된 것으로 본다.

② 교수-학습과정에서 이루어진 교사와 학생들의 삶에 대한 이야기가 교육과정이 될 수 있다는 것이다. 즉 교사와 학생들의 삶에 대한 이야기가 시간이 흘러감에 따라 교육과정이 된다는 것이다.

③ 교육과정의 의미는 결과보다는 과정 측면에서 규정될 수 있는 것으로, 교육과정은 교수-학습과정에서 교사와 학생이 지속적으로 겪는 교육적 경험의 총체이다.

④ 이 접근에서는 교육과정 설계의 초점을 학과 코스를 효과적으로 개발하는 데에 두기보다는, **교수-학습의 과정을 드러내고 이해**하는 데 둔다.

2 여러 층위의 교육과정: 교육과정의 수준

(1) 계획된 교육과정

① 흔히 교육과정은 계획된다. 그 계획은 매우 구체적일 수도 있고 개요적인 성격의 것일 수도 있다. 이러한 계획된 교육과정은 문서에 담기게 되며, 따라서 **문서로서의 교육과정**이라고 할 수 있다.

② 계획된 교육과정, 즉 교육과정 문서는 **학교 현장에서의 교육과정을 실행하기 위한 지침의 역할**을 하는 것으로, **교육 목표와 내용, 교수-학습 방법, 평가** 등에 관한 사항을 담고 있다.

③ 교육과정 문서는 **여러 주체들**에 의해 만들어질 수 있다. 우리나라의 교육과정 문서는 **국가, 지역, 학교 수준**에서 만들어지고 있다.

　㉠ 국가 수준에서 계획한 문서는 '국가 교육과정'이라고 불린다. 국가 교육과정은 초·중등교육법 제23조 제2항에 의거하여 고시된 것으로, **초·중등학교에서 편성·운영하여야 할 학교 교육과정의 공통적이고 일반적인 기준을 제시**한 것이다. **국가 교육과정은 총론과 각론으로 구성**된다.

　　• '2015 개정 교육과정'의 경우, 총론에는 국가 교육과정의 **구성방향, 학교급별 교육과정 편성·운영 기준, 학교 교육과정 편성·운영, 학교 교육과정 지원** 등에 대한 지침이 제시되어 있다.

　　• 각론이란 초·중등학교에서 다루는 **교과별 교육과정**을 지칭하는 것으로, 각 교과의 교육과정에는 교과의 성격, 목표, 내용체계 및 성취기준, 교수·학습 및 평가의 방향 등에 대한 지침이 제시되어 있다.

　㉡ 지역 수준에서 계획한 문서는 전국의 **17개 시·도 교육청에서 만든 각 시·도의 '교육과정 편성·운영 지침'**을 지칭한다.

　　• 지역수준의 교육과정은 국가 교육과정을 토대로 각 시·도의 교육청이 관내 초·중등학교를 위해 지역의 실정이나 여건을 고려하고 추구하는 교육적 방향을 반영하여 계획한 것이다.

　　• 이에 따라 국가 교육과정이라는 공통된 토대를 갖고 있으면서도 시·도 간에 계획된 교육과정은 차이가 있을 수 있게 되었다. 예컨대 서울시 교육과정과 경기도 교육과정은 그 추구하는 바나 구체적 계획이 다를 수 있다.

　㉢ 학교 수준에서 계획한 문서는 **'○○학교 교육과정' 혹은 '○○학교 교육계획'**이라는 이름으로 제시된다.

　　• 학교 수준의 교육과정은, 개별 학교가 국가 교육과정과 소속된 시·도의 교육과정 편성·운영 지침을 토대로 학교의 실정에 적합한 교육과정을 비교적 구체적으로 계획한 것이다.

(2) 실행된 교육과정

① 실행된 교육과정은 **교사들이 학교에서 실제로 전개한 교육과정**이다.

② 교사의 실천적인 수업행위를 지칭한다. **교사의 수업행위 그 자체가 교육과정**인 것이다.

③ 교사의 수업행위는 계획된 교육과정 문서대로 이루어질 수도 있고, 그렇지 않을 수도 있다. 말하자면 실행된 교육과정은 계획된 교육과정과 다를 수 있는 것이다.

(3) 경험된 교육과정

① 경험된 교육과정은 **교육의 결과로 학생들에게 구현된 교육과정**을 의미한다.

② 교수−학습의 과정을 통해 학생들이 **결과적으로 획득한 경험이나 성취, 태도** 등을 지칭한다.

③ 사실 계획되고 전개된 교육과정이 본래 의도한 바대로 학생들에게 경험되지 않은 경우가 많다.

④ 경험된 교육과정은 계획되고 실행된 교육과정이 학생들에게 어떻게 수용되고 있는가에 초점을 둔 것으로, 의도한 교육과정의 실질적인 성과를 판단하는 데 매우 중요한 측면이라고 할 수 있다.

제2절 교육과정에 대한 관점

1 보수적 교육과정의 관점: 교과·학문 중심 교육과정

(1) 기본입장

① 보수적 교육과정의 관점은 교육을 통해 한 **사회의 지배적인 규범이나 문화를 후 세대에 전달**하여 줌으로써 사회를 안정적으로 유지해 나가는 것을 강조한다.

② 보수적 관점은 현재의 **사회를 유지하는 데 필요한 지식, 기능, 가치, 태도** 등을 중요시한다.

③ 교육은 이러한 내용들을 학생들에게 전달하는 과정으로 규정되며, 사회화나 문화화 기제를 통하여 학생들을 **기존 사회문화 체제에 효율적으로 편입**시키고자 노력한다.

④ 전통적으로 가르쳐오던 교과 중심의 교육을 중시하며, 학생들을 본능적인 수준의 삶에서 문명화된 삶의 수준으로 이끌어 올리기 위해서 가능하면 **엄하게 다루면서 훈육해야 할 상대**로 간주하는 경향이 있다.

(2) 특징

① 보수적 관점은 교육을 **정보나 지식의 일방적인 전달활동(transmission)**으로 규정하는 경향이 있다.

② 사회의 대변인 또는 지식의 축적자로 간주되는 교사가 텅 빈 머리나 마음을 지닌 것으로 상정되는 **학생에게 필요한 지식, 기능, 태도 등을 전달하는 것을 교육**이라고 본다.

③ 학습은 학생이 **교재를 암기하거나 교사의 설명**을 들을 때 가장 효과적으로 일어난다.

④ 교육을 전달활동으로 보는 관점에서는 주어진 지식, 기능, 태도 등에 대해 의문을 제기한다거나 비판적인 사고를 수행하는 것은 권장되지 않는다. 왜냐하면 사회나 교사가 가치 있다고 판단하는 내용을 학생들에게 효율적으로 전달해 주는 것이 교육의 가장 중요한 역할이기 때문이다.

■2 진보적 교육과정의 관점: 경험·인간 중심 교육과정

(1) 기본입장

① 진보적 교육과정의 관점은, 보수적 관점이 가르쳐야 할 내용, 즉 전통적인 교과를 강조하는 것과는 달리, 배움의 주체가 되는 **학생의 성장**을 강조한다.

② 교육은 교과나 특정 내용을 가르치는 것이 아니라 바로 **학생을 가르치는 것**이다.

③ 교육활동에 있어서 **학생들의 다양한 특성을 파악**하는 것이 무엇보다도 중요하다. 학생의 관심, 흥미, 이전의 경험, 개인의 성장과정, 인지양식, 학습 스타일 등에 적합한 교육의 내용과 방법을 제공하고자 한다.

④ 아동의 **경험을 중시하는 교육활동이나 학습자 중심 교육**은 이러한 진보적 교육과정의 관점을 요청한다.

(2) 특징

① 진보적 관점은 교육을 **아동과 환경의 상호교섭활동(transaction)**으로 간주하는 경향이 있다.

② 교사로부터 학생에게로 일방적인 전달만을 강조하는 보수적 관점과는 달리, 진보적 관점은 **학생과 교사의 상호작용 또는 학생과 대상과의 상호작용**을 중시한다.

③ 학생의 **문제해결활동이나 탐구활동**이 강조된다. 학생은 자신만의 독특한 인식체계를 지니고 있기 때문에 학생의 인지구조를 고려하지 않거나 무시한 교육활동은 실패할 수밖에 없다.

④ 교육은 반드시 **학생 스스로 사고하고 생각**할 수 있도록 배려해야 하고, 학생의 눈높이에 맞추어 진행되어야 한다.

■3 급진적 교육과정의 관점: 재건·변혁 중심 교육과정

(1) 기본입장

① 급진적 교육과정의 관점은, 보수적 관점이나 진보적 관점과는 달리, **교육의 정치적인 성격**을 강조한다.

② 보수적 관점은 사회화를 통한 사회구조의 재생산을 적극적으로 추진한다는 점에서 '**현상유지론적**' 관점이며, 진보적 관점은 아동의 관심과 흥미에 기초한 교육적 경험의 성장만을 추구하고, 아동의 교육활동을 둘러싼 정치, 경제, 사회, 문화적 권력관계의 분석을 등한시하여 결과적으로 사회구조의 재생산에 기여한다는 점에서 사회변화에 대한 '**낭만적**'인 관점이다.

③ 급진적 관점에 따를 때, 학교교육은 어느 경우에나 정치적인 성격을 띨 수밖에 없기 때문에 모든 **교육활동이 지닌 정치성에 주목**할 필요가 있다.

④ 학교교육은 불평등한 사회구조를 재생산하고 유지시키는 데에 기여하기보다는 이들을 해체하고, 보다 **인간적이며, 정의롭고, 평등한 사회의 건설에 기여할 수 있도록 노력**할 필요가 있다.

(2) 특징

① 급진적 관점은 교육을 **재건 또는 변혁활동으로 간주**하는 경향이 있다.

② 급진적 관점은 **사회구조의 변혁**을 일차적으로 추구한다는 점에서 전달을 강조하는 보수적 관점이나 상호교섭을 강조하는 진보적 관점과 구분된다.

③ 현존하는 사회는 근본적으로 다양한 층위의 억압기제로 구성되어 있다고 본다. 따라서 사회의 구조적인 모순을 인식할 수 있는 **비판적인 문해력을 지닌 인간을 길러냄으로써 사회의 변혁을 추구**하고자 한다.

제**3**절 교육과정의 종류

1 공식적 교육과정

(1) 정의

① 국가 교육과정 기준을 담은 문서, 시·도 교육청의 교육과정 지침, 지역 교육청의 장학자료, 교과서를 비롯한 수업용 교재, 학교 교육과정 운영계획, 교사의 수업계획, 실시된 수업, 특별활동, 조회 등은 교육적 목적과 목표에 따라 분명하게 **의도되고 계획된 공식적 교육과정**이다.

② 가시적 혹은 표면적이어서 학생들이 뚜렷이 겪는 교육과정이다.

(2) 특징

① 공식적 교육과정은 **형식적 문서**에 잘 드러난다.

② 학교교육이 일정한 기간, 비용, 노력을 통한 한정된 공공적 노력이라면 더욱 공식적 교육과정에 주목하지 않을 수 없다.

③ 공식적 교육과정은 계획, 실천, 평가 등을 통해 기술, 측정, 예측, 통제 가능한 것이다.

2 잠재적 교육과정

(1) 정의

학교와 같은 교육기관의 **공식적 교육과정에서 의도·계획하지 않았으나 수업이나 학교교육의 관행으로 학생들이 은연중에 배우는 가치, 태도, 행동양식과 같이, 교육결과로서 경험된 교육과정**이다.

(2) 특징

① 잠재적 교육과정은 **공식적 교육과정의 잘 보이지 않는 숨은 기능**으로, 긍정적 및 부정적 효과, 약점의 보완과 강점의 강화, 편견의 강화, 타산지석, 반면교사 등이 이에 해당한다.

② 잠재적 교육과정은 공식적 교육과정을 수행하는 환경에 따라 **긍·부정적인 영향**을 남긴다.

③ 학생들은 학교의 교육을 거치면서 그 경험한 결과로 잠재적 교육과정을 형성하고 드러내 보인다.

④ 교사의 언행, 교사와 학생의 관계, 학생들의 하위문화, 학교의 물리적 환경, 교풍 같은 학교의 문화와 관행 등에 의한 것이다.

⑤ 학교는 공식적 교육과정을 수행하지만 **무의식적으로 간혹 의도적이나 학생들에게 알리지는 않는 잠재적 교육과정도 수행**한다. 가령, 학교가 지역사회나 집보다 더 발전된 면모의 시설과 설비를 갖추거나 그렇지 않을 경우 학교의 이미지는 달라진다.

(3) 사례

① 교단이나 교탁의 물리적 위치는 사회적 위계와 연결된다.

② 수업에서 협동학습을 통해 사회협동심을 강화하려고 하였는데 도리어 모둠 내 갈등이나 분열을 경험할 수도 있다.

③ 교사의 칭찬이나 질책은 본뜻과 달리 학생들이 더 과장·축소하여 부정적·긍정적 강화를 받을 수도 있다.

④ 우수생과 열등생, 다문화 가정 자녀나 이주 전학생을 대하는 교사와 동료 학생들의 태도는 이후로도 학생들의 가치관에 많은 영향을 끼친다.

⑤ 남녀 공학과 별학, 별반과 합반, 별분단과 합석은 성 역할과 자기정체성 형성에 서로 다른 영향을 끼친다.

⑥ 담임연임제가 실시될 경우 특정 교사의 성향, 인품, 교육관 등은 학생들에게 상당한 영향력을 끼친다.

(4) 잭슨(P. Jacksonm, 1968)의 잠재적 교육과정 논의

잭슨은 초등학교 교실에서 학생들의 생활을 관찰하면서 학생들이 학교에 적응하게 되는 과정에 관심을 갖게 되었다. 학교에서 학생들은 공식적인 교육과정을 통해 제공되는 교과 내용에 관해서 배울 뿐만 아니라 교과 내용과는 무관한 또는 상반된 내용에 대해서도 학습하고 있음을 발견하였다. 잭슨에 의하면, 학생들은 학교생활을 통하여 **무리짓기(crowd), 칭찬하기(praise), 학교권력(power)** 속에서 살아가는 법을 배우게 된다.

① 무리짓기(crowd)

    ㉠ **학생들이 다른 학생들과 어울려서 생활하는 방식**

ⓒ 대부분의 사회제도에 있어서의 가장 핵심적인 미덕은 "인내"라는 한마디 말에 담겨 있다. 이 미덕이 그야말로 미덕이 아니라면 감옥에서, 공장에서, 또 사무실에서 시간을 보내야 하는 사람들에게 삶이란 견딜 수 없을 만큼 비참할 것이다. 학교에서의 삶도 마찬가지이다. 이 모든 장면에 있어서 사람들은 "진인사(人事)하고 대천명(待天命)하는 것"을 배우지 않으면 안 된다. 사람들은 또한 다소간은 묵묵히 고통을 참는 것도 배우지 않으면 안 된다.

② 칭찬하기(praise)

ⓐ **여러 가지 형태의 평가 속에서 살아가는 법**

ⓒ 학교에서 생활하는 것을 배우는 데는 또한 자기 자신의 업적이나 행동이 평가되는 사태에 어떻게 대처해 나가는가 하는 것뿐만 아니라, 다른 사람에 대한 평가를 지켜보고, 또 때로는 다른 사람을 평가하는 일에 참여하는 방법을 배우지 않으면 안 된다. 자기 자신의 강점과 약점이 객관적으로 공개되는 생활에 익숙해지는 것과 동시에, 학생들은 또한 다른 동료들의 강점과 약점을 주시 내지 목격하는 사태에도 익숙해지지 않으면 안 된다.

③ 학교권력(power)

ⓐ **조직의 권위관계를 인정하면서 살아가는 법**

ⓒ 학교에서 체득되는 복종과 순종의 습관은 다른 생활사태에서 큰 실제적 가치를 지니게 된다. 권력구조의 측면에서 보면, 학교의 권력구조는 공장이나 사무실과 같이 성인들이 삶의 상당한 시간을 보내는 다른 사회조직의 그것과 별로 다름이 없다. 그리하여 학교는, 종래 교육학자들이 구호로 사용해 온 것과는 다른 의미에서 "생활을 위한 준비"라고 볼 수 있다. 학교에서도 권력은 다른 사회기관에서와 마찬가지로 남용될 수 있다. 그러나 권력이 존재한다는 것은 삶의 엄연한 사실이며, 우리는 여기에 적응하지 않으면 안 된다.

④ 학생들은 '무리짓기' 생활을 통해 목이 마르더라도 줄 서서 오랜 시간 기다리는 것을 배우고, '칭찬하기'를 통해 자신의 특정 행동방식을 적극 발휘하거나 억제하는 것을 학습하며, '학교권력'을 통해 교사를 최초의 두목 또는 상사로 경험한다.

⑤ **무리짓기, 칭찬하기, 학교권력은 서로 결합하여 은폐된 교육과정**을 형성하며, **각 학생(및 교사)은 학교생활을 평탄하게 하고 싶다면 이를 숙지**해야 한다. 이 같은 특징을 가진 학교생활에서 요구하는 행동은 교육자들이 전통적으로 강조해 온 것, 이른바 **'공식적' 교육과정과는 대조**를 이룰 수 있다.

⑥ 무리짓기, 칭찬하기, 학교권력은 학생들이 학교생활을 성공적으로 수행하기 위해서는 **반드시 배워야만 하는 잠재적 교육과정을 구성**한다.

⑦ 잠재적 교육과정

ⓐ 공식적 교육과정을 통해 배우는 "3R은 읽기(reading), 쓰기(writing), 산수(arithmetic)"이지만, **"잠재적 교육과정을 표현하는 3R은 규칙(rules), 규제(regulations), 일상(routines)"**이다.

© 어린이는 학교·교사의 '말하는 바'가 아니라 **학교·교사의 '행동하는 바'를 통해 배운다.**

© 잠재적 교육과정은 일반적으로 학교교육의 목적이나 목표의 어디에서도 명시적으로 나타나 있지는 않지만, **매우 효과적으로 학교·교실에서 가르쳐지고 있다.**

(5) 드리븐(R. Dreeben)의 잠재적 교육과정 논의

학교가 수행하는 사회화의 기능 중에 **'독립심'과 '성취감'**이라는 규범의 학습과 **'성인 권위의 수용'**이 가장 중요한 잠재적 교육과정을 형성한다.

① 독립심과 성취감

㉠ 학생들은 학교생활을 하는 동안 사회생활에 필요한 독립심과 성취감 등의 사회규범을 배우게 된다.

㉡ 학생들은 학교에서 자신의 일을 독립적으로 수행하고, 자신의 의무를 다하는 것의 중요성을 배운다.

㉢ 학생들은 자신의 과제를 수행하거나 시험을 보는 행위를 통하여 독립심을 기를 뿐만 아니라, 다른 학생들과 경쟁하는 마음을 기르게 된다. 그리고 경쟁에서 승리할 경우 성취감을, 실패할 경우 자괴감을 경험하게 된다.

② 성인 권위의 수용

㉠ 학교라는 조직은 권위를 그 조직의 제1원리로 삼는다.

㉡ 학생들은 학교생활을 하는 중에 교육활동을 계획하고 통제할 책임은 교사에게 있다는 사실을 학습한다. 즉, 학생들은 학교생활을 통하여 가정의 혈연관계를 벗어나 객관적이고 합리적인 수준에서 성인 권위를 인정하는 것을 학습하게 된다.

㉢ 드리븐은 학생이 학교에서 성인 권위를 인정하는 것을 배움으로써 이후 사회에 나가서 다양한 권위관계에 적절하게 대처할 수 있게 된다고 주장했다.

(6) 일리치(I. Illich)의 잠재적 교육과정 논의: 급진적 관점

① 학교교육이 갖는 **잠재적 교육과정의 부정적인 측면**을 가장 먼저 극단적으로 드러낸 사람은 흔히 **탈학교론자**로 알려진 일리치이다.

② '학교교육의 구조(schooling structure)' 자체가 부정적인 잠재적 교육과정의 원천이다. 현행의 학교라는 교육기관이 존속하는 한, 부정적인 잠재적 교육과정이 나타날 수밖에 없다.

③ 잠재적 교육과정을 극복하기 위한 유일한 길은 **학교라는 제도 자체를 폐기**하는 것이다.

④ 학교

㉠ **강제적인 교육과정에 종일제로 참석해야 하는 연령집단별 조직으로, 교사와 관련되어 있는 기관**이다.

ⓛ 학교는 사람들이 연령에 따라 집단을 이루는 곳, 교사와의 관계 속에서만 의미를 지니는 학생이라는 이름으로 불리는 곳, 학생들에게 자신의 거의 모든 시간과 정력을 바칠 것을 요구하는 곳, 겉으로 보기에 존중할 만한 교육과정과 드러나지 않는 숨겨진 교육과정을 동시에 대면해야만 하는 곳이라는 것이다.

⑤ 사악한 잠재적 교육과정

ⓐ 학교는 학생들에게 가르치는 것을 배우는 것으로, 학년이 올라가는 것을 교육받는 것으로 간주하도록 가르친다. 물론 가르치는 것이 특정 환경에서는 학생의 학습에 도움이 되는 경우도 있다. 그러나 대부분의 사람들은 학교 밖에서 자신의 대부분의 지식을 습득하며, 이들에게 있어서 대부분의 학습은 학교에서 계획된 교수의 결과라고 볼 수 없다.

ⓛ 학교는 학생들에게 학교교육이 반드시 필요한 것이라고 확신시킨다. 학교는 오로지 학교만이 충족시킬 수 있는 요구를 창출해낸다. 즉 자기 영속적이고 자기 보존적인 요구를 만들어낸다. 학교는 또한 학교교육을 받은 사람들은 높은 자리에, 학교교육을 받지 않은 사람들은 낮은 자리에 배치하거나, 학교교육을 오래 받은 사람은 높은 자리에, 학교교육을 짧게 받은 사람은 낮은 자리에 정치시키는 카스트제도를 만들어낸다.

ⓒ 학교는 학생들을 소외시킨다. 학생들을 학년별로 나누고, 교육과정을 강제로 부과하고, 학생의 동의 없이 임의적으로 수업시간을 편성하는 등의 일을 통하여 학교는 생물학적 존재로서의 학생과 자아실현할 수 있는 학생 간의 건널 수 없는 간극을 형성한다. 학교라는 장에서 학생들은 객관화되고, 수량화되며, 자아실현 과정으로부터 분리됨으로 인하여 소외현상이 발생한다. 그 결과, 학생들은 스스로에게 충실한 존재가 되기보다는 타자를 위한 존재, 즉 교사를 위한 존재, 기업가나 사업가를 위한 존재, 학력평가를 위한 존재가 된다.

ⓔ 학교는 학생에게 현존하는 제도나 기관이 절대적으로 필요하다는 신념을 전달한다. 이러한 교육의 결과, 학교교육을 받은 사람은 현존하는 제도의 필요성에 의문을 제기하기가 쉽지 않다. 즉, 학생들은 현존하는 제도에 대해 어떤 의문도 제기하지 않는다. 여기서 현존하는 제도는 그 제도를 벗어나면 결코 안전하지 않을 것임을 경고해 주는 일종의 '안전지대'로 작용한다.

(7) 볼스와 진티스(S. Bowles & H. Gintis)의 잠재적 교육과정 논의: 급진적 관점

① 마르크스주의 교육학자인 볼스와 진티스는 **잠재적 교육과정을 학교교육의 숨겨진 기능**으로 규정한다.

② 미국의 학교교육사를 **경제적 관점에서 분석**하면서 잠재적 교육과정의 기제를 밝혀내고자 시도했다.

③ 학생들은 **학교의 '숨겨진 교육과정'을 통해 자본주의 사회 유지나 재생산에 필요한 특정 가치규범과 행동성향**을 배우게 된다. 이러한 숨겨진 교육과정의 기제를 통해서 현재의 **불평등한 사회구조는 효과적으로 재생산**된다.

④ 볼스와 진티스의 잠재적 교육과정은 일반적으로 **경제재생산이론의 기본전제로 알려진 '대응이론(correspondence theory)'**과 밀접히 관련되어 있다. 학교교육은 자본주의 사회의 유지와 발전을 위해 필요한 생산관계를 효과적으로 재생산해 낸다. 여기서 자본주의 사회의 생산관계란 자본가와 노동자라는 이원적 집단의 존재양식이다. 자본주의 사회가 유지·발전되기 위해서는 자본가와 노동자, 그리고 이들 간의 지배와 피지배의 관계방식이 계속 재생산되어야 한다. 학교는 숨겨진 교육과정을 통하여 바로 이러한 생산관계를 효과적으로 재생산해 낸다.

⑤ 학교

  ㉠ **자본주의 사회의 유지 및 발전에 필요한 가치관과 인간 특성을 주입**시키는 기능을 수행한다.

  ㉡ 학생의 **출신계층 배경에 따라 서로 다른 교육**을 제공함으로써 자본가와 노동자를 길러낸다.

  ㉢ 미래의 노동자에게는 지시에 순종하고, 시간을 엄수하며, 기계적인 반복작업에 순응하도록 가르친다.

  ㉣ 미래의 자본가에게는 독립적인 사고력과 판단력, 여러 대안 중에서 적절한 것을 선택할 수 있는 능력, 지시를 따르기보다는 자율적 판단에 따라 행동할 수 있는 능력 등을 중점적으로 가르친다.

  ㉤ 학교가 수행하는 **자본주의 생산관계의 재생산은 소위 '합리성'이라는 이름**으로 이루어지고 있다. 학생들은 각자의 재능, 즉 지능지수, 성적, 적성 등에 따라 진학반과 취업반, 명문대학과 초급대학, 일류학교와 이류학교에서 교육을 받는다.

  ㉥ 볼스와 진티스에 따르면, 이처럼 **학생을 구분하는 기준은 '합리적'이라기보다는 학생의 출신계층 배경에 근거한 '계층적'인 것**이다. 즉, 학생들에게 지능지수, 성적, 적성 등에 따라 서로 다른 교육기회를 제공하는 것은 출신계층에 따라 차별교육을 실시하는 것을 감추기 위한 전략이라고 본다.

  ㉦ 학교가 자본주의 생산관계를 재생산하는 기능을 수행하는 것은 학교교육의 예기치 않는 결과라기보다는 **자본가에 의해 의도된, 학교교육의 '숨겨진' 기능 때문**이다.

  ㉧ 학교교육은 **잠재적 교육과정이라는 숨겨진 기능을 통하여 사회의 불평등 구조를 재생산하고 정당화**하는 역할을 수행한다.

3 영 교육과정

(1) 정의

① 영(零, null) 교육과정은 **아이즈너(E. W. Eisner)가 제안한 개념이다.**

② 학교에서 소홀히 하거나 공식적으로 가르치지 않는 지식, 사고양식, 가치, 태도, 행동양식, 교과 등을 일컬으며, 학습자들이 **아직 경험하지 못한 것**이다.

(2) 특징

① 교육과정은 선택의 결과로 포함과 배제의 산물이기 때문에 영 교육과정은 **공식적 교육과정의 필연적 산물**이다.

② 영 교육과정은 소극적 의미에서 보면 **학생들이 공식적 교육과정을 배우는 동안 놓치게 되는 기회, 학습내용**이라고 할 수 있지만, 적극적 의미에서 보면 **의도적으로 특정 지식, 가치, 행동양식을 배제시켜 아예 접할 수 없도록 지워 버린 것**이다.

③ **잠재적 교육과정보다 고의성·의도성이 더 짙은 것**이고, 그것은 교육과정의 **'계획' 단계에서 의도**된 것이다.

④ 더 크게 보면 한 나라의 정치 및 경제 체제, 종교, 사회문화적 관습 등으로 인해 고의로 숨기거나 왜곡하는 교육과정이다.

⑤ 통상적으로 학교의 공식적 교육과정에서는 논리적 사고를 강조하는 데 반하여 직관적 사고나 상상력은 대수롭지 않게 취급한다.

(3) 사례

① 경제적인 생산성을 강조하는 곳에서는 과학기술을 강조하지만 예술, 정서 등에 대해서는 소홀히 한다.

② 특정 종교가 국교가 된 나라에서는 다른 종교나 세계관을 학교에서 가르치는 것을 금기시하거나 배제·이단시한다.

③ 학교의 과학에서 진화론은 과학적인 것으로 가르치나 『성경』의 창조론은 영 교육과정으로 묻힌다.

④ 다수의 지배집단에 의한 소수의 피지배집단의 억압되는 문화나 가치도 이에 해당하지만, 그 역으로 하위집단에서 문명이나 문화의 발전을 거부하고 미신이나 주술이 발전된 현대 의약을 대신하는 경우도 이에 해당한다.

⑤ 국가의 정치 및 경제 체제, 종교, 사회, 문화 분야 등에서 더 가치 있다고 여겨지는 것이 덜 가치 있다고 여겨지는 것을 삭제, 폐지, 배제, 무효화, 소홀히 하는 교육과정을 말한다.

CHAPTER 02 교육과정의 관점과 유형

제1절 교과중심 교육과정

1 기본입장

(1) 교과중심 교육과정은 학교의 실제 교육과정에서 **가장 오래되고 가장 지속적으로 영향**을 주어 왔다.

(2) 해리스(Harris)에 따르면 도시화·산업화되는 사회에서 **보편교육은 서구 문명의 주요한 문화유산을 전달하는 데 그 초점**을 두어야 한다.

(3) 교육은 **개인이 인간으로 발전되어 가는 과정**이었다. 그러므로 교육과정은 민족의 축적된 지식을 모든 어린이가 이용할 수 있게 만들어 주는 것이다.

(4) 학교는 **기본적인 것을 가르치는 것을 주된 임무**로 삼는 사회적 기관이다. 즉, 기본적인 읽기, 쓰기, 계산 기능의 숙달과 모든 교육받은 사람이 알아야 하는 기본적인 사실과 전문 용어와 지식, 선량한 시민이 되는 데 필요한 공통되고 기본적인 가치를 가르쳐야 한다.

2 교육의 목적과 내용

(1) 교육목적

문화유산의 전달

(2) 교육과정의 내용

① 문화적 유산으로부터 선정된 것이고, 인류에게 알려진 것 중 가장 영구적이고, 확정적이며, 객관적인 사실, 개념, 법칙, 가치, 기능들이다.

② 전통적 관점에서는 **교과내용을 강조**한다. 특히 교육받은 사람이라면 누구나 알아야 하는 **사실, 기본 지식과 기능, 전통적 가치** 등에 초점을 맞추고 있다.

③ 강조점

㉠ 교육받은 다른 사회구성원들과 의사소통에 필요한 용어와 이름(⑩ 사설시조의 정의나 지역의 이름)에 대한 숙달

㉡ 생산적인 사회구성원이 되는 데 필요한 일련의 기본기능(⑩ 읽기, 쓰기, 계산)에 대한 능력

㉢ 사회가 원만하게 기능하도록 하는 데 필요한 일련의 기본가치(⑩ 정직과 권위의 존중)의 수용

3 **교육과정의 실천**

(1) <u>단일교과</u>에 초점

(2) 학급 전체의 학생들에게 **강의법과 암송법**을 중심으로 한 **교사중심의 수업**을 강조

(3) **교과서와 자습장**을 중심으로 한 교재를 사용

(4) 지필 검사용 시험지를 사용하여 **정기적으로 평가**

(5) 학업성취 정도나 학생의 집단 속에서의 **상대적 서열** 및 평점을 강조

4 **평가**

(1) 교과서는 내용을 적절한 범위만큼 다루어 줄 수 있게 해 주는 한편, 학습장은 내용의 숙달에 필요한 연습의 기회를 제공해 준다.

(2) 교사들로 하여금 학생들을 통제하고, 소란스럽고 수업에 방해되는 행동들이 나타나지 않도록 도와준다.

(3) 평가방법도 교사의 통제력을 강화시켜 주는 동시에, 교사와 학생 모두에게 일종의 책무성을 안겨 줄 수가 있다.

(4) 교과중심 교육과정은 중등학교의 전형적인 교과별 조직형태에는 잘 맞지만, 초등학교의 미분화된 통합 교과활동과는 그리 잘 어울리지 않는다.

(5) 전통적 교육과정에서는 학생들이 정보를 획득했는가, 기본기능을 숙달했는가 그리고 합의된 가치들을 내면화했는가를 측정해 내는 일이 평가의 주요한 과제이다.

제2절 학문중심 교육과정

1 **기본입장**

(1) 교과중심이 경험중심이나 진보주의에 의해 위축됨에 따라, 자연스럽게 교과가 전달하려는 내용이나 지식의 상대적 비중이 약화되고 이에 따라 <u>학생들의 학력은 저하</u>되는 것으로 보인다.

(2) 국가 간 비교나 경쟁이 치열할 때에는 학생들이 얼마나 알고 있느냐가 교육성과의 주요 지표로 등장한다.

(3) 1950년대 후반 제2차 세계대전에 이은 냉전기에 옛 소련과의 경쟁에서 미국이 결정적인 우세를 획득하지 못한 것에 대한 희생양을 찾던 전통적 보수주의자들은, 경험주의 교육, Dewey 교육의 일상적 실천, 생활과 구분되지 않는 비교적 쉬운 학습과제가 주어지는 생활적응 교육과정을 지목했다. 특히 산업사회에서 국가경쟁력 향상에 중요한 수학과 과학 분야는 새롭게 가르쳐질 필요가 있었다.

(4) 1957년 10월 4일 소련이 Sputnik 1호를 발사함에 따라 교육과정 개혁계획들은 더욱 긴박해졌다. 2차 세계대전에서 결정적 역할을 한 원자탄은 과학과 수학의 학문적 성과에 힘입은 것이고, 학문적 발전은 국가와 시민의 생존과 경쟁력 강화에 필수적이라는 생각이 반영된 것이다.

(5) 이러한 노력은 과학재단과 다른 재단이 후원하여 개최한 1959년 우즈홀(Woods Hole) 회의의 근원이 되었다.

(6) 브루너(Jerome Bruner)의 회의보고서(1960)인 『교육의 과정(The Process of Education)』 은 **학문의 구조라는 관점에 기반을 둔 지식체계화 및 탐구원리를 제공**하였다.

■2■ 교육의 목적과 내용

(1) 교육목적

　지력의 개발

(2) 지식의 구조

　① 탐구를 어떻게 하면 학문의 구조를 발견할 수 있고, 그러한 과정을 통해 학습자의 지력이 개발될 수 있을까? 만약 학생들이 개별 교과의 학문적 구조, 지식의 구조를 이해한다면 이해를 더 빨리할 수 있고, 자연을 이해하기 위하여 자연 속에 있는 모든 것에 일일이 부딪혀 볼 필요가 없다.

　② 지식을 이해하는 과정에 있어서는 그 분야의 전문가들이 하는 일이나, 어린 학생들이 하고 있는 일이나, 근본적인 성격에 있어서는 같은 것이다. 그러므로 어떤 교과는 그 기초적인 것(기본구조)을 잘 조직하여 표현(번역)하면 어떤 연령에 있는 어떤 아동에게도 가르칠 수 있게 된다.

　③ 각 학문(교과)은 나름의 **독특한 기본 개념, 주제, 원리, 법칙, 공식, 일반화의 아이디어가 어떤 법칙하에 상호 관련되어 특정 의미를 띠는 구조**를 갖고 있다. **학문의 구조는 선정된 기초적인 요소들이 상호관련성을 지니게 하는 일정한 틀을 제공**한다.

　④ **지식의 구조**를 습득하면 학습자들은 학습내용을 이해하기 쉽고, 기억하기 쉬우며, 학습 이외의 사태에 적용할 수 있고, 초보지식과 고등지식의 간극을 좁힐 수 있게 된다.

　⑤ 학문은 저마다 탐구대상이 다르며 이를 탐구하는 최적의 기법, 즉 탐구방법 또한 다르다. **교과의 구조**를 가장 적절하게 파악할 수 있는 최적의 탐구방법은 내용 못지않게 중요하다. 그러므로 조사, 토론, 실험, 실습, 관찰, 실기 등과 같은 활동들도 학문의 내용을 선정할 때 함께 선정되어야 한다.

(3) 나선형 조직

① 조직은 내용의 선정을 전제로 한다. 학문중심 교육과정은 각 학문의 기본 아이디어를 교육과정 개발의 출발점으로 삼고 있어서, 보다 기본적인 개념을 찾아낸 뒤 기본 아이디어를 중심으로 그 내용들을 조직해 간다.

② **학교급에 따라 교육과정 내용의 깊이와 폭을 더해 가도록 지식을 구조화하는 것을 나선형(Spira) 조직방식**이라 부르기도 한다.

③ 나선의 경우, 학교급별 혹은 여러 학년별로 크게 반복확대할 수도 있고, 학년 혹은 학기 내에서 작게 반복확대할 수도 있다.

3 교육과정의 실천

(1) **지식의 구조** 중심의 교육과정은 **학문의 기본 아이디어**를 강조하고, 학생들로 하여금 학자들이 자신의 연구를 수행하는 것과 유사한 방법으로 탐구활동에 참여하게 한다.

(2) 과학적 탐구활동에 학생의 적극적인 참여, 대학에 있는 첨단 학자들의 교육과정 구성에 있어서의 지배적인 역할, 학생들에게 각 학문의 기본개념을 제공하는 것 등을 강조한다.

(3) **학문구조 중심 교육과정의 특징**

① **단일 교과 내에는 단일 학문으로 제한**하여 조직한다.

② **소수의 근본적인 개념 혹은 원리를 정선하여 구조화**한다.

③ 학습자의 **인지발달단계와 지식의 표현양식**을 관련시킨다.

④ **지식의 탐구절차, 자료제시순서, 실험실 활용** 등을 통해 학습자의 **능동적인 탐구와 발견**을 강조한다.

⑤ 학습자의 학습성향 파악과 동기유발, 문제해결 과제, 해석할 자료, 설계해 볼 실험과제를 제시하여 학습자가 교과의 구조에 관한 **통찰력과 탐구행위를 경험**하게 한다.

⑥ 교사는 정보를 제공하는 자원으로 활동하기보다는 **학문적 탐구활동을 시범으로 보여 주는 사람**이어야 한다.

4 평가

(1) 학생들에게는 매우 높은 정도의 읽고 쓰는 능력과 추상적 관념을 다룰 수 있는 능력, 탐구활동을 지속할 만한 내적 동기 등이 필요하다. 그래서 이 교육과정은 **학구적인 학생에게 더욱 적합**하며, 학계의 구성원으로 활동할 수 있는 만큼의 교육을 받은 교사들에게 적합하다.

(2) 교사들에게는 가르칠 교과의 학문 및 탐구방법에 대해 상당한 정도의 **특별훈련이 필요**하다. 어떤 교사든지 어떤 교과든지 어떤 발달단계에 있는 어떤 학생에게나 다 가르칠 수 있는 것은 아니다.

(3) 학문중심 교육과정이 **교육과정 자체로서는 높은 수준**을 지니나, 그것은 **학생의 형편이나 교사들이 실제 처한 형편을 미처 고려하지 못한 것**으로, 교실에서 정상의 학자들이 의도한 만큼 잘 가르쳐지지 못하는 원인이 되었다.

(4) 평가에서는 학생들이 획득한 **지식, 학생들이 경험한 탐구의 본질, 교사들이 가르칠 내용의 개별적 구조**를 측정해 내려고 노력한다.

(5) 학생들이 **학문의 개념적 구조에 관해 통찰력**을 획득했는가, 학생들이 **실제 탐구행위를 경험**하는가 와 같은 문제들이 평가의 주된 관심거리다.

(6) 평가에서는 학생들에게 해결해야 할 문제를 던져 주거나 해석할 자료, 설계해야 할 실험과제 등을 제시하는 방법을 활용한다.

제3절 사회중심 교육과정: 프랭클린 보비트(교육과정학의 출발)

1 『교육과정학』 교재의 탄생

프랭클린 보비트는 자신의 생각을 정리하여, 예비 교사 및 현직 교사들에게 당시에는 생소한 교육과정 이론을 소개할 목적으로 1918년 『교육과정』(The Curriculum)이라는 이름의 책을 출판하였다.

(1) 교육과정의 핵심
① 학교는 **아동이 성인 세계에 적응할 수 있도록 준비시키는 기관**이다.
② 교육과정은 아동이 성인의 세계에서 접하게 될 과제를 적절히 수행할 수 있도록 준비시키기 위하여 아주 **명확하고 구체적으로 구성**되어야만 한다는 것이다.

(2) 교육과정의 편성
① 학교에서 학생에게 무엇을 가르칠 것인가를 결정하기 위해 먼저 '**이상적인 어른**'의 세계를 분석한다.
② 이를 기초로 **아동에게 가르칠 구체적인 그 무엇을 '목표화'**하는 것이다.

교육과정이론의 핵심은 아주 단순하다. 인간의 삶이란 '다양한 구체적 활동'(specific activities)으로 구성되어 있다. 삶을 준비시키는 교육은 바로 이러한 '구체적인 활동'을 잘 수행할 수 있도록 정확히 그리고 적절히 준비시키는 교육이다. 그러나 어느 계층에서든지 실생활에서 필요한 '구체적 활동'은 그 수가 많고 다양하기 마련이다. 따라서 우리는 실세계에 나가서 '구체적인 활동'이 어떠한 요소들로 구성되어 있는지를 알아보아야 한다. 이런 작업을 통해 우리에게 필요한 지식, 습관, 태도, 능력 등을 알게 될 것이다. 아마 이것들은 그 수가 많고, 명확하며, 구체적일 것이다. 따라서 교육과정이란 이와 같은 '목표'(objectives)를 달성하기 위하여 아동이 가져야만 하는 일련의 경험이 될 것이다.

프랭클린 보비트

③ 프랭클린 보비트는 **교육목표를 확인하고 이것을 적절히 진술하는 방법을 제시**하였는데, 이것이 그의 '교육과정' 이론의 핵심에 해당된다.

2 『교육과정 편성법』

『교육과정』을 출판한 지 6년 후인 1924년에 출판한 『교육과정 편성법』(How to Make a Curriculum)은 이에 대한 그의 연구와 숙고의 결과를 담은 것이다. 그는 이 책을 통하여 자신의 오랜 연구과제였던 구체적인 교육목표(educational objectives)에 대해 상세히 논의하였다.

(1) 구성

① 『교육과정 편성법』은 3부 19장으로 구성되었는데, 제1부는 학생활동의 성격, 교육목표 설정에 사용할 수 있는 절차 등과 같은 교육과정 편성의 일반적인 문제점을 다루었다.
② 제2부에서는 각 교과 내에서 만들 수 있는 교육목표의 예와 그 목표를 달성할 수 있는 경험을 제시하였다.
③ 제3부에서는 교육행정가들에 대한 몇 가지 제언을 다루었다.

(2) 아동에게 가르쳐야 할 10가지 경험

10가지 중 맨 마지막을 제외한 9가지는 학교에서 가르쳐야 한다고 생각하였다. 그가 찾아낸 10가지 경험은 다음과 같다.
① 언어활동(language activities)
② 건강활동(health activities)
③ 시민활동(citizenship activities)
④ 일반적 사회활동(general social activities)
⑤ 여가활동(spare-time activities)
⑥ 건전한 정신관리활동(keeping oneself mentally fit)

⑦ 종교활동(religious activities)

⑧ 부모활동(parental activities)

⑨ 비전문화된 또는 비직업적인 활동(unspecialized or non-vocational activities)

⑩ 자신의 소명에 따른 노동(the labor of one's calling)

(3) 교육목표

① 『교육과정 편성법』에 160가지의 '교육목표'를 제시하였다.

② 예컨대, '지역사회 활동에 적절하고 효과적으로 참여하기 위해 여러 방면에서 언어를 사용할 수 있는 능력', '신체건강 수준을 최고로 개발하고 유지하기 위해 적절한 수면을 취하는 능력' 등이 이 160가지에 포함되어 있다.

(4) 과학적인 절차에 따른 교육과정 편성방법

① 이상적인 성인의 생활을 몇 가지 주요 활동으로 나누어라.

② 이러한 주요 활동을 학생이 성취할 수 있는 구체적인 활동으로 분석하라.

③ 학생이 성취해야 할 구체적인 활동을 교육의 목표로 설정하라.

제4절 경험중심 교육과정

경험중심 교육과정이 1930년 전후에 나타나게 되었는데, 이 무렵이 미국에서는 경제 대공황으로 인해 시련을 겪던 시기이다. 경제 대공황은 교과중심 교육과정에 회의를 느끼게 하였으며, 교육은 자아실현, 인간관계, 경제적 능률 등 잘 사는 사람을 육성하는 데 역점을 두어야 할 필요를 절감하게 되었다.

1 기본입장

(1) 경험주의 관점은 어떤 경험이 개인을 **건전한 성장**으로 이끌 수 있을까에 초점을 둔다.

(2) **학생들의 흥미와 문제, 그들의 일상생활의 경험**으로부터 상당히 유리되어 있는 사변적이고 탈 맥락적인 학교교육 내용을 학생들의 생활경험과 더욱 긴밀하게 연결하면, 학생들의 경험은 더욱 성장할 것이고 민주사회에 요구되는 더 좋은 시민이 되리라고 기대한다.

(3) 20세기 경험중심 교육의 발달은, 첫째, 교육과정이 어떻게 하면 **아동의 경험세계를 반영**하고 그것을 넓혀 줄 수 있을까 하는 배려와 둘째, 그러한 교육과정에 관한 실제적인 의사결정을 이끌어 갈 분명하고 **실행 가능한 원칙을 개발**하려는 노력을 중심으로 이루어졌다.

2 교육의 목적과 내용

(1) 교육목적

아동의 발달

(2) 교육목표

생활인의 육성을 목표로 한다.

(3) 교육내용

① 경험중심 교육과정에서는 **소풍, 여행, 전시회, 자치활동, 클럽활동 등도 중시**한다. 교육은 학교의 전체 생활에서 이루어진다.

② 학생들이 특정한 목적을 성취하기 위한 **학습활동(주로 프로젝트를 통해)을 할 때 겪는 경험들**을 교육과정 조직의 중심요소로 활용하고 있다.

(4) 듀이(John Dewey, 1859~1952)

① 주체적인 능력들은 젊은이와 성인들의 행복과 생산성에 도움이 된다. 경험주의 교육자들은 **교과는 일상생활의 경험으로부터 도출**된다고 본다. 어떤 교과도 학생의 필요와 능력을 고려하지 않는다면, 발달을 촉진하기 위한 내재적인 가치를 갖지 못한다.

② 교육과정은 **개인의 계속된 성장을 도와줄 수 있는 상황들을 중심으로 조직**되어야 한다.

③ 이 상황들이 하나의 추진세력으로 작용하기 위해서는 반드시 **외부의 객관적인 조건과 내면적인 조건 간의 상호작용 혹은 상호영향** 속에서 전개되어야 한다.

④ 교육과정은 한편으로 **학습자의 물리적·사회적 환경과 다른 한편으로는 학생의 흥미, 욕구, 과거 경험들 간의 상호작용을 통해 생겨나는 것**이어야 한다.

⑤ 교육과정 개발자나 교사들이 그 상황들을 사전에 충분히 계획해 놓을 수가 없으며, 오히려 교사와 학생의 상호 협동과정 속에서 상황이 계획될 수밖에 없다.

(5) 흔히 경험중심 교육과정은 **교육이 실행되는 그 자리에서 생성**되는 교육과정인 경우가 적지 않다.

(6) 교과보다 학습자의 경험과 사회적 활동이 중요시되므로 여러 교과나 주제를 통합하거나 연결시키는 **광역 교육과정, 통합 교육과정**이 나타난다.

3 교육과정의 실천

(1) 교과목의 엄격한 구분보다 **통합을 지향**한다.

(2) 교과서나 그 밖에 미리 준비된 수업자료보다는 **지역사회를 교수-학습의 자원**으로 더 많이 활용한다.

(3) 대집단으로 편성된 경쟁적인 학습 분위기보다 **소집단별 협동적인 학습 분위기**를 강조하는 학생 중심의 수업을 요구한다.

(4) 수업은 완결 짓는 데 **비교적 긴 시간이 소요되는 과제, 즉 프로젝트**를 중심으로 조직된다.

(5) 교사들이 통제·관리자가 아닌 **학습 촉진자**, 혹은 학습자원으로 활동해 주기를 기대한다.

(6) 사실적 정보나 용어의 회상을 강조하는 시험보다 **현실세계 속의 실제 과제를 처리할 수 있는 능력**을 확인하는 평가방법을 선호한다.

4 평가

(1) 경험중심 교육과정은 학습내용에 대한 맥락적인 깊은 이해 및 긍정적인 태도라는 관점에서는 장점이 될 수 있지만, 내용의 취급범위는 좁고 깊으므로 학력향상 측면에서 문제가 된다.

(2) 학생들이 프로젝트에 참여하므로 학생관리의 문제가 줄어들 수 있을지 모르겠으나, 소집단 활동, 교외답사와 같은 행사를 위해서는 세밀한 계획을 세워야 하며, 학생관리를 위해서 철저한 감독을 해야 한다.

(3) 평가는 경험위주 교육프로그램이 학생에게 미치는 장단기 효과를 측정하는 데 초점을 맞추게 된다.

(4) 경험중심 교육과정과 그 프로그램을 경험하는 학생들을 평가할 때에는 **전인으로서 학생들의 다양한 측면**을 평가하기 위해 여러 가지 방법을 사용한다.

(5) 8년 연구는 학생들의 성격특성을 측정했을 뿐만 아니라, 지적·정의적·사회적 성과까지도 측정하는 등 다양한 영역의 측정결과를 제시해 줌으로써 평가의 새로운 지평을 열어 준 바 있다.

제5절 인간중심(인본주의) 교육과정

1 기본입장

(1) 근대적 의미의 인본주의 교육과정이 탄생한 정확한 기원을 증명하기는 어렵지만, 르네상스 이후 코메니우스(J. A. Comenius), 루소(J. J. Rousseau), 페스탈로치(J. H. Pestalozzi)의 영향을 받았다고 볼 수 있다.

(2) 이들은 인간의 타고난 욕구를 자연스럽고 존중될 만한 것으로 받아들이며, 사물인식의 감각을 연마하고 실제적 필요에 따라 교육하는 것을 자연스러운 것으로 본다.

(3) 교육을 통해 하나님이 주신 천부적 능력을 **지적·기능적·도덕적 측면에서 고르게 발달**시켜 온전한 인간으로 키워 내는 것이 중요하다고 강조하였다.

(4) 교사의 적극적 가르침보다 **학생들이 사물을 배우고, 발전시키고, 인식하는 방식에 초점**을 둔다.

(5) 교사의 엄격함과 처벌에 강하게 반대하고, **따뜻하고 우호적인 방식으로 교육이 수행**되어야 한다고 본다.

(6) 인본주의 교육을 실천한 기관으로는 **닐(A. S. Neill)이 주도한 썸머힐(Summerhill)**이라 불리는 주거생활형 학교가 대표적이다.

(7) 인본주의 교육과정은 철학적으로 실존주의, 사회적으로 실용주의, 심리학적으로 인본주의 심리학의 영향을 받았다. 특히 행동주의나 프로이트를 벗어난 심리학의 제3세력은 인간을 적절하게 묘사하고, 인간을 돕기 위하여 심리학이 존재한다고 본다.

2 교육의 목적과 내용

(1) 교육목적
① 사람의 **온전한 자아실현**을 추구한다.
② 교육과정은 학생들이 소유한 개인적인 인간 잠재력이 발달하는 것을 도와주도록 설계되었고, 그들은 **건전하고, 균형적이며, 자아실현적이고 또 책임감 있는 사람**으로 성장하게 된다.

(2) 교육목표
① 모든 학생을 **독특한 개별적 존재**로 대한다.
② 학생이 소유한 각자의 **잠재력을 발현**할 수 있도록 돕는다.
③ **인지적·신체적·정서적인 욕구를 반영**하고 표현할 수 있는 학습환경을 제공한다.
④ 다른 사람들과 효과적으로 지내는 것을 배울 수 있는 환경을 만들어 준다.
⑤ 착하고 행복하며 창조적인 사람으로 발달시킨다.

(3) 교육과정
① **교과를 중심으로 구성**하는 것으로, 학생들이 자아실현을 달성하기 위해 필요로 하는 **기술과 지식을 위한 기초로 기능할 수 있는 과목**을 만들어 제공한다. 이 교육과정이 학생들의 정서, 인성, 욕구를 강조한다고 하여 **학문적인 주요 과목의 중요성을 무시하는 것은 아니다.** 기본적인 학문적 지식과 기술의 습득 없이 학생들은 자아실현을 위한 실제적인 도구를 획득할 수 없다. 이 점에서 상당히 **실용주의적** 특색을 띤다.
② 학생 개개인의 **능력과 재능을 끌어낼 수 있는 연습과 진행절차**에 초점을 맞춘다. 여기에서는 인본주의 심리학의 도움을 받는다.

③ 학생들이 이기적인 면에서 벗어나도록, 폐쇄적이고 자기중심적인 것보다 자신에 대해 돌아볼 수 있도록 하는 계기를 만든다. **자신의 의견과 가치를 객관화하고 역지사지**할 수 있도록 설계된 토론과 현장 탐구활동으로 구성된다.

3 교육과정의 실천

(1) 인본주의 교육과정은 **아동중심 교육과정, 생활적응 교육과정** 등과 비슷한 점이 많다. 상대적으로 많은 보호와 양육이 필요한 유치원과 초등학교에서 이루어지는 아동중심 교육이나, 일반적인 학교에 부적응하거나 대안적인 교육을 추구하는 대안학교의 생활적응 교육과정은 인본주의적 특성을 띤다.

(2) 교사

형식적으로 규정된 업무(수업과 평가)를 수행하기보다 **학생들의 삶과 배움에서 어려움에 동감하고 이를 조력하거나 촉진**하는 역할을 수행한다.

(3) 학교규모

가족적 상호작용이 용이하도록 **가급적 작게** 한다.

(4) 수업

학생들과의 형식적인 관계 탈피, 학생들과 **친밀하고 개인적인 관계의 발달, 학생의 흥미와 동기 격려**, 정보와 지식만 전달하는 것의 극복, 교실에서 일어나는 일에 대한 학생참여적 평가 등을 포함한다. 이들은 **학습을 자연적이고 개별적인 현상**으로 본다.

(5) 학생

인본주의 교육과정은 학생들을 **단순한 피교육자 이상**으로 보고, 독특한 **기질과 개성을 가진 존재**로 이해하고 대우한다.

(6) 학교

가고 싶고 머물고 싶은 학교로 만들고자 하는 노력은 인본주의 교육과정이 바라는 학교상이다.

4 평가

(1) 인간 이성의 중요성을 소홀히 하고 **인간 감정의 역할을 지나치게 많이 강조**해 왔다고 비판받는다.

(2) 자유의지에 대해 너무 많이 강조함으로써 **과학적 접근을 소홀히** 하게 된다.

(3) 인본주의 교육과정은 한 번도 실제적으로 중요하게 그리고 주도적으로 교육에서 추구된 적은 없었다.

(4) 꾸준한 지지가 있었지만 그런 노력이 실패한 이유는 학문적 탐구보다 흥미와 자발성에 기초한 느슨한 공부로는 진학준비가 엄연한 현실에서 하나의 모험으로 받아들여졌기 때문이다.

(5) 냉전을 비롯한 세계시장에서 국가 간의 경쟁은 성과 있는 교육을 요청하기 때문에 느슨한 교육은 결국, 성취의 저하를 가져왔다고 비판받았다.

제6절 역량중심 교육과정

1 배경

(1) 학교교육

학교교육이 21세기 사회를 살아갈 학생들의 삶에 의미 있는 것들을 가르치고 있는가와 관련하여 긍정적인 답을 얻기는 쉽지 않다. 오히려 현재 진행되고 있는 학교교육에 대해 개인적으로나 사회적으로 그 적합성에 문제가 있다는 지적이 더 많다.

(2) 지식교육 비판

교육과정에 대한 역량중심적 접근은 이 문제를 극복하기 위한 노력이라고 할 수 있다. 특히 역량중심 교육과정은 종래학교에서 이루어진 지식교육을 비판하고, 학교에서 제공되는 교육과정에 모종의 변화가 있어야 함을 촉구하는 것이라고 할 수 있다.

2 역량중심적 접근

(1) 역량의 의미

역량이란 21세기 사회에서 개인이 성공적인 삶을 살아가는 데 있어서 **필요한 자질과 능력**이라고 할 수 있다.

> **개념 ➕**
>
> **DeSeCo 프로젝트 & Education 2030 프로젝트**
> 역량이라는 개념은 본래 직업사회의 필요에 의해서 등장했으나, OECD의 역량 관련 프로젝트를 통해 직업이나 직무와 관련된 것에서 벗어나 일반적인 삶의 질과 관련한 논의로 발전해 왔다. OECD에서는 지속 가능한 발전과 사회적 결속은 인구 모두의 역량에 달려 있다고 보고, 앞으로의 사회에서 개인의 성공적인 삶과 사회의 발전을 위해 필요한 '핵심역량'(key competency)을 규명한 바 있다. 이 작업은 일명 DeSeCo(Definingand Selecting Key Competencies)로 불리는 프로젝트를 통해 1997년부터 수행되었다. 이 프로젝트에서 규명하고자 한 것은 종래 삶을 위한 '기초기능'(basic skill)으로 간주되었던 읽기, 쓰기, 셈하기를 넘어서서, 개인의 성공적이고 책임감 있는 삶을 이끄는 데 있어서, 그리고 사회가 현재와 미래의 도전에 직면하는 데 있어서 꼭 필요한 역량이 무엇인가 하는 것이었다.

DeSeCo 프로젝트에 따르면, 역량이란 지식과 기능뿐만 아니라 태도, 감정, 가치, 동기와 같은 요소들을 총 가동하여 특정 맥락의 복잡한 요구를 성공적으로 충족시킬 수 있는 능력이다. 이 정의는 역량이라는 것이 역동적인 수행과 관련될 뿐만 아니라 매우 복합적이고 총체적인 능력을 함의하는 것임을 보여준다. 즉, 역량은 1) 특정 맥락의 요구를 유능하게 수행해 내는 능력이며, 2) 성공적 수행을 위해 이에 적절한 지식과 기능 이외에 태도, 감정, 가치, 동기 등과 같은 요소 모두를 갖춘 상태를 의미한다.

1997년 OECD가 'DeSeCo' 프로젝트를 시작한 이래, 전 세계적으로 역량중심 교육으로의 혁신이 이루어졌고, 우리나라도 이러한 세계적 흐름을 반영하여 2015 개정 교육과정에서 처음으로 학생들이 교육을 받은 이후 획득해야 할 역량을 제시하였다. 이후 우리나라에서도 역량중심 교육에 관하여 구체적 연구와 실천이 나타났으며, 이러한 흐름을 이어받아 2022 개정 교육과정의 총론에서도 자기관리 역량, 지식정보처리 역량, 창의적 사고 역량, 심미적 감성 역량, 협력적 소통 역량, 공동체 역량 등 6개의 역량을 제시하고 있다. 한편 OECD는 2015년부터 역량과 관련한 또 다른 프로젝트를 시작하였는데, 바로 'Education 2030'이다. 이 프로젝트는 앞으로 다가올 미래사회에 요구되는 역량을 선정하고 그 역량을 함양할 수 있는 교육의 방향 및 방안을 구체화하는 데에 목적을 두고 있다. 즉, 미래사회에 필요한 핵심적인 지식, 기능, 태도와 가치를 함양할 수 있는 교육의 내용과 방법을 찾는 데에 실질적인 목적이 있는 것이다. 연구는 1주기와 2주기로 나누어 진행되고 있고, 2018년에 완료된 1주기 연구에서는 미래사회의 학습틀로서 학습 나침반을 제시하였고, 2019년부터 시작된 2주기 연구에서는 학습 나침반(learning compass 2030)을 실현할 수 있는 교수 개념틀(teaching framework)의 개념에 초점을 맞추고 있는데, 이 과정에서 '행위주체성'을 강조하고 있다.

구분	DeSeCo 프로젝트	Education 2030 프로젝트
교육의 목표	개인과 사회의 성공(success)	개인과 사회의 웰빙(well-being)
역량의 정의	특정 맥락의 복잡한 요구를, 지식과 인지적·실천적 기능뿐만 아니라 태도·감정·가치·동기 등과 같은 사회적·행동적 요소를 가동시킴으로써 성공적으로 충족시키는 능력	복잡한 요구를 충족시키기 위한 지식, 기능, 태도와 가치를 동원하는 능력 • 지식: 학문적, 간학문적, 인식론적, 절차적 • 기능: 인지적·메타인지적, 사회적·정서적, 신체적·실천적 • 태도와 가치: 개인적, 지역적, 사회적, 글로벌적
역량의 특징	'핵심(key)'역량 • 경제적 활동에서 중요한 역할을 하고, 개인적이고 사회적 유익을 야기할 수 있는 것 • 특정 분야만이 아니라 삶의 광범위한 맥락에 걸쳐 적용될 수 있는 것 • 모든 개인에게 중요한 것	'변혁적(transformative)' 역량 • 학생이 삶의 모든 영역에서 적극적인 참여를 통해 더 나은 방향으로 영향을 미치려는 책임의식 • 학생이 혁신적이고 책임감 있으며 의식적인 사람이 되는 데에 필요한 것
역량의 범주	• 여러 도구들을 상호작용적으로 사용하기 • 이질적인 집단에서 상호작용하기 • 자율적으로 행동하기	• 새로운 가치 창출하기 • 긴장과 딜레마 조정하기 • 책임감 갖기
역량의 핵심	성찰(reflectiveness)	학생 행위주체성(student agency)

OECD 'DeSeCo' 프로젝트와 'Education 2030' 프로젝트에서 제시한 역량 비교(김진숙 외, 2021)

(2) 역량중심적 접근

① 교육과정에 대한 역량중심적 접근은 학교 교육과정을 바로 이러한 역량, 즉 학생들이 향후 사회적 삶을 성공적으로 살아가는 데 **필요한 자질과 능력에 초점을 두어 설계**하는 것을 말한다.

② 교육과정에 대한 역량중심적 접근이란 **역량을 교육과정에 대한 사고의 중심**에 두자는 것이지 교과를 특정 역량으로 대체하자는 주장은 아니라고 할 수 있다.

3 역량중심 교육과정 설계

(1) 전통적 입장

① 종래의 학교교육은 **지식 혹은 내용의 습득에 초점**을 두었기 때문에 교육과정의 주된 관심사는 **지식이나 내용을 어떻게 조직**하는가에 있었다.

② 교과가 학교에서 다루어야 할 지식이나 내용을 전달하는 데 효과적인 틀로 간주되어 오면서 학교 교육과정은 주로 **교과에 기반하여 설계**되어 왔다.

③ 교육과정 설계의 출발점을 지식 혹은 내용으로 보는 모델에서는 교육과정을 구성하는 틀, 즉 **교과가 그 교육과정의 목적을 결정**하게 된다. 말하자면 **교과를 가르치는 것이 그 자체로 목적**이 되며, 이는 교육과정 설계의 초점을 지식의 조직에 두도록 만든다.

(2) 교육의 목적

① 교육의 목적은 개인들이 그들이 살아가는 **사회에 의미 있고 적극적인 방식으로 참여하는 데에 필요한 역량을 발달**시키는 데 있다.

② 교육과정 조직의 초점은 미리 결정된 지식이나 내용을 전달하거나 성취해야 할 목표를 처방하기보다는 **학생의 역량을 발달**시키는 데 있다. 그러므로 이 입장에서 가장 우선적으로 물어야 할 교육과정 질문은 **무엇이 필요한 핵심역량이며, 그러한 역량의 발달을 촉진시키는 데에 사용될 원리와 과정은 무엇인가** 하는 것이 된다.

(3) 설계의 특징

① 역량중심 교육과정 설계의 특징은 **역량을 지식이나 내용으로부터 뚜렷이 분리**시킨다는 데에 있다.

② 역량중심 교육과정에서는 **역량과 지식·내용이 서로 구분되어 있으나 양자는 상호 간에 보완적인 역할**을 하는 것으로 설계된다.

③ 역량중심 교육과정의 틀은 **역량과 지식·내용 두 부분으로 구성**되며, 기본 아이디어는 **지식을 통해 역량을 개발**한다는 것이다.

(4) 지식 및 내용

① 역량중심 교육과정에서는 지식이나 내용이 더 이상 **교육과정 설계를 위한 출발점이 아니다.**

② 지식이나 내용은 **역량을 발달시키기 위한 수단**이 된다.

③ 역량중심 교육과정에서 지식이나 내용의 조직은 **교육과정 설계의 출발점이 아니라, 교수방법 차원에서 고려되어야 할 것**으로 간주된다. 즉, 지식이나 내용은 **역량을 발달시키는 데 적절한가의 여부**에 따라 교수자들에 의해 선정된다.

④ 공식적인 교육과정에서 지식이나 내용이 **중요하지 않다는 것을 의미하는 것은 아니다**. 지식이나 내용이 **여전히 중요하나** 지배적인 교육과정에서와는 다른 역할, 즉 **그 자체로 중요하기보다는 역량을 발달시키기 위한 수단**으로서 의미를 지닌다.

(5) 교사의 역할

① 지배적인 교육과정 설계에서는 지식을 분과적으로 조직해야 하는가 혹은 통합적으로 조직해야 하는가에 대한 문제가 국가 교육과정을 설계하는 과정에서 결정되는 경우가 많았다. 즉, 지식이나 내용의 조직이 학교 수준의 교육과정 계획이나 수업 이전에 미리 결정되었다.

② 역량 중심 교육과정 설계에서는 이러한 결정이 **교사들에게 상당 부분 맡겨진다.** 교사들은 자신들의 교수맥락에서 **특정 역량을 가장 잘 발달시키는 방법이 무엇인가**에 대한 탐색을 통해 적절한 지식/내용 조직방식을 결정하게 된다.

③ 역량은 **때론 분과적으로 조직된 지식을 통해서, 때론 간학문적 혹은 통합적으로 조직된 지식**을 통해서 다루어질 수 있을 것이다.

제7절 개념기반 교육과정

1 개념기반 교육과정의 이해

(1) 개념기반 교육과정은 근원적으로는 **Bruner의 학문중심 교육과정**에서 말하는 **지식의 구조(structure of knowledge) 및 전이(transfer)**와 맥락을 함께한다.

(2) 개념기반 교육과정과 수업은 **Erickson의 지식의 구조**에 기반한다.

> **개념 ➕**
>
> 2022 개정 교육과정
>
> 미국의 경우, 교육개혁에 있어 학업성취도 향상, 중도탈락률 해결 등에 중점을 두어 왔다. 1982년 Adler 등에 의해 제안된 「파이데이아 제안: 하나의 교육적 선언(The Paideia Proposal: An Educational Manifesto)」이 우리나라의 초·중등 교육개혁과 다르게 학업성취도 향상, 중도탈락률 하락이라는 상이한 방향을 제안한 것이 한 예이고, 1983년 레이건 정부하에서 「위기에 처한 국가(A Nation at Risk)」라는 보고서가 교육계에 학생들의 학업성취도 향상이라는 수월성과 책무성을 한층 요구하는 분위기를 형성한 것이 또 하나의 예이며, 1989년 부시 정권에 접어들어 국가적 기준에 대한 논의가 활발해지면서 학업성취도 향상을 위하여 책무성 강화 움직임과 함께 기준 마련이 체계적인 개혁의 일환으로 자리 잡은 것이 또 다른 예이다. 학생의 높은 성취가 개인 및 국가의 경쟁력을 높인다는 주장과

함께 시작된 개혁이, 기준중심 교육개혁인 것이다. 이러한 주장은 공통적이고도 필수적인 지식과 이를 드러낼 수 있는 결과에 중점을 둔, 그리하여 '기준'으로 작용할 수 있는 국가 수준의 교육과정 문서를 개발하고 이에 근거하여 교육평가를 시행하는 것으로 시각화되었다. 즉, 이때는 **성취기준에 의한 학업성취도를 높이는 것**이 미국 교육의 과제였다. 이와 함께 하여 등장한 것이 **Wiggins & McTighe에 의한 백워드 설계모형(backward design: understanding by design, 이해중심 교육과정)**이었다. 이는 2015 개정 교육과정의 이론적 배경이 될 뿐만 아니라 각론 교육과정 설계논리였다. 이러한 흐름의 연장선상에서 **2022 개정 교육과정은 개념기반 교육과정과 수업(Concept-Based Curriculum and Instruction: CBCI)**에 기초하여 각론 개정이 이루어졌다.

◈ Erickson의 지식의 구조(Structure of Knowledge) ◈ Lanning의 과정의 구조(Structure of Process)

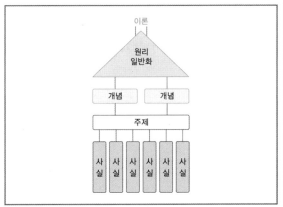
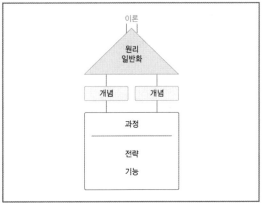

(3) 사실은 지식에 해당하고 개념은 이해에 해당한다. **사실적 지식은 전이되지 않지만, 개념적 이해는 전이된다.**

(4) 지식의 구조는 개념 간의 관계(원리 및 일반화)를 이해하기 위해 **사실적 지식이나 예시들을 상향식 으로 추상화함으로써 개념적 이해가 구축**되는 것을 나타낸다.

(5) Lanning(2013)은 비록 일부 학문은 다른 학문에 비해 더 과정지향적이긴 하지만, "개념기반 교육과정을 설계할 때에는 학문 분야와 관계없이 **지식과 과정 모두를 고려**해야 한다"는 것을 언급하고 있다. 분명, 지식과 과정 사이의 균형은 학문 자체의 성격에 따라 달라지겠지만 과정은 여러 가지 면에서 모든 학문의 필수 구성요소이다. 이것이 과정의 구조에 대한 Lanning의 작업이 매우 중요한 이유이다.

(6) 개념적 지식은 학습결과의 전이, 즉 지식이 단순한 정보에 그치는 것이 아니라 **다른 범주와 상황에 적용할 수 있는 가치가 높은 지식**으로 습득되도록 해야 한다.

(7) 개념기반 교육과정과 수업에서는 학습을 통하여 요구되는 **지식(knowledge) 기술(skill), 인성 (character), 메타학습(meta-learning)**을 모두 포괄할 수 있다.

(8) 학습자는 **자신의 학습에 대한 주도성**을 가져야 한다. 피상적인 수준에서 지식을 다루고 학생이 단순히 배운 것을 앵무새처럼 되풀이만 하는 과정에서는 학생 스스로 학습에 대한 주도성을 가질 수 없다.

2 개념의 의미 및 특성

(1) 개념의 의미
① 개념은 일련의 **지식과 기술을 학생의 삶과 연결**시키는 역할을 한다.
② 개념은 **보편적이고, 시대를 초월하며, 추상적**인 특성이 있기 때문에 학생들의 고차원적 사고를 유도한다.
③ 개념은 특정 주제에 대한 관점과 한계를 초월하는 **광범위한 아이디어**라고 할 수 있다.

(2) 개념의 특성
개념은 사실, 주제, 일반화와 원리, 이론 등의 용어와 다음과 같은 점에서 명확하게 구분된다.
① 사실은 **이론의 기초를 형성**하는 자원이다. 사실은 학생들이 학습하는 지식, 기능, 과정의 구체적인 부분들로서, 이론을 뒷받침한다.

> ⓔ 독립운동이 일어난 장소, 기미독립선언서 등은 사실에 해당한다.

② 주제는 **사실을 구체적이고 통합된 단위로 결합**하는 단위이다. 주제는 개별적인 수업시간을 전체로 연결시키는 우산 역할을 한다.

> ⓔ 독립운동과 투쟁은 주제에 해당한다.

③ **개념은 빅 아이디어**이다. 개념은 공통적인 속성을 가진 아이디어를 추상적으로 표현하고, 서로 다른 학문 분야를 초월하며, 영구적인 방식으로 연결한다. 개념은 일반적으로 **주제에 대한 핵심 질문**(이것이 실제로 무엇에 관한 것입니까?)에 답하는 형태로 이루어진다.

> ⓔ 독립운동이라는 주제에서 교사와 학생은 갈등과 자유라는 개념을 학습한다.

④ **일반화와 원리는 명제의 형태**로 진술한다. 일반화와 원리는 사실에 의해 뒷받침되는 개념이 서로 결합한 문장의 형태로 나타난다. 원리는 법칙이나 정리의 수준에 도달하는 일반화에 해당한다.

> ⓔ '자유에 대한 개념정의는 개인, 집단, 시기에 따라 달라지며, 이것은 사회의 긴장과 갈등을 유발한다'라는 진술은 갈등과 자유에 대한 일반화에 해당한다.

⑤ 이론은 **사실에 입각한 정보와 개념 및 일반화에 대한 이해**를 바탕으로 한다. 이론은 **경험을 이해하고 새로운 상황에서 문제를 해결**하는 데 도움을 준다. 이론은 우리가 **세상을 이해하고, 설명하는 방식**이라고 할 수 있다.

> ⓔ 자유가 어떻게 긴장을 유발하는지 이해하게 되면, 중동에서의 주요 전쟁이나 부모와 학생과의 다툼과 같은 다른 상황에서의 갈등을 보다 잘 파악할 수 있다.

3 개념 형성전략

(1) 일반원리

① 학습자에게 유의미한 개념은 **개념과 관련된 사례에 대하여 다양한 경험을 제공**할 때 가능해진다.

② 개념은 **시간을 초월하고 보편적이며 다양한 정도로 추상화된 정신적 구성물**이다. 이것은 개별 교과 설계 및 교육과정 통합설계의 기본적인 조직자로 사용된다(Taba).

③ 교육과정과 수업은 **일반화와 원리에 기초하여 내용의 범위와 방향과 깊이가 결정**되어야 한다 (Taba).

④ 일반화는 **영속한 이해(Wigging & McTighe) 또는 본질적인 이해(Erickson), 빅 아이디어** 등으로 표현된다.

(2) 형성전략

개념을 가르칠 때에는 개념의 선택, 영역별 학습, 실제적 학습, 비계 학습 등을 고려해야 한다.

① 개념은 **매우 맥락적이며 시간이 지남에 따라 변경**될 수 있기 때문에 **학습자의 연령, 발달단계, 능력수준**을 고려하여 적절한 개념을 선택해야 한다.

> **개념 ⊕**
>
> **개념의 유형**
>
> Taba 등(1971)은 개념을 핵심 개념과 일상적 개념으로 구분하였다. 핵심 개념은 보다 크고 보편적이며 추상적이지만(◉ 변화, 권력, 진실), 일상적 개념은 특정 학문 및 맥락과 연관되어 있는 것으로서, 보다 구체적이고 제한적으로 사용된다. Erickson(2002)은 개념을 '거시적 개념'과 '미시적 개념'으로 구분하였다.
>
> 교사가 어떠한 개념의 유형을 선택하더라도, 교육과정의 목적과 맥락을 고려해야 한다. 개념의 유형 구분과 상관없이, 학생들에게 개념적 사고를 형성할 수 있도록 도와주어야 한다. 개념적 사고는 학습자가 이미 친숙한 개념과 이러한 개념에 도전할 수 있는 새로운 아이디어를 연결하는 과정에서 발생한다. 따라서 학생들이 개념적으로 생각하고 학습하고 있는지를 확인하는 것을 배워야 한다. 그러므로 교육과정과 수업은 다수의 정보로 구성되어 피상적으로 다루기보다는 각 주제에 대한 **몇 가지 핵심 개념을 심층적으로 탐구할 수 있는 방향**으로 설계되어야 한다. 특정 주제와 관련한 소단원에 대한 수업이 개념에 대한 깊고 질적인 이해를 달성하기에 충분한 시간과 학문적 깊이를 제공하지 못한다면, 사실에 대한 암기를 조장하고, 논리적 모순과 오해를 초래할 수 있다. 즉, 개념은 추상적이거나 구체적인 수준과 같이 다양한 형태로 존재하기 때문에, **특정 영역에 대한 모든 정보를 제시하기보다는 핵심 개념에 초점을 두고 지도**해야 한다.

② 학생들은 일반적인 맥락보다는 **특정 지식 영역의 맥락에서 개념을 가르칠 때 잘 배운다.** 따라서 개념은 **특정 맥락과 영역**에서 가르치는 것이 필요하다. 학습자가 학문 분야를 이해하는 구조(지도)를 형성하는 과정에서 개념적 연결이 필요하다. 개념에 대한 최초의 이해는 상황적이어야 한다. 이해는 **다른 교과 및 학문과 간학문적**으로 연결될 때 보다 풍부해진다. 즉, 개념은 일반적인 맥락보다는 특정 지식 영역의 맥락에서 가르치는 것이 효과적이다.

③ **실제적 학습**이 요구된다. 학생들은 정보가 파편적으로 제시될 때보다는 **실제 또는 실생활 문제를 해결**하는 과정에서 잘 학습한다. 개념학습을 위해서는 개념을 활용할 수 있는 형식으로, 실생활 문제해결과 관련되거나 구체적으로 문제가 제시되어야 한다. 개념학습은 정보의 파편으로 형성되기보다는 실제 문제를 해결하는 과정에서 형성되기 때문이다.

④ **비계 학습**을 적용한다. 학생들은 과제 난이도가 학습자의 능력을 충족할 때 가장 잘 배운다. 다양한 수준의 능력을 가진 학생들이 학습과제를 성공적으로 해결하기 위하여 다양한 종류와 강도의 지원을 제공할 필요가 있다. 과제의 난이도가 학생의 능력에 부합해야 한다.

4 3차원 모형

Erickson은 개념기반 교육과정과 수업을 위하여 3차원 모형을 제시하였다. 이 모형은 '**개념, 원리 및 일반화**'에 초점을 맞추고 관련 사실과 기능을 도구로 사용하여 학문 분야의 내용 및 **초학문적 주제와 간학문적 이해**의 심화를 강조한다. Erickson의 개념기반 교수·학습모형에서는 **시너지적 사고, 지식과 기능의 전이, 의미의 사회적 구성**을 강조한다.

(1) 시너지적 사고

① 시너지적 사고란 **사실적 수준과 개념적 수준에서 사고하는 것 사이의 상호작용**을 의미한다.

② 사실과 개념 사이의 시너지 효과의 필요성을 강조한다. 개념의 정의 또는 사실을 아는 것으로 학습이 충분히 이루어지지 않으며, 그 두 가지 모두가 필요하다.

(2) 지식과 기능의 전이

① 지식과 기능의 전이가 필요하다. **사실은 다른 장면으로 전이되지 않는다.** 이것은 특정한 상황과 관련이 있다.

② 지식은 **개념적 수준에서만 전이**될 수 있다.

(3) 의미의 사회적 구성

① 의미의 **사회적 구성**이 요구된다.

② 학생들은 **협동 및 협력**을 통하여 **상호의존성을 형성하고 새로운 아이디어와 해결방안을 고안함**으로써 개념을 형성하게 된다.

☞ 효과적인 개념기반 교수·학습모형에서는 사실과 개념이 교육과정 구성의 핵심요소이며, 학습은 협력활동으로 조직될 때 가장 효과적으로 이루어진다는 것을 가정한다.

◎ 2차원적 접근방식과 3차원적 접근방식의 비교

구분	2차원적 접근방식	3차원적 접근방식
목표	사실적 지식과 기능의 향상	사실적 지식과 기능에 기초한 개념적 이해의 향상과 포괄적인 맥락으로의 이해의 전이
수업방법	사실적 지식 전달중심의 강의	1~2개의 핵심개념들을 유도하고, 간학문적 또는 학문적 주제와 이슈에 대한 탐구 촉진
개념사용	개념적 이해와 연관된 개념을 정의하거나 그와 관련된 사실적 예시 제공	• 사실적 내용과 관련된 개념을 활용하여 시너지적 사고(synergistic thinking) 촉진 • 학생이 사실 그 이상을 학습할 수 있도록 개념을 의도적으로 사용
도입	매 수업시간에 목표 제시	다양한 종류의 질문(사실, 개념, 논쟁)을 제시함으로써 학생의 흥미유발 및 학습촉진
학습환경	교사의 설명 및 수업에 집중을 강조하는 일제식 수업	• 사회적 탐구, 협력, 시너지적 사고, 문제해결력을 향상시킬 수 있는 집단활동 참여 강조 • 개별·짝·집단활동을 통하여 인터넷 또는 다른 매체를 활용하여 글로벌 상황(global contexts)에 대한 학습 가능
교수방법	• 교사중심의 수업 • 교사가 수업목표와 해당되는 내용을 요약하여 제시	• 학습자 참여형 수업의 강조 • 귀납적 수업을 통한 학생의 개념이해 강조 • 후속학습에 해당되는 주제와 관련된 핵심 아이디어 제시 • 학생들의 질적 사고의 증거는 이해와 관련된 정확한 사실을 제시할 때 가능
평가	사실적 지식과 기능	• 개념적 이해에 대한 평가 • 학습과제와 관련되어 있는 아이디어를 통합하여 평가
강조점	교육과정 성취기준	• 학생의 사고와 이해 중시 • 교사는 시너지 효과를 발휘할 수 각 학생의 능력 인지

제8절 통합 교육과정

1 교과의 통합 운영

(1) 국가 수준의 교육과정으로 명확히 구분하고 있는 **교과들을 수업의 장면에서 다양한 방식으로 상호 연관**을 지어서 계획하고 가르치며 평가하는 활동이다.

(2) 중학교 3학년 사회과의 한국사 영역과 일반사회 영역을 연관 짓는다든지, 중학교 1학년의 사회과 내용과 도덕과 내용을 관련시켜서 수업을 계획하고 실시하며 평가를 하는 활동을 가리킨다.

2 교육적 가치

(1) 교과의 통합 운영은 **지식의 폭발적인 증가로 인해 교육내용을 선정하는 일이 더욱 어려운 문제**가 되고 있으므로, 교과별로 상호 관련되는 내용을 묶어 제시함으로써 필수적인 교육내용을 선정하는 데 도움을 준다.

(2) 교과의 통합 운영은 **교과들 속에 포함된 중복된 내용들과 중복된 기능들을 줄임**으로써, 학생들이 배워야 할 **필수적 교육내용을 배울 시간을 확보**해 준다.

(3) 교과의 통합 운영은 **교과들 간의 관련성을 파악**하는 데 도움을 주고, **교과학습과 생활과의 연관성**을 높여 교과학습의 의미를 **삶과 관련지어 인식**할 수 있게 해 준다.

(4) 교과의 통합 운영은 **현대사회의 쟁점**을 파악하는 데 도움을 주고, 현대사회에서 발생하는 **복잡한 문제들을 해결**하는 능력을 길러 준다.

(5) 교과의 통합 운영은 **학생들의 흥미와 관심**을 반영하기 쉬우며, 주제나 문제를 중심으로 조직될 때 **학생들의 학습선택권**이 확대된다.

(6) 교과의 통합 운영은 인간의 뇌가 정보들을 유형화하거나 관련지을 때 학습이 효과적으로 일어난다는 **인지심리학의 연구결과와 일치**한다. 또한 정보 내용이 정보가 제시되는 상황과 관련되며, 정보의 적용기회가 제공되고, 정보들이 다양한 방식으로 표현되며, 학습자 자신의 삶과 관련 있을 때 학습이 촉진된다는 **구성주의 학습**이론과도 부합된다.

(7) 교과의 통합 운영(특히 **프로젝트 학습활동**)은 대개 활동중심 교육과정으로 이루어지며, 학생의 적극적인 참여로 **학습동기가 높고 학습에 대한 책임감**을 갖게 한다.

(8) 교과의 통합 운영은 **비판적 사고**를 길러 주고 **교과의 경계를 벗어나서 독립적으로 사고하고 문제를 해결**하는 능력을 길러 준다.

(9) 교과의 통합 운영은 학생들 스스로 교과에 흩어진 정보를 관련짓는 그물망을 형성하는 습관을 길러 준다.

3 교과의 통합 운영에서 준수해야 할 일반적 원칙

중요성의 원칙	• 통합의 목적이나 방식에 따라 다소간의 차이가 있기는 하지만, 교과의 통합 운영에서 각 교과들의 중요한 내용이 반영되어야 한다는 것이다. • 교과의 통합 운영이 학생의 흥미와 관심에도 부합되어야 하지만, 지적 능력의 개발에도 관심이 있다는 것을 강조한다.
일관성의 원칙	• 통합 단원에 포함되는 내용과 활동이 단원의 목표달성을 위하여 고안된 수업전략과 부합되어야 한다는 것이다. • 교과의 통합 운영은 통합 단원의 얼개를 작성하는 것으로 끝나는 것이 아니라, 효과적인 수업계획안을 함께 마련해야 한다는 것을 의미한다.
적합성의 원칙	• 통합 단원이 학습자의 개성과 수준에 맞으며, 학습자의 전인격적인 성장을 목표로 해야 한다는 것이다. • 교과들 간의 내용 관련성도 중요하지만, 이들 관련성이 궁극적으로는 학습자의 과거, 현재, 미래의 삶과 연결되어야 한다는 것이다.

4 교과의 통합 운영에 영향을 미치는 주요요인

요인	변인들
교사의 관심과 운영	교사들의 개발에 대한 관심, 참여경험, 관련된 정보수집 자원, 정보수집의 용이성, 교사의 개발권한, 교사의 개발경력, 통합교육과정 개발의 출발점에서 우선적으로 고려해야 할 요인, 개발의 주체, 통합교육과정 논의기회
교사연수의 기회와 질	연수경험, 현행 연수형태, 연수기간, 필요한 연수형태, 적절한 연수시기, 연수대상자, 전문가 초빙의 필요성, 전문가 초빙에 대한 교장의 지원, 대학, 교육청, 타 학교 방문연수의 필요성
인적 자원의 지지와 지원	통합 형태에 따른 동료 교사들의 지지, 교장의 지지, 학습자의 수용태세, 학습자의 개발 참여, 학부모의 수용태도, 학부모와 지역사회의 의사수용 정도, 학부모 및 지역사회의 역할
행정적 지원과 재정적 지원	개발시간 확보방법, 통합교육과정의 시간운영, 융통성 있는 시간표 구성, 교사의 동기유발 방법, 시간 외 업무수당 지급, 운영자료 구비 정도, 기타 운영 공간과 시설, 자원의 구비, 개방성, 활용률

5 교과 통합의 유형

(1) 다학문적(multidisciplinary) 통합

① 다학문적 통합은 동일 주제를 여러 교과에서 각각 교과의 내용과 기능을 통해 다룰 수 있도록 교육과정을 조직하는 것이다. 따라서 이 접근에서 교육과정 계획은 **개별 교과들의 정체성을 인정**하고, 이들 교과에서 숙달되어야 할 중요한 내용과 기능을 확인하는 것으로 시작한다.

② 이후 다루어야 할 주제가 어떤 하나의 교과로부터 추출되어 정해지며, **개별 교과들이 이 주제에 대해 어떤 공헌을 할 수 있는지**가 탐색된다.

③ 선정된 주제는 **이 주제와 관련된 교과들의 수업시간에 각 교과의 내용이나 기능**을 통해서 다루어지게 되며, 학생들은 이들 **교과들을 번갈아 배움으로써 그 주제를 접하게 된다.**

④ 이 접근에서는 동일 주제를 여러 교과에서 가르치긴 하나, 이 접근의 주된 관심은 여전히 **각 교과의 내용과 기능을 숙달**하는 데에 있는 것으로, 주제에 대한 학습은 사실상 부차적인 것이다.

⑤ 다학문적 통합은 **분과적인 접근**과 크게 다르지 않다. 교육과정 계획이 교육과정 조직의 구심점, 즉 특정 주제를 중심으로 이루어진다 하더라도 **개별 교과의 정체성은 유지**되기 때문이다.

⑥ 교사들 또한 선정된 주제를 교과영역 측면에서 관련지으려고 하기 때문에 **학교의 일과는 여전히 분과된 교과**로 이루어진다.

⑦ 이와 같이 다학문적 접근은 분과적인 접근에서와 마찬가지로 교과기반 내용과 기능으로 시작하고 끝나게 되며, 따라서 **지식도 미리 정해진 계열에 따라 고정된 방식**으로 다루어지게 된다.

◆ 다학문적 통합을 위한 도식망

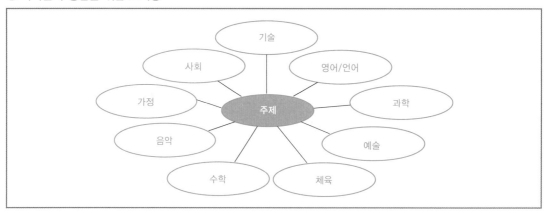

(2) 간학문적(interdisciplinary) 통합

① 간학문적 통합은 **여러 교과에 걸친 공통적인 주제나 개념, 기능**을 밝히고 이를 중심으로 교육과정을 조직하는 것이다.

② 교육과정 계획은 여러 교과에 걸쳐 학습되어야 할 중요성이 크다고 간주되는 **주제나 개념, 혹은 기능을 밝히는 것**으로 시작한다.

③ 주제/개념/기능이 밝혀지고 나면, 여러 교과에서 관련 내용이 추출되고 이러한 내용은 **선정된 주제/개념/기능 중심의 공통학습**을 위한 것으로 묶인다.

④ 이 과정에서 추출된 개별 교과의 내용은 **선정된 주제/개념/기능의 학습에 더 적합한 것이 되도록 수정**을 거치게 된다.

⑤ 선정된 주제/개념/기능에 대한 학습은 2시간 연속 수업, 반나절 수업, 일주일에 한 번의 수업, 혹은 한 달에 한 번의 수업 등의 블록타임을 활용한 공통수업시간에 **여러 교과 교사들이 팀티칭 형태**로 제공하게 된다.

⑥ 이러한 **공통수업에서 개별 교과가 식별**될 수는 있으나 다학문적 접근에서 만큼 중요하지는 않다.

⑦ 다학문적 접근과 달리 개별 교과의 내용과 기능의 습득보다는 **간학문적인 주제/개념/기능의 습득이 더 강조**되며, 여러 교과 간의 내용의 혼합은 이러한 간학문적인 주제/개념/기능을 더 고양시키기 위한 것이다.

⑧ 간학문적 통합에서는 **엄격한 교과경계가 붕괴**된다. 이 접근의 초점은 교과 그 자체가 아닌, 학습되어야 할 중요성이 크다고 간주된 주제/개념/기능의 습득에 있으며, 이를 중심으로 관련된 여러 교과의 내용이 섞이고 블록화된 교과 간 공통수업시간을 활용하여 **팀티칭 형태의 수업**이 이루어지기 때문이다.

⑨ 간학문적 통합은 학습을 위한 주제/개념/기능이 여전히 교과로부터 나온다는 점에서 **다학문적 접근과 마찬가지로 학문이나 교과에 기반을 둔 접근**이라고 할 수 있다.

◈ 간학문적 통합을 위한 도식망

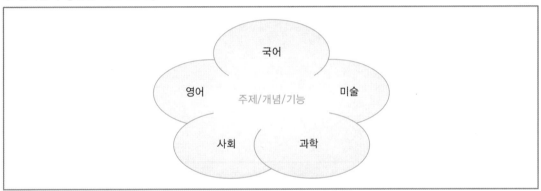

(3) 초학문적(transdisciplinary) **통합**

① 초학문적 통합은 **교과 간의 구분을 염두에 두지 않고 문제나 쟁점을 중심으로 교육과정을 조직**하는 것이다.

② 교육과정 계획은 주제와, 그 주제를 탐색하는 데 활용될 활동과 관련된 **빅 아이디어**(big idea)**나 개념을 규명**하는 것으로 시작한다.

③ 이 접근에서는 주제선정이 매우 중요한 것으로, 학생들이 교사의 도움을 받아 **실생활의 문제나 쟁점 중심**으로 주제를 선정한다.

④ 주제가 선정되면 교사와 학생들은 함께 그 **주제를 탐구하는 데 필요한 개념과 활동을 결정**한다. 이러한 계획은 주된 목적이 주제 자체를 탐구하는 데에 있기 때문에 교과영역 구분에 대한 고려 없이 이루어진다.

⑤ 여러 분야의 지식은 학생들이 **주제를 탐구하는 과정에서 필요할 때 적절히 활용**된다.

⑥ 주제탐구를 위해 필요한 지식 간의 관련을 찾고 종합하는 데 있어 **학생들에게 많은 책임감이 부여되며 교사들은 촉진자의 역할**을 한다.

⑦ 수업시간은 고정되어 있기보다는 **학생들이 시작한 탐구에 필요한 특정 내용을 공부할 때까지 확보**된다.

⑧ 초학문적 통합을 하게 되면 **개별 교과의 정체성은 사라진다.** 이 접근은 주제 자체를 탐구하는 데에 주된 초점이 있는 것으로, 특정의 교과 교육과정 기준이나 내용 목표에는 거의 관심을 두지 않기 때문이다.

⑨ **문제나 쟁점 중심의 주제**를 가지고 시작하고 끝나며, 이러한 주제는 **지식을 맥락화할 뿐만 아니라 그 지식의 활용에 의미 있는 목적을 제공**하는 역할을 한다.

⑩ 외부지식은 중요하게 간주되나 그 자체로 보다는, **선정된 주제를 탐구하는 데 활용**된다는 점에서 의미를 지니며, 따라서 탐구 중인 주제에 적절하게 계열화된다.

⑪ **개별 교과의 정체성을 인정하지 않으며**, 이 점에서 다학문적 통합이나 간학문적 통합과는 근본적으로 다르다.

◎ 초학문적 통합을 위한 도식망

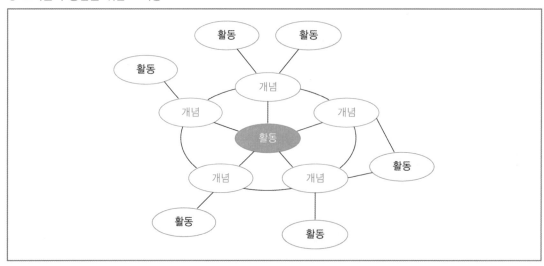

특징 \ 유형	다학문적 통합	간학문적 통합	초학문적 통합
조직의 구심점	특정 교과로부터 추출된 주제	여러 교과에 걸쳐 강조될 필요가 있는 중요한 주제나 개념 혹은 기능	개인적·사회적 의미가 있는 문제나 쟁점 중심의 주제
내용조직	• 개별 교과의 정체성 유지 • 개별 교과의 내용을 통해 선정된 주제를 다룸 • 교과내용이 미리 정해진 계열에 따라 다루어짐	• 교과 간 엄격한 경계가 무너짐 • 선정된 주제/개념/기능 중심으로 여러 교과의 관련 내용을 묶음 • 교과내용의 학습은 미리 정해진 계열을 따를 필요가 없음	• 교과 간의 경계가 사라짐 • 주제와 그 주제를 탐색하는 데 활용될 활동과 관련된 빅아이디어나 개념 규명 • 주제탐구에 적절한 방식으로 지식을 계열화하여 활용
학습의 주된 목적	개별 교과의 내용과 기능 습득	간학문적 주제/개념/기능 습득	문제나 쟁점 중심의 주제탐구
수업시간	정해진 교과시간	블록타임 활용하여 교과 간 공통수업시간 확보	주제에 따라 다양함
교사의 역할	담당 교과 티칭	공동계획자/팀티칭	공동계획자/촉진자
학생의 역할	수용자/행위자	행위자	공동계획자/탐구자

6 교과과정의 통합적 접근을 강조한 학자

(1) Drake(2012)의 KDB 모형

① 교육에서의 통합, 교육과정 통합의 대상은 '교육내용'인 것으로 볼 수 있고, 그가 제시하는 **다학문적·간학문적·탈학문적** 통합의 방식도 결국 교육내용을 어떻게 구조화하는가의 문제이다.

② 실제적인 맥락과 학교에서 배우는 교과가 분리되었다는 비판적 의식을 바탕으로, 교과 간에 관통할 수 있는 **핵심개념이나 빅아이디어**를 중심으로 **교과의 통합**을 시도하여 학생의 진정한 학습을 강조한 이론이다.

③ 통합된 교육내용을 배움으로써 학생은 Know, Do, Be를 달성할 수 있다.

Know	사실로부터 차례로 추상화된 간학문적 개념으로부터 이어지는 지속적 이해를 의미
Do	이 과정에 서 학생이 습득하게 되는 복잡한 간학문적 기능을 의미
Be	학생이 갖추게 되는 신념이나 태도, 가치 등을 의미

④ 통합적인 교육내용을 배움으로써 학생이 얻게 되는 최종적인 모습의 형태를 KDB 설계모형으로 제시한 것이고, 이는 우리가 기존에 교육을 통해 달성해야 할 바를 **지식, 기능, 태도**로 분류했던 것의 다름이 아니며, 이 각각의 것들이 별도로 달성되는 것이 아니라, 통합된 교육내용을 학습하는 과정에서 함께 습득되는 것임을 강조한 이론이라 볼 수 있다.

◈ KDB 설계모형

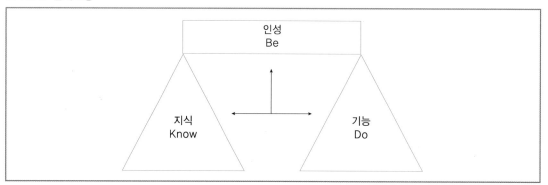

개념 ➕

간학문적 통합을 위한 KDB 교육과정 설계모형

1. 교육과정 스캔 및 클러스트
2. 쟁점/주제 선정
3. 개념망 구성
4. K/D/B 구조화
5. 평가설계
6. 핵심질문 개발
7. 수업 및 평가 계획

(2) Fogarty

① 세 가지 차원을 바탕으로 통합적인 교육을 논한다. 교육이 진행됨에 따른 **계열성 측면, 각 교과의 폭과 깊이의 측면, 교과 간의 공통성 측면**이다.

② 이 세 가지 차원을 바탕으로 통합의 10가지 유형을 제시한다. 교과 내(분절형, 연결형, 동심원형), 교과 간(계열형, 공유형, 거미줄형, 실로 펜형, 통합형), 학습자 내(몰입형), 학습자 간(네트워크형)이 그것이다.

③ '교과 내'나 '교과 간'의 경우 학문과 관련된 내용이나 기능을 통합하는 다양한 방식에 관한 것이고, '학습자 내'나 '학습자 간'의 경우는 학습자의 관심이나 흥미를 중심축에 놓고 교육내용을 엮는 방식에 관한 것이다.

④ Fogarty(1991) 논의의 경우, 통합의 중심축에 놓을 수 있는 것과 관련하여 지식, 기능, 태도를 혼용하는 측면이 있는데, 사실 기능과 태도도 지식으로부터 출발할 수 있다는 측면에서 비판의 여지가 있다.

(3) Ingram

① 교육에서의 통합의 의미를 조금 더 종합적으로 다루었다. 급속하게 변하는 사회 속에서 학교에서 학생이 학습하는 것이 실제와 관련되어야 하고, 나아가 '통합'을 통해 학생이 자기주도적으로 학습하게 됨으로써 개별화된 교육이 가능해지며, 협력적인 문화가 학교 속에 자리 잡을 수 있음을 강조하였다.

② 이와 관련하여 통합의 유형을 구조적 통합과 기능적 통합으로 나누었다. 구조적 통합은 논리적·인식론적 측면에서 지식을 재구조화하는 측면으로, 학문적인 교육내용을 어떻게 통합적으로 구조화하는지와 관련되어 있다.

③ 기능적 통합은 심리적·사회적 측면으로, 학생의 필요나 흥미(내재적 접근), 사회문제, 이데올로기나 신념(외재적 접근) 등을 중심으로 교육내용을 어떻게 통합적으로 구조화하는지와 관련되어 있다.

④ 내재적 접근방식 중 일부로, 활동/탐구/경험을 통한 통합이 제시되는데, 이는 교수·학습과정에서 이루어지는 방법론적인 측면이 통합의 중심축으로 제시되었다는 점에서 비판의 여지가 있다.

(4) Jacobs

① 학문중심 접근과 간학문적 접근의 연속선상에서 통합의 유형을 6가지로 제시하였다.

② 학문기초 설계모형, 학문병렬 설계모형, 다학문적 설계모형, 간학문적 단원 설계모형, 통합의 날 설계모형, 완전프로그램 설계모형이 그것이다(김승호·박일수, 2020).

③ 학문기초나 학문병렬 설계는 기존의 분과중심의 설계를 의미하고, 다학문적·간학문적 설계는 학문적인 교육내용을 어떻게 통합적으로 구조화하는지와 관련되어 있으며, 통합의 날 설계나 완전프로그램 설계는 학생의 흥미나 관심을 중심으로 교육내용을 어떻게 통합적으로 구조화하는지와 관련되어 있다.

④ 특히 후자의 2가지 유형은 통합적인 교육을 운영할 때의 시간과 공간의 활용과 같은 방법론적인 부분을 함께 포함한다. 이는 교육의 내용 측면과 방법 측면이 혼재해 있는 것으로, 통합 유형 분류에 있어 조금 더 체계화가 필요한 부분이다.

CHAPTER

03 교육과정의 설계모형 및 원리

제1절 타일러(Tyle)의 합리적 교육과정 개발모형

개념 ➕

타일러(Ralph Tyler, 1902~1994)

오하이오 주립대학교에서 타일러는 당시 존 듀이와 함께 진보주의 운동을 이끌던 교육철학자 보이드 보드(Boyd Bode, 1873~1953)를 만나 친구가 되는 행운을 맞이하였다. 이들의 연구실은 복도를 사이에 두고 마주보는 위치에 있었기 때문에 점심시간에 교수 회관까지 같이 걸어가는 등 자연히 친하게 지내게 되었다. 보드는 당시 '중등학교와 대학 간의 관계 연구위원회'(Commission on the relation of school and college)의 매우 영향력 있는 자문위원이었다. 이 연구위원회에서는 중등학교의 교육과정 개정연구를 추진 중이었는데, 그들이 진행하고 있는 연구에 대한 종합적 평가를 수행할 전문가를 찾고 있었다. 보드는 타일러에게 평가연구계획서를 내도록 하였고, 타일러가 제출한 평가계획서를 받아들인 연구위원회는 그를 '8년 연구'(the Eight Year Study)라고 하는, 교육학 부문에서 교육과정에 관한 최고의 고전적 연구로 꼽히는 유명한 연구의 평가업무를 총괄하는 책임자로 임명하였다.
타일러는 이 '8년 연구'의 평가책임자로 활동하면서 인재를 찾아 자신의 평가팀에 합류시키곤 하였다. 이렇게 선발된 젊은이들 중에서 뒷날 자신의 분야에서 저명인사가 된 대표적인 인물로는 『교육목표 분류학』으로 유명한 벤자민 블룸(Benjamin Bloom), 측정 및 교육통계 분야의 대가가 된 리 크론바흐(Lee Cronbach) 등이 있다.

타일러에 따르면 교육과정과 수업은 하나의 과정이며, 이를 계획하거나 평가하기 위해서는 다음 네 가지 질문을 하고 여기에 답해야 한다.

• 학교에서 달성하고자 하는 **교육목표**는 무엇인가?
• 교육목표를 달성하는 데 유용한 **교육경험은 어떻게 선정**하는가?
• 효과적인 수업을 위해 **교육경험은 어떻게 조직**할 수 있는가?
• 학습경험의 효과성, 즉 **교육목표 달성 여부는 어떻게 판단(평가)**할 수 있는가?

타일러의 모형은 교육목표의 설정, 교육경험의 선정과 조직, 목표에 비춘 평가 실시로 요약된다. 그의 교육과정 개발모형은 절차적 순서를 따르는 **합리적 모형**이며, 당초 세운 교육목표가 어느 정도 달성되었는지를 알아보기 위한 질문에 대답하는 데 중점이 있어 **목표중심 모형, 평가중심 모형** 등 다양한 이름으로 불린다.

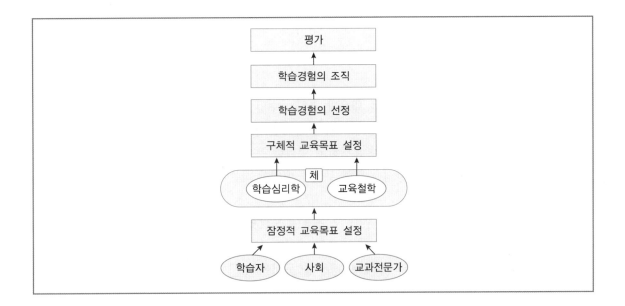

1　교육목표의 수립

(1) 목표의 원천

① 타일러에 따르면, 목표를 세울 때 몇몇 종류의 사실들만 잘 고려하면 목표는 보다 의의 있고, 타당하고, 누구라도 납득할 만한 것이 될 수 있다. 타당한 목표의 바탕이 되는 사실은 세 가지 원천에서 나온다.

② 교육과정의 최종 수혜대상이 되는 **학습자에 대한 연구**에서 나온다.

③ 학교 밖의 **현대사회에 대한 연구**에서 나온다.

④ 시민들에게 가장 중요한 지식은 무엇인가에 대한 **교과전문가의 목표에 대한 제안과 권고**에서 나온다.

⑤ 잠정적인 교육목표가 설정된다. **사회, 학습자(개인), 교과(학문)**의 3자가 교육과정의 방향을 원천적으로 결정한다고 본다.

⑥ 교육목표 설정에 대하여 설명을 하면서 실제로 **학교가 어떤 교육 목표를 가져야 하는지에 대해서는 한마디 언급도 하지 않고, 다만 목표를 설정하는 절차에 대해서만 설명**하였다.

(2) 체(screen, filter)

① **교육철학과 학습심리학은 잠정적 목표를 명세적 목표로 정련하는 체(screen, filter)의 역할**을 수행한다.

교육철학	잠정적 교육목표의 바람직성과 우선순위를 정함
학습심리학	학습가능성과 교수가능성을 따져서 보다 명세적인 교육목표를 수립

② 헤르바르트(J. Herbart)가 교육목표는 철학에서, 교육방법은 심리학에서 차용하여 교육학을 정립한 것과 유사하다.

(3) 교육목표

① 교육목표는 이후의 **교육과정(교육 내용과 경험), 수업 그리고 교육평가의 기준**으로 작용한다.

② 교육목표가 교육의 전반적인 과정에서 **가장 중요한 역할**을 수행하는 셈이다.

③ **교육목표가 결정되면 그것을 보다 분명하고 명확한 용어로 진술**하도록 타일러는 권하였다. 그렇게 함으로써 학생이 목표달성을 위해 무엇을 배워야 하는지가 분명해지고, 나중에 **정확한 평가도 가능**해진다는 것이다.

④ 교육목표는 학생이 학습을 마친 후에 그 목표에 도달했는지 아닌지를 판단할 수 있는 준거가 될 수 있도록 **학생이 보여야 할 행동변화를 명시**해야 한다는 것이다. '**어떤 내용에 관한 어떤 행동이라는 식**'으로, '**내용**'과 '**구체적 '행동**'을 동시에 명시할 것을 제안하였다.

⑤ 교육목표를 진술하는 데 포함되는 행동형으로 다음과 같은 7가지를 들었다.
   ㉠ 중요한 사실 및 원리의 이해
   ㉡ 믿을 만한 정보원에 익숙할 것
   ㉢ 자료의 해석력
   ㉣ 원리의 적용력
   ㉤ 학습연구 및 그 결과 보고의 기능
   ㉥ 넓고 원숙한 흥미
   ㉦ 사회적 태도

⑥ 타일러가 교육목표를 진술할 때 포함해야 할 행동형을 이와 같이 7가지로 세분한 이유는, 바로 그의 논리 맨 마지막 사항인 '**평가**' 때문이다.

⑦ 타일러의 논리는 '**교육목표의 설정**', '**교육경험의 선정**', '**교육경험의 조직**', '**평가**'로 이루어져 있는데, 이 '평가'는 교육목표에 과연 학생들이 도달했는지를 따져 보는 활동이다. 따라서 **교육목표가 상세하면 상세할수록 평가는 정확해지고 수월해진다.**

2 학습경험의 선정

(1) 학습경험

① 학습경험은 **학습자와 외적 환경과의 상호작용**으로, 학습은 **학습자가 행한 행위**를 통해서 이루어진다.

② 학습경험은 학습자들에게 무엇을 제공했느냐의 문제라기보다 **학습자들이 무엇을 경험했는가**의 문제다.

(2) 학습자 중심

① 교육과정 개발자나 교과 교육전문가 혹은 교사의 입장이 아니라 **학습자를 중심으로 교육경험을 선정**하는 것이다.

② 오늘날 학습자 중심 교육과정에서도 학습자가 해당 교육과정을 거치면서 무엇을 느꼈고, 무엇을 알게 되었으며, 무엇을 할 줄 알게 되었나를 중시하는 전통을 확립한 것이다.

(3) 학습경험의 일반적 기준

① 기회의 원리

　㉠ 어느 특정한 교육목표를 달성하기 위해서는 그 **목표가 의도하는 행동을 학습자가 스스로 경험해 볼 수 있는 기회가 학습경험 속에 내포**되어야 한다.

　㉡ 예를 들어, 어느 교육목표가 문제해결력을 기르는 데에 있다면, 그 목표를 달성하기 위해서는 학생들에게 다양한 문제를 풀어볼 수 있는 충분한 기회를 제공해야 한다.

② 만족의 원리

　㉠ 주어진 교육목표가 시사하는 행동을 **학생이 수행하는 과정에서 만족감**을 느낄 수 있어야 한다.

　㉡ 예를 들어, 독서에 대한 흥미를 기르는 것이 교육목표라면, 폭넓은 독서를 할 수 있는 기회를 주어야 할 뿐만 아니라, 그러한 독서활동에서 학생이 만족감을 느낄 수 있어야 한다.

③ 가능성의 원리

　㉠ 가능성의 원리란, 학습경험에서 요구하는 학생의 반응이 **현재 그 학생의 능력범위 안에 있는 것**이어야 함을 의미한다. 즉, 학습경험은 학습자가 가진 현재의 능력수준, 성취수준, 발달수준 등에 알맞아야 한다.

　㉡ 여기서 오해하지 말아야 할 것은, 학습경험에서 기대하는 학생의 반응이 무조건 쉬운 것이어야 한다는 것은 아니다. 즉시 목표에 도달할 수 있을 만큼 쉬운 일의 단순한 반복은 학습이라고 보기 어려운 것이며, 적절한 좌절감과 도전감을 느끼게 하여야 제대로 된 학습경험이라고 할 수 있다.

④ 다경험의 원리

　㉠ 동일한 교육목표 달성에 사용할 수 있는 **학습경험은 여러 가지**가 있을 수 있다.

　㉡ 특정한 교육목표 달성을 위해서 반드시 어떤 제한적이고 고정된 학습경험만을 제공할 필요는 없다.

⑤ 다성과의 원리

　㉠ 다성과의 원리란, 하나의 학습경험이 대개 **여러 가지 학습성과를 가져오기 때문에**, 동일한 조건이라면 학습경험을 선정할 때 여러 교육목표의 달성에 도움이 되고 전이효과가 높은 학습경험을 선택하는 것이다.

ⓛ 어떤 학습경험이건 긍정적·부정적 측면의 학습성과를 동시에 가져올 수 있기 때문에, 학습 경험을 선정하고 조직할 때 교사는 항상 자신이 계획한 학습경험이 부작용이나 바람직하지 못한 결과를 초래할 가능성은 없는지 유의해야 한다.

3 학습경험의 조직

(1) 기준

효과적인 학습지도나 수업을 위해서는 선정한 학습경험들을 체계적으로 통합 조직해야 한다. 타일러 는 학습경험을 효과적으로 조직하는 기준으로 ① **계속성(continuity)** ② **계열성(sequence)** ③ **통 합성(Integration)**을 든다.

계속성	중요하고 동일한 교육과정 요소를 시간을 두어 연습하고 계발할 수 있도록 여러 차례에 걸쳐 반복적으로 기회를 주는 것
계열성	• 시간의 흐름에 따른다는 점에서 계속성과 관련되지만, 그 이상의 것으로 동일 요소나 같은 수준이 아니라 이해, 기능, 태도, 흥미 등이 조금씩 다른 수준으로 단계적으로 깊어지고, 넓어지고, 높아지도록 조직하는 것 • 계속성이 같은 내용의 반복 여부라면, 계열성은 같은 또는 다른 내용 요소들의 순서적 배열을 의미
통합성	교육과정 요소를 수평적으로 서로 관련짓는 일

(2) 조직요소

① 조직을 위해서는 마디나 매듭과 같은 조직요소가 필요하다. 마치 건축물의 뼈대와 같은 역할이 필요한 것이다.

② 사회과의 개념, 가치, 기술, 능력, 습관 등이, 과학과의 특정 사실, 용어와 개념, 분류와 범주, 기술과 절차, 원리와 법칙, 이론, 사고체계 경향과 계열 등이 이런 역할을 수행한다.

③ 조직된 결과는 장, 단원, 과목, 교과 등으로 점점 크게 엮어 나타난다.

4 학습경험의 평가

(1) 교육평가

① 교육목표는 교육과정과 수업 및 교육평가를 좌우한다.

② 평가가 교육과정의 개발에 있어 매우 중요한 절차라고 하였다. 기본적으로 평가과정이란 교육 목표가 교육과정이나 학습지도를 통해 어느 정도 실행·달성되고 있는지를 확인하는 일이다.

③ 교육의 목적은 인간의 변화, 즉 **학습자 '행동'의 바람직한 변화**를 가져오도록 하는 것이기 때문 에, 평가란 이런 **행동변화가 어느 정도 일어났나를 확인·판별하는 과정**이다.

(2) 행동의 변화

① 학교에서 주로 교과를 배운다고 했을 때 교과수업의 목표는 내용과 행동으로 이루어지며, 내용은 교과에 따라 다르고 일일이 열거하기 어렵다면 유형으로 **확인 가능한 것은 '행동'**이다.

② **내용보다 행동의 변화를 측정**하는 것을 강조하였다.

③ 평가에 대한 이런 관점은 **평가가 학습자의 변화된 행동을 분석해야 한다**는 것을 의미한다.

④ 학교가 추구하는 **인간행동 유형 변화의 종류가 곧 교육목표**가 된다.

(3) 실행

① 평가는 **한 번 이상** 이루어져야 한다.

② 수업을 시작하기 전과 중간에 그리고 끝낸 후 평가가 이루어짐으로써 변화 정도를 알 수 있다.

③ 목표달성의 지속 여부를 확인하기 위하여 **추수연구(follow-up study)**도 필요하다.

④ 타일러의 교육평가에 대한 강조는 이후 블룸 등에 의해 교육목표를 체계적으로 분류해 보는 연구활동으로 나아가 메이어(Mager) 등에 의해 수업목표를 명세적으로 진술하는 데로 이어졌으며, 급기야는 교육목표가 아니라 교육평가가 교육목표, 교육과정, 수업을 좌우하는 지경에 이르게 된다.

5 타일러 교육과정 개발모형에 대한 평가

20세기 후반기 교육과정 개발에 가장 지속적이고 심각한 영향을 끼친 타일러 모형은 실증주의, 경험주의, 진보주의, 성과주의, 기술공학적 절차를 강조한 시대정신에 힘입어, 교육과정의 계획과 개발에 대한 합리적·선형적 접근의 유행을 통해 더욱 강화되었다.

(1) 타일러 모형의 장점

① 어떤 교과, 어떤 수업 수준에서도 활용·적용할 수 있는 폭넓은 유용성이 있다.

② 논리적이고 합리적인 일련의 절차를 제시하고 있어 교육과정 개발자나 수업계획자가 이를 따라하기가 비교적 쉽다.

③ 학생의 학습경험과 행동변화를 강조함으로써 평가에 매우 광범한 지침을 제공해 준다.

④ 교육과정과 수업을 구분하지 않고 통합적으로 목표-경험선정-경험조직-평가를 포괄하는 광범한 종합성을 띠고 있다.

⑤ 경험적 실증적으로 교육성과를 연구하는 경향을 촉발하였다.

(2) 타일러 모형의 단점

① 목표의 원천은 제시하고 있으나 무엇이 교육목표이고, 그것은 왜 다른 목표를 제치고 우선적으로 선정되어야 하는지를 밝혀 주지 못한다.

② 목표를 미리 분명하고 자세하게 설정한다는 것은 수업 진행과정 중에 새롭게 생겨나는 부수적·확산적·생성적 목표의 중요성을 간과한 것이다.

③ 목표를 내용보다 우위에 두고, 내용을 목표달성을 위한 수단으로 전락시킨 면이 있다. 목표는 내용과 행동으로 이루어진다고 하였으나, 가시적이고 평가 가능한 행동에만 초점을 두었다.

④ 교육과정 개발절차를 지나치게 절차적·체계적·합리적·규범적으로 처방하였다.

⑤ 교육과정 구현에서 볼 수 있는 일련의 전체적인 과정보다 계획과 개발 부분에 치중하여서 교육과정의 실천(운영과 수업, 지원과 질 관리 등)에서는 상대적으로 취약한 편이다.

6 블룸(Benjamin Bloom, 1913~1999)

개념 +

블룸(Benjamin Bloom, 1913~1999)

일러의 뒤를 이어서 교육목표를 더욱 세분화하는 작업을 수행한 사람은, 타일러가 8년 연구의 평가책임자로 일할 때에 발굴한 젊은 학자들 중의 하나인 블룸이었다. 블룸은 1935년 미국 펜실베이니아 주립대학교에서 석사학위를 받고 자신보다 열한 살 연상인 타일러의 연구진에 합류하여 그의 연구를 도우면서 1942년 시카고 대학교에서 박사학위를 취득하였다. 이후 시카고 대학교 교수가 되어 후학을 양성하는 한편, 일군의 교육심리학자들과 힘을 합하여 『교육목표 분류학』이라는 교육과정학 및 교육평가 분야에서 널리 활용하는 기념비적인 책을 남겼다.

타일러는 교육목표를 진술할 때 '어떤 내용에 관한 어떤 행동'이라는 식으로 **'내용'과 구체적 '행동'**을 동시에 명시할 것을 제안하였다. 블룸이 평생 멘토로 여겼던 타일러의 작업이 매우 훌륭한 것임에는 틀림없었으나, 블룸의 눈에는 타일러의 작업에 허점이 보였다. 그리하여 블룸과 그의 동료 학자들은 교육목표를 아주 세분화할 필요를 느끼고, '지적 영역(知的 領域)'에 대한 교육목표를 여섯 항목으로 자세히 분류하여 1956년 『교육목표 분류학, 핸드북 I: 지적 영역』을 출판하였다. 이 책이 큰 성공을 거두자 블룸과 그의 동료들은 '정의적 영역(情意的 領域)'에 대한 교육목표 분류작업을 진행하여 1964년 『교육목표 분류학, 핸드북 II: 정의적 영역』을 출판하였다.

(1) 지적 영역

지식	• 특수 사상에 관한 지식: 구체적이며 단편적인 정보의 상기 • 특수 사상을 다루는 방법과 수단에 관한 지식: 조직방법, 연구방법, 판단방법, 비판방법에 관한 지식 • 보편적·추상적 사상에 관한 지식: 현상과 개념들이 조직되는 주요 개념, 체계 및 형태에 관한 지식
이해	• 번역: 의사소통 형태가 바뀌더라도 원래의 자료에 포함된 내용을 아는 능력 • 해석: 의사소통 자료를 설명하거나 요약하는 능력 • 추론: 주어진 자료를 넘어서서 거기에 포함된 의미, 귀결, 효과 등을 결정하기 위해 원래의 자료에 기술된 조건과 일치하는 경향과 추세를 확장하는 능력
적용	구체적인 사태에 추상 개념을 사용하는 능력

분석	자료를 그 상대적인 위계가 뚜렷해지도록 그리고 표시된 아이디어가 분명해지도록 구성요소나 부분으로 분할하는 능력
종합	여러 개의 요소나 부분을 하나의 전체로 묶는 능력
평가	• 내적 검증에 의한 판단: 논리적 정확성, 일관성, 기타 내적 준거의 증거에 의해 의사소통자료의 정확성을 판단하는 능력 • 외적 준거에 의한 판단: 선택된 또는 기억된 준거에 따라 자료를 평가하는 능력

(2) 정의적 영역

감수	• 감지: 학습자가 어떤 것을 단순히 의식하는 것 • 자진감수: 주어진 자극을 피하지 않고 기꺼이 관용하려는 행동 • 주의집중: 여러 자극들 중에서 마음에 둔 자극을 선택하고 거기에 주의를 기울이는 것
반응	• 순종반응: 어떤 자극에 대한 수동적인 반응으로서 그런 반응을 할 필요성을 충분히 납득하고 있는 것은 아님 • 자진반응: 외부의 암시에 의한 반응이 아닌 자신의 선택에서 오는 자발적 반응 • 만족반응: 만족감, 즐거움을 맛보기 위한 자발적 반응
가치화	• 가치수용: 개인이 은연중에 충분한 근거가 있다고 보는 어떤 명제나 사상을 정서적으로 받아들이는 것 • 가치채택: 단순한 가치수용을 넘어서서 그 가치를 믿고 적극적으로 추구하는 것 • 확신: 자신의 신념에 다른 사람이 따르도록 설득하는 것
조직화	• 가치의 개념화: 자신의 신념을 추상적인 수준에서 개념화하는 것 • 가치체계의 조직: 분리된 여러 가치를 한데 묶고 서로 질서 있고 조화롭게 관계 짓는 것
가치 또는 가치복합에 의한 인격화	• 일반화된 행동태세: 어떤 특정 순간에도 태도 및 가치체계에 내적 일관성을 부여하는 것 • 인격화: 일반화된 행동태세를 넘어서서 자신의 행동이나 신념 내에서 늘 내적 합치성을 유지하는 것

7 메이거(Robert Mager)

'평가를 염두에 둔 교육목표 진술'을 위한 블룸과 그의 동료들의 작업에도 메이거에게는 여전히 문제를 완전히 해결하지 못한 것으로 보였다. 그 이유는 이들이 교육목표를 진술할 때 사용하는 용어가 '다양한 해석이 가능한' 용어들이었기 때문이다. 그에 대한 해답으로 메이거가 제시한 것이 『행동적 수업목표의 설정(1962)』이다.

(1) 행동용어의 사용

① 교사는 수업목표를 진술할 때 그 **목표에의 도달 여부를 구체적으로 확인할 수 있는 학생의 어떤 '행동'을 명시**해야 한다.

② 교육목표에 **'대안적인 해석들을 배제하는, 잘못 해석될 여지가 없는' 용어**를 사용해야 한다고 말한다.

③ 행동용어: 잘못 해석될 여지가 없는, 학생의 행동을 구체적으로 명시하여 학생이 그 행동을 보이는지의 여부를 눈으로 직접 확인할 수 있는 용어를 의미한다.

④ '행동용어'를 사용하여 교육목표를 진술해야 그 목표가 **유용한 목표**가 된다.

(2) 교육목표 진술방법의 구체화

① 유용한 교육목표는 다음과 같은 세 가지 사항을 포함하고 있어야 한다.

    ㉠ 학습자가 목표에 도달한 증거로 받아들일 수 있는 **종착행동**의 종류 명시

    ㉡ 바라는 행동이 일어나리라고 **기대되는 중요한 조건**의 상술

    ㉢ 학생의 종착행동의 성취가 어느 정도로 정확할 때 목표가 달성되었다고 **판정할 수 있는가의 기준** 제시

② 메이거는 교육목표를 진술할 때 이러한 세 가지 조건이 항상 반드시 포함되어야 하는 것은 아니라고 말하였지만, 이 조건들이 포함된 교육목표라야 그 목표에의 도달 여부를 누구라도 쉽게 판단할 수 있을 것이라고 주장하였다.

제2절 타바(Taba)의 교사참여 교육과정 개발모형

개념 ✛

타바(Hilda Taba, 1902~1967)

타바는 일찍이 타일러와 함께 8년 연구를 통해 교육과정에 대한 이론적·실제적 연구개발을 익혔으며, 당시의 공교육에 대한 비판적 진단을 기반으로 1962년 『교육과정 개발(Curriculum Development)』을 저술하였다. 타바는 교사에 의한 교육과정 개발을 주장하였고, 교사가 교육과정의 구체적인 측면에 관한 실험을 행하고, 그 실험을 기반으로 하여 틀이 개발되면 교육과정 개발은 새로운 역동성을 갖게 될 것이라고 보며, 교사에 의한 교육과정 개발을 강조하고 있다.

1 기본입장

(1) 교육과정 개발은 외부 전문가에 의해 만들어져 들여보내거나 위에서 아래로 하향식으로 적용되기보다 **교원들에 의해 만들어지는 현장지향적**인 것이 되어야 한다.

(2) **교육과정 개발과 교육과정 실천을 하나의 과정**으로 이해한다.

(3) 교육과정은 이를 실제로 사용할 **교사들에 의해 개발**되는 것이 적절하다.

2 귀납적 모형

(1) 타바는 교사들이 자기 학교 학생들을 위하여 **구체적인 '교수학습 단원'을 만드는 것에서 시작**해야 하며, 처음부터 전체적인 교육과정 설계를 위해 참여할 필요는 없다고 보았다.

(2) 전체적이고 일반적인 설계에서 구체적인 것으로 나아가는 전통적인 연역적 방식보다, 교실 수업의 구체적인 계획에서 시작하여 점차 전체적인 설계를 만들어 가는 귀납적인 방식을 제안하였다.

(3) 타일러는 연역적인 방식을 취하고 있다.

<h2>3 개발모형</h2>

◈ 타바의 교육과정 개발모형

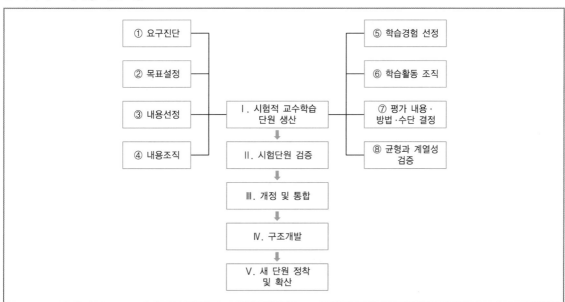

(1) 시험적 교수학습 단원 구성하기

① 이 단계는 이론과 실제를 연결하는 단계로서 학년별 또는 교과영역별로 시험적 교수학습 단원을 **교사가 만들어 내는 일**이다.

② 여기에는 다음 여덟 개의 하위단계가 순차적으로 따라오게 된다. ㉠ 학습자 요구의 진단, ㉡ 목표의 설정, ㉢ 내용의 선정, ㉣ 내용의 조직, ㉤ 학습경험의 선정, ㉥ 학습활동의 조직, ㉦ 평가할 대상, 평가 방법 및 수단의 결정, ㉧ 균형성과 계열성의 점검

(2) 시험단원의 검증

① 이 단계는 잠정적으로 구성된 단원의 검증으로, 이 단계의 목적은 **하나 또는 그 이상의 학년 수준들과 다른 교과영역들로 확대될 수 있는 교과과정을 창출**하는 데 있다.

② 앞의 첫 번째 단계에서는 시험적인 단원이 자신의 학급이나 교과영역을 대상으로 개발된바, 다른 수준의 학년이나 교과영역에 확대적용해 보는 것이 필요하다.

③ 교수가능성과 타당성을 검증하기 위해, 필수적으로 성취해야 할 능력의 상한과 하한을 정하기 위해 시험을 보아야 한다.

(3) 시험 단원의 개정 및 통합

① 이 단계는 **개발된 단원들을 수정하고 통합**하여 모든 유형의 학급에도 잘 맞는 보편화된 교육과정을 개발하는 것이다.

② 단원들은 서로 다른 차이를 보이는 학습자들의 요구와 능력, 서로 다른 교육자원(시설, 설비, 재정), 서로 다른 교수형태에 맞추어 수정이 거듭되어야 온갖 형태의 교실상황에서 쓰일 수 있다.

(4) 단원의 구조화

① 이 단계는 그 **여러 개의 단원을 구조화하여 전체 범위와 계열을 검증**하는 일이다.

② 여러 개의 단원들이 개발된 후에 교육과정 개발자들은 **횡적 범위의 적정성과 종적 계열의 적절성**을 시험해야 한다.

③ 교육과정 전문가들은 이런 과정을 거쳐 개발된 교육과정에 대해 정당화할 책임이 있다.

(5) 단원의 정착

이 단계는 새로 개발된 단원의 적용과 보급으로, 새 단원을 교실수업에 본격적으로 투입·정착시키기 위해 교육행정가들은 교사들에 대한 현직 연수를 확산해 나가는 것이 필요하다.

4 타바의 교육과정 개발모형에 대한 평가

(1) 타바의 단원 및 수업 수준 교육과정 개발모형은 타일러의 그것에 비해 단계를 더 세분화하고, 특히 수업 수준에서 교수·학습활동을 어떻게 전개할 것인가를 염두에 두고 만들어진 것이다.

(2) **타바의 귀납적 모형은** 교육과정의 보다 **일반적인 측면(교육관, 교육목적, 교육목표의 제시)이 구체적인 교과 측면(수업목표, 수업방법, 평가 등)보다 앞서 와야 한다**고 믿는 교육과정 개발자들에게는 환영받지 못한다.

(3) 특정 교과의 단원 수준의 수업계획서 개발로서 교육과정을 개발하는 데에는 별 문제가 없으나, 이보다 더 상위 수준인 **국가나 지역 수준의 교육과정 총론 개발을 교사들에게 모두 맡기는 것은 부적절**할 수도 있다.

(4) 특히 중등교사의 경우, 개별 교과를 가르침으로써 개별 교과의 시야에 매몰되어 전체 교육과정을 못 본다는 점, 전반적인 철학보다 구체적인 실천에 주목한다는 점, 교육실천에 많은 관심과 경험이 있기 때문에 지나치게 실제적이고 구체적인 측면에 주목한다는 점, 자신이 가르치는 교과의 이해관계에서 벗어나기 어려운 점 등을 문제점으로 지적할 수 있다.

제3절 스킬벡의 학교중심 교육과정 개발모형

1 학교중심 교육과정의 특성

(1) **학교에서 교육과정 편성과 운영**이 이루어진다. 다만, 우리나라의 경우 국가 수준 교육과정과 시·도교육청의 편성·운영지침으로 학교중심 교육과정의 한계를 정하고 있다.

(2) 학교중심 교육과정은 **학교 구성원들에 의하여 편성되고 운영**된다. 교원은 학교중심 교육과정 편성과 운영의 가장 중요한 주체다.

(3) 학교 구성원들은 **창안, 수정·보완, 선택** 등 다양한 수준의 활동을 통해 학교수준 교육과정을 편성하고 운영한다.

(4) 학교중심에서 이루어지는 교육과정 개발은 **상호작용모형**을 따른다.

(5) 학교중심 교육과정은 **지역과 학교의 실정을 반영하고 학생들의 요구를 수용**한다.

2 역동적 상호작용 모형

(1) 교육과정 개발은 어느 요소에서든지 시작할 수 있으며, 개발과정에서 순서가 바뀔 수 있는 **융통성과 역동성**을 지닌다.

(2) 역동적인 성격으로 인하여 **학교의 여건과 지역사회의 변화를 잘 수용**하고 **교사, 학생, 학부모의 다양한 요구**를 적절한 때에 반영할 수 있다.

3 절차

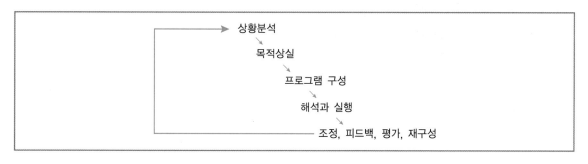

(1) 상황분석

학교의 외적 요인	학교의 내적 요인
• 사회와 문화의 변화, 학부모의 기대, 고용주의 요구, 지역사회의 가치, 성인과 아동의 관계 변화, 사회의 이데올로기 • 정책형성, 시험제도, 지역의 기대·요구·압력·교육과정 프로젝트, 교육연구 등과 같은 교육체제의 요구와 변화 • 가르칠 내용의 변화 • 교사 양성기관과 연구기관 같은 교사지원 시스템 • 학교에 유입되는 교육자료	• 학생의 적성, 능력, 교육적 요구 • 교사의 가치관, 태도, 기술, 지식, 경험, 강점·약점, 역할 등 • 권력, 권위, 순응과 일탈 등을 조정하는 학교의 풍토와 정치구조 • 시설, 설비, 장비 등을 포함하는 각종 자원 • 현행 교육과정에 대한 문제와 약점 인식

(2) 목표설정

① 교육과정은 학습자와 교사 모두의 경험으로 구성된다.

② 교육과정은 학습자의 요구와 학습자의 특성에 대한 면밀하고 공감적인 분석을 통해 교사와 학습자가 함께 개발한 가치 있는 경험이어야 한다.

(3) 프로그램 구성

① 교수·학습의 설계, 교직원 배치 및 역할 분담

② 적절한 보충자료 및 매체, 시간표 계획 등

(4) 해석과 실행

① 교육과정 변화를 일으킬 수 있는 문제들을 미리 예측하여 경험을 검토한다.

② 관련 이론 분석, 혁신이론, 상상력 있는 통찰을 통해 문제를 해결한다.

(5) 조정·피드백·평가·재구성

① 평가의 주요 항목으로 '지속적 모니터링과 피드백 평가'를 제시한다.

② 교사의 역할을 중심으로 교육과정을 지속적으로 재구성한다.

4 찬성

(1) 중앙집권적인 교육과정 개발방식은 성공을 거두기 어렵다.

(2) 학교는 사회환경의 **변화에 능동적으로 대응**하여 교육과정을 계획하고 설계하는 데 유리하다.

(3) 교사들이 교육과정의 개발에 참여함으로써 **근무의욕이 높아지고 성취감**이 커진다.

5 **반대**

(1) 교육과정을 계획·반성·개발하는 데 필요한 **시간이 부족**하다.

(2) 교육과정 개발과 운영에 관련된 지식, 이해, 기술 등의 **전문성이 부족**하다.

(3) 자료개발과 교사들의 휴식을 위한 **재정이 부족**하다.

(4) 고용주와 학부모 등 **외부의 강요**에 부딪힌다.

(5) 수많은 저항자, 효율적인 지도력의 부족 등 **위협적인 학교분위기**가 조성된다.

제4절 위긴스와 맥타이의 백워드(backward, 역행설계)모형

1 **이론적 기반**

위긴스(Wiggins)와 맥타이(McTighe)는 세 가지의 이론적 기반을 제시하였다.

(1) 목적지향적 교육과정 설계

① 그들은 타일러의 목표모형이 자신들이 개발한 설계모형의 기반이 된다고 주장한다.

② 타일러는 교육과정의 개발에서 목표설정을 가장 중요한 과업으로 삼았으며, 교육목적과 교육평가의 일관성을 주장하였다.

③ 위긴스와 맥타이(2004)는 "백워드 설계관점은 새로운 것이 아니다. 50년 전에 타일러가 백워드 설계의 논리를 제시하였다"고 하였다.

(2) 부르너(Bruner)의 학문구조이론

① 부르너는 지식의 구조, 즉 학문을 구성하고 있는 기본적 아이디어, 개념 혹은 원리를 가르쳐야 한다고 하였다.

② 백워드 설계모형에서는 부르너가 제시한 지식의 구조에 해당하는 것을 **영속적 이해(enduring understanding)**라고 부른다.

③ 영속적 이해란 학습자들이 비록 아주 상세한 것들을 잊어버린 이후에도 **머릿속에 남아 있는 큰 개념 혹은 중요한 이해**를 가리킨다.

(3) 평가의 기능과 역할의 중요성

① 백워드 설계모형에서는 **학습경험 또는 구체적인 학습내용의 선정에 앞서서 매우 구체적인 평가계획안**을 마련한다.

② 이 모형에서 훌륭한 교사는 다양한 평가도구를 타당하고 신뢰할 수 있게 개발할 수 있는 **평가전문가**의 역할을 수행한다.

2 기본입장

(1) **목표(바람직한 결과, 즉 목적 혹은 성취기준)에서 시작하여, 목표의 성취결과로서 학습되었다고 판단할 만한 증거(수행준거)를 마련하고, 구체적인 교육활동을 적절하게 계획하는 반대방향**, 백워드의 설계원리를 제안하였다.

(2) 타일러는 교육과정과 수업을 평가할 때에는 설정된 교육목표, 선정과 조직된 학습경험, 교육평가의 순서로 이루어진다고 하였다.

(3) 타일러의 네 가지 순서 중 마지막 단계인 평가에 중점을 두고 교육과정을 설계해 나가는 이론이 교육과정 역행설계모형이다. 역행설계의 뿌리는 타일러에게 있다.

> **개념 ➕**
>
> "교육의 목표들은 자료가 선택되고, 내용이 정리되고, 수업절차가 개발되고, 시험이나 검사가 준비되는 데 있어서 준거가 된다. 따라서 목표진술의 목적은 학생에게서 모종의 변화가 발생할 것이라는 점을 가리키며, 수업활동이란 이런 목표들을 달성할 수 있는 방식으로 계획 및 개발될 수 있다."
>
> 타일러

3 특징

(1) 백워드라는 표현은 교사들이 **기존에 해왔던 것과 반대되는 순서**로 교육과정에 접근해야 한다는 의미에서 사용된 것이다.

(2) 수업을 통해 결과/목표를 향해가기보다는 **결과/목표를 먼저 확인하고 그에 따른 수업을 계획**해야 한다는 것이다.

(3) 평가에 대한 계획을 단원의 마무리 단계에서 하기보다는 학습경험이나 수업활동을 계획하기 전에 세우기를 주장한다.

4 **구성**

바람직한 교육결과의 확정(identify desired results)
[목표설정]

↓

학습되었다고 수용할 만한 증거 결정(determine acceptable evidence)
[평가계획]

↓

학습경험과 수업 계획(plan learning experience and instruction)
[교육과정과 수업활동 계획]

---

(1) 바람직한 교육결과의 확정

① 백워드모형의 첫 단계는 **바라는 결과, 즉 목표나 기준을 확인**하는 것으로, 이는 **학생들이 반드시 알아야 하고, 이해해야 하며, 할 수 있어야 하는 것**이 무엇인가를 밝히는 것이다.

② 이 단계에서 교사들은 교과별로 정해진 국가 혹은 주 수준의 기준을 확인하고, 이 기준에 비추어 자신들의 **교육과정 단원에서 어떤 내용을 다룰지에 대한 목표**를 세우게 된다.

③ 교사들이 바라는 결과/목표를 결정할 때, 단순한 암기가 아닌 **'영속적 이해'**(enduring understanding)를 이끌 수 있는 교육내용을 선정하는 것에 유의해야 한다고 보았다.

    ㉠ **'영속적'이라는 것은 아주 상세한 것들을 잊어버린 후에도 머릿속에 계속 남아 있는 큰 개념(big idea)**을 의미하는 것으로, 배울 만한 가치가 보편적으로 인정된 아이디어, 주제 혹은 과정을 뜻하는 것이다.

    ㉡ 어떠한 내용이 영속적 이해를 제공하는가 하는 것은, 교실 밖에서도 지속적인 가치를 지니는 것인지, 학문의 핵심에 해당하는 것인지, 학생을 참여시킬 가능성이 많은 것인지를 따져 봄으로써 결정될 수 있다.

    ㉢ 백워드모형이 가정하는 교육내용에 대한 이러한 관점은 **학문의 구조를 교육내용으로 강조했던 브루너(J. Bruner)의 영향**을 받은 것이다.

이해의 6가지 측면

이해의 확인	구체화된 수행의 모습
설명 (explanation)	단순 사실에 대한 지식이 아니라, 이유나 방법에 관한 지식을 설명할 수 있다. **예** 용수철 저울이 어떻게 작동하는지 설명할 수 있다.
해석 (interpretation)	의미를 설명해 내는 능력으로, 해석은 개인, 사회, 문화의 맥락에 영향을 받는다. 배운 아이디어와 사건에 대하여 역사 또는 개인적 차원으로 관련지어 말할 수 있다. **예** 저울이 작동하는 원리를 자신이 파악한 이미지, 일화, 은유 등을 활용하여 말할 수 있다.
적용 (adaption)	지식을 다양한 상황에서 효과적으로 활용하고 사용할 수 있다. **예** 자신이 제작한 저울로 무게를 측정하고 가격을 정한다.
관점 (perspective)	비판적이고 통찰력 있는 시각으로 바라보는 능력으로, 다양한 시각에서 조망하고 비판적이고 큰 그림을 볼 수 있다. **예** 물체에 따라 저울의 형태나 기능이 달라질 수 있음을 고려할 수 있다.
공감 (empathy)	타인의 감정과 세계관을 수용할 수 있는 능력으로, 다른 사람의 생각과 행동에서 의미 있는 것을 찾으려고 노력한다. 가치를 발견하고 감성적으로 인식하려는 신중한 행동과 따뜻함을 가진다. **예** 물체에 따라 저울에 작용하는 힘이 다름을 파악한다.
자기지식 (self-knowledge)	자신이 아는 것과 모르는 것을 인식하고, 자신의 사고패턴과 행동패턴을 이해하거나 성찰하는 능력으로 메타인지 능력을 가진다. **예** 물체의 무게와 저울의 원리를 이해했는지 학습과정을 돌아보며 알게 된 점, 나의 학습태도 등을 반성한다.

(2) 학습되었다고 수용할 만한 증거 결정

① 두 번째 단계는 수용할 만한 증거를 결정하는 것으로, **학생들이 바라는 결과를 달성했는지를 판단하기 위한 평가를 계획**하는 단계이다.

② 이 단계는 학생들이 바라는 결과를 성취했는지를 어떻게 확인할 수 있으며, 학생들이 내용 기준을 이해하고 숙달했다는 증거로서 어떤 것을 수용할 수 있는지를 결정하는 단계이다.

③ 교사가 구체적인 수업활동을 설계하기 전에 먼저 **평가자가 되어야 함을 강조**하는 것이다.

④ 교사는 학생들이 내용기준을 이해했음을 보여주는 증거를 수집하기 위해 **다양한 범위의 평가방법을 고려**해야 하며, 이를 반영한 **여러 가지 형태의 수행과제(performance task)를 개발하는 일에 집중**해야 한다.

수행과제를 위한 위긴스와 맥타이의 GRASPS 기법

약자	요소의 의미	수행과제 제시방법
Goal	수행과제의 목표	과제는 ～이다. 목표는 ～하는 것이다.
Role	수행자의 역할	～를 요구받았다. ～역할을 해야 한다.
Audience	수행과제의 실시 대상/청중	고객/대상은 ～이다.
Situation	수행과제가 이루어지는 상황	과제를 수행해야 하는 상황은 ～하다.
Performance	수행 결과물	～을 하기 위해 ～을 할 것이다. / 만들 것이다.
Standard	수행과제에 포함되어야 할 기준	～한 기준에 따라 평가될 것이다.

(3) 학습경험과 수업활동 계획

① 앞의 두 단계에 근거하여 **수업활동을 구체적으로 계획**하는 단계이다.

② 학생들이 효과적으로 수행해야 할, 또는 바라는 결과를 성취하기 위해 요구되는 지식(사실·개념·원리)과 기능(절차)은 무엇인지, 학생들이 이러한 지식과 기능을 갖추기 위해 해야 할 활동이 무엇인지, 어떤 방법으로 가르칠 것인지, 어떤 소재와 자료를 사용할지 등을 계획하는 단계이다.

③ 이 단계에서 교사들은 바라는 결과와 평가방식을 확인한 뒤 구체적인 수업을 계획하게 된다.

개념 ➕

위긴스와 맥타이의 WHERETO 원리

어떤 학습경험과 수업이 학생들이 의도한 결과를 성취하는 것을 가능하게 할 것인가? 어떻게 설계할 것인가?

W: 단원이 어디로(where) 향하고 있는지, 무엇을(what) 기대하는지 학생이 알도록 도와주어라. 학생들이 어디로부터 오는지(예를 들어, 선행지식과 흥미로부터) 교사가 알도록 도와주어라.

H: 모든 학생의 주의를 환기시키고(hook), 그들의 흥미를 유지(hold)시켜라.

E: 학생들을 준비(equip)시키고, 주요 아이디어를 학생들이 경험(experience)할 수 있도록 도우며, 이슈를 탐험(explore)하도록 도와주어라.

R: 학생들의 이해와 작업을 재고(rethink)하고 개정(revise)할 수 있는 기회를 제공하라.

E: 학생들이 그들의 작업과 그것의 함축적인 의미를 평가(evaluate)하도록 허락하라.

T: 서로 다른 요구와 흥미, 학습자의 능력에 대해 맞추도록(tailor) 개별화하라.

O: 효과적인 학습뿐만 아니라 주도적이고 지속적인 참여를 최대화할 수 있도록 조직(organize)하라.

5 평가

(1) 백워드모형의 가장 두드러진 특징은 교육과정 개발과정이 도달해야 할 지점, 즉 **바라는 결과를 확인하는 것으로부터 시작**해야 한다고 보는 점에 있다.

(2) 교육과정 개발을 도달해야 할 목표로부터 시작한다는 것은 **도착점에 대한 분명한 이해**로부터 시작함을 의미하는 것이며, 이는 어디로 가고 있는지, 지금 어디에 있는지를 좀 더 잘 이해할 수 있게 해 주는 장점이 있다.

(3) 현장 교사들에게 직접적인 도움을 제공하기 위한 것으로, **국가 수준에서 제공하는 기준에 따른 교육과정을 운영해야 하는 교사들에게 매우 실용적인 틀을 제공**할 수 있다.

(4) 타일러 모형과 마찬가지로 목표-수단의 패러다임을 따르고 있는 것으로, **교육과정을 설정된 기준이나 목표를 효율적으로 달성하기 위한 수단** 정도로 이해하고 있다.

(5) 당초 기준이나 목표로서 설정되지 않은 학습경험들이 무시될 수 있으며, 설정된 기준이나 목표가 당연시될 가능성이 있다.

(6) 평가에 대한 계획을 학습경험이나 수업에 대한 계획을 세우기 이전에 수립하도록 함으로써 **평가 의존적인 수업활동이 전개될 가능성**도 있다.

(7) 설정하는 목표는 주로 학문적인 지식에 기반한 내용의 이해에 있는 것으로, 이는 **학생들의 관심사나 흥미를 고려하지 못할 수도 있다**는 한계를 갖는다.

제5절 워커(Walker)의 자연주의적 모형

1 슈왑(J. J. Schwab)

(1) 보빗(Bobbitt), 타일러(Tyler) 이후 교육과정 개발은 처방된 절차나 원리에 따라 순차적으로 아주 매끄럽게 진행되는 일련의 합리적 과정인 것처럼 묘사되었다. 특히 교육과정 개발은 교육목표를 설정하고 그것을 달성할 내용을 선정·조직하는 사전적인 계획작업으로 이해되었다.

(2) 그러나 슈왑(J. J. Schwab)은 교육과정 개발과정이 타일러 등이 처방한 이론적 절차를 따르는 동안 이 분야 학문적 탐구는 빈사상태에 있다고 보고, 이를 타개하기 위해서는 무엇보다 **교육과정이 '실제적인 특성'을 가진 데 주목**해야 한다고 주장했다.

(3) 교육과정은 각계각층의 다양한 요구로서 **환경**, 신중한 논의를 거쳐 선정된 **교과내용**, 다양한 방법을 세련되고 헌신적으로 구사하는 **교사**, 다양한 반응과 성취를 보이는 **학습자**라는 네 가지 필수요소들 간의 상호작용으로 이루어진다고 보았다.

(4) 교육과정 개발과정은 각계각층, 교과전문가, 교사, 학습자들이 참여한 가운데 집단적·체계적 논의로서 **숙의**를 거치는 가운데 발휘되는 실제적 기예를 통해 최선의 대안을 창출하는 과정으로 보았다.

(5) **숙의는 당면한 목적과 문제의 정의, 목적달성의 수단과 문제해결의 대안 모색, 수단과 대안의 타당성과 적합성 검토, 최선의 대안을 선정해 문서로 번역**하는 일에 폭넓게 걸쳐 있다.

■2 워커(D. Walker)

슈왑의 이런 생각은 워커(D. Walker), 아이즈너(E. W. Eisner) 등으로 이어져 실제로 교육과정 개발과정은 **참여집단들의 정보와 지식의 한계를 잘 반영하며, 이들 사이의 이해관계를 절충**하는 과정임을 보여 주고 있다. 워커는 여러 수준의 교육과정 개발에 경험적으로 참여하여 검토해 본 결과, 교육과정 개발 참여자들이 토대 다지기(강령, platform) 단계, 숙의(delberation) 단계, 설계(design) 단계를 자연스럽게 거치면서 교육과정을 개발한다고 하였다.

(1) 토대 다지기(강령)

① 워커가 '토대'(platform)라는 용어를 사용한 이유는 그것이 앞으로의 **토론에서 기준 또는 기초가 되거나 합의의 발판**이 되기 때문이다.

② 각 교육과정 개발 참여자들이 가진 교육적 강령 혹은 토대는 이미 가지고 있는 **다양한 개념**(무엇이 존재하고 무엇이 가능한가에 대한 신념), **이론**(존재하는 실체들 간의 관계에 대한 신념) 그리고 상대적으로 잘 설정되고 심사숙고된 **목적**(무엇이 바람직한가에 대한 신념)으로 구성된다.

③ 토대는 교육과정 개발 참여자들이 지닌 **지식과 신념체계로서 다음에 오는 숙의를 위한 자원**이 된다.

(2) 숙의

① 숙의는 더 나은 교육과정 대안을 찾기 위한 **체계적·집단적 사고와 논의과정**이다.

② 올바른 의미에서의 숙의

　㉠ 주어진 교육과정 문제를 가장 설득력 있고 타당한 방법으로 논의한다.

　㉡ 가장 유망한 교육과정 실천대안을 검토한다.

　㉢ 대안을 내세우면서 거론한 관련 지식들을 고려하고, 그 지식이 토대로 하는 바를 검토하기 위해 적절한 논쟁을 벌임으로써 각 대안들이 지닌 장점들을 낱낱이 따져 본다.

　㉣ 작은 결정 하나에도 관련된 모든 집단의 입장과 가치를 탐색해 보고, 공정하고 균형 잡힌 판단에 이르도록 한다.

③ 숙의는 **집단적·체계적 논의과정을 거치면서 목적달성과 문제해결에 최선의 대안을 선택하는 과정**이다.

(3) 설계

① 교육과정 설계 단계는 **교육 프로그램의 상세한 계획을 수립**하는 단계이다.

② 앞서 숙의과정을 거쳐 최선의 대안으로 선택된 것을 **교육과정 문서로 번역**하는 활동이다.

③ 물론 실행 중에도 여전히 숙의가 계속되며 교육과정이 담고 있는 본 내용과 지원체제에 대한 상세화도 계속된다.

④ 설계가 최종단계임에도 전부 합리적으로 진행된다기보다, 몇 차례 협의회나 심의회를 거치면서도 걸러지지 않고 살아남은 개인적 선호와 집단의 정치적 측면이 여전히 설계에 반영된다.

◎ 워커의 자연주의적 교육과정 개발 모형

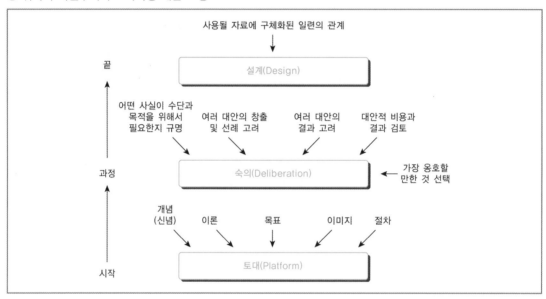

3 워커의 교육과정 개발모형에 대한 평가

(1) 의의

① 워커는 교육과정의 설계를 특수한 상황에 맞추어야 할 필요성을 강조한다. 그러므로 교육과정 개발자는 교육목적, 학습경험의 선정, 학습경험의 조직, 교육평가에 걸친 교육과정에 대한 통상적 생각에서 벗어나는 것이 중요하다.

② 참여자들이 다른 '입장'에 반응하고 '숙의'하기 위해 대화에 상당한 시간을 보내야 할 필요성을 강조한다. 이것은 어떤 교육과정 개발팀에서도 일어날 수 있는 다양한 갈등과 논쟁 및 공격을 가감 없이 보여 주고 있다.

③ 교육과정의 개발과정이 여기에 관여하는 여러 집단, 곧 교육과정 개정을 결정하는 팀, 연구개발팀, 교육과정에 요구를 반영하려는 팀, 개발을 행정관리하고 지원하는 팀, 계획안을 심의하는 팀 등의 집단들 사이의 이해관계 조율이라는 점을 잘 보여주었다. 가령, 우리나라 각론 개발과정에서 보듯이 각계각층을 대변하는 총론팀이나 교육과정의 수혜자인 학습자집단 등은 처음부터 그 숙의과정(발의, 협의, 개발, 설계, 지원, 심의)에 접근기회를 갖지 못하기도 한다.

(2) 비판

① 이 모형은 애초에 교육과정의 실행과 그 성과 측면을 강조하려고 하였지만, 거의 전적으로 교육과정 '계획'에만 초점이 맞추어져 있다.

② 숙의과정에 발휘되는 실제적 기예를 규정하기도 쉽지 않다. 숙의가 단순히 건전한 상식 위에 이루어지는 것이 아니라면, 실제적 기예는 해당 전문가 집단의 정상과학에 해당하는 공적 전통이나 오랜 기간 실천과 이론 공부로 터득한 능력과 크게 다르지 않을 것이다.

③ 교육과정 설계가 완성된 뒤에 무슨 일이 어떻게 일어나야 할지에 대한 언급이 부족하다. 계획에 초점을 맞추다 보니 개발 상황은 잘 드러냈지만 현실 상황과는 거리가 있다.

④ 대규모의 교육과정 개발 프로젝트에는 적절한 계획이지만 소규모, 학교중심 교육과정 계획에는 적절하지 않을 수도 있다. 왜냐하면 학교는 전문가, 자금, 시간 등이 넉넉하지 않아 격렬한 이해관계의 충돌이나 상당한 시간을 요하는 충분한 숙의를 지속할 수 없기 때문이다.

제6절 아이즈너(Eisner)의 예술적 접근모형

개념 +

아이즈너(Elliot W. Eisner, 1923~2014)

교육과정학의 미학적 재개념화를 시도하는 대표적 학자는, 프랭클린 보비트로부터 시작하여 랄프 타일러를 거쳐 블룸과 메이거에 의해 완성된 '행동목표'를 비판하면서 질적 평가의 중요성을 강조한 엘리엇 아이즈너. 아이즈너는 본래 미술대학을 졸업한 화가였는데, 화가로서의 그의 경험은 그의 교육과정학 이론, 특히 질적 평가와 질적 연구에 대한 그의 견해에 지대한 영향을 미쳤다고 스스로 회고하였다. 아이즈너는 학자로서 초년 시절이던 1966년 행동목표를 비판하는 논문을 발표하여 주목을 끌었고, 그 후 '영 교육과정'(null curriculum)이란 개념과 '교육적 감식안', '교육비평'이라는 독특한 질적 연구방법론을 교육과정학에 도입하였다. 아이즈너의 생각은 『학교 프로그램의 설계와 평가에 관한 교육적 상상력』에 수록되어 있는데, 현재 이 책은 미국에서 가장 널리 사용되는 교육과정학 강좌교재들 중의 하나다.

1 행동목표 비판

아이즈너는 1966년 2월 시카고에서 개최된 미국교육연구협회(AERA) 제15차 연례 학회에서 『교육목표: 조력자인가 아니면 방해꾼인가』라는 논문을 발표하였다. 교육과정을 편성할 때에 교육목표를 설정하는 것이 중요한 작업으로 부상하는 배경과 그것이 행동목표로 발전하는 과정을 역사적으로 고찰한 다음, 당시 학계에서 유용성을 널리 인정받던 행동적 교육목표의 기능을 네 가지로 비판하였다.

① 수업은 아주 복잡하고 역동적인 과정을 거치면서 진행되는 것이므로, 수업이 끝난 후 학생들에게 나타날 수 있는 모든 것을 **수업을 시작하기 전에 미리 행동목표의 형태로 구체화하여 진술하는 것은 불가능**하다.

② '행동목표' 진술은 **과목의 특성을 전혀 고려하지 않고 있다.**
   ㉠ 수학, 언어, 과학 등의 과목은 학생들이 수업 후에 나타내 보여야 할 행동이나 조작을 아주 상세하게 구체화할 수 있을지 모르지만, 예술 영역에서는 이러한 구체화가 가능하지도 않고 바람직하지도 않다.
   ㉡ 수학이나 언어 영역에서는 학생들의 반응이 서로 유사한 것이 바람직할지 모르지만, 창의성을 중요시하는 예술교과에서는 학생들이 독창적인 반응을 나타내도록 격려한다.

③ 행동목표를 주장하는 사람들은 행동목표가 학생들의 성취도를 측정할 때 필요한 측정의 기준으로 사용될 수 있다고 말하는데, 이는 **기준을 적용하는 일과 판단하는 일을 구분하지 못한 것이다.**
   ㉠ 학교에서 학생들에게 가장 강조하는 것은 호기심, 창조성, 독창성 등의 계발이다.
   ㉡ 이러한 특성들이 학생들에게 길러졌는지 아닌지는 어떤 기준을 적용하여 측정할 수 있는 것이 아니고 교사들의 질적인 눈으로 판단할 수밖에 없는 것이다.

④ 행동목표를 중요시하는 학자들은 **교육목표를 세분화할 것과 이 교육목표가 교육내용을 선정하기 전에 확정되어야만 할 것을 강조하는데 이는 옳지 않다.**
   ㉠ 교육과정을 구성하기 전에 목표가 아주 상세하게 설정되어야 어디로 나아가야 할지 그 방향을 알 수 있는 것 아니냐고 말할 수 있다.
   ㉡ 교사들은 교육적으로 유익하리라고 생각되는 활동을 선정하여 학생들에게 적용해 보고, 그 결과를 토대로 하여 그 활동의 목표나 결과를 확인할 수도 있는 것이다. 실제 많은 교사들은 이런 식으로 수업하고 있다.
   ㉢ 교육목표는 교육내용을 선정하고 조직하기 전에 명시되어야 한다는 것은 자연스럽지 않은 것, 즉 심리적으로 옳지 않은 것이다. 우리는 학교 밖에서 무엇을 배울 때 행동목표를 정해 놓고 질서정연한 순서에 따라 배우지 않는다. 분명한 목적을 항상 가지고 있는 것도 아니다.
   ㉣ 실제 우리는 목적이 무엇인지도 모르고 무엇인가를 학습하고 있다.

2 문제해결목표와 표현적 결과

아이즈너는 '행동목표'에 대한 자신의 비판을 다듬어서, 그의 유명한 『학교 프로그램의 설계와 평가에 관한 교육적 상상력』에서 교육목표에는 전통적인 '행동목표' 외에 두 가지 형태가 더 존재할 수 있다고 주장하였다.

(1) 문제해결목표

① 문제해결목표란 **어떤 문제와 그 문제를 해결할 때 지켜야 할 조건이 주어지면, 그 조건을 충족시키면서 문제를 해결해야만 하는 경우**를 말한다.

② 예를 들면, '20만 원의 예산으로 최소한 책 100권을 갖춘 학급문고를 꾸미기'와 같은 것으로, 이 목표는 문제와 따라야 할 조건은 분명하지만 그 해결책은 여러 가지일 수 있다.

③ 행동목표의 경우처럼, 미리 정해진 해결책을 학생이 찾아내도록 요구하는 것이 아니라, **정해지지 않은 수많은 해결책들 중 하나 또는 그 이상을 학생 각자가 찾아내도록 유도하는 것**이다.

(2) 표현적 결과

① 학생들은 **학교에서 목표를 정하지 않고 무엇인가 재미있고 유익할 것으로 생각되는 활동을 하면서 배운다**고 아이즈너는 지적한다.

② 예를 들면, 영화를 보러 갈 때 행동용어를 써서 아주 구체적으로 행동목표를 설정하거나 몇 가지 조건이 주어진 문제해결목표를 미리 정해 놓고 이 목표에 도달하기 위하여 극장에 가는 사람은 아무도 없다. 우리는 정해진 목표 없이도 그저 그 영화를 보면 뭔가 재미있을 것 같은 막연한 느낌을 가지고 극장에 가서 유익한 그 무엇을 배울 수 있다.

③ 목표를 미리 정하지 않고 어떤 활동을 하는 도중이나 끝낸 후에 교육적으로 바람직한 그 무엇을 얻을 수도 있으므로, 이를 아이즈너는 행동목표나 문제해결목표와 구별하여 '표현적 결과'(expressive outcomes)라 부르고 있다.

④ '표현적 결과'란 **우리가 어떤 활동을 하는 도중 또는 종료한 후에 얻게 되는 것**을 말한다.

종류	특징	평가방식
행동목표 (behavioral objectives)	• 학생의 입장에서 진술 • 행동용어 사용 • 정답이 미리 정해져 있음	• 양적 평가 • 결과의 평가 • 준거지향 검사 사용
문제해결목표 (problem-solving objectives)	• 일정한 조건 내에서 문제의 해결책을 발견 • 정답이 정해져 있지 않음	• 질적 평가 • 결과 및 과정의 평가 • 교육적 감식안 사용
표현적 결과 (expressive outcomes)	• 조건 없음 • 정답 없음 • 활동의 목표가 사전에 정해지지 않고 활동하는 도중에 형성 가능	• 질적 평가 • 결과 및 과정의 평가 • 교육적 감식안 사용

3 교육적 감식안과 교육비평

(1) 학생들의 성취형태를 평가하는 일은, 그 성격상 **양적이기보다는 질적인 작업**이다. 따라서 교사들은 새로운 형태의 학생평가기술이 필요한데, 이를 위하여 아이즈너는 **교육적 감식안(educational connoisseurship)과 교육비평(educational criticism)이라는 방법을 제안**하고 있다.

① 교육적 감식안

ⓐ 포도주의 맛을 감식하는 사람, 즉 포도주감식가가 오랫동안 포도주의 맛을 보는 경험과 훈련을 통하여 포도주들의 미묘한 질의 차이를 구별해 낼 수 있듯이, 학생들의 성취형태를 평가하는 일을 오랫동안 주의 깊게 경험한 사람은 학생들의 성취형태들 사이의 미묘한 차이를 감지할 수 있게 된다.

ⓑ 미묘한 질의 차이를 구별할 수 있는 감식안을 가지고 있듯이, 다른 교과를 가르치는 교사들도 자신들이 가르치는 **교과에 대한 학생들의 수행(performances) 사이의 미묘한 차이를 구별할 수 있는 감식안**을 가질 수 있다.

② 교육비평

ⓐ 감식가가 자신이 느끼는 미묘한 질의 차이를 일반인들, 예컨대 학생과 학부모도 볼 수 있도록 **언어로 표현한다면, 이 언어적 표현은 '교육비평'**이 된다.

ⓑ 어느 분야에 대한 감식안을 가진 사람만이 감지할 수 있는 미묘한 차이를 그 분야의 비전문가가 이해할 수 있도록 언어로 표현하는 일은 결코 쉬운 일이 아니어서 비평가들은 흔히 직유, 은유, 유추, 시적 표현 등을 자주 사용하게 된다.

(2) **감식안이란 '감상하는 기술', '개인적인 성격'**이 강한 반면에, **비평이란 '남에게 전달하는 기술'이고 '공적인 성격'**이 강하다.

(3) 교사는 이러한 **교육적 감식안과 교육비평이라는 질적인 평가기술(arts)을 터득**하기 위하여 학생들의 성취도를 유심히 관찰하고 이를 언어로 형상화하려는 노력을 꾸준히 기울여야 한다.

4 참 평가

아이즈너는 타일러의 논리에 기초한 평가방식은 학생들이 실생활에서 필요로 하는 능력, 즉 문제해결력을 학습하는 데 별로 도움이 되지 않는다고 지적하면서, 학교에서 행하는 평가가 참 평가(authemic assessment)가 되려면 다음과 같은 8가지 기준을 따라야 한다고 주장하고 있다.

(1) 학생들이 알고 있는 것, 할 수 있는 것을 평가하기 위한 과제는 학교 내에만 국한된 것이 아닌 **학교 밖의 세계에서 부딪힐 수 있는 것**이어야 한다.

(2) 학생들을 평가하기 위해 사용된 과제는 결과뿐만 아니라 **문제를 해결하는 과정**도 보여 줄 수 있는 것이어야 한다.

(3) 평가에 사용된 과제는 그 과제를 만든 **지적 공동체의 가치를 반영**하여야 한다.

(4) 평가의 과제는 한 사람의 활동에만 국한될 필요는 없다. 우리가 부딪히는 많은 과제는 **집단의 노력**을 필요로 한다.

(5) 평가의 과제는 그 문제 또는 질문에 대한 해결책 또는 답이 한 가지 이상이도록 구성되어야만 한다.

(6) 평가과제는 수업시간에 배운 것을 그대로 측정하는 것이어서는 안 되고, 학생으로 하여금 **배운 것을 새로운 상황에 적용하도록 요구**하는 것이어야 한다.

(7) 평가의 과제는 학생들이 **단편적인 사실과 함께 보다 전체적인 맥락**에 신경을 쓰도록 하는 것이어야 한다.

(8) 평가의 과제는 학생들이 배운 것을 표현하기 위해 사용하는 제시형태를 다양하게 선택할 수 있도록 허용하는 것이어야 한다.

5 질적 탐구

(1) 아이즈너의 업적 중 빼놓을 수 없는 것은, '질적 탐구'라는 새로운 형태의 연구방법론을 일찍이 주장하여 이것이 교육학자들에게 널리 받아들여지도록 줄기차게 노력한 것을 들 수 있다.

(2) 질적 탐구
문화인류학 등의 분야에서 널리 사용하고 있는 연구방법론으로서 자연스러운 탐구(naturalistic inquiry), **해석적 연구**(interpretive inquiry), **문화기술지**(ethnography) 등의 이름으로도 불린다.

(3) 특징
연구자가 연구대상을 인위적으로 조작하지 않고 있는 **그대로 존재하는 현장에 직접 들어가서 일어나는 일을 질적인 시각으로 관찰하고 판단**한다는 데에 있다.

(4) 질적 탐구는 전혀 새로운 방법론이 아니라, 교육학 이외의 영역에서 그동안 널리 사용되어 왔음을 강조하면서 우리가 학교를 진정으로 개선하기를 원한다면 질적 탐구를 통하여 실제 현장을 파악하는 일이 아주 중요하다고 강조하고 있다.

양적 연구

전통적으로 교육학 특히 교육심리학 분야 내에는 A라는 요인이 B라는 요인에 미치는 효과라는 식의 연구가 주종을 이루고 있는데, 이러한 연구는 한결같이 실험에 참가한 사람들을 어떤 실험처치를 가하는 실험집단과 아무런 실험처치도 가하지 않는 통제집단으로 나눈다. 그리고 일정한 시간이 지난 후에 이 두 집단 간에 어떤 변화가 일어났는지를 알아보기 위하여 모종의 '검사'를 실시하는데, 이 '검사'의 결과치가 과연 통계적으로 의미 있는 것인지를 결정하기 위하여 여러 가지 '통계적 분석'을 실시한다. 연구자들은 이 '통계적 분석'의 결괏값, 즉 '양적인' 데이터를 기초로 'A라는 요인이 B라는 요인에 영향을 미친다 또는 미치지 않는다'와 같은 결론을 이끌어 낸다.

6 영 교육과정

아이즈너는 그의 대표적인 교육과정학 저서인 『학교 프로그램의 설계와 평가에 관한 교육적 상상력』에서, 모든 학교에서는 세 가지 교육과정을 가르치고 있다고 파악하고 있다.

(1) 명시적 교육과정

학교가 목표를 세우고 의도적으로 가르치는 교육과정, 즉 국어, 영어, 수학, 과학, 사회, 음악, 미술, 체육 등의 과목들을 가리킨다.

(2) 잠재적 교육과정

학교에서 의도적으로 학생들에게 가르치려고 하지는 않았지만 학생들이 학교를 다니는 동안에 배우는 것들이 이 부류에 속한다.

- 🐠 교사가 원하거나 기대하는 것을 교사에게 제공하는 것, 권위에 복종하는 태도, 경쟁 등은 학교가 학생들에게 의도적으로 가르치고자 한 것은 아니지만, 학생들은 학교를 다니는 동안 자연스럽게 위와 같은 특성을 배운다.
- 🐠 학교에서는 예체능 교과를 하루 중 주로 오후에, 일주일 중 주로 주말에 가까운 시간대에 편성하여 가르친다. 교사들은 정신이 맑은 오전 시간대에는 어려운 과목을 편성하고, 점심을 먹고 졸리는 오후 시간대에는 음악, 미술, 체육 교과를 주로 편성한다. 뿐만 아니라 예체능 교과는 주초보다는 학생들의 마음이 들뜨기 시작하는 주말에 가까운 요일에 편성하여 일종의 휴식 성격으로 제공한다. 예체능 교과의 이와 같은 시간표상의 위치는 교사들의 예체능 교과에 대한 교과관, 즉 예체능 교과는 '머리를 적게 쓰는 주변 교과'라는 생각을 학생들에게 은연중에 전달하는 역할을 한다.

(3) 영 교육과정(null curriculum)

① 학교에서 의도적으로 가르치지 않아서 학생들이 계발하지 못하는 기능이나 배우지 못하는 과목 등을 가리킨다.

② 학교에서는 경제학, 법학, 시각예술, 문화인류학 등의 과목을 가르치고는 있지만, 그 과목들에 배당하는 시간수는 국어, 영어, 수학, 과학 등의 교과에 비하여 형편없이 적다. 이러한 과목들이 학교에서 소홀히 취급된 이유는, 그 과목들의 중요성이 떨어지기 때문이 아니라 뿌리 깊은 전통의 영향 때문이라고 아이즈너는 파악하고 있다.

③ 전통적으로 학교에서 가르치는 교과는 그 교과의 전문가로 자처하는 교사들의 보호를 받아 지속적으로 학교교육과정에 중요 과목으로 포함되지만, **경제학, 법학, 시각예술 등의 교과는 이와 같은 울타리가 없어 학교교육과정에서 중요한 위치로 올라가지 못한다.** 그 결과 학생들은 학교 밖에서 생활하는 데 **실질적으로 필요한 과목을 학교 안에서 배우지 못하게 되는 것**이다.

7 교육과정 개발

(1) 목표의 설정

① 행동목표가 지닌 문제점을 강하게 비판한다. 아이즈너는 목적(aims), 목표(goals), 학습목표(objectives)를 구별한다. 그는 '목적'이란 일련의 가치와 교육의 일반적인 방향을 제공하는 것이고, '목표'란 어떤 의도의 구체적인 진술을 의미하는 것이며, '학습목표'란 셋 중 가장 구체적인 진술을 뜻한다고 하였다.

② 교육과정 개발 시 서로 다른 이해집단에서 주장하는 상충되는 목표를 어떻게 처리하는가 하는 문제에 대해 아이즈너는, 그러한 상황에서는 예술적 기술과 재능이 요구된다고 제안하였다. 왜냐하면 교육과정 개발자가 상충되는 이해관계에 따른 구속상황을 탈피하여 새로운 프로그램을 실행하고자 한다면, 계획과정에서 어떤 전략과 대안을 사용할 것인가를 협상하는 능력이 필수적이기 때문이다.

(2) 교육과정 내용 선정

① 아이즈너는 교육과정 개발자는 **개인, 사회, 교과의 세 자원으로부터 내용을 추출**하여야 한다고 강조한다.

② 전통적·학문적 교과만을 교육과정 내용으로 구성하는 교육과정 계획자들에 대해 비판을 가하면서 대중문화와 같은 아주 **중요하면서도 학교교육과정에서 전통적으로 배제되어 왔던 내용(영교육과정)**도 신중하게 고려해야 한다고 주장한다.

(3) 학습기회의 유형 개발

① 아이즈너는 **다양한 학습기회**가 학생들에게 제공되어야 한다고 주장한다. 이러한 주장에 있어서 그 핵심적 개념은 '**교육적 상상력**'이다.

② 교육적 상상력이란 '**예술성**'(artistry)**에 대한 은유적 용어**로서, 교사들이 실제 학생들에게 **의미 있고 만족스러운 다양한 학습기회를 제공할 수 있도록 교육목표와 교육내용을 학생들에게 적합한 형태로 변형하는 능력**을 의미한다.

③ 교실 수업에서 **교사의 교육과정 재구성능력**을 강조한 것이다.

(4) 학습기회의 조직

① 교육과정 개발자-교사는 학생들의 학습결과와 학습경험의 폭을 넓힐 수 있는 일련의 **학습자료와 교육활동을 제공해** 주어야 한다.

② **학습의 결과를 '통제'하는 측면보다는 이 과정에 '참여'하는** 것이 더 중요하며, 교사는 그러한 참여를 통해 학생들의 흥미와 목표를 촉진시켜야 한다.

③ 교사는 교과의 다양한 요소를 동시에 다루어야 하며, 아이즈너는 이러한 교사의 업무를 **'거미줄을 치는 작업'**으로 비유한다.

(5) 내용영역의 조직

① 내용은 다양한 방법으로 조직되고 통합되어야 한다.

② 학교에는 내용을 새롭게 조직하고자 하는 탐구적 시도를 제약하는 사회적·정치적·지적 구속들이 존재한다.

(6) 제시와 반응양식 개발

① 아이즈너는 인쇄된 서책이나 쓰인 글만이 어떤 사람의 지식상태를 보여 줄 수 있는 유일한 방법이라고 믿는 교육자들을 비판한다.

② 그는 교사가 교육과정을 표현하는 의사소통 양식을 다양하게 활용하지 않으면, 그 교사는 다양한 반응양식을 보이는 학생들의 교육기회를 부정하는 꼴이 된다고 지적한다.

③ 학생들의 의사소통 영역이 제한받아서는 안 되며, 학생들에게 다양한 선택사항도 제공해 주어야 한다.

(7) 다양한 평가절차의 적용

① 아이즈너는 평가란 근본적으로 인간이 끊임없이 **자신의 삶과 자기를 둘러싸고 있는 세계를 이해**하고자 하는 과정과 같다고 본다.

② 평가는 공개적·형식적으로 이루어지는 면이 있지만, 궁극적으로는 비형식적으로 이루어진다. 이러한 기술을 그는 **'교육적 감식안(educational connoisseurship)'과 '교육비평(educational criticism)'**이라 부른다.

(8) 아이즈너의 교육과정 개발모형에 대한 평가

교육과정 계획에 대한 아이즈너의 예술적 접근법은 다음과 같은 몇 가지 측면에서 타일러나 워커의 접근법과 다르다.

① 타일러는 일련의 **불변한 단계를 설정**하는 반면, 아이즈너는 교육과정 계획·개발과정을 **끊임없이 계속되는 과정(an open-ended process)**으로 묘사한다.

② 워커는 오로지 계획된 교육과정을 만드는 문제상황에서 숙의과정을 설명하고 있는 반면, 아이즈너는 **숙의과정에서 예술성이 계획된 교육과정, 실행된 교육과정, 학생이 경험한 교육과정의 내재적 가치를 어떻게 강화**시켜 주는가를 설명하고자 하였다.

③ 아이즈너는 사회적 실재란 단순히 그 자체로서 존재하는 것이 아니라 **사회적 실재 안에 살고 있는 사람들에 의해 끊임없이 구성·재구성**되는 것이라고 본다.

④ 이 개발모형은 예술 분야에 가장 적절하고 수학, 과학, 외국어, 사회, 체육 등 다른 교과의 교육과정 개발에서는 새로운 변형이 요구된다.

⑤ 교육과정의 재개념화를 추진했지만 교육과정의 개발, 설계, 계획이라는 점에서는 목표의 설정, 내용과 활동 및 경험의 강구, 수업의 실시, 평가와 개선 모색이라는 타일러의 모형을 크게 벗어나지 않는다. 왜냐하면 교육과정은 교육활동의 계획과 실행의 지원을 위한 기준을 제공하는 일이 핵심이기 때문이다.

개념 ➕

- 목표와 우선순위
  - 명백하게 정의될 수 있는 목표뿐만 아니라 잘 정의될 수 없는 목표(표현적 목표)도 고려할 필요
  - 우선순위 고려 시 심사숙고할 필요
- 교육과정의 내용
  - 교육과정을 선정하는 데 있어서 여러 선택지 고려
  - 영 교육과정(null curriculum) 고려
- 학습기회의 유형: 목표와 내용을 학생들에게 의미 있는 학습사태로 변형하는 것이 중요
- 학습기회의 조직: 학생들의 다양한 성취결과를 장려하기 위한 비선형적(nonlinear) 접근 강조
- 내용영역의 조직: 내용의 범교과적(cross-curricula) 조직 강조
- 제시양식과 반응양식: 학생들의 교육기회를 넓히기 위한 다양한 의사소통 양식 활용
- 평가절차의 유형: 교육과정 개발과정의 여러 단계에 걸쳐 종합적인 절차 활용

제**7**절 교육과정 설계의 일반원리

▮1 교육목표의 설정

(1) 교육목표 설정자원

타일러가 교육목표 설정자원을 사회에 대한 조사, 학습자에 대한 연구, 교과전문가의 제언으로 제시한 이래 사회, 학습자, 교과라는 세 요소가 교육목표 설정의 일반적인 자원으로 인식되고 있다.

① 사회

    ⊙ 교육목표는 사회 전체가 추구하는 이념 및 사회의 직접적인 요구를 반영해야 한다. 일반적으로 한 사회에는 사회구성원들 간에 전통적으로 합의해 온 가치체계 및 생활양식이 있으며, 이것은 그 사회의 전통 혹은 문화를 구성하게 된다. 따라서 특정 사회구성원들이 그 사회 속에서 살아가기 위해서는 좋아하든 싫어하든 간에 그러한 전통이나 문화를 알아야 한다.

    ⓒ 현대 사회를 살아가는 사람들은 급변하는 사회에 적절히 대응할 수 있어야 한다. 특히 한 나라의 국가경쟁력은 변화하는 사회에 발 빠르게 대처하지 않고서는 확보될 수 없다. 이런 측면에서 교육목표는 사회 전체의 이념 및 급변하는 사회의 직접적인 필요에 대한 분석을 통해 설정될 필요가 있다.

② 학습자

    ⊙ 아무리 좋은 교육목표라 하더라도 학습자의 심리적 조건과 맞지 않다면, 그것은 실현성이 없다. 학습자는 나름대로의 성장·발달단계를 거치며, 이를 지배하는 제반 법칙이 있다. 또한 학습자 간에는 동일 단계에 있다 하여도 좋아하는 관심사가 서로 다를 수 있다.

    ⓒ 학습자의 일반적인 발달단계의 제 특성에 대한 이해뿐만 아니라, 학습자들 간에 나타날 수 있는 개인차에 대한 올바른 이해도 필요하다.

③ 교과

    ⊙ 교과의 성격이나 교과전문가들의 견해 또한 교육목표 설정의 중요한 원천이 된다. 교과의 특성을 반영함에 있어서는 교과에서 반드시 학습되어야 할 기본적인 내용뿐만 아니라, 교과의 최근 동향에 대한 분석이 이루어져야 할 것이다.

    ⓒ 교과에 대한 분석과정에는 특히 교과전문가들의 견해가 반영될 필요가 있다. 교과 내에서도 중요시하는 영역 및 가치에 대해서 학자들 간에 상당한 갈등이 있기 때문에, 교과전문가들의 견해를 수용하는 데 있어서는 다양한 의견수렴과 합의과정이 특히 중요하다고 할 수 있다.

(2) 교육목표의 진술

① 교육목표는 교육을 통해 기대되는 성과를 의미하는 것으로서 활동의 기준과 방향을 제시한다. 따라서 교육목표는 구체적이면 구체적일수록 교육활동의 내용과 이를 통해 달성해야 할 것들을 분명히 밝혀 준다고 할 수 있다.

② 교육목표는 **관찰할 수 있는 학생들의 행동을 규명해서 이를 행위동사(behavioral verb)로 진술**해야 한다.

③ 수업목표인 경우는 학생들이 학습경험의 결과로서 보이게 될 **구체적인 행동변화를 나타낼 수 있는 동사**로 진술되어야 한다.

④ 명확하고 분명한 목표를 강조하는 사람들이 수업목표로서 피해야 한다고 보는 진술용어는 다음과 같은 동사들이다.

> 인식하다(appreciate) / 배운다(learn) / 이해한다(comprehend, understand) / 깨닫는다(realize) / 안다(know) / 좋아한다(like)

이에 반하여 이들이 주장하는 수업목표의 진술용어는 다음과 같은 것이다.

> 설계한다(design) / 비교한다(compare) / 번역한다(translate) / 재구성한다(reconstruct) / 선택한다(choose) / 쓴다(write) / 편집한다(edit) / 식별한다(discriminate) / 구분한다(distinguish) / 열거한다(list) / 인용한다(cite) / 배열한다(arrange) / 계산한다(compute) / 그래프를 그린다(graph)

⑤ 행동적 수업목표는 구체적이기 때문에 교사들에게 매우 유용한 도구일 수 있다. 즉 행동적 수업목표는 무엇을 가르쳐야 하는지, 어떤 수업방법과 평가가 사용되어야 하는지에 대한 분명한 방향을 제시해 주고, 학부모와 학생들과의 분명한 의사소통을 가능하게 하는 장점이 있다.

⑥ 행동적 수업목표의 문제점으로는 다음과 같은 것들이 지적되고 있다.
  ㉠ 수업을 통해 기대되는 결과를 제한된 수의 수업목표로 구체화하는 것이 가능하지 않다.
  ㉡ 의도하지 않은 결과는 사전에 구체화된 목표로 진술될 수 없다.
  ㉢ 단지 몇 개의 목표를 구체화하는 것은 수업에 있어 동등하게 중요한 다른 영역을 배제할 수 있다.
  ㉣ 행동적 수업목표가 어떤 교과영역(예컨대, 수학이나 과학)에서는 도움이 되지만, 다른 교과영역(예컨대, 미술이나 문학)에서는 그렇지 않다.

2 교육내용의 조직

교육내용을 조직하는 데에 있어서는 크게 두 가지 측면, 즉 **수평적인 측면과 수직적인 측면**이 고려되어야 한다.

수평적 측면	• **동일 학년 내 내용의 배열문제**로서 교육내용의 **횡적 조직**과 관련된다. • 다룰 **내용의 범위**라든지 **내용 간의 통합**에 대한 고려가 이에 해당한다.
수직적 측면	• 내용의 **학년 간 배열의 문제**로서 교육내용의 **종적 조직**과 관련된다. • 내용의 **계속성**이라든지 내용 간의 **계열**에 대한 고려가 이에 해당한다.

(1) 범위(scope)

① 범위는 **교육과정에서 다룰 내용의 폭과 깊이를 지칭**하는 것으로, 교육내용의 **횡적 혹은 수평적 조직**에서 고려해야 할 원리에 해당한다.

② 범위는 특정 학년에서 어떤 교과나 활동을 어느 정도의 시간으로 다룰 것인지, 혹은 개설된 특정 프로그램이나 교과목에서 어떤 내용을 어느 정도로 다룰 것인지 등을 결정하는 것과 관련된다.

③ 교육내용의 범위를 고려한다는 것은, 교육과정에 어떤 내용을 포함시키고 그 내용을 어느 정도까지 상세하게 다룰 것인지를 결정한다는 것을 의미한다.

④ 교육내용의 범위로는 학생들의 학습을 이끌기 위해 창안된 모든 유형의 학습경험이 포함된다. 그것은 인지적, 정의적, 심동적 영역 모두를 포함하며, 다양한 수준의 지식뿐만 아니라 활동도 포함한다.

⑤ 범위는 1년 이상 다루어지는 내용으로 구성될 수도 있고, 몇 달이나 몇 주에 걸쳐 다루어지는 내용으로도 구성될 수 있다.

(2) 통합(integration)

① 통합은 교육과정의 내용으로 포함될 수 있는 **모든 유형의 지식과 경험을 서로 연결 짓는 것**을 의미한다.

② 통합은 모든 지식 영역들 간 혹은 지식 영역 내의 **주제들 간의 수평적인 관계를 강조**하는 것으로, 교육내용의 **횡적 조직원리**에 해당한다.

③ 통합의 기본 아이디어는 지식을 분절화된 형태로 제시하기보다는 서로 관련된 형태로 제시할 때 학생들에게 좀 더 의미 있는 학습이 일어난다는 것이다.

④ 학생들이 일상에서 부딪히는 문제는 매우 복합적인 것이어서 개별 학문의 지식으로는 해결되기가 어려우며, 따라서 지식 간의 관계가 절연된 학습이 지속되는 한 학생들은 일상에서 직면하는 다양한 문제를 해결할 수 있는 능력을 갖추기 어렵다고 할 수 있다.

⑤ 교육내용의 조직원리로서 통합은 분과와 대비되는 것이다. 교육내용의 전통적인 조직방식은 분과적인 것이었다. 이것은 모든 교육내용을 엄격하게 구분된 학문 조직방식에 따라 분류하여 분리된 교과의 형태로 조직하는 것이다.

⑥ 우리나라 교육과정을 구성하고 있는 교과목들, 예컨대 국어, 도덕, 사회, 수학, 과학, 기술·가정, 체육, 음악, 미술, 영어 등은 바로 이러한 전통적인 학문 분류방식에 따라 분과적으로 조직된 것이라고 할 수 있다.

⑦ 우리나라 국가교육과정의 내용조직도 다양한 형태의 통합을 활용하고 있다.

> **예** 고등학교의 통합사회는 일반사회, 지리, 역사, 윤리를 통합하여 조직한 교과목이며, 통합과학은 물리, 화학, 생물, 지구과학을 통합하여 조직한 것이다.

(3) 계속성(continuity)

① 계속성은 **특정 지식이나 학습 영역에서 시간의 경과에 따라 동일한 개념이나 기능을 계속해서 반복적으로 다루어야 한다는 것**을 의미한다.

② 계속성은 특정 지식/학습 영역을 구성하는 내용요소의 **수직적인 반복**을 의미하는 것으로, 교육내용 조직의 **종적 원리**에 해당한다.

③ 계속성의 기본 아이디어는 특정 지식/학습 영역의 중요한 개념이나 기능은 학생들이 반복적으로 학습할 기회를 가져야 한다는 것이다.

> 예 국어 영역에서 읽기기능이 중요한 목표라면, 이들 기능이 연마되고 개발될 반복적이고 지속적인 기회가 제공되는 것이 필요하다. 마찬가지로, 과학 영역에서 실험하는 법이 중요하다면, 실험활동에 가담할 수 있는 기회가 여러 시기에 걸쳐 지속적으로 제공될 필요가 있다.

④ 학생들은 특정 지식/학습 영역에서 중요한 개념이나 기능에 대한 학습경험을 반복적으로 가짐으로써 이에 대해 깊이 있게 이해하고 사고하는 것을 배우게 된다.

⑤ 브루너(J. Bruner)가 주장한 **지식의 구조**는 바로 이러한 주요 개념이나 아이디어의 중요성을 지적한 것이라고 할 수 있다. 따라서 계속성은 브루너의 **나선형 교육과정**이라는 개념 속에서 가장 잘 드러난다.

ㄱ 브루너는 교육내용이 **각 학문의 핵심적인 개념이나 아이디어로 조직**되어야 하며, 이러한 개념이나 아이디어를 학생들에게 이해시키기 위해서는 학년이 올라감에 따라 이를 **반복적으로 제시하되 그 깊이와 폭을 심화**하고 확대해 가는 **나선형 형태로 조직**해야 한다고 주장했다.

ㄴ 이러한 지식구조의 나선형적 조직은 교육내용 조직에 있어서 **계속성의 원리와 함께 계열의 원리까지 보여 주고 있다**.

ㄷ 우리나라 수학 교육과정에서 집합이나 함수라는 개념이, 그리고 사회 교육과정에서 민주주의라는 개념이 여러 학년에 걸쳐 반복적으로 제시되고 있는 방식은 계속성의 원리를 따르고 있는 것이라고 할 수 있다.

(4) 계열(sequence)

① 계열은 학습내용이나 경험을 **조직하는 순서**와 관련된다.

② 계열은 학생들이 학습내용이나 경험을 **접하게 되는 순서**를 가리킨다.

③ 계열은 교육내용을 **수직적으로 혹은 종적으로 조직**할 때 고려해야 할 원리로, 학년 수준에 따라 교육내용을 조직할 때는 이러한 계열의 문제가 심각하게 고려되어야 한다.

④ 교육내용의 조직에서 **계열에 대한 고려는 학생들의 누적적이고 지속적인 학습을 촉진**하기 위한 것이다. 따라서 계열은 내용이 가르쳐지는 순서와 무엇이 다른 학습내용 뒤에 와야 하는지에 관심이 있다.

⑤ 계열은 교과내용의 논리적 구조에 따라 정해지기도 하고 학습자의 흥미나 학습과정에 비추어 정해지기도 한다.

⑥ 전통적으로 교육내용을 조직할 때 계열을 보장하기 위해 사용해 온 원칙은 다음과 같다.

ㄱ 단순한 것으로부터 복잡한 것으로 나아감

ㄴ 전체로부터 부분으로 발전함

ㄷ 사건의 연대기적 순서로 제시함

ㄹ 구체적 경험에서 개념의 순서로 나아감

⑩ 특정 개념이나 아이디어를 계속적으로 제시하되, 나선형적으로 그 내용을 심화·확대해서 제
시함

(5) 연계(articulation)

① 연계는 맞물리는 두 개의 학교급이나 학년이 만나는 지점에서의 **특정 내용요소 간이나, 동일
학년에서 제시되는 유사한 내용요소 간의 자연스런 관계 맺음**을 의미한다.

② 연계는 **수직적인 것과 수평적인 것을 모두 포함**한다고 볼 수 있다.

③ 수직적인 연계는 나중에 배울 내용의 그 이전에 배운 내용과의 관계에서 설계원리와 교육과정
통합초점을 둔 것으로, 나중의 학습 출발점이 그 이전 학습의 종결점과 잘 맞물리도록 내용을
조직해야 한다는 것을 의미한다.

④ 수직적인 연계성은 서로 맞물리는 학교급 간이나 학년 간의 접합지점에서의 특정 내용요소 간의
자연스런 관계 맺음을 강조한다.

> **예** 초등학교 1학년의 과학내용은 유치원의 마지막 단계에서 이루어지는 과학 교육의 영역 및 수준에 토대를 두
> 고 조직되어야 하며, 중학교 1학년의 수학 내용은 초등학교 6학년의 수학 내용의 영역 및 수준과 자연스럽게
> 연계되도록 조직되어야 한다.

⑤ 교육내용의 수직적인 연계는 후속학습의 선행요건이 되는 학습을 보장하기 위해서 매우 중요하다.

⑥ 수평적인 연계는 동일 학년 내 교과 간에 유사한 개념이나 주제, 기능 등이 있을 때, 이들 내용
요소들이 동일한 수준으로 다루어질 수 있도록 조직해야 한다는 것을 의미한다.

> **예** 초등학교 5학년에서 인권이라는 개념이 도덕과 사회 교과 모두에서 다루어진다고 할 때, 양 교과에서 인권과
> 관련된 내용들은 동일한 수준으로 제시되어야 할 것이다. 즉 도덕에서 다루어지는 인권 개념이 사회에서 다
> 루어지는 것보다 지나치게 어렵거나 쉬운 것이어서는 안 된다.
>
> **예** 5학년 영어 교과에서 소재로서 광합성과 관련된 내용을 다룬다면, 동일 학년의 과학 교과에서 다루어지는
> 광합성의 수준을 고려하여 그 내용을 조직해야 양 교과 간의 수평적인 연계가 확보될 것이다.

⑦ 수평적 연계는 연계의 주된 초점이 내용 간 '수준'에 있다고 할 수 있으며, 이 점에서 내용 간
'연결'에 주된 관심을 두는 통합과는 구분된다고 할 수 있다.

(6) 균형(balance)

① 균형은 교육과정에 **여러 측면의 내용을 적절한 비중으로 조화롭게 담아내야 한다는 것**을 의미한다.

② 특정한 내용이나 경험이 **과도하게 편성되는 것을 방지**하기 위한 것이다.

③ 교육내용을 조직할 때 균형을 갖추기 위해 고려해야 할 측면은 다음과 같은 것이다.

㉠ 인간발달의 인지적·정의적·심동적 영역

㉡ 개인적·사회적·지적인 목표

㉢ 교과와 학습자

㉣ 공통내용과 선택내용

㉤ 교육과정내용의 폭과 깊이

CHAPTER 04 교육과정의 재개념화

제1절 교육과정학 탐구의 실존적 재개념화: 윌리엄 파이나

파이나의 교육과정 이론은 오늘날 우리가 처하고 있는 사회적·문화적 현실 속에서 개인이 갖는 경험과 의미를 파헤치고 이해하는 일에 초점이 주어진다. 우리가 처한 사회적 현실이란 기계문명의 발달과 산업화·정보화에 따른 새로운 인간소외의 문제, 경제적인 불안정, 사회적 갈등 그리고 일상생활에서 점차 증가되는 관료적 체제의 문제 등과 같은 상황을 의미한다.

1 기본적인 주제: 인간의 실존적 해방

(1) 해방

① 파이나는 스스로 자신의 모든 학문적 노력이 궁극적으로 추구하는 **기본목표는 인간의 해방**이라고 규정하고, 해방이란 **'정치적·경제적·심리적 불공정성에서 자신과 타인을 자유롭게 하는 과정'**이라고 말하였다.

② 해방의 과정은 **다면적인 연속의 과정**이기 때문에 어느 한 가지 조건의 해결로 한순간에 이루어지는 것이 아니다.

③ 개인이 갖는 **여러 가지 상황과 조건들을 종합적으로 고려**함으로써 그를 구속하는 현상이나 거짓된 인식을 걷어 내고, 자신의 진실된 본래의 모습으로 회복함으로써만이 가능한 것이다.

④ 추상적으로 이론화하고 표준화시켜 놓은 관념적 인식에서 벗어나서 **생동적이고 구체적인 개인의 직접적 경험의 세계를 회복함**으로써 이루어질 수 있다고 본다.

(2) 개인

① **인간의 경험을 이해하는 가장 올바른 방법은 그 경험이 갖는 개별적 특수성을 강조**하는 것이다.

② 교육과정의 관심은 당연히 **'개인'**에게로 주어지고, 각 개인이 교육 속에서 갖는 **내적 경험의 탐구에 초점**을 모으는 일이 교육과정 탐구의 새로운 출발점이 되는 것으로 생각하게 된다.

(3) 자기성찰(self-critical awareness)

① 우리가 교육과정의 이론가나 실천가로서 행동할 때, 우리는 먼저 자신이 가진 편견과 가치 그리고 개인적인 행동에 대해 자기비판적으로 성찰하지 않으면 안 된다.

② 자기성찰의 과정은 자신의 생활이나 교육경험을 되돌아봄으로써 **자신의 진정한 내적 의식의 세계**(biographical consciousness)를 알게 된다.

③ 나아가 자기를 구속하는 여러 가지 문화적·사회적 제약들이 무엇인지를 깨닫게 함으로써 자신은 물론 타인까지도 **진정한 인간의 모습으로 해방**시킬 수 있는 것이다. 이것이 바로 **인간의 정신적·실존적 해방**이 되는 것이다.

2 학교교육의 정신분석

(1) 사상적 배경

① 파이나의 많은 논문들이 교육과정의 이론이나 이론화의 과정에 대해 언급하고 있지만, 그의 초기 글 중에서 'Sanity, Madness, and the School'은 실제로 실존주의적·정신분석학적 바탕을 배경으로 학교교육의 본질을 분석하려고 시도한 대표적인 글이다.

② 학교교육 비판은 브라질의 급진적 교육론인 프레이리(Freire)나 정신분석학자인 융(Jung), 랭(Laing), 쿠퍼(Cooper) 그리고 실존주의 철학자 사르트르(Sartre)의 생각을 바탕으로 이루어져 있다.

③ 학교교육이 어떻게 아동을 비인간화시키고 있으며, 정신적 파괴를 가져오고 있는지를 날카롭게 분석하였다.

(2) 학교교육

① 학교교육에서는 아동들을 길들여지고 훈육되어야만 하는 거친 망나니들, 채워져야만 하는 빈 그릇으로 여기므로, 교육은 마땅히 **아동을 사회적으로 통제하고 성인의 가치를 아동에게 일방적으로 주입시키는 과정**으로 생각된다.

② 교육의 모습은 **프레이리의 용어로는 '은행저축식(banking)' 교육**, **사르트르의 말로는 '소화제식(digestive)' 교육**인 것이다.

③ 교육은 결국 아동들을 반쪽 밖에 모르는 분열된 인간으로 만듦으로써 학교교육의 누적된 결과로 남는 것은 오직 광기뿐이다.

3 쿠레레(Currere): 교육과정의 탐구

(1) 교육과정 재개념화 방법

파이나는 이러한 자아성찰을 통한 교육과정 재개념화의 방법으로 세 가지 단계를 제시하였다.

① 자신의 교육경험을 있는 그대로 **표현하는 방법의 단계**

② 그 경험 속에서 자신의 행동과 사고를 결정하는 데 작용했던 가정이나 논리가 무엇이었는지를 **비판적으로 살펴보는 일**

③ 다른 사람의 교육경험을 자서전적으로 분석함으로써 타인과 함께 교육이 갖는 기본적인 구조와 과정을 **인식하고 공감하는 단계**

(2) 쿠레레(curere)

① 파이나는 교육과정의 의미로서 그 말의 영어(curriculum)의 어원인 라틴어의 **쿠레레(currere)가 갖는 본래의 의미, 즉 '교육에 대한 개인적 경험이 갖는 본질적 의미'**를 제안한다.

② 우리는 흔히 '쿠레레'의 의미를 마차 경주에서 말들이 따라 달려야 하는 일정하게 정해진 경주로로만 생각하는 경우가 많지만, 오히려 '쿠레레'는 경주에서 각각의 **말들이 경주로를 따라 달리는 개인적인 경험을 지칭**하는 것이기도 하다.

③ '쿠레레'는 외부로부터 미리 마련되어 교육 속에서 아동들에게 일방적으로 주어지는 내용이 아니다. 그것은 **교육활동 속에서 아동 개개인이 갖는 경험의 본질**인 것이다.

curriculum	외부에서 나에게 주어지는 하나의 자료
curere	내가 그 자료를 접하고, 읽고, 생각하고, 느끼고, 배우는 나의 모든 생생한 경험들

④ 그 자체의 독특한 탐구방식을 동원하여 교육경험의 본질을 규명함으로써 **스스로 교육과정의 지식을 만들어 가는 활동**이다.

⑤ 자신의 경험 속에서 교육과정의 자료를 보는 사람은 응당 외부에서 주어지는 공식적인 가정들을 넘어서서 **자기 나름의 의문을 찾게 되며, 그것은 곧 교육과정을 재개념화하고 재창조하는 계기**가 되는 것이다.

⑥ 우리가 갖는 **교육경험의 본질을 분석하여 그 실존적 의미를 찾는 작업**, 이것을 파이나는 **'쿠레레의 방법론'**이라 부른다.

⑦ 쿠레레의 방법론을 통하여 우리는 보다 깊은 의식에 도달할 수 있고, 교육현상을 보다 넓은 지혜로 가질 수 있다.

제2절 교육과정학 탐구의 구조적 재개념화: 마이클 애플(Michael Apple)

1 기본적인 주제: 인간의 정치적 해방

(1) 파이나와의 공통점과 차이점

① 공통점: 애플의 교육과정에 대한 새로운 개념화 작업은 파이나와 마찬가지로 자신이 하는 일에 대한 **깊은 성찰에서 시작**된다.

② 차이점: 교육현실의 문제를 인식함에 있어 파이나는 그 관심을 **실존적 의식의 세계**로 돌려 우리가 갖는 교육경험의 의미와 본질을 파헤치는 일에 초점을 맞추었지만, 애플은 **신마르크스주의에 바탕**을 두고 그러한 의식을 형성하게 하는 외부적인 조건과 제약이 무엇인지를 따지는 데에 더 큰 관심을 두었다는 것이다.

(2) 인간해방

① 교육의 문제를 해결하기 위한 노력은 응당 교육과 관련되는 지식의 문제, 이념의 문제, 경제체제의 문제, 권력관계의 문제 등에 대한 상황 관련을 분석하는 일부터 시작하여야 한다.

② 교육과정의 이론과 실제에 대한 숨은 의미를 사회와의 관련 속에서 파악하게 함으로써 교육문제의 사회적·정치적 배경을 이해하는 도구를 제시해 주고, 우리를 지배하는 신화적인 믿음들을 비판적으로 꿰뚫어 보게 한다.

③ 불평등한 사회구조 속에서 정치적·경제적·사회적으로 구속받는 인간의 삶을 해방시키는 중요한 과제가 되는 것이다.

2 학교교육과 교육과정에 대한 비판

(1) 학교교육

① 애플은 그의 대표적인 저서 『이념과 교육과정』에서 오늘날의 학교는 기성세대가 갖는 사회체제와 권력관계를 다음 세대에 그대로 전달하는 **'문화재생산'(cultural reproduction)**의 기능을 한다고 비판한다.

② 오늘날의 학교가 **정의롭지 못하고 불공정하게 왜곡된 사회권력의 배분관계를 그대로 유지·계승**시키는 역할을 한다고 비판한다.

③ 학교교육은 권력을 가진 사람에게는 그 권력을 더 오래 유지할 수 있도록 도와주고, 권력을 갖지 못한 사람에게는 그들의 무능함을 스스로 인정하고 받아들이도록 훈련시킨다는 것이다.

④ 학교에서 **지식을 선택적으로 배분하여 가르침**으로써 이루어지는데, 부분적이고 편파적인 지식이 마치 완전하고 중립적이며 객관적인 진리인 것처럼 제공되기도 한다.

(2) 교사와 학생

① 교사와 학생들은 일상적인 일로 바삐 움직이다 보면 자신도 모르게 관료적인 통제 속에 말려들고, 권위의 주체가 요구하는 길로 나아가도록 계획과 자료를 통해 요구받는 것이다.

② 학교에서 이러한 주어진 역할과 지위에 대해 의문을 품거나 도전하는 학생이 있다면 그들에게는 곧 제재와 훈육이 가해지고, 이러한 교사들에게는 나쁜 평점이 매겨지거나 징계가 주어진다.

③ 학생들은 학교에서 인간의 사회적 관계를 형성하는 근원적인 논리를 배우기보다는 기존의 권위체제 속에서 자신에게 주어진 역할이 무엇인지를 배우고, 그들은 다시 사회의 기계적인 한 부분이 되고 마는 것이다.

(3) 지식

① 지식은 곧 **문화적 자본(cultural capital)**이라고 애플은 주장한다.

② 학교는 형식적인 교육과정을 통하여 특정한 지식을 적법화시켜 준다.

③ 교육과정은 모든 사람이 배우도록 요구되는 지식을 선정함에 있어 지배집단의 이익에 도움이 되는 지식에는 특수한 지위를 부여하고, 그렇지 않은 지식은 하찮은 것으로 규정하여 무시한다.

④ 학교의 교육과정에서는 예술이나 공예보다는 과학이나 직업교육 교과가 중시되고, 역사나 사회 과학의 내용에서는 갈등상황보다는 조화와 합의가 강조된다.

⑤ 학생들은 사회의 모든 사람들이 만족스럽고 행복하며 거의 모든 문제에서 의견의 일치를 보이고 있다고 믿게 된다.

(4) 학교

① 학교는 결국 이러한 식으로 그 사회의 지배적인 경제세력이 갖는 문화자본을 유지·계승시키는 일에 핵심적인 역할을 하는 것이다.

② 학교는 또한 '잠재적 교육과정'을 통하여 그 사회가 갖는 기존의 권력관계를 유지시키는 데 기여하기도 한다.

> **예** 유치원에 입학한 아동이 갖는 첫 학교 경험을 분석한 애플은 아동이 학교에서 처음으로 배우는 중요한 기능은 역할을 분배받는 일, 조용히 듣는 일, 물건을 제자리에 치우는 일, 그리고 학급의 일과를 따르는 일이라고 하였다.

③ 이러한 역할과 기능은 아동들에게 가르쳐야 할 표면적인 내용이 아니고, **그들을 통제하고 사회화시키기 위한 과정이며 노력**이라는 것이다.

3 컴퓨터 교육에 대한 비판

(1) 애플은 컴퓨터 교육, 즉 학생들이 졸업 후 직장을 구하려면 컴퓨터를 능숙하게 다룰 줄 알아야 하므로 학교에서 컴퓨터를 가르쳐야 한다는 생각(컴퓨터에 관한 교육)과, 교사의 수업의 질을 향상시키기 위한 수단으로 컴퓨터를 이용하려는 시도(컴퓨터를 이용한 교육)를 비판한다.

(2) 교사들이 수업시간에 컴퓨터를 많이 이용할수록 교사들은 타인의 생각을 단순히 실행이나 하는 단순노동자로 전락한다는 것이다.

(3) 교과내용을 전달하는 교육용 소프트웨어를 사용하든지 아니면 인터넷상에 올라온 다양한 학습자료들을 활용할 경우, 교사들은 수업자료를 만드는 과정과 분리되어 결국 교사들의 전문성이 서서히 녹슬게 된다.

(4) 계층 간, 성별 간의 차별을 개선하기보다는 심화시킬 위험성이 크다는 점을 지적한다. 아무리 컴퓨터의 가격이 낮아지더라도 가난한 가정의 아동들은 컴퓨터에의 접근가능성이 떨어질 수밖에 없고, 그 결과 학교에서 제공하는 컴퓨터 관련 교과의 학습이나 컴퓨터를 이용한 교과의 학습에서 불리한 위치에 서게 된다는 것이다.

4 애플과 지루의 잠재적 교육과정 논의: 급진적 관점

교육과 이데올로기 문제를 집중적으로 다룬 미국의 신마르크스주의 교육학자인 애플(M. Apple)과 지루(H. Giroux)의 잠재적 교육과정에 대한 논의 또한 급진적 관점이라고 볼 수 있다.

(1) 애플의 관점

① 애플은 자신의 잠재적 교육과정에 대한 논의를 잭슨의 잠재적 교육과정의 개념을 비판하는 것으로부터 시작하고 있다. 애플에 의하면, 잭슨은 학교의 잠재적인 기능을 잠재적 교육과정으로 개념화함으로써 교육과정의 발전에 기여한 것은 사실이지만, **잠재적 교육과정이 현행 학교교육의 헤게모니 유지에 결정적인 역할을 하는 중요한 특징임을 깨닫지 못했다.**

② 볼스와 진티스의 논의와 차이점

    ㉠ 애플은 학교의 잠재적 교육과정을 경제적인 측면에서만이 아니라 **문화적이고 이데올로기적인 측면에서도 분석**하고 있다.

    ㉡ 애플은 학교의 일상적인 생활 영역에서뿐만 아니라 공식적인 교육과정 영역에서도 잠재적 교육과정을 분석하고 있다.

    ㉢ 애플은 잠재적 교육과정을 숙명적으로 받아들여야만 하는 것으로 보기보다는, **헤게모니 투쟁을 통해 잠재적 교육과정을 적극적으로 극복하기 위해 노력할 필요**가 있다는 관점을 제시하고 있다.

③ 잠재적 교육과정의 역할과 관련하여 애플은 지배적인 헤게모니에 대한 대항 헤게모니의 형성이 가능함을 주장했다. 애플은 현실을 변화시키기 위해서는 현존하는 실재에 대한 비판적 이해가 선행되어야 한다고 주장한다.

(2) 지루의 관점

① 지루는 잠재적 교육과정에 대한 분석이 교육학의 발전에 기여하기 위해서는 숨겨진 교육의 결과를 단순히 서술하는 데에 그쳐서는 안 되고, **지배적인 헤게모니에 대한 비판을 전개하면서 대항 헤게모니를 형성**할 필요가 있다고 주장했다.

② 우리는 학교 밖의 권력과 학교에서 다루는 지식이 어떻게 관계 맺고, 상호작용하며, 사회적 불평등을 재생산해 내는지를 파악할 필요가 있으며, 더 나아가 우리의 관심을 재생산의 구조로부터 생산을 통한 문화적 중재와 사회변혁행위로 옮김으로써 잠재적 교육과정에 관한 논의가 교육 및 사회 변화에 기여할 수 있는 방향으로 나아가야 함을 강조하였다.

③ 애플과 지루에 의하면, 우리가 학교교육의 잠재적 교육과정을 폭넓고 깊이 있게 이해할 때 우리는 학교에서 **재생산 이데올로기의 작용을 중단시키고, 보다 민주적이고 정의로운 사회를 건설할 수 있는 가능성, 즉 생산가능성을 논하는 대항 헤게모니**를 지니게 된다.

④ 잠재적 교육과정을 포함하여 학교 현실을 올바로 이해할 수 있는 관점을 형성하게 될 때, 우리는 **학생들이 자신의 현실을 새로 구성하는 데 필요한 정치적이고 개념적인 도구를 제공**해 줄 수 있다.

CHAPTER 05 교육과정의 실행

교육과정 실행을 어떻게 바라볼 것인가에 대해서는 세 가지 다른 접근이 논의되어 왔다(Snyder, Bolin, & Zumwvalt, 1992). 교육과정 실행에 대한 최초의, 그리고 가장 지배적인 접근은 '충실도' 관점이다. 이 관점은 제안된 교육과정이 어느 정도나 의도되거나 계획된 대로 이루어지고 있는가와, 이러한 실행을 촉진하고 방해하는 요인들이 무엇인지를 밝히려는 데 관심이 있다. 두 번째 접근은 충실도 관점으로부터 발전된 것으로, '상호적응' 관점이다. 이 관점에서는 제안된 교육과정이 어느 정도나 계획된 대로 실행되었는지보다는, 그 교육과정이 실행과정에서 어떻게 적응되었는지에 관심을 둔다. 세 번째 접근은 '교육과정 생성' 관점으로, 이 관점에서의 초점은 제안된 교육과정의 실행과 적응으로부터 교육과정 생성으로 전환된다. 따라서 이 관점에서는 교사와 학생들이 어떻게 교육과정을 공동으로 구성해 가는가에 관심을 둔다.

제1절 충실도 관점

1 기본입장

(1) 국가에서 새로이 계획한 교육과정을 학교현장에 도입하고자 할 때 이 **교육과정이 의도한 바대로 학교현장에서 충실히 이행**되어야 한다고 보는 입장이 있다.

(2) 이 입장은 학교에서 실제로 실행되고 있는 교육과정이 **원래 계획된 바에 일치**해야 한다고 본다는 점에서 '충실도'(fidelity) 관점이라 불린다.

2 계획된 교육과정의 중요성

(1) 이 관점의 주장자들은 **계획된 교육과정의 중요성**을 강조하며, 계획된 교육과정이 잘 만들어지기만 하면, 그것은 교사들에게 쉽게 수용될 것이라고 가정한다.

(2) 새로이 개발된 교육과정이 교실에서 실행될 때, 그것은 계획된 것에 완전히는 아닐지라도 **밀접히 상응**한 것이 되어야 한다고 주장한다.

(3) 교육과정이 **어느 정도나 계획된 대로 실행**되었는지, **계획된 교육과정의 실행을 촉진하거나 방해하는 요소는 무엇인지**를 확인하는 데 관심을 둔다. 이를 통해 교육과정이 어떻게 해서든 계획에 충실하게 실행되기를 기대하는 것이다.

3 교사

(1) 충실도 관점은 교사들이 **낮은 수준의 교육과정 소양(curriculum literacy)**을 가지고 있다고 가정한다.

(2) 대부분의 교사들은 **교육과정이 무엇인지에 대한 이해가 부족**하며, 그것을 어떻게 해야 가장 **잘 가르치는지에 대한 기술이 부족**하다고 본다.

(3) 교사들을 교육과정 개발자의 지혜를 수동적으로 수용하는 사람으로 간주하면서, 교사들이 **새로운 교육과정을 충실히 사용할 수 있도록 철저하게 훈련**되어야 한다고 본다.

4 특징

(1) 계획된 교육과정은 **매우 구조화**되어야 하며, 교사들은 이것을 가르치는 방법에 대한 **명확한 지침**을 제공받아야 한다고 본다.

(2) 충실도 관점에서는 교사에게 제공된 교육과정 및 그에 따른 지침 모두가 구체화되어야 한다고 보기 때문에, 이것이 실제로 실행될 학교나 교실의 특수한 환경에 따라 적응될 여지를 거의 남겨두지 않는다.

5 성공 여부

(1) 충실도 관점의 성공 여부는 교사들이 그 **교육과정이 의도하는 바를 얼마나 일치되게 실행**하는가에 따라 결정된다.

(2) 이 관점에서는 새로이 개정된 교육과정이 교사들에 의해 충실히 실행될 수 있도록 **교사들에게 관련 정보를 제공하거나 연수시키는 데에 많은 노력을 경주**하게 된다. 많은 국가 수준의 교육과정 개발 프로젝트는 바로 이러한 충실도 관점을 따른 것이라고 할 수 있다.

6 장점

새로운 교육과정이 실제로 사용되기로 한 시점에서부터 그것이 의도한 대로 사용되고 있는지의 유무를 추적하거나, 쟁점 사항별 실행 수준의 문제와 그에 따른 처방을 구체적으로 제시해 줄 수 있다.

7 단점

(1) 충실도 관점에서 수행된 국가 수준의 교육과정 개발 프로젝트는 대부분 성공을 거두기 어려운 것으로 지적된다. 그 이유는 그러한 프로젝트가 **'교사배제'(teacher proof) 교육과정 패키지로 설계**되어 있기 때문이다.

(2) 교육과정 개발자의 노력을 희석시키지 않기 위해 지침을 지나치게 세세하게 제공함으로써 **교사의 역할을 최소화**시키는 경향이 있다.

(3) 대부분의 교사들은 이러한 패키지에 지극히 **부정적**이며, 결국 이들은 **이를 실행하지 않고 폐기**해 버린다. 일부 실행한 교사들의 경우도 이를 교육과정 개발자들은 예견할 수 없는 **구체적 교실상황에 맞게 수정**하게 된다.

(4) 교사를 **교육상품의 피동적인 수령자**로 간주하고 있으며, 교사들이 실제로 일하고 있는 학교현장의 교육 실제는 이론과 다르다는 사실을 인식하지 못한다.

(5) 실제 교실현장에서 행해지는 **교사들의 주체적인 역할이나 교실의 복잡한 상황 등을 고려하지 못하기 때문에** 의도한 바의 교육변화를 이끌어 내는 데에 한계를 가질 수밖에 없다.

제2절 상호적응 관점

1 기본입장

(1) 국가로부터 개발된 새로운 교육과정은 연구자와 개발자로부터 교사에게 직선적인 계열로 접근되는 것이 아니라, **학교 및 교실 상황에 영향을 주는 동시에 그것들로부터 영향**을 받게 된다고 본다.

(2) 국가로부터 주어진 공식적 교육과정이 그것의 실행과정에서 **실행상황 및 이를 실행하는 교사와 상호적응**의 과정을 거친다고 본다는 점에서 '상호적응'(mutual adaptation) 관점으로 불린다.

(3) 교육과정 실행이라는 것이 **교육과정 개발자와 교사 간의 타협이나 의미의 교환을 포함**한다고 본다.

2 국가 교육과정의 수정

(1) '상호적응'은 개발자와 사용자 간에 이루어지는 **바람직하고 합리적인 수정과정**을 말하며, 새로운 교육과정의 성공적인 실행을 보장하는 가장 효과적인 방식으로 간주된다.

(2) 국가 수준에서 개발된 모든 공식적 교육과정은 **학교현장에서 실행되는 동안 필연적으로 수정**되기 마련이라고 본다.

(3) 더 나아가 이 관점에서는 국가가 의도한 교육과정 변화가 바람직한 결과를 얻고자 한다면, **실행 과정에서의 수정은 필수적**이라고까지 주장한다.

(4) 교육과정에 있어 효과적인 실행전략은 상호적응, 즉 **주어진 교육과정을 실행 상황에 맞게 적응**시켜 적용하는 것에 있다고 보는 것이다.

3 교사

(1) 교사들을 전문가들에 의해 개발된 교육상품을 수동적으로 받아들이기만 하는 존재가 아니라, 그들이 처한 상황에 따라 **주어진 교육과정을 적절하게 변화시켜 나가는 능동적인 주체**로서 인식한다.

(2) 계획된 교육과정을 전제한 상태에서 이것에 대한 교사의 해석이나 조정 정도를 강조한다는 점에서, **교사의 역할을 여전히 제한적**으로 보고 있는 것이라고 할 수 있다.

4 평가

(1) 충실도 관점이나 교육과정 생성 관점과 명확히 구분되는 특징을 갖기 어렵다는 지적(Snyder, Bolin, & Zumwalt, 1992)이 있다. 상호적응 관점은 교육과정 실행의 연속선상의 양 극점인 충실도와 교육과정 생성 관점 사이의 어디엔가 존재하는 것으로, 어느 쪽을 더 지향하는가에 따라 충실도 관점이나 교육과정 생성 관점의 특징을 일부 공유할 수 있기 때문이다.

(2) 상호적응 관점은 세부적인 관심의 초점에 따라 충실도 관점이나 교육과정 생성 관점과 일부 중첩되는 모습을 지닐 수 있다.

제3절 교육과정 생성 관점

1 기본입장

(1) 실천 장면에 있는 당사자, 즉 교실의 **교사와 학생들이 공동으로 창안해 내는 교육적 경험이 곧 교육과정**이며, 이러한 **교육과정을 만들어 내는 활동 그 자체가 교육과정 실행**이라고 본다.

(2) 이 접근은 이와 같이 **교육과정 실행을 교사와 학생들이 함께 교육과정을 만들어 가는 활동**으로 본다는 점에서 '교육과정 생성'(curriculum enactment) 관점이라 불린다.

(3) 교육과정을 생성하는 과정을 **교사와 학생들의 지속적인 성장과 발달과정**으로 이해한다.

2 교육과정 실행

(1) 이 관점에서 교육과정 실행이라는 용어는 **교육과정 생성**의 의미를 지닌다. 즉, 교실에서 교사와 학생들이 함께 교육적 경험을 생성하는 활동 그 자체가 교육과정 실행인 것이다.

(2) 충실도와 상호적응 관점에서 중요시하는 외부에서 계획된 교육과정, 예컨대 **국가 교육과정은 교사와 학생들이 교실에서 교육적 경험을 생성할 때 활용할 수 있는 도구** 정도로 간주된다.

3 특징

(1) 교육과정을 외부적 기준에 의해서만이 아니라 **개인적인 수준에서도 구성**될 수 있는 것으로 간주한다.

(2) **교사와 학생들에게도 교육과정을 생성할 수 있는 권한**이 있으며, 외부에서 개발한 교육과정을 따르는 것보다 이것이 더 의미 있다고 본다.

4 교사

(1) 교사의 역할은 외부에서 개발된 교육과정을 실행하거나 적용시키는 데에 있지 않다.

(2) 교사는 **적극적인 교육과정 개발자**이며, **학생 또한 교사와 함께 교육과정의 공동 창안자**로 간주된다.

5 장점

(1) **교사들을 교육과정 개발자로 간주**함으로써 교사들이 그들 자신의 발달뿐만 아니라 교직의 발달에 더 책임감을 갖도록 격려한다.

(2) 성공적인 실행에 핵심이 되는 것은 국가 수준의 계획이 아니라 **개별 실행가 수준, 즉 교사와 학생들의 사고와 실천**에 있어서의 **성장과 변화**라는 점을 말해 준다.

(3) 교육과정 생성 관점에는 **교사와 학생들이 바람직한 교육과정을 생성할 것이라는 믿음**이 존재한다.

6 단점

(1) 교육과정 생성 관점은 무엇이 과연 바람직한 결과이며, 이것이 어떻게 창안되는가에 대해서는 **분명한 설명을 제공하지 못한다**.

(2) 교사와 학생들이 **생성한 교육과정이 무엇이며, 무엇이어야 하는지**를 구체적으로 진술하는 것을 조심스러워 한다.

◈ 교육과정 실행에 대한 세 가지 관점 비교

쟁점 \ 관점	충실도	상호적응	교육과정 생성
교육과정 개념	교사가 수행해야 할 구체적인 어떤 것으로서 미리 계획된 것	• 계획된 것 • 교사에 의해 실제로 전개된 것	교사와 학생들에 의해 창안되고 경험된 것
교육과정 지식	교실 밖의 교육과정 전문가에 의해 만들어진 것	• 교실 밖의 교육과정 전문가에 의해 만들어진 것 • 교실 실행과정에서 재구성될 수 있는 것	교실 밖의 전문가들이 만든 산물이 아니라, 교실에서 교사와 학생들이 지속적으로 창안하고 있는 것
교육과정 변화	변화는 선형적인 것으로, 계획된 대로 교실에서 실행하면 일어날 수 있음	변화는 예측하기 어려운 복잡한 과정으로, 계획대로 실행이 일어나지 않을 수 있으며, 실행과정이 변화에 중요함	교사와 학생들의 사고와 실천에 있어서의 변화가 진정한 변화임
교사의 역할	계획된 교육과정의 전달자 혹은 소비자	계획된 교육과정의 적극적인 재구성자	교육과정 창안자 혹은 개발자

◈ 교육과정 실행과 교육과정 계획 간의 관계

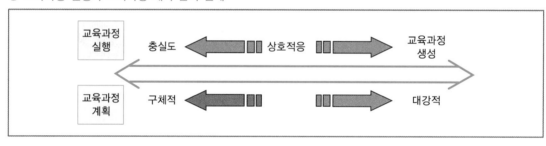

CHAPTER 06 2015 개정 교육과정

1 교육과정의 성격

이 교육과정은 초·중등교육법 제23조 제2항에 의거하여 고시한 것으로, 초·중등학교의 교육목적과 교육목표를 달성하기 위한 국가 수준의 교육과정이며, 초·중등학교에서 편성·운영하여야 할 학교 교육과정의 공통적이고 일반적인 기준을 제시한 것이다.

이 교육과정의 성격은 다음과 같다.

가. 국가 수준의 공통성과 지역, 학교, 개인 수준의 다양성을 동시에 추구하는 교육과정이다.

나. 학습자의 자율성과 창의성을 신장하기 위한 학생 중심의 교육과정이다.

다. 학교와 교육청, 지역사회, 교원·학생·학부모가 함께 실현해 가는 교육과정이다.

라. 학교 교육체제를 교육과정 중심으로 구현하기 위한 교육과정이다.

마. 학교 교육의 질적 수준을 관리하고 개선하기 위한 교육과정이다.

2 추구하는 인간상

우리나라의 교육은 홍익인간의 이념 아래 모든 국민으로 하여금 인격을 도야하고, 자주적 생활능력과 민주시민으로서 필요한 자질을 갖추게 함으로써 인간다운 삶을 영위하게 하고, 민주국가의 발전과 인류공영의 이상을 실현하는 데에 이바지하게 함을 목적으로 하고 있다.

이러한 교육이념과 교육목적을 바탕으로, 이 교육과정이 추구하는 인간상은 다음과 같다.

가. 전인적 성장을 바탕으로 자아정체성을 확립하고 자신의 진로와 삶을 개척하는 자주적인 사람

나. 기초능력의 바탕 위에 다양한 발상과 도전으로 새로운 것을 창출하는 창의적인 사람

다. 문화적 소양과 다원적 가치에 대한 이해를 바탕으로 인류문화를 향유하고 발전시키는 교양 있는 사람

라. 공동체의식을 가지고 세계와 소통하는 민주시민으로서 배려와 나눔을 실천하는 더불어 사는 사람

3 핵심역량

이 교육과정이 추구하는 인간상을 구현하기 위해 교과 교육을 포함한 학교 교육 전 과정을 통해 중점적으로 기르고자 하는 핵심역량은 다음과 같다.

가. 자아정체성과 자신감을 가지고 자신의 삶과 진로에 필요한 기초능력과 자질을 갖추어 자기주도적으로 살아갈 수 있는 자기관리 역량

나. 문제를 합리적으로 해결하기 위하여 다양한 영역의 지식과 정보를 처리하고 활용할 수 있는 지식
정보처리 역량
다. 폭넓은 기초지식을 바탕으로 다양한 전문 분야의 지식, 기술, 경험을 융합적으로 활용하여 새로운
것을 창출하는 창의적 사고 역량
라. 인간에 대한 공감적 이해와 문화적 감수성을 바탕으로 삶의 의미와 가치를 발견하고 향유하는 심
미적 감성 역량
마. 다양한 상황에서 자신의 생각과 감정을 효과적으로 표현하고 다른 사람의 의견을 경청하며 존중하
는 의사소통 역량
바. 지역·국가·세계 공동체의 구성원에게 요구되는 가치와 태도를 가지고 공동체 발전에 적극적으로
참여하는 공동체 역량

4 교육과정 구성의 중점

이 교육과정은 우리나라 교육과정이 추구해 온 교육이념과 인간상을 바탕으로, 미래사회가 요구하는
핵심역량을 함양하여 바른 인성을 갖춘 창의융합형 인재를 양성하는 데에 중점을 둔다. 이를 위한 교육
과정 구성의 중점은 다음과 같다.
가. 인문·사회·과학기술 기초소양을 균형 있게 함양하고, 학생의 적성과 진로에 따른 선택학습을 강
화한다.
나. 교과의 핵심개념을 중심으로 학습내용을 구조화하고 학습량을 적정화하여 학습의 질을 개선한다.
다. 교과특성에 맞는 다양한 학생참여형 수업을 활성화하여 자기주도적 학습능력을 기르고 학습의 즐
거움을 경험하도록 한다.
라. 학습의 과정을 중시하는 평가를 강화하여 학생이 자신의 학습을 성찰하도록 하고, 평가결과를 활
용하여 교수·학습의 질을 개선한다.
마. 교과의 교육목표, 교육내용, 교수·학습 및 평가의 일관성을 강화한다.
바. 특성화 고등학교와 산업수요 맞춤형 고등학교에서는 국가직무능력표준을 활용하여 산업사회가 필
요로 하는 기초역량과 직무능력을 함양한다.

5 초등학교 교육목표

초등학교 교육은 학생의 일상생활과 학습에 필요한 기본습관 및 기초능력을 기르고 바른 인성을 함양
하는 데에 중점을 둔다.
가. 자신의 소중함을 알고 건강한 생활습관을 기르며, 풍부한 학습경험을 통해 자신의 꿈을 키운다.
나. 학습과 생활에서 문제를 발견하고 해결하는 기초능력을 기르고, 이를 새롭게 경험할 수 있는 상상
력을 키운다.

다. 다양한 문화활동을 즐기고 자연과 생활 속에서 아름다움과 행복을 느낄 수 있는 심성을 기른다.

라. 규칙과 질서를 지키고 협동정신을 바탕으로 서로 돕고 배려하는 태도를 기른다.

6 중학교 교육목표

중학교 교육은 초등학교 교육의 성과를 바탕으로, 학생의 일상생활과 학습에 필요한 기본능력을 기르고 바른 인성 및 민주시민의 자질을 함양하는 데에 중점을 둔다.

가. 심신의 조화로운 발달을 바탕으로 자아존중감을 기르고, 다양한 지식과 경험을 통해 적극적으로 삶의 방향과 진로를 탐색한다.

나. 학습과 생활에 필요한 기본능력 및 문제해결력을 바탕으로, 도전정신과 창의적 사고력을 기른다.

다. 자신을 둘러싼 세계에서 경험한 내용을 토대로 우리나라와 세계의 다양한 문화를 이해하고 공감하는 태도를 기른다.

라. 공동체의식을 바탕으로 타인을 존중하고 서로 소통하는 민주시민의 자질과 태도를 기른다.

7 고등학교 교육목표

고등학교 교육은 중학교 교육의 성과를 바탕으로, 학생의 적성과 소질에 맞게 진로를 개척하며 세계와 소통하는 민주시민으로서의 자질을 함양하는 데에 중점을 둔다.

가. 성숙한 자아의식과 바른 품성을 갖추고, 자신의 진로에 맞는 지식과 기능을 익히며 평생학습의 기본능력을 기른다.

나. 다양한 분야의 지식과 경험을 융합하여 창의적으로 문제를 해결하고, 새로운 상황에 능동적으로 대처하는 능력을 기른다.

다. 인문·사회·과학기술 소양과 다양한 문화에 대한 이해를 바탕으로 새로운 문화창출에 기여할 수 있는 자질과 태도를 기른다.

라. 국가공동체에 대한 책임감을 바탕으로 배려와 나눔을 실천하며 세계와 소통하는 민주시민으로서의 자질과 태도를 기른다.

2022 개정 교육과정

1 교육과정의 성격

이 교육과정은 초·중등교육법 제23조 제2항에 의거하여 고시한 것으로, 초·중등학교의 교육목적을 달성하기 위해 초·중등학교에서 운영하여야 할 학교 교육과정의 공통적이고 일반적인 기준을 국가 수준에서 제시한 것이다.

가. 국가 수준의 공통성을 바탕으로 지역, 학교, 개인 수준의 다양성을 추구할 수 있도록 학교 교육과정의 기준과 내용에 관한 기본사항을 제시한다.

나. 학교 교육과정이 학생을 중심에 두고 주도성과 자율성, 창의성의 신장 등 학습자 성장을 지원할 수 있도록 교육과정의 기준과 내용을 제시한다.

다. 학교의 전반적인 교육체제를 교육과정 중심으로 운영할 수 있도록 교육과정의 기준과 내용을 제시한다.

라. 학교 교육과정이 추구하는 교육목적의 실현을 위해 학교와 시·도교육청, 지역사회, 학생·학부모·교원이 함께 협력적으로 참여하는 데 필요한 사항을 제시한다.

마. 학교 교육의 질적 수준을 국가와 시·도교육청, 학교 수준에서 관리하고 개선하기 위해 기반으로 삼아야 할 교육과정의 기준과 내용을 제시한다.

2 교육과정 구성의 중점

이 교육과정은 우리나라 교육과정이 추구해 온 교육이념과 인간상을 바탕으로, 미래사회가 요구하는 핵심역량을 함양하여 포용성과 창의성을 갖춘 주도적인 사람으로 성장하게 하는 데 중점을 둔다.

가. 디지털 전환, 기후·생태환경 변화 등에 따른 미래사회의 불확실성에 능동적으로 대응할 수 있는 능력과 자신의 삶과 학습을 스스로 이끌어가는 주도성을 함양한다.

나. 학생 개개인의 인격적 성장을 지원하고, 사회구성원 모두의 행복을 위해 서로 존중하고 배려하며 협력하는 공동체의식을 함양한다.

다. 모든 학생이 학습의 기초인 언어·수리·디지털 기초소양을 갖출 수 있도록 하여 학교 교육과 평생학습에서 학습을 지속할 수 있게 한다.

라. 학생들이 자신의 진로와 학습을 주도적으로 설계하고, 적절한 시기에 학습할 수 있도록 학습자 맞춤형 교육과정체제를 구축한다.

마. 교과교육에서 깊이 있는 학습을 통해 역량을 함양할 수 있도록 교과 간 연계와 통합, 학생의 삶과 연계된 학습, 학습에 대한 성찰 등을 강화한다.

바. 다양한 학생참여형 수업을 활성화하고, 문제해결 및 사고의 과정을 중시하는 평가를 통해 학습의 질을 개선한다.

사. 교육과정 자율화·분권화를 기반으로 학교, 교사, 학부모, 시·도교육청, 교육부 등 교육주체들 간의 협조체제를 구축하여 학습자의 특성과 학교 여건에 적합한 학습이 이루어질 수 있도록 한다.

3 추구하는 인간상

우리나라의 교육은 홍익인간의 이념 아래 모든 국민으로 하여금 인격을 도야하고, 자주적 생활능력과 민주시민으로서 필요한 자질을 갖추어 인간다운 삶을 영위하고, 민주국가의 발전과 인류공영의 이상을 실현할 수 있도록 함을 목적으로 한다.

가. 전인적 성장을 바탕으로 자아정체성을 확립하고 자신의 진로와 삶을 스스로 개척하는 자기주도적인 사람

나. 폭넓은 기초능력을 바탕으로 진취적 발상과 도전을 통해 새로운 가치를 창출하는 창의적인 사람

다. 문화적 소양과 다원적 가치에 대한 이해를 바탕으로 인류문화를 향유하고 발전시키는 교양 있는 사람

라. 공동체의식을 바탕으로 다양성을 이해하고 서로 존중하며 세계와 소통하는 민주시민으로서 배려와 나눔, 협력을 실천하는 더불어 사는 사람

4 핵심역량

이 교육과정이 추구하는 인간상을 구현하기 위해 교과교육과 창의적 체험활동을 포함한 학교 교육 전 과정을 통해 중점적으로 기르고자 하는 핵심역량은 다음과 같다.

가. 자아정체성과 자신감을 가지고 자신의 삶과 진로를 스스로 설계하며 이에 필요한 기초능력과 자질을 갖추어 자기주도적으로 살아갈 수 있는 자기관리 역량

나. 문제를 합리적으로 해결하기 위하여 다양한 영역의 지식과 정보를 깊이 있게 이해하고 비판적으로 탐구하며 활용할 수 있는 지식정보처리 역량

다. 폭넓은 기초지식을 바탕으로 다양한 전문 분야의 지식, 기술, 경험을 융합적으로 활용하여 새로운 것을 창출하는 창의적 사고 역량

라. 인간에 대한 공감적 이해와 문화적 감수성을 바탕으로 삶의 의미와 가치를 성찰하고 향유하는 심미적 감성 역량

마. 다른 사람의 관점을 존중하고 경청하는 가운데 자신의 생각과 감정을 효과적으로 표현하며 상호협력적인 관계에서 공동의 목적을 구현하는 협력적 소통 역량

바. 지역·국가·세계 공동체의 구성원에게 요구되는 개방적·포용적 가치와 태도로 지속 가능한 인류 공동체 발전에 적극적이고 책임감 있게 참여하는 공동체 역량

5 초등학교 교육목표

초등학교 교육은 학생의 일상생활과 학습에 필요한 기본습관 및 기초능력을 기르고 바른 인성을 함양하는 데 중점을 둔다.

가. 자신의 소중함을 알고 건강한 생활습관을 기르며, 풍부한 학습경험을 통해 자신의 꿈을 키운다.

나. 학습과 생활에서 문제를 발견하고 해결하는 기초능력을 기르고, 이를 새롭게 경험할 수 있는 상상력을 키운다.

다. 다양한 문화활동을 즐기며 자연과 생활 속에서 아름다움과 행복을 느낄 수 있는 심성을 기른다.

라. 일상생활과 학습에 필요한 규칙과 질서를 지키고 서로 돕고 배려하는 태도를 기른다.

6 중학교 교육목표

중학교 교육은 초등학교 교육의 성과를 바탕으로, 학생의 일상생활과 학습에 필요한 기본능력을 기르고, 바른 인성 및 민주시민의 자질을 함양하는 데 중점을 둔다.

가. 심신의 조화로운 발달을 바탕으로 자아존중감을 기르고, 다양한 지식과 경험을 통해 책임감을 가지고 적극적으로 삶의 방향과 진로를 탐색한다.

나. 학습과 생활에 필요한 기본능력 및 문제해결력을 바탕으로, 도전정신과 창의적 사고력을 기른다.

다. 자신을 둘러싼 세계에서 경험한 내용을 토대로 우리나라와 세계의 다양한 문화를 이해하고 공감하는 태도를 기른다.

라. 공동체의식을 바탕으로 타인을 존중하고 서로 소통하는 민주시민의 자질과 태도를 기른다.

7 고등학교 교육목표

고등학교 교육은 중학교 교육의 성과를 바탕으로, 학생의 적성과 소질에 맞게 진로를 개척하며 세계와 소통하는 민주시민으로서의 자질을 함양하는 데 중점을 둔다.

가. 성숙한 자아의식과 인간의 존엄성에 대한 존중을 바탕으로 일의 가치를 이해하고, 자신의 진로에 맞는 지식과 기능을 익히며 평생학습의 기본능력을 기른다.

나. 다양한 분야의 지식과 경험을 융합하여 창의적으로 문제를 해결하고, 새로운 상황에 능동적으로 대처하는 능력을 기른다.

다. 다양한 문화에 대한 이해를 바탕으로 자신의 삶을 성찰하고 새로운 문화창출에 기여할 수 있는 자질과 태도를 기른다.

라. 국가 공동체에 대한 책임감을 바탕으로 배려와 나눔을 실천하며 세계와 소통하는 민주시민으로서의 자질과 태도를 기른다.

8 설계의 원칙

가. 학교는 이 교육과정을 바탕으로 학교 교육과정을 자율적으로 설계·운영하며, 학생의 특성과 학교 여건에 적합한 학습경험을 제공한다.

  1) 학습자의 발달 수준에 적합한 폭넓고 균형 있는 교육과정을 통해 다양한 영역의 세계를 탐색해 보는 기회를 제공하고, 학습자의 전인적인 성장·발달이 가능하도록 학교 교육과정을 설계하여 운영한다.

  2) 학생 실태와 요구, 교원 조직과 교육 시설·설비 등 학교 실태, 학부모 의견 및 지역사회 실정 등 학교의 교육 여건과 환경을 종합적으로 고려하여 학습자에게 적합한 학습경험을 제공한다.

  3) 학교는 학생의 필요와 요구에 따라 학교의 특성을 고려하여 다양한 교육활동을 설계하여 운영할 수 있다.

  4) 학교 교육기간을 포함한 평생학습에 필요한 기초소양과 자기주도 학습능력을 갖출 수 있도록 지원하며 학습격차를 줄이도록 노력한다.

  5) 학생들의 자발적인 참여를 원칙으로 하여 학교와 시·도교육청은 학생과 학부모의 요구에 따라 방과 후 활동 또는 방학 중 활동을 운영·지원할 수 있다.

  6) 학교는 학교 교육과정의 효율적인 설계와 운영을 위하여 지역사회의 인적, 물적 자원을 계획적으로 활용한다.

  7) 학교는 가정 및 지역과 연계하여 학생이 건전한 생활태도와 행동양식을 가지고 학습할 수 있도록 지도한다.

나. 학교 교육과정은 모든 교원이 전문성을 발휘하여 참여하는 민주적인 절차와 과정을 거쳐 설계·운영하며, 지속적인 개선을 위해 노력한다.

  1) 교육과정의 합리적 설계와 효율적 운영을 위해 교원, 교육전문가, 학부모 등이 참여하는 학교 교육과정 위원회를 구성·운영하며, 이 위원회는 학교장의 교육과정 운영 및 의사결정에 관한 자문역할을 담당한다. 단, 특성화 고등학교와 산업수요 맞춤형 고등학교의 경우에는 산업계 전문가가 참여할 수 있고, 통합교육이 이루어지는 학교의 경우에는 특수교사가 참여할 것을 권장한다.

  2) 학교는 학습공동체 문화를 조성하고 동학년 모임, 교과별 모임, 현장연구, 자체 연수 등을 통해서 교사들의 교육활동 개선이 이루어지도록 한다.

  3) 학교는 학교 교육과정 설계·운영의 적절성과 효과성 등을 자체 평가하여 문제점과 개선점을 추출하고, 다음 학년도의 교육과정 설계·운영에 그 결과를 반영한다.

9 **교수·학습**

가. 학교는 학생들이 깊이 있는 학습을 통해 핵심역량을 함양할 수 있도록 교수·학습을 설계하여 운영한다.

    1) 단편적 지식의 암기를 지양하고 각 교과목의 핵심 아이디어를 중심으로 지식·이해, 과정·기능, 가치·태도의 내용요소를 유기적으로 연계하며 학생의 발달단계에 따라 학습경험의 폭과 깊이를 확장할 수 있도록 수업을 설계한다.

    2) 교과 내 영역 간, 교과 간 내용 연계성을 고려하여 수업을 설계하고 지도함으로써 학생들이 융합적으로 사고하고 창의적으로 문제를 해결하는 능력을 함양할 수 있도록 한다.

    3) 학습내용을 실생활 맥락 속에서 이해하고 적용하는 기회를 제공함으로써 학교에서의 학습이 학생의 삶에 의미 있는 학습경험이 되도록 한다.

    4) 학생이 여러 교과의 고유한 탐구방법을 익히고 자신의 학습과정과 학습전략을 점검하며 개선하는 기회를 제공하여 스스로 탐구하고 학습할 수 있는 자기주도 학습능력을 함양할 수 있도록 한다.

    5) 교과의 깊이 있는 학습에 기반이 되는 언어·수리·디지털 기초소양을 모든 교과를 통해 함양할 수 있도록 수업을 설계한다.

나. 학교는 학생들이 수업에 능동적으로 참여하고 학습의 즐거움을 경험할 수 있도록 교수·학습을 설계하여 운영한다.

    1) 학습주제에서 다루는 탐구질문에 관심과 호기심을 가지고 스스로 문제를 해결하는 학생참여형 수업을 활성화하며, 토의·토론학습을 통해 자신의 생각을 표현하는 기회를 가질 수 있도록 한다.

    2) 실험, 실습, 관찰, 조사, 견학 등의 체험 및 탐구 활동경험이 충분히 이루어질 수 있도록 한다.

    3) 개별 학습활동과 함께 소집단 협동 학습활동을 통하여 협력적으로 문제를 해결하는 경험을 충분히 갖도록 한다.

다. 교과의 특성과 학생의 능력, 적성, 진로를 고려하여 학습 활동과 방법을 다양화하고, 학교의 여건과 학생의 특성에 따라 다양한 학습집단을 구성하여 학생맞춤형 수업을 활성화한다.

    1) 학생의 선행경험, 선행지식, 오개념 등 학습의 출발점을 파악하고 학생의 특성을 고려하여 학습소재, 자료, 활동을 다양화한다.

    2) 정보통신기술 매체를 활용하여 교수·학습방법을 다양화하고, 학생맞춤형 학습을 위해 지능정보기술을 활용할 수 있다.

    3) 다문화가정 배경, 가족구성, 장애 유무 등 학습자의 개인적·사회문화적 배경의 다양성을 이해하고 존중하며, 이를 수업에 반영할 때 편견과 고정관념, 차별을 야기하지 않도록 유의한다.

4) 학교는 학생 개개인의 학습상황을 확인하여 학생의 학습결손을 예방하도록 노력하며, 학습결손이 발생한 경우 보충학습 기회를 제공한다.

라. 교사와 학생 간, 학생과 학생 간 상호 신뢰와 협력이 가능한 유연하고 안전한 교수·학습환경을 지원하고, 디지털 기반 학습이 가능하도록 교육공간과 환경을 조성한다.

1) 각 교과의 특성에 맞는 다양한 학습이 이루어질 수 있도록 교과 교실운영을 활성화하며, 고등학교는 학점 기반 교육과정 운영을 위해 유연한 학습공간을 활용한다.

2) 학교는 교과용 도서 이외에 시·도 교육청이나 학교 등에서 개발한 다양한 교수·학습자료를 활용할 수 있다.

3) 다양한 지능정보기술 및 도구를 활용하여 효율적인 학습을 지원할 수 있도록 디지털 학습환경을 구축한다.

4) 학교는 실험실습 및 실기지도 과정에서 학생의 안전사고를 예방하기 위해 시설·기구, 기계, 약품, 용구 사용의 안전에 유의한다.

5) 특수교육 대상 학생 등 교육적 요구가 다양한 학생들을 위해 필요할 경우 의사소통 지원, 행동 지원, 보조공학 지원 등을 제공한다.

10 평가

가. 평가는 학생 개개인의 교육목표 도달 정도를 확인하고, 학습의 부족한 부분을 보충하며, 교수·학습의 질을 개선하는 데 주안점을 둔다.

1) 학교는 학생에게 평가결과에 대한 적절한 정보를 제공하고 추수지도를 실시하여 학생이 자신의 학습을 지속적으로 성찰하고 개선할 수 있도록 한다.

2) 학교와 교사는 학생 평가결과를 활용하여 수업의 질을 지속적으로 개선한다.

나. 학교와 교사는 성취기준에 근거하여 교수·학습과 평가활동이 일관성 있게 이루어지도록 한다.

1) 학습의 결과만이 아니라 결과에 이르기까지의 학습과정을 확인하고 환류하여 학습자의 성공적인 학습과 사고능력 함양을 지원한다.

2) 학교는 학생의 인지적·정의적 측면에 대한 평가가 균형 있게 이루어질 수 있도록 하며, 학생이 자신의 학습과정과 결과를 스스로 평가할 수 있는 기회를 제공한다.

3) 학교는 교과목별 성취기준과 평가기준에 따라 성취수준을 설정하여 교수·학습 및 평가 계획에 반영한다.

4) 학생에게 배울 기회를 주지 않은 내용과 기능은 평가하지 않는다.

다. 학교는 교과목의 성격과 학습자 특성을 고려하여 적합한 평가방법을 활용한다.

1) 수행평가를 내실화하고 서술형과 논술형 평가의 비중을 확대한다.

2) 정의적, 기능적 측면이나 실험·실습이 중시되는 평가에서는 교과목의 성격을 고려하여 타당하고 합리적인 기준과 척도를 마련하여 평가를 실시한다.

3) 학교의 여건과 교육활동의 특성을 고려하여 다양한 지능정보기술을 활용함으로써 학생맞춤형 평가를 활성화한다.

4) 개별 학생의 발달수준 및 특성을 고려하여 평가계획을 조정할 수 있으며, 특수학급 및 일반학급에 재학하고 있는 특수교육 대상 학생을 위해 필요한 경우 평가방법을 조정할 수 있다.

5) 창의적 체험활동은 내용과 특성을 고려하여 평가의 주안점을 학교에서 결정하여 평가한다.

11 모든 학생을 위한 교육기회의 제공

가. 교육활동 전반을 통하여 남녀의 역할, 학력과 직업, 장애, 종교, 이전 거주지, 인종, 민족, 언어 등에 관한 고정관념이나 편견을 가지지 않도록 지도한다.

나. 학습자의 개인적 특성이나 사회·문화적 배경에 의해 교육의 기회와 학습경험에서 부당한 차별을 받거나 소외되지 않도록 한다.

다. 학습부진 학생, 특정 분야에서 탁월한 재능을 보이는 학생, 특수교육 대상 학생, 귀국 학생, 다문화가정 학생 등이 학교에서 충실한 학습경험을 누릴 수 있도록 필요한 지원을 한다.

라. 특수교육 대상 학생을 위해 특수학급을 설치·운영하는 경우, 학생의 장애 특성 및 정도를 고려하여, 이 교육과정을 조정하여 운영하거나 특수교육 교과용 도서 및 통합교육용 교수·학습자료를 활용할 수 있다.

마. 다문화가정 학생을 위한 특별 학급을 설치·운영하는 경우, 다문화가정 학생의 한국어 능력을 고려하여 이 교육과정을 조정하여 운영하거나, 한국어 교육과정 및 교수·학습자료를 활용할 수 있다. 한국어 교육과정은 학교의 특성, 학생·교사·학부모의 요구와 필요에 따라 주당 10시간 내외에서 운영할 수 있다.

바. 학교가 종교 과목을 개설할 때는 종교 이외의 과목과 함께 복수로 과목을 편성하여 학생에게 선택의 기회를 주어야 한다. 다만, 학생의 학교선택권이 허용되는 종립학교의 경우 학생·학부모의 동의를 얻어 단수로 개설할 수 있다.

MEMO

중등 교원임용

변민재 교육학
인사이드 상

PART

06

교육심리학

[학습자의 이해]
- **인지 발달** ┬ 피아제의 인지발달이론
            └ 비고츠키의 인지발달이론

- **성격 및 사회성 발달** ┬ 성격 발달 ┬ 프로이트의 심리성적 발달이론
                      │   ├ 에릭슨의 심리사회적 발달이론
                      │   └ 마샤의 정체성 지위이론
                      │
                      └ 사회성 발달 ┬ 브론펜브르너의 생태학적 이론
                                 └ 셀만의 사회적 조망수용이론

- **도덕성 발달** ┬ 피아제의 도덕성 발달이론
              ├ 콜버그의 도덕성 발달이론
              └ 길리건의 배려윤리

- **지능** ┬ 지능의 의미
        ├ 지능이론
        └ 지능의 측정 및 검사점수의 의미

- **창의성** ┬ 창의성의 개념
         ├ 창의성 연구의 다양한 접근
         └ 창의적 사고기법

- **학습자의 다양성** ┬ 학습유형
                 ├ 영재교육
                 └ 특수교육

[학습의 이해]
- **행동주의 학습이론** ┬ 고전적 조건형성
                  ├ 조작적 조건형성
                  └ 사회인지 학습이론

- **인지주의 학습이론** ┬ 톨만의 잠재학습
                  ├ 통찰학습
                  ├ 정보처리이론
                  └ 학습전략

- **학습동기** ┬ 동기의 정의
          ├ 내재동기와 외재동기
          └ 동기이론 ┬ 자기결정성이론
                  ├ 욕구위계이론
                  ├ 기대가치이론
                  ├ 자기효능감이론
                  ├ 귀인이론
                  └ 목표지향이론

CHAPTER 01 인지 발달

제1절 피아제(Piaget)의 인지발달이론

개념 ➕

피아제(Jean Piaget, 1896~1980)

스위스에서 태어난 피아제는 어렸을 때부터 생물학에 관심이 많았다. 그는 11세 나이에 공원에서 본 색소결핍증 참새를 관찰하여 논문을 발표하였고, 고등학교 시절에는 연체동물에 대한 논문을 발표하였으며, 22세에는 생물학 박사학위를 받았다. 그의 논문들은 과학자들로부터 큰 호평을 받았고, 대학도 들어가기 전에 자연사 박물관 관장을 맡아 달라는 제의를 받았다.

박사학위를 받은 후, 피아제는 취리히 대학교에서 새로운 학위 분야인 심리학에 관심을 가지기 시작하였고, 1920년 파리에 있는 Binet 연구소에서 지능검사를 표준화하는 작업에 참여하게 되었다. 그곳에서 피아제는 비슷한 연령의 아동들이 어떤 문제에 같은 오답을 한다는 사실을 발견하였다. 즉, 아동의 오류가 연령집단에 따라 질적으로 다르다는 사실을 발견한 것이다. 이러한 발견을 통해 피아제는 아동의 사고과정이 성인의 사고과정과 근본적으로 다르다는 결론을 내리고 아동의 사고 발달을 본격적으로 연구하기 시작하였다.

1923년 피아제는 결혼하여 세 자녀를 두었는데, 세 자녀가 성장하는 과정을 주의깊게 관찰함으로써 인지발달이론을 정립하였다. 발달심리학자이기 이전에 과학자였던 피아제는 생물학적 원리와 방법을 인지발달 연구에 상당 부분 적용하였다. 그는 수백 편의 논문과 60권이 넘는 책을 집필하였고, 73세가 되던 1969년에 유럽인으로서는 최초로 '미국심리학회'로부터 '특별 과학 공헌상'을 수상하였다. 오늘날 그는 심리학 역사상 가장 영향력 있는 발달심리학자로 평가받는다.

1 인지발달이론의 개념

(1) 도식

① 사고의 기본단위

② 우리가 주변 세계의 사물과 사건을 정신적으로 표상하거나 '그에 대해 생각하게' 해 주는 **조직화된 행동체계 또는 사고체계**

③ 도식은 **적응과 조직의 과정을 통해 형성**되는데, 모든 유기체는 이 두 가지 경향성을 가지고 태어난다.

(2) 적응

동화 (assimilation)	• 우리가 세상에서 일어나는 일들을 이해하기 위해 이미 갖고 있는 기존의 도식을 사용할 때 발생 • 우리가 이미 알고 있는 것에 새로운 지식을 맞추어 넣으려는 시도
조절 (accommmodation)	• 새로운 상황에 반응하기 위해 기존의 도식을 변화시켜야 할 때 일어난다. • 만일 새 정보가 현재 가지고 있는 그 어떤 도식에도 맞춰질 수 없다면, 보다 적합한 도식을 만들어야 한다.

☞ 사람은 기존의 도식이 효과적일 때 기존 도식을 사용하고(동화), 기존 도식에 추가적인 요소가 요구될 때 도식을 수정하거나 새로운 부분을 첨가하면서(조절) 점점 복잡해지는 주변 환경에 적응한다.

(3) 평형화(Equilibration)

① **조직화, 동화 그리고 조절은 일종의 복잡한 균형을 이루기 위한 행위**로 볼 수 있다.

② 그의 이론은 사고에서의 실제적인 **변화는 균형을 찾으려는 행위인 평형화(Equilibration) 과정**을 통해 이루어진다.

☞ 특정 도식을 어떤 사건이나 상황에 적용시켰을 때 도식이 효과가 있으면 평형상태, 그 도식이 만족스러운 결과를 내놓지 않는다면 불평형상태가 되고 우리는 불편함을 느낀다. 이러한 **불편함은 동화와 조절을 통해 해결하려는 동기를 불러일으키고 그 결과 우리의 사고는 변화**하게 된다.

(4) 조직

유기체가 일관성 있는 체계를 형성하도록 **통합하는 기능**을 의미한다.

2 피아제 이론의 인지발달단계

(1) 감각운동기(sensorimotor period, 출생~2세)

① 감각운동기는 주로 **감각이나 운동을 통해 환경을 경험**해 나가는 시기이다. 이 시기의 영아는 손에 잡힌 모든 대상물을 입에 가져간다. 이들은 입의 촉감과 두드리는 운동을 통해 대상을 인식하고 환경에 적응해 나간다. 따라서 이 시기 영아의 입은 성인의 눈에 비유된다.

② **대상영속성(object performance)**은 **대상이 시야에서 사라지더라도 계속 존재한다는 것을 인식**하는 능력이다.

(2) 전조작기(preoperational period, 2~7세)

① 전조작기는 **상징도식이 활발하게 발달**하는 시기이다. 유아기로 넘어오면서 이들은 **상징(symbol)을 사용하기 시작**한다. 이제 유아는 '사탕'이라는 단어를 들으면 머릿속으로 사탕을 떠올리며 침을 꿀꺽 삼킬 수 있다. 이러한 **표상적 사고(representational thought)**능력이 생기면서 유아의 사고는 이전과는 질적으로 다른 도약을 하게 된다.

② **물활론(物活論)**은 **생명이 없는 대상에 생명과 감정을 부여**하는 비논리적인 사고를 가리킨다.

③ **자기중심성**은 사물이나 사건을 대할 때 **다른 사람의 관점을 고려하지 못하는 인지적 한계**를 말한다. 자기중심적인 아동들은 다른 사람의 감정·생각·관점이 자신과 동일하다고 생각한다.

④ 자기중심성은 언어, 지각, 사회적 상호작용에 큰 영향을 미친다. 언어사용의 측면에서 자아중심적 언어를 사용한다. 피아제는 자아중심성으로 인해 의사소통이 제대로 이루어지지 않는 전조작기 아동 상호 간의 대화형태를 **집단독백(collective monologue)**이라고 부른다. 7세 이후 자아중심적 언어가 급격하게 감소하면서 아동은 사회적 언어(socialized speech)를 사용할 수 있게 된다.

⑤ **직관적 사고(intutive thinking)**는 대상이나 현상의 가장 두드러진 한 가지 지각적 속성을 기준으로 그것의 성질을 파악하는 중심화된 사고방식을 지칭한다.

⑥ 사물을 지각적인 속성에 의해서 파악하는 이 시기의 사고는 **가역성(reversibility)이 결여**되어 있어 사고의 체계성과 논리성이 부족하다. 피아제는 논리적인 사고능력을 조작(operation)이라고 하는데, 이 시기의 아동들은 **조작능력이 불충분하다는 의미에서 전조작 사고**라고 한다.

(3) 구체적 조작기(concrete operation period, 7~11세)

① 구체적 조작기가 되면 **전조작 사고의 내재적인 한계를 극복하고 논리적이고 체계적으로 사고**할 수 있다. 그럼에도 불구하고 이 단계의 사고를 구체적 조작이라고 부르는 것은 직접적으로 경험할 수 있는 상황에 한해 논리적으로 사고할 수 있기 때문이다.

② 구체적 조작이 가능한 것은 **탈중심화(decentration)**가 이루어졌기 때문이다. 이 시기의 아동은 자아중심성에서 벗어나 다른 사람의 입장이나 관점을 고려할 수 있다.

③ 직관적 사고에서 벗어나 사물이나 현상의 여러 가지 측면들을 체계적으로 고려하는 **가역적 사고**를 할 수 있다. 가역성이란 특정 조작과 역조작을 동시에 통합할 수 있는 능력을 말한다.

④ 그 결과 아동들은 길이·무게·부피와 같은 여러 가지 형태의 **보존개념을 획득**하게 된다.

⑤ **서열화 능력과 분류 능력**도 발달한다. 구체적 조작기가 되면 여러 가지 형태의 조작을 이용한 **과학적인 사고와 문제해결이 가능**하다.

(4) 형식적 조작기(formal operational period, 11세 이후)

① 형식적 조작은 완전히 **가설적이고 추상적인 사상과 개념을 논리적**으로 다룰 수 있고, **형식논리에 의해 사고할 수 있는 정신능력**을 의미한다. 여기서 '형식적'이란 문제의 내용이 아니라 형식(form)에 반응하고 가설을 형성할 수 있는 능력을 말한다.

② 형식적 조작단계에서는 **추상적 사고(abstract thinking)가 가능**하다. 추상적 사고는 구체적인 사물이나 대상과 관계없이 형식논리에 근거한 사고를 말한다. 이 단계에서는 추상적 개념을 사용해서 논리적으로 사고할 수 있다.

③ 형식적 조작단계에서 아동이 사고내용을 숙고할 수 있는 것은 **반성적 추상화**가 가능하기 때문이다. 반성적 추상화란 사고에 대한 사고, 즉 **내적 성찰(internal reflection)의 과정**을 의미한다. 이 단계의 아동들은 이러한 사고과정을 통해 지식을 새로운 장면에 쉽게 적용할 수 있고, 문제를 해결하기 위한 전략을 강구할 수 있다.

④ **가설연역적 사고(hypothetico-deductive thinking)**가 가능하다. 가설연역적 사고는 문제를 해결하기 위해 가설을 설정하고, 그 가설의 검증을 통해 결론을 도출하는 사고를 말한다.

⑤ 가설설정능력은 물리적 현상에 대한 과학적 사고에 한정되지 않고, 사회·정치·종교·철학 등 전 영역에 걸친 **이상주의**로 확대된다. 더 나은 사회를 건설하기 위해 기존의 사회를 개혁 내지 파괴하려는 청년들의 성향은 이상주의에 기인한다.

⑥ 청년기의 **가설연역적 사고는 추상적이고 융통성 있는 사고의 발달**을 가능하게 한다.

단계	연령대	특성
감각운동기	출생~2세	• 반사작용, 감각, 움직임을 통해 환경을 학습 • 타인을 모방하고 사건을 기억 • 대상영속성
전조작기	2~7세	• 언어 및 상징과 같은 표상적 사고능력의 발달 • 과거 및 미래 시간개념에 어려움 • 물활론적 사고 • 자기중심성 • 직관적 사고 • 비가역성
구체적 조작기	7~11세	• 논리적 방식의 사고 • 보존법칙 이해 • 서열화·분류 가능 • 가역성 이해 • 탈중심화 • 사회지향성
형식적 조작기	11세 이후	• 추상적 문제를 논리적 방식으로 해결 • 더욱 과학적인 사고 • 사회적 쟁점, 정체성에 관심 • 반성적 추상화 • 가설연역적 추론

제2절 비고츠키(Vygotsky)의 인지발달이론

개념 +

비고츠키(Lev Semyonovich Vygotsky, 1896~1934)

러시아의 심리학자 비고츠키는 유복한 유대인 가정에서 태어났다. 은행 지점장인 아버지와 교사교육을 받은 어머니는 따뜻하고 지적인 가정환경을 제공하였다. 특히 8남매의 둘째로 태어난 비고츠키는 형제들과의 토론을 즐겼다. 어린 시절 비고츠키는 가정교사에게서 소크라테스식 문답법에 기초한 교육방법으로 지도를 받았는데, 이 교육방법은 그의 사고를 일깨워 주는 데 중요한 역할을 하였다. 15세 때 그는 철학, 문학, 예술, 역사에 관한 지적 토론을 자주 이끌었기 때문에 '꼬마 교수'로 불리기도 했다. 이러한 그의 성장배경은 이후 그의 이론정립에 영향을 미친다.

매우 영특했던 그는 유대인에게 대학입학 정원의 3%만을 허용하는 모스크바 대학교에 입학하였다. 모스크바 대학교와 샤니아프스키(ShaniavsKy) 인민 대학교에서 법학과 문학, 철학, 예술, 심리학을 공부한 비고츠키는 1924년 파블로프의 조건반사이론을 비판하는 논문을 발표하면서 관심을 끌기 시작하였다. 그는 아동의 인지발달에서 사회·문화적 맥락의 중요성을 강조하였으며, 1934년에 결핵에 걸려 38세의 젊은 나이로 요절할 때까지 180편이 넘는 논문과 책을 출판하였다. 그는 심리학의 모차르트로 불릴 만큼 천재적인 심리학자로 평가받고 있으며, 만약 그가 피아제처럼 장수하면서(피아제는 비고츠키와 같은 해에 출생하여 1980년에 사망하였다) 소련의 탄압을 받지 않고 자유롭게 연구활동을 할 수 있었다면 현대 심리학의 판도가 달라졌을 것이라는 평가까지 나오고 있다.

1 비고츠키 이론의 기본견해

(1) 사회·문화·역사적 측면

① 인간발달이 다른 동물의 발달과 근본적으로 다른 것은 **인간은 도구와 상징을 사용하고, 그 결과로 다른 문화를 창조**하기 때문이다.

② 다른 발달이론과 달리 비고츠키의 이론은 **사회환경을 고려하지 않으면 개체의 발달을 결코 이해할 수 없다**고 주장한다.

(2) 유능한 사람과의 상호작용

① 아동은 집·학교·사회와 같은 다양한 상황에서 다른 사람들의 행동과 그들이 행동하는 이유를 관찰한 다음 그것을 내면화하여 자기 것으로 만들어 간다.

② 아동은 내면에서 **자기가 관찰한 행동과 상호작용을 재창조**한다.

③ 비고츠키에 따르면 아동의 학습의 상당 부분은 **환경과의 상호작용**을 통해 이루어지며, 그 상호작용이 아동이 **무엇을 내면화하는가를 결정**한다.

(3) 언어의 역할

① 언어는 **학습 및 발달에서 핵심역할**을 수행한다.

② 언어는 **사회적 언어에서 시작해서 자아중심적 언어로 그리고 내적 언어의 순**으로 발달한다.

사회적 언어	3세 이전에 우세한 초보적 언어기능으로, 다른 사람의 행동을 통제하기 위해 감정이나 사고를 전달하는 기능
자아중심적 언어	3세에서 7세 사이에 주로 나타나는 언어기능으로, 자신의 행동을 조정하기 위해 자기 자신에게 하는 언어
내적 언어	나이가 많은 아동이나 성인이 주로 사용하는 언어기능으로, 소리를 내지 않고 말하는 내적 자기대화

(4) 학습과 발달

피아제의 관점	• 발달이 학습에 선행한다. • 학습은 사고발달에 거의 영향을 미치지 않으며, 적절한 학습이 이루어지려면 일정 수준의 발달이 전제되어야 한다.
행동주의 관점	• 학습은 발달과 동일시된다. • 소수의 선천적인 특성을 제외하면 모든 행동이 학습된다고 보고, 모든 발달을 학습의 산물로 가정한다.
비고츠키의 관점	• 학습이 발달보다 선행하여 적절한 학습은 발달을 유도한다. • 교사 혹은 유능한 동료의 도움을 받을 경우, 학습은 근접발달영역 내의 발달을 주도한다. • 학습자가 학습을 통해 발달을 주도할 수 있도록 적극적으로 사회·문화적 환경을 조성해야 하며, 교사-학생 간의 상호작용이나 학생-학생 간의 상호작용을 중시하는 수업을 해야 한다.

■2■ 비고츠키 이론의 개념

(1) 근접발달영역(zone of near or proximal development, ZPD)

① 독자적으로 문제를 해결할 수 있는 수준을 나타내는 **실제적 발달수준**과, 성인이나 또래의 도움을 얻어 해결할 수 있는 **잠재적 발달수준 사이의 격차 또는 거리**를 근접발달영역이라 한다.

② 근접발달영역은 **혼자서는 문제를 해결할 수 없지만, 성인의 안내를 받거나 친구와 협동하면 성공적으로 문제를 해결할 수 있는 영역**을 말한다.

③ 실제적 발달수준보다 **근접발달영역이 인지발달수준을 더 적절**하게 나타낸다. 근접발달영역은 진정한 학습이 가능한 영역이므로 수업 및 평가는 그 영역에 초점을 맞추어야 한다.

(2) 비계설정(scaffolding, 발판화)

① 근접발달영역에서 제공되는 **더 뛰어난 친구나 성인의 도움**을 뜻한다.

② 교사가 아동의 학습을 도와주기 위해 사용하는 다양한 방법을 의미한다.

③ 학습에 **발판화는 필수적, 학습의 초기단계에는 교사나 성인의 지도와 도움이 필수적**이다. 그러나 효과적인 비계설정은 학습자 스스로 할 수 있도록 지원해 주는 것으로 국한해야 한다. 교사와 부모는 도움을 줄 수 있을 뿐, 실제로 학습하는 주체는 학습자 자신이어야 한다.

④ 발판화는 **상호작용과정을 통해 학습이 점진적으로 향상**된다는 것을 비유하고, 본질적으로 발판
화는 **교사와 학습자의 상호협력 관계를 강조**한다.

⑤ 발판화를 제공할 때는 **근접발달영역을 감안**해야 한다. **실제적 발달수준보다 약간 더 높은 수준**
의 과제를 제시한 다음 문제를 해결하는 과정에서 도움을 주는 것이 효과적이다.

(3) 역동적 평가(dynamic assessment)

① 비고츠키가 제안한 **근접발달영역의 개념에 근거하여 발달잠재력을 확인하기 위한 평가**로, 전통
적인 고정적 평가와 대비된다.

② 고정적 평가는 실제적 발달수준을 확인하기 위해 실시하지만, 역동적 평가에서는 검사를 실시
하는 상황에서 의도적인 교수활동이 이루어진다.

③ 역동적 평가에서는 학생들의 수행수준이 개선되고 있는가를 평가하기 위해 평가상황을 수정하
기도 한다.

④ 고정적 평가는 실제적 발달수준을 측정하는 과거지향적인 평가인 데 비해 **역동적 평가는 근접발
달영역에 주안을 두는 미래지향적인 평가**이다.

3 피아제와의 공통점과 차이점

(1) 공통점

① 발달은 **개체와 환경(사회)의 상호작용**을 통해 일어난다.

② 학습자를 **능동적** 존재로 파악한다.

③ 발달을 **급격한 변화로 구성된 역동적인 과정**으로 간주한다.

(2) 차이점

구분	피아제	비고츠키
발달의 주요동인	개인 내부에 존재, 사회환경은 발달에 큰 영향 ×	사회적 영향 강조
언어의 역할	사고의 징표에 불과	언어가 사고발달에 핵심적 역할
학습과 발달	발달이 학습에 선행	학습이 발달에 선행
인지발달	평형화를 중시	내면화를 중시

CHAPTER 02 성격 및 사회성 발달

제1절 성격 발달

1 프로이트의 심리성적 발달이론

개념 ➕

프로이트(Sigmund Freud, 1856~1939)

지그문트 프로이트는 오스트리아의 신경학자로, 1859년 가족이 비엔나로 이주한 후 평생을 오스트리아에서 보냈다. 의과대학에서 신경의학(neurology)을 공부하였고 이후 히스테리 증상에 대해 연구하였는데, 환자들이 최면(hypnosis)을 통해 무의식으로 억압된 감정을 드러내도록 함으로써 히스테리 증상 치료에 성공하였다. 그러나 최면이 모든 환자에게 효과적이지 않다는 것을 깨닫고, 마음속에 떠오르는 생각을 자유롭게 이야기함으로써 무의식 속의 사고와 감정에 도달하게 하는 자유연상법(free association)을 개발하여 환자를 치료하였다. 1896년 이 치료법을 '정신분석'이라고 명명한다. 1900년 이후 꿈, 착각, 해학과 같은 정상심리도 연구하고 소아성욕론도 주장하였다.

주요 저서로는 『히스테리의 연구(Studien üer Hysterie)』(1895), 『꿈의 해석(Die Traumdentung)』(1900), 『성(性)이론에 관한 세 편의 논문(Drei Abhandlungen Zur Sexualtheorie)』(1905), 『정신분석입문(AbriB der Psychoanalyse)』(1917) 등 다수가 있다.

(1) 특징

① 프로이트는 정신분석학(psychoanalysis)에서 성격발달단계를 최초로 설정하였고, 성격이 생물적 성숙요인에 의해 형성된다고 보았다.

② 프로이트는 정신결정론(psychic determinism)의 입장을 취하고 있고, **어릴 적에 한 번 형성된 성격은 회복 불가능**하다고 주장한다.

③ 청년기 이후 성인기에 대해서는 자세히 언급하지 않았고, 성격발달에서 초기 아동기 경험의 중요성을 강조함으로써 그 후 **아동기에 대한 연구에 많은 자극**을 주었다.

④ 성격발달에 관한 중요한 기초가설을 제공한다는 것과 건전한 성격의 아동을 키우기 위해 생리적 본능의 충족을 적절한 시기에 잘 얻도록 도와야 함을 시사했다는 점에서 의미를 갖는다.

(2) 주요개념

① 의식은 수면 위로 드러난 빙산의 부분과 같이 마음 전체 중에서 표면에 해당하는 것이며, 빙산의 대부분이 수면 아래에 있는 것처럼 **마음의 대부분은 무의식으로 존재**한다.

☞ 인간의 **심리현상과 행동은 주로 무의식에서 비롯**된다.

② 성격을 **원초아(id), 자아(ego), 초자아(super-ego)**로 나누는데, 이 세 구조는 각기 고유한 기능과 특성, 기제 및 역동성을 가지고 있지만 **서로 밀접하게 관련**되어 있다.

원초아	• 태어날 때부터 가지고 있는 정신에너지의 원천적 저장고 • 성욕이나 공격욕과 같은 본능적 충동을 주관하며 **쾌락원리(pleasure principle)를 따름**
자아	• 원초아의 욕구가 현실적으로 합당한 방법으로 만족을 얻을 수 있는 방도를 모색하고 계획함 • 자아는 **현실의 원리(reality principle)를 따름** • 원초아의 욕구와 초자아의 욕구를 조정 • 불안에서 벗어나기 위해 동원하는 여러 가지 방어기제를 사용하는 주체
초자아	• 사회적 가치와 도덕이 내면화된 것 • 무엇이 옳고 그른가를 판단하는 원천이 되며 행동을 규제함 • **양심과 이상의 원리(도덕원리)를 따름** • 어린아이가 부모의 도덕적 관점을 내면화하는 데서부터 시작해서 사회적 가치관의 내면화를 통해 형성

③ 원초아는 자아와 초자아가 작동하는 데 **필요한 정신에너지를 제공**한다.

④ 인간은 **태어난 직후엔 원초아만이 존재**하지만, 성장하면서 **현실적인 제약과 다양한 요구에 직면하면서 자아**가 발달하고, **초자아는 부모나 양육자와의 지속적인 관계에 의해 내면화된 사회의 이상과 가치를 자아에 요구**하게 되면서 발달한다.

⑤ 인간의 행동은 **세 구조 간의 상호작용**으로 나타나며 이들의 **균형이 깨질 때 문제**가 생긴다.

◈ 프로이트가 본 성격의 구조

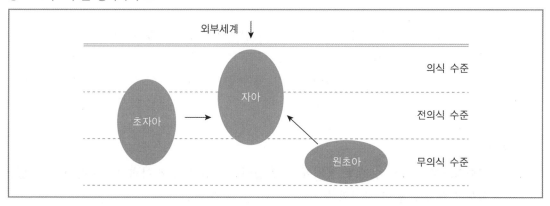

(3) 자기방어기제

원초아의 본능적 충동이 좌절되거나 그에 따른 갈등을 경험하면 자아는 우선 그것을 현실적으로, 그리고 합리적으로 해결하기 위해 노력한다. 욕구 수준을 낮춘다든지, 갈등을 일으키는 행동을 회피한다든지 하는 것이 그것이다. 그러나 이러한 노력이 실패할 경우 사람들은 방어기제(defence mechanism)를 만들어 낸다. 방어기제란, 프로이트에 의해서 처음 사용된 개념으로, 불안을 해소하기 위해 무의식적으로 현실을 왜곡하여 사회적으로 용납될 수 없는 상황을 용납될 수 있는 상황으로 만드는 여러 가지 행동유형을 말한다. 이러한 방어기제들은 정도가 심할 경우 심리적 장애를 유발할 수 있다.

① 억압

    ⊙ 억압은 정신분석이론이 상정하고 있는 가장 기본적인 방어기제의 하나이다.

    ⓒ 억압이란 **불안을 일으키거나 극도로 불쾌한 생각들을 무의식의 영역으로 묻어버리는 것**이다. 다시 말하면, 이것은 일종의 무의식적 망각이다. 이렇게 되면 자신도 모르게 이러한 불안한 생각들이 사라지게 된다.

    ⓒ 때때로 무의식적 망각이 심할 경우, 불안장애나 우울증 등의 심리적 장애를 일으킬 수도 있다.

② 투사

    ⊙ 투사는 **사회적으로 인정받을 수 없는 자신의 행동이나 생각의 책임을 타인에게 전가**하는 과정이다.

    ⓒ 예컨대, A가 가까운 가족관계에 있는 B를 무의식적으로 아주 미워한다고 하자. 가족을 미워한다는 것은 의식적으로 용납이 안되므로, 따라서 A는 거꾸로 B가 자기를 미워한다고 생각한다.

③ 반동형성

    ⊙ 반동형성은 **자신의 무의식적인 비도덕적 감정을 실제로는 정반대로 표현**하는 것이다.

    ⓒ 예를 들면, 친구를 무의식적으로 미워하는 학생이 그 친구를 지나치게 좋아하는 것이나, 식욕이 강한 사람이 지나치게 음식을 혐오하는 것 등이다.

    ⓒ 그렇게 함으로써 그의 도덕적 신념과 감정 사이의 갈등이 해소될 수 있다.

④ 치환

    ⊙ 치환은 **감정을 본래의 대상으로부터 덜 위험하고 다루기 쉬운 대상으로 돌리는 것**이다.

    ⓒ 예컨대, 한 학생이 잠시 그의 아버지를 미워하게 되었다고 하자. 그러나 그 사실을 그대로 인정한다는 것은 용납이 안 되며, 그런 상황에서 그의 동생이 농담을 걸었다고 하면 그는 동생에게 예기치 않은 화를 내게 될 것이다. 즉, 아버지에 대한 감정이 동생에게로 대치되는 것이다.

⑤ 합리화

    ⊙ **사회적으로 용납될 수 없는 동기에 의해 일어난 행동에 대해 사회적으로 용납될 수 있는 그럴듯한 이유를 붙여 자신의 동기를 은폐**하는 방법이다.

    ⓒ 예를 들어, 능력이 모자라서 시험에 실패한 학생이 시험문제가 나빴다든지, 그날 자기의 컨디션이 좋지 않았다는 등의 이유를 대는 것을 말한다.

    ⓒ 사실을 왜곡시키고 있다는 것을 자기 자신도 의식하지 못하기 때문에 합리화는 일반적인 거짓말과는 성격이 아주 다르다.

⑥ 고착과 퇴행

    ⊙ 가중되는 스트레스에 대응하기 위해서 **정서적 발달이 어떤 단계에서 정지되는 것이 고착**이며, **초기 단계로 후퇴하는 것이 퇴행**이다.

ⓛ 아무런 위협도 갈등도 없던 시기로 되돌아가거나 거기에 안주하고자 하는 것이다.

ⓒ 예를 들어, 현재의 학업성적에 스트레스를 받던 학생이 이를 해소하기 위해 그런 종류의 갈등이 전혀 없었던 어린 시절의 상태로 되돌아가고자 어린이와 같은 옷차림, 머리모양, 취미 등을 택함으로써 현재의 갈등상황에서 벗어날 수 있다.

⑦ 보상

ⓐ 보상은 한 분야의 결함으로 인한 스트레스로부터 벗어나기 위해 **다른 분야에서 만족을 구하려는 적응기제**다.

ⓛ 예를 들면, 성적이 좋지 않은 학생이 예술적인 면에서 뛰어나려고 노력한다든지, 성적에 자신이 없는 학생이 화려한 옷으로 다른 사람의 눈길을 끌려고 하는 것 등이다.

(4) 성격발달

① 프로이트는 성격이 생의 초기 몇 년 동안에 생물적·성적으로 관련된 욕구와 사회의 요구 사이에서 갈등을 처리하면서 형성된다고 믿었다.

② 그의 이론은 **태어나서 5세까지의 유아기 경험이 성격발달에서 가장 중요**하다고 보고 **유아교육의 중요성**을 일깨워 주었다.

③ 어떤 행동을 추진하게 하는 무의식적인 동기의 추진력(motivational forces)을 의미하는 본능적 욕구 개념을 제시하였다.

④ 성격발달에 가장 영향력이 큰 것은 **성 본능**이며, 성적 에너지인 **리비도(libido)가 일생 동안 정해진 순서에 따라 구강, 항문 및 성기와 같은 다른 신체 부위에 집중**된다고 보고 일련의 발달단계를 기술하고 있어서 그의 이론을 심리성적 이론(psychosexual theory)이라고 한다.

⑤ 각 단계에서 아동이 **성적 쾌감을 충분히 느끼지 못하여 욕구불만이 생기거나 지나치게 몰두하면 고착(fixation)현상**을 일으켜 **다음 단계로 순조롭게 발달이 이루어지지 못한다.**

⑥ 발달과정에서 해결되지 못한 성격의 문제는 무의식 가운데서 계속 활동하다가 수년 후에 신경증의 원인이 되기도 한다.

(5) 프로이트의 심리성적 발달 5단계

① 구강기(Oral, 0~18개월)

ⓐ 구강기는 출생부터 18개월까지를 지칭하며, 프로이트는 이 단계를 'I get' 단계로 표현한다.

ⓛ 영아는 리비도가 입으로 집중되어 입, 혀, 입술을 통해 젖을 빠는 데서 쾌감을 느끼며 유아성욕(infantile sexuality)을 충족한다.

ⓒ 유아는 자아중심적이고 자신의 욕구중심적이다. 다른 대상에 대한 개념이 없어서 자기애와 자아도취가 특징적이다.

② 유아는 욕구를 충분히 만족하지 못하거나 과잉충족을 하게 되면 성격적 결함을 나타내는데, 구강기 성격적 결함은 손가락 빨기, 손톱 물어뜯기, 과식과 과음, 지나친 음주, 흡연, 약물남용 등의 특성을 나타낸다.

⑩ 구강기 욕구가 적절히 충족되면 낙천적이고 먹는 것을 즐기는 성격이 된다.

② 항문기(Anal, 18개월~3세)

㉠ 항문기는 18개월부터 3세까지로 리비도의 방향이 항문으로 이동하는 'I control' 단계를 말한다.

㉡ 이 시기는 흔히 배변훈련 시기이기도 한데 배설물을 참고 보유하거나 배출하는 데에서 쾌감을 얻는다.

㉢ 유아는 본능을 충족하고 싶지만 배변훈련자(부모)에 의해 자기 본능을 마음대로 충족할 수 없다. 따라서 자신의 욕구를 통제하는 배변훈련자에 대해 적대감이 생기고, 이러한 적대감과 부모의 사랑을 받으려고 하는 욕구 간의 갈등을 해결해야 한다.

㉣ 이때 청결, 질서, 정확함, 순종적 또는 반항적 태도를 발전시키게 된다. 부모가 대소변 가리기를 엄격하게 훈련하면 이 시기에 고착현상을 보이게 되고 성인이 되어서 항문기적 성격의 소유자가 된다.

㉤ 항문기적 성격은 어지르고 무질서하며 물건을 낭비하는 특성을 나타내거나, 지나치게 깨끗한 것과 완전한 것을 찾는 결벽성 또는 완벽주의자의 특성을 나타낸다.

㉥ 배설활동을 통해 어머니를 조종하려고 하므로 다른 사람을 지배 또는 조종하려는 성격이나 규칙, 규범에 대한 맹종형 구두쇠와 같은 인색한 성격 등의 양극적인 성격의 소유자가 된다.

㉦ 부모가 대소변 통제를 적절하게 훈련시키면 성장해서 생산적이고 창의적인 사람이 된다.

③ 남근기(Phallic, 3~6세)

㉠ 남근기는 3세 이후부터 5세까지를 말하며 'I am a Man' 단계이다.

㉡ 이 시기는 아동이 성기에 관심을 가지게 되는 시기로서, 아동은 순진무구하지 않다는 프로이트의 가설을 가장 단적으로 나타내는 단계이다.

㉢ 남근기에는 가족의 로맨스가 생기는데, 남아는 오이디푸스 콤플렉스(Oedipus complex)를 갖는다. 오이디푸스 콤플렉스는 남아가 자기 어머니에게 성적인 애정을 가지고 아버지를 애정의 경쟁자로 생각하여 적대감을 갖게 된다는 것이다.

㉣ 이러한 적대감 때문에 아버지에 대한 갈등이 야기되고 우세한 아버지가 자신의 성기를 제거할 것이라는 거세불안을 가지게 된다. 거세불안을 감소시키기 위해서 어머니에 대한 성적 욕망과 아버지에 대한 적대감을 억압하여 어머니의 인정을 얻게 되고, 자신과 성이 같은 아버지의 남성다움을 갖기 위해서 아버지와 동일시하게 된다.

ⓜ 여아는 아버지에 대한 성적 애착을 갖게 되는데 이를 엘렉트라 콤플렉스(Electra complex)라 부른다. 여아는 남근이 없기 때문에 남근을 갖고 싶어 하는 남근선망을 갖는 동시에 열등감을 갖게 된다.

ⓑ 남근기 갈등의 성공적 해결은 동성 부모와의 동일시를 이룩하여 남성적·여성적 성격을 형성하며 자아와 초자아를 발달시키는 것이다. 이 시기에 고착되면 남근기적 성격 소유자가 된다.

ⓢ 남근기적 성격은 남성다움을 과시하거나 과장하고 야심적, 공격적이며 경쟁적 관계를 조절하는 능력이 부족하다. 성인이 되어 성불능이나 불감증 등의 성적 문제를 갖게 되기도 한다.

④ 잠재기(Latency, 6~11세)

ⓞ 잠재기는 6세부터 사춘기가 시작되기 전 11세까지를 말한다.

ⓛ 이 시기는 다른 단계에 비해서 평온한 시기로 성적 욕구가 억압되어서 앞의 세 단계에서 가졌던 충동이나 상상, 욕구 등이 잠재되어 있다.

ⓒ 사회관계를 확장하는 시기로, 이성에 대한 관심은 줄어들고 동성 친구들과 어울리게 된다.

ⓔ 성적인 에너지가 지적 탐색을 통해 발휘됨으로써 실생활을 살아가는 기본적인 기술과 사회 속에서 다른 사람과 관계 맺는 것을 배운다.

ⓜ 프로이트는 이 시기에 도덕성이나 심미성이 강화된다고 보았고, 이 시기가 성격발달에서는 크게 중요하지 않다고 주장하였다.

ⓑ 이 시기에 고착될 경우에는 과도한 성욕의 억압에서 오는 수치감, 혐오감 등이 생길 수 있다고 하였다.

⑤ 성기기(Genital, 11세~)

ⓞ 사회성이 발달하는 사춘기에 접어들면서 잠복해 있던 성적 욕구가 활발해지기 시작한다.

ⓛ 이제는 진정한 사랑의 대상을 찾아 만족을 얻기 원하므로 이성과 친밀한 관계를 형성하고, 일하는 것을 통해 사회에 기여하고자 한다.

ⓒ 남근기를 원만하게 거쳐 오지 못한 경우에는 이 시기에 생기는 성적 에너지를 적절하게 처리할 수 없어서 이성과의 성숙된 사랑을 할 수 없고 원만한 관계를 가질 수 없게 된다.

ⓔ 이성에 대한 적응곤란 및 일반적인 권위에 대한 반항심이 생긴다.

ⓜ 성기기까지 고착현상을 보이지 않고 원만한 발달을 이룬 사람은 세상에 대해 객관적인 시야를 갖게 되어 이타적이고 성숙한 성격의 소유자가 된다고 하였다.

(5) 프로이트 이론에 대한 비판점

① 프로이트의 발달이론은 가설적 실험검증보다는 성인 정신병 환자의 치료과정에서 얻어진 자료에 근거하여 추론된 것이어서 비과학적이라는 비판을 받고 있다. 신경증의 치료과정에서 형성된 이론이 과연 일반 사람의 성격을 일반적으로 설명하는 데 적절한가의 문제이다.

② 그의 이론은 성격이 생물적 성숙요인에 의해서 형성되며 학령 전에 모든 중요한 성격이 형성된 다고 주장하는 점에서 비판받고 있다. 인간의 성격은 생물적 성숙요인의 영향을 받긴 하지만 성장 과정에서의 환경적 영향을 크게 받는다. 베일런트(Vaillant, 2002)는 『행복의 조건(Aging Well)』에서 하버드 대학교 연구팀이 1930년대 말에 입학한 2학년생 268명의 삶을 72년 동안 추적 연구한 결과를 소개하고 있는데, 어린 시절의 초기 경험이 성인이 된 이후의 성공, 행복과 관련되지 못하였다고 밝히고 있다. 정서적으로 안정된 어린 시절을 보낸 사람이 성인기 이후 행복하고 만족스러운 삶을 살게 될 확률이 높긴 했으나, 초기 경험보다는 그 이후의 삶에서의 환경적 영향이 노년의 행복하고 건강한 삶에 더욱 관련된다.

③ 그의 이론은 성적인 면을 지나치게 강조하고 있고 이에 대한 설명이 타당하지 못하다. 성적 본 능인 리비도가 인간행동을 설명하기에 충분한가에 대해 논란이 있으며, 남아의 성역할 발달에 대한 이해를 확대하여 여아의 성역할 발달을 설명하고 있어서 여아의 성역할 발달을 제대로 설 명하지 못하고 있다.

2 에릭슨의 심리사회적 발달이론

개념 ➕

에릭슨(Erik Erikson, 1902~1994)

에릭슨은 덴마크계 미국인 발달심리학자이자 정신분석학자이다. 그는 독일 프랑크푸르트에서 덴마크인 부모(어머니는 유대인)에게서 태어났다. 3세 때 아버지가 사망한 후 어머니의 재혼으로 유대인 의부를 갖게 된다. 어린 시절 그는 주위의 유대계인과 구별되는 덴마크인 용모로 인해 정체성 문제를 심하게 겪었고, 이 때문에 자아정체감이 그의 이론에서 중심이 되었던 것으로 보인다. 오스트리아 빈의 사립학교에서 교사를 하게 되면서 지그문트 프로이트의 딸인 안나 프로이트를 알게 되었고, 이후 정신분석학자가 되었다. 히틀러의 탄압으로 유럽을 떠나 미국에 정착한 후 아동분석가로 활동하고 인디언에 관한 문화인류학적 연구를 하였으며, 예일 대학교와 하버드 대학교에서 교수로 재직했다. 에릭슨이 프로이트의 이론을 바탕으로 하여 사회 속에서의 개인의 성격발달에 대한 이론을 만들 수 있었던 것은 이민과 강제이주, 인디언 문화 연구 등 그의 개인적인 체험에서 각 문화 사이의 비교 연구가 있었기 때문이다.

(1) 특징

① 에릭슨은 프로이트의 이론을 사회·환경적 상황과 연계하여 확대하였다.

② 인간의 생애는 신체적·심리적으로 성장하는 유기체가 사회적 영향과 상호작용하면서 형성되므로, 생애주기를 통한 발달적 변화, 사회적·역사적 요인에 기초하여 성격을 이해하는 것이 중요함을 강조하였다.

③ 프로이트가 발달 초기의 경험이 성인의 정신병리를 일으키는 것을 설명하려 했다면, 에릭슨은 인간이 발달시기에 따라 겪게 되는 중요한 인생문제를 어떻게 극복하며, 이를 제대로 극복하지 못했을 때 성장한 후 어떤 어려움을 갖게 되는가를 설명함으로써 우리의 삶을 이해하는 데 초점을 두었다.

④ 에릭슨은 **점진적 분화의 원리(epigenetic principle)**에 의해 심리사회적 발달이 이루어진다고 보고, 아동의 **자아정체감 발달과 사회화**에 관심을 기울였다.

⑤ 인간발달과 관련하여 최대의 관심을 기울여야 할 것은 자아라고 간주하고, 성적인 욕구를 중심으로 한 원초아를 인간행동의 기초가 된다고 한 프로이트와는 대조적으로 **자아를 자율적인 성격 구조**로 보았다.

⑥ **생애주기를 8단계로 나누어 각 단계를 통하여 나타나는 자아의 특성**에 초점을 맞추고, 이러한 **인간발달은 모든 인간에게 공통적이라는 가정**을 세웠다.

⑦ 프로이트는 초기 아동기 경험을 중시하고 남근기 이후에는 성격이 변화되기 어렵다고 보고 있지만, 에릭슨은 **사회적 경험의 영향을 강조하며 전 생애에 걸친 성격발달을 설명하면서 성인도 발달과정에 있음**을 설명한다.

⑧ **성격의 단계는 미리 예정되어 있고 그 순서가 불변**한다고 가정한 것은 프로이트의 이론과 유사하다.

(2) 발달단계

① 생애주기의 각 단계에는 그 **단계가 우세하게 출현되는 최적의 시간**이 있고, 또 **모든 단계가 계획대로 전개될 때 완전한 기능을 하는 성격이 형성**된다고 하였다.

② 각 단계에는 **심리사회적 위기(psycho-social crisis)**가 있으며, 각 단계의 위기를 성공적으로 해결했을 때 성격발달이 제대로 이루어진다고 보았다.

③ 모든 사람이 심리사회적 위기를 <u>같은 시기에 같은 정도로 경험하는 것은 아니며</u>, 제시된 시기는 **위기를 해결하기에 가장 적절한 시기를 나타낸 것이지 그때만 가능한 것은 아니다.**

④ 어느 한 단계를 <u>성공적으로 해결하지 못한다 하더라도 다음 발달단계를 겪게 된다</u>고 보았다.

⑤ 각 단계마다 해결해야 하는 발달적 위기를 잘 해결하지 못한 사람은 **이후에도 계속 그 문제에 부딪히게 된다.**

⑥ 만약 특정 단계에서 위기를 긍정적으로 해결하지 못하면 개인은 그 위기를 다시 해결하기 위해 **종종 이전 단계로 되돌아가게 된다.**

⑦ 모든 인간은 **기본적으로 같은 욕구**를 갖고 있다고 보았다.

⑧ 성격발달은 이러한 욕구를 채우는 과정에서 일어나고, **사회적 환경, 특히 양육자가 제공하는 보살핌과 지원의 질에 영향**을 받는다고 보았다.

⑨ 자아의 중요성과 인간발달의 사회적 측면을 강조하였고, 인간관계를 가족, 사회, 문화와의 관련성 속에서 더욱 포괄적으로 설명했기 때문에 그의 이론을 **심리사회적 발달이론(psycho-social development theory)**이라고 한다.

출생~1년	신뢰감 대 불신감	• 신뢰감은 유아가 지속적으로 애정 어린 보살핌을 받을 때 형성된다. • 불신감은 예상하지 못한 결과나 냉정한 보살핌을 받을 때 생긴다.
1~3세	자율성 대 회의감 및 수치심	• 자율성은 유아가 새롭게 형성된 사고능력과 심동기술을 이용해 세상을 탐구할 때 발달한다. • 부모는 이러한 탐구를 격려하고, 피할 수 없는 실수를 받아주면서 자녀의 자율성을 키워 준다.
3~6세	주도성 대 죄책감	• 주도성은 야망과 책임감에 대한 것으로, 새로운 일을 찾아 나서고 도전해 보려는 아동의 시도를 성인이 격려하고 보상해 줄 때 발달한다. • 아동을 지나치게 통제하거나 비판하면 아동은 자신의 행동에 대해 죄책감을 느끼게 된다.
6~12세	근면성 대 열등감	• 학교와 가정은 학생이 도전적 과제에서 성공함으로써 유능감을 키울 수 있는 기회를 제공한다. • 반면, 반복적 실패는 열등감을 갖게 한다.
12~18세	정체감 대 역할혼돈	• 지금까지의 모든 특성들이 종합적으로 작용한다. • 역할혼돈은 가정에서 필요한 조건을 제공하지 못하거나 지나치게 통제할 때, 혹은 다양한 역할 속에서 개인을 탐구할 기회를 제공하지 못할 때 발생한다.
성인 초기	친밀감 대 고립감	• 친밀감은 자기 자신을 다른 사람과 융합할 수 있을 때 발달한다. • 초기의 실망과 정체성 발달의 결여는 정서적 고립감을 유발한다.
중년기	생산성 대 침체감	• 생산성은 성인이 자녀양육, 생산적 일, 사회와 타인에 대한 공헌을 통해 더 나은 다음 세대가 되도록 노력할 때 발생한다. • 이 시기에 다른 사람의 복지에 기여하는 일에 대해 무능하다면 무관심과 자아도취가 나타난다.
노년기	자아통합감 대 절망감	• 자아통합감은 최선을 다해 인생을 살아 왔고 죽음의 불가피함을 받아들이며, 인생에 대한 후회가 적을 때 생긴다. • 이와 반대로 이미 한 일 또는 하지 않은 일에 대한 자책감과 남은 인생이 많지 않다는 느낌을 강하게 갖으면, 이는 절망으로 이어질 수 있다.

(3) 에릭슨 이론에 대한 평가

① 일부 연구자들은 에릭슨이 성격, 정서 및 사회성 발달에서 문화가 차지하는 역할을 간과하고 있다는 주장을 제기한다. 가령 어떤 문화권에서 아동의 자립과 주도성을 부정적으로 보는데, 이는 그들이 처한 환경 내 위험에서 아동을 보호하기 위해서다.

② 비평가들은 청소년들, 특히 여성의 경우 친밀감의 확립이 정체감 형성과 함께 일어나거나, 심지어 앞서 일어나기도 한다고 지적한다. 이것은 정체성 형성 이후 친밀감을 형성한다는 에릭슨의 주장에 반대된다.

③ 많은 사람이 에릭슨이 제안한 것처럼 빨리 정체성을 형성하지는 않는다.

3 마샤(Marcia)의 정체성 지위이론

(1) 특징

① 마샤는 에릭슨의 이론을 발전시켜 정체성 지위(identity status)에 관한 연구를 하였다.

② 정체성 지위는 개인의 정체감 형성과정뿐 아니라 정체감 형성수준의 개인차를 함께 진단하고자 하는 개념이다.

③ 정체성 지위는 과업에 대한 전념(무엇에 전념하고 있는가)과 정체성 위기경험 여부(정체감을 갖기 위해 노력하는가)라는 두 가지 기준에 따라 네 가지로 분류되었다. 일반적으로 **정체감 성취와 유예 상태가 청소년에게 바람직한 것**으로 볼 수 있다.

(2) 정체성 지위

① 정체감 혼란(identity diffusion)

　㉠ **방향성이 결여**되어 있는 상태로서 다른 사람이 어떤 일을 하는지, 내가 이 일을 왜 하는지에 대해 **관심이 없다.**

　㉡ 이 상태에서는 **정체감 위기를 느끼지 않으며, 미성숙하여 자아존중감이 낮고, 혼돈**에 빠져 있어서 정체성 지위 중에서 가장 낮은 단계이다.

　㉢ 그대로 방치해 두면 **부정적 정체감으로 빠져들 위험**이 있다.

② 정체감 폐쇄 · 유실(identity foreclosure)

　㉠ **스스로 심각하게 생각하거나 의문을 갖지 않고 타인의 가치를 받아들이는 상태**이다.

　㉡ 권위에 맹종하므로 **부모가 선택해 준 인생**을 그대로 받아들인다.

　㉢ 다른 지위에 비해 **사회적 인정**의 욕구가 강하고, 부모에게서 영향을 받은 자신의 가치에 따라 생애의 방향을 결정하고, **부모와 긴밀한 관계**를 유지한다.

　㉣ 부모의 과업을 물려받거나, 일찍 결혼하여 안정된 가정을 꾸려 나가는 청년에게서 흔히 발견된다.

　㉤ 이들은 청년기를 매우 안정적으로 보내는 것 같으나, 성인기에 들어서서 뒤늦게 정체성 위기를 경험하는 경우도 있다.

③ 정체감 유예(identity moratorium)

　㉠ **아직 의사결정을 하지 못한 상태, 즉 위기의 과정에 놓여 있고 여러 대안을 놓고 고민** 중인 상태이다.

　㉡ 삶의 목표와 가치에 대해 회의하고 대안을 탐색하나 여전히 불확실한 상태에 머물러 **구체적인 자신의 역할과 과업에 몰두하지 못하는 상태**를 뜻한다.

　㉢ 유예기의 청년은 안정감이 없으나, **정체감 성취를 위한 과도기적 단계이므로 시간이 지나면 정체감을 확립하게 되는 경우가 많다.**

④ 정체감 성취(identity achievement)
- ㉠ 삶의 목표, 가치, 직업, 인간관계 등에서 위기를 경험하고 대안을 탐색하며 **확실하고 변함없는 자아정체감을 확립**한 상태이다.
- ㉡ 이념적인 부분에서도 **자신의 과거 신념을 재평가하고 자유롭게 행동할 수 있는 해결책**을 마련한다.
- ㉢ **현실적이고 대인관계에 안정감**이 있으며, **자아존중감도 높고 스트레스에 대한 저항력도 높다.**

단계	위기(crisis)	전념(commitment)
정체성 혼돈 (Identity diffusion)	×	×
정체감 폐쇄·유실 (Identity foreclosure)	×	○
정체성 유예 (Identity moratorium)	○	×
정체감 성취 (Identity achievement)	○	○

단계	설명
정체성 혼란 (Identity diffusion)	• 개인이 명확한 선택을 내리지 못했을 때 나타난다. • 여러 가지 인생경로에 있어 무계획적인 선택이나 행동으로 묘사된다. • 선택하는 것을 어려워하고 개인은 발달과정상 선택을 내릴 준비가 되어 있지 않다.
정체감 폐쇄·유실 (Identity foredosure)	• 개인이 부모와 같은 다른 사람의 가치체계(position)를 성급하게 채택할 때 나타난다. • 다른 사람의 정체성에 기반을 둔 것이므로 개인이 원하지 않은 가치체계이다.
정체성 유예 (Identity moratorium)	• 개인이 양식을 결정하는 데 있어 휴식을 취하거나 보류할 때 나타난다. • 장기간 정체성 형성을 위한 노력이 연기된다.
정체감 성취 (Identity achievement)	• 개인이 일련의 위기를 경험하고 의사결정을 했을 때 나타난다. • 정체성 형성은 목표나 방향을 위한 노력에 영향을 끼친다.

1 브론펜브레너(U.Bronfenbrenner)의 생물생태학적 발달이론

개념 +

브론펜브레너(U. Bronfenbrenner, 1917~2005)

브론펜브레너는 러시아에서 태어났지만, 6세 때 미국으로 건너갔다. 전통적인 심리학자로 교육받았음에도 불구하고, 그는 아동심리학, 사회학, 인류학에 초점을 두고 자신의 이론을 확장시켰고, 인간발달에 관한 생태학의 아버지로 알려지게 되었다. 그는 연구에서 발견한 것을 우리의 삶 속에 적용하는 것의 중요성을 강조했고, 저소득층 어린이들과 가족을 위한 미국 연방정부 프로그램인 헤드 스타트(Head Start)를 만들어 내는 데 지대한 영향을 주었다. 그는 죽기 전까지 코넬 대학에서 연구와 교육을 수행하였다.

(1) 특징

① **인지발달은 유전자와 사람들의 경험 모두의 영향**을 받는다. **성격, 사회성, 도덕성 발달**에서도 마찬가지다.

② 브론펜브레너의 생물생태학적(Bioecological) 모형은 이러한 발달에 영향을 주는 요인에 대한 종합적이면서 유용한 설명을 제공해 준다.

③ 이론의 명칭 중 '생물(bio)'이라는 요소는 발달에 **유전적 영향**이 있음을 보여준다. '생태학적(ecological)' 요소는 "발달은 **다양한 환경과 그 환경 간의 상호작용**으로 발산되는 힘의 함수다"라는 점을 나타내 주는 것이다.

(2) 생물생태학적 발달이론

① 개인은 브론펜브레너 모형의 중심에 있고, 그들의 발달은 **유전적 배경과 환경**에 의해 이루어진다.

② 유전은 우리가 사회적·물리적 자극에 반응하는 방식에 영향을 주는 상대적으로 안정적이고 고유한 특성인 기질뿐만 아니라, 건강이나 체격과 같은 신체적 특질에 영향을 준다.

③ 개인은 모험성, 행복, 분노, 신뢰와 같은 특질 면에서 다르며, 이러한 차이는 오래도록 지속된다.

④ 같은 가정환경에서 자란 형제자매라 할지라도 매우 다른 성격을 발달시킨다.

(3) 미시체계: 근접(Proximal)이 발달에 미치는 영향

① **아동 가까이에 있는 사람과 활동인 미시체계는 발달에 가장 강력한 영향**을 주는 환경이다.

② 미시체계는 영향력이 증가하고 있는 **텔레비전 및 인터넷 같은 매체뿐만 아니라 가족, 또래, 학교, 아이의 이웃**을 포함한다.

③ **부모나 다른 보호자들은 자녀의 성격발달**에 주된 영향을 미친다. 이 사실은 직관적으로 충분히 이해할 수 있고 널리 수용되고 있으며, 특히 어린 자녀가 그들의 부모와 보내는 시간을 고려할 때 놀랄 만한 일이 아니다.

④ 어떤 양육방식은 다른 방식에 비해 자녀가 더 건강한 성격을 발달시키도록 돕는데, 여기서 양육
방식이라 함은 아이들을 훈육하고 아이들과 상호작용하는 일반적인 방식을 말한다.

⑤ 어린 시절의 양육방식의 영향은 자녀가 대학생이 될 때까지 계속되어서 자녀의 동기, 성적, 교
사의 관계에 영향을 끼친다고 한다.

중간체계	미시체계 요소 간의 상호작용으로 구성되고, 이들 요소가 어떻게 효과적으로 함께 작용하는 가에 따라 건강한 발달이 이루어진다.
외체계	부모의 직업, 건강관리, 다른 사회적 서비스와 같은 미시체계와 중간체계 모두에 영향을 주는 사회적 영향
거시체계	아이가 속하여 자란 문화이며, 문화는 모든 다른 체계에 영향을 미친다.
시간체계	생물생태학적 모형의 마지막 수준으로, 이 체계는 시간종속적이며 발달에 영향을 끼치는 변화를 포함한다.

◈ 브론펜브레너의 인간발달의 생물생태적 모형

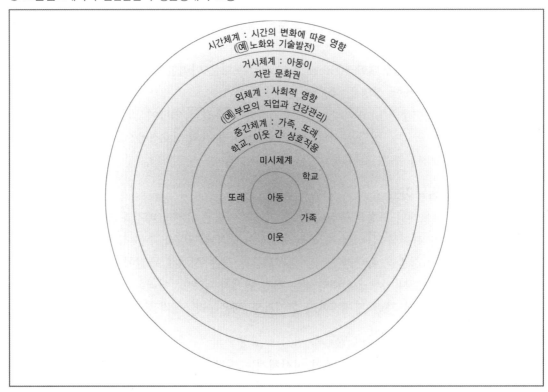

2 셀만의 사회적 조망수용이론

타인에 대한 이해란 곧 **사회인지**(social cognition)의 발달을 의미한다. <u>사회적 관계를 이해하는 사</u><u>회인지능력</u>은 타인의 사고와 의도, 정서를 생각할 수 있는 **사회적 조망수용능력**(social perspective taking ability)이라고 할 수 있다.

(1) 의미
① 사회적 조망수용능력의 발달은 **타인과 잘 지낼 수 있는 성숙한 사회행동**을 가능하게 한다.
② 사회적 조망수용능력이 발달한 아동은 다른 사람의 정서상태를 대리적으로 경험하는 **감정이입** **(empathy)능력과 동정심(compassion)**을 가지고 있으며, 어려운 사회적 상황을 잘 처리하는 **사회적 문제해결(social problem solving)능력**도 지니고 있다.

(2) 조망수용능력
① 사회인지 이론가인 셀만(Robert Selman)은 아동이 **자신의 관점과 다른 사람의 관점을 구별하** **는 능력과 다른 관점 간의 관계를 파악할 수 있는 능력**을 발달시키면서 자신과 타인을 이해하게 된다고 하였다.
② 사회적 조망수용능력은 **자신과 타인을 객체로 이해**하고, **타인의 관점에서 자신의 행동을 인지** 함으로써 타인의 의도, 태도, 감정을 추론할 수 있게 해 준다.
③ 대인관계에서 갈등을 겪는 사례에서 자료 속에 나타난 행위자의 동기와 다른 행위자와의 관계에 대한 반응을 분석하여 **사회적 조망수용능력의 발달단계를 5단계로 구분**하였다.
④ 사회적 조망수용능력은 **가정환경, 사회적 상황 등의 영향**을 받으면서 발달하므로 **나이에 상관** **없이 발달이 이루어질 수 있으며, 청소년이나 성인도 0단계나 1단계**에 머무를 수 있다.

(3) 발달단계
① 0단계: 자기중심적 관점수용단계(The egocentric undifferentiated stage of social perspective taking, 3~6세)
  ㉠ 타인을 **자기중심적**으로 보기 때문에 타인이 자신과 다른 관점(생각, 느낌)을 가지고 있다는 것을 전혀 이해하지 못한다.
  ㉡ **다른 사람도 자신의 견해와 동일한 견해**를 갖는다고 지각한다.
  ㉢ 예를 들어, 학교폭력의 가해자는 자신의 폭력으로 학급의 다른 아동이 괴로움을 당한다는 것을 전혀 인지하지 못한다.
② 1단계: 주관적 조망수용단계(The differentiated and subjective perspective taking, stage 5~9세)
  ㉠ 동일한 상황에 대한 타인의 조망이 자신의 조망과 **다를 수 있다는 것까지는 이해**하지만, 아직도 **자기의 입장에서 이해**하려고 한다.

ⓛ 자신의 행동을 다른 사람의 조망을 통해 평가하기 어렵다.

ⓒ 예를 들어, 학교폭력의 가해자는 왜 폭력을 가했는가에 대한 질문에 대해 '피해자가 잘못을 했으니 때릴 수도 있다'고 생각하거나, "재미있어서요." "단순한 장난이에요." 등의 대답을 할 수 있으며 '내가 장난으로 때린 것이라는 것을 피해자도 알고 있으니 괜찮다.'고 생각한다.

③ 2단계: 자기반성적 조망수용단계(self-reflective thinking or reciprocal perspective taking, stage 7~12세)

ⓐ **타인의 조망을 고려할 수 있고, 타인도 자기의 조망을 고려할 수 있다**는 것을 인식한다.

ⓛ 다른 사람이 자신의 행동에 대해 어떻게 생각하는지 알 수 있으며, 다른 사람이 서로 다르게 생각하고 느낀다는 것을 안다.

ⓒ 다른 사람의 입장이 되어서 그 사람의 의도와 목적, 행동을 이해할 수 있다. 그러나 이러한 과정을 동시상호적으로 하지는 못한다.

ⓔ 예를 들어, 이 단계의 학교폭력 가해자는 피해자가 아프고 속상해 한다는 것을 알고 피해자가 자신을 미워할 것임을 안다.

④ 3단계: 상호적 조망수용단계(The third person or mutual perspective taking, stage 10~15세)

ⓐ **동시상호적으로 자기와 타인의 조망을 각각 이해**할 수 있다.

ⓛ 다른 사람과의 관계 혹은 상호작용 속에서 발생하는 문제에 대해 **제3자의 입장에서 객관적으로 생각**하게 된다.

ⓒ 예를 들어, 학교폭력의 가해자는 교사나 부모가 학교폭력에 대해 부정적으로 생각하고 있음을 알고 있으며, 자신이 교사나 부모로부터 벌을 받을 수 있다는 것을 깨닫는다.

ⓔ 자신의 폭력행위 때문에 부모가 경찰서에 불려가는 등의 피해를 입을 수 있다는 것을 인지한다.

⑤ 4단계: 사회적 조망수용단계(The in-depth and societal perspective taking, stage 12세~성인)

ⓐ 동일한 상황에 대해 다른 생각을 한다고 해서 그 조망이 틀렸다고 인식하지 않으며, **자신이 다른 사람의 조망을 완전하게 이해하지 못한다는 것을 인식**한다.

ⓛ 아동은 **제3자의 입장을 확장하여 사회구성원이 갖는 일반화된 관점에서 이해**한다. 이것은 사회관계를 이해하는 능력이 더욱 심층적으로 발달하게 된다는 것을 의미한다.

ⓒ 사회체계를 사회의 많은 구성원이 공유하는 견해의 결과라고 생각하기 시작하므로 **사회적 합의나 타인의 견해 등에 대해 관심**이 많아지게 된다.

ⓔ 자기와 타인을 포함하여 **개인은 물론 집단과 전체 사회체계의 조망을 이해하는 최상의 사회인지를 획득**한다.

ⓜ 예를 들어, 학교폭력의 가해자는 사회에서 폭력이 바람직한 행동이 아니라고 보기 때문에 교사나 친구들이 학교폭력을 중지하기 바란다는 것을 깨닫는다.

ⓑ 자신의 폭력행위는 사회질서를 어지럽히는 일이므로 소년원이나 감옥에 갈 수 있는 위법행위임을 인지한다. 학교폭력 행위는 학생기록부에 기록될 수 있고 전과자가 될 수 있으므로, 자신이 취직을 하거나 사회에 진출하는 데 문제가 될 것이라는 것을 알게 된다.

ⓢ 폭력을 행사하는 아동은 사회적 조망수용능력의 문제가 아닌 기질, 성격, 환경적 영향 등 다른 개인적 특성이 종합적으로 폭력의 원인이 된다고 해석할 수 있다.

(4) 시사점

① 조망수용능력을 획득하게 되면서 아동은 친구관계를 단지 자신에게 도움이 되거나 같이 시간을 보내는 사람에서 **좋은 친구, 공통의 관심을 가지고 있는 친구, 서로 의존하면서도 독립성을 가지는 친구관계**로 점차 발전시켜 나가게 된다.

② 조망수용능력이 발달된 아동은 학교에서도 **인기가 많다**.

③ 아동에게 조망수용능력을 지도하고 훈련하면 **반사회적 행동이 감소되고 감정이입과 친사회적 행동**(prosocial behavior, ⓔ 돕기, 나누기, 보살피기, 위로하기, 협조하기 등)**이 증가**한다고 한다.

④ 학교폭력의 가해자는 조망수용능력이 높은 단계로 발달함에 따라 타인, 제3자, 사회 안에서 자신의 행동이 어떻게 인식될 것인지를 이해하고 생각하게 되므로, 폭력을 줄이고 사회에서 바람직하다고 생각되는 행동을 통해 사회문제를 해결할 수 있게 될 것이다.

⑤ 교사는 학생들이 높은 단계의 조망수용능력을 발달시킬 수 있도록 도와주어야 할 것이다.

CHAPTER 03 도덕성 발달

제1절 피아제의 도덕성 발달이론

개념 ⊕

> 존이 자기 방에 있는데 저녁 먹으라는 말을 듣고 내려와서 식당 문을 열었다. 문 바로 뒤에 의자가 있었고, 의자 위에는 쟁반과 컵 15개가 있었는데, 존은 그것을 알지 못했다. 그가 문을 열자, 쟁반이 문에 맞으면서 컵이 모두 산산조각이 나 버렸다. 어머니가 외출하고 없을 때, 헨리는 어머니 허락 없이 과자 통에서 과자를 꺼내 먹으려고 의자에 올라서 과자 통에 손을 대다가 그 옆에 있는 컵 한 개를 깼다. 존과 헨리 중 누가 더 나쁜가?

피아제는 인지발달과 도덕성 발달이 함께 이루어진다고 생각하여 자율적, 타율적이라는 기준에 따라 도덕성 발달을 크게 3단계로 구분하였다.

1 전도덕성 단계(pre-moral stage)

(1) <u>4세까지의 아동</u>은 전도덕성 단계(pre-moral stage)이다.

(2) <u>규칙을 전혀 이해하지 못하며 규칙을 따라야 한다는 생각도 거의 없다.</u>

2 타율적 도덕성 단계(heteronomous morality stage)

(1) 5~9세의 아동은 규칙과 질서를 절대적인 것으로 인식하는 <u>도덕적 사실주의(moral realism)</u>를 따른다.

(2) 피아제의 인지발달단계에서 <u>전조작기에 해당하는 이 단계는 타율적 도덕성 단계(heteronomous morality stage)</u>이다.

(3) 아동은 **외부의 규율과 법칙, 권위**에 의존하여 행동의 **결과에 따라 선악을 판단**하는 **구속의 도덕성 (morality of constraint)**을 발달시킨다.

> 🔵 아버지가 없을 때 잉크를 가지고 놀다가 탁자 덮개에 작은 잉크 얼룩을 남긴 아동과, 아버지를 돕기 위해 잉크병에 잉크를 채워 넣다가 탁자 덮개에 큰 잉크 얼룩을 남긴 아동 중에, 잉크 얼룩을 더 많이 남긴 아동이 더 나쁘다고 생각한다.
>
> 🔵 실수로 15개의 컵을 깨뜨린 존은 의도적으로 나쁜 행동을 하다가 컵 한 개를 깬 헨리보다 더 나쁘며 더 큰 처벌을 받아야 한다고 생각한다.

3 자율적 도덕성 단계(autonomous morality stage)

(1) 10세 이후는 피아제의 인지발달단계에서 **구체적 조작기** 이후로, 이때는 규칙이나 질서가 **다른 사람과의 협의에 의해 결정**된다는 것을 이해하고, **다른 사람과의 상호작용**을 고려하며, 행동의 **결과보다는 의도**를 기준으로 선악을 판단하는 자율적 도덕성 단계(autonomous morality stage)에 이른다.

(2) 서로 다른 사람이 각각 다른 규칙을 갖는다는 것을 알게 되는 **협력의 도덕성(morality of cooperation)**으로 발달하며, 아동에게 **규칙은 사람에 의해 바뀔 수 있는 것**으로 받아들여진다.

제2절 콜버그(Kohlberg)의 도덕성 발달이론

개념 ➕

콜버그(Kohlberg, 1927~1987)
로렌스 콜버그는 뉴욕에서 태어났고, 사람들의 도덕적 추론을 묘사한 연구로 유명한 심리학자였다. 그는 시카고 대학교에서 심리학을 전공한 똑똑한 학생이었고, 피아제의 업적에 기반하였다. 그의 연구는 도덕적 딜레마가 주어진 상황에서 개인의 행동을 정당화하는 데 초점을 두었고, 여섯 단계로 도덕적 추론을 설명했다. 그는 시카고 대학교에서 학생들을 가르쳤고, 이후에 하버드 대학교에서 사회심리학과 교수가 되었다. 하버드 대학교에 있는 동안, 그는 캐롤 길리건이라는 동료이자 비평가를 만났다. 인용이나 인지도와 같은 기준에 비추어 보았을 때, 콜버그는 20세기 저명한 심리학자 30인 중 1명으로 꼽힌다.

1 개념

(1) 특징

① 콜버그는 피아제의 도덕성 발달이론이 자율적 도덕성과 타율적 도덕성으로 양분되는 것이 지나치게 단순하다고 보았다.

② 그는 주로 아동을 연구대상으로 했던 **피아제의 이론을 성인으로까지 확대**하여 도덕성 발달단계를 제시하였다.

③ 콜버그는 도덕적 딜레마(moral dilemmas)나 어려운 결정을 해야 하는 가설적 갈등상황을 제시하고 '어떻게 하겠는가?', '왜 그렇게 해야 하는가?'를 질문하였다. 그리고 이러한 질문에 대하여 '예', '아니요'라는 응답에 관심을 둔 것이 아니라 **왜 그렇게 생각하는지의 이유를 분석**함으로써 옳고 그름에 대한 도덕적 판단, 도덕적 추론(moral reasoning)의 발달순서를 세 가지 수준으로 구분하였고, 각 수준을 하위단계로 나누어 설명하였다.

(2) 도덕성 발달단계

① 인습 이전 수준: 좋은 행동은 자신에게 **보상**을 가져다주는 것이고, 나쁜 행동은 **처벌**을 가져오는 것이다.

② 인습 수준: 좋거나 나쁜 행동은 **개인적·사회적 권위의 모습과 일치하는 정도**에 달려 있다.

③ 인습 이후 수준: **사회계약과 보편적인 윤리**라고 하는 보다 높은 수준의 원칙에 근거한다.

☞ 서로 다른 문화에서도 유사한 발달단계의 원칙이 지켜지고 있으며, **도덕발달은 인지발달과 병행**한다.

2 도덕적 딜레마를 통해 본 도덕성 발달단계

도덕적 추론에서 가장 많이 사용되는 도덕적 딜레마는 하인츠(Heinz)의 이야기이다.

> 유럽의 한 부인이 특이한 종류의 암을 앓아 거의 죽어 가고 있었다. 그 부인의 병을 치료하는 데는 오직 한 가지 약밖에 없는 것으로 알려져 있었다. 이 약은 같은 마을에 사는 어느 약사가 최근에 발명한 약이었다. 그 약을 만드는 데 원가는 200달러가 들었지만, 그 약사는 약값을 원가의 10배인 2,000달러나 요구하였다.
> 병든 부인의 남편인 하인츠는 돈을 구하기 위해 아는 사람을 모두 찾아다녔으나 그 약값의 절반밖에 마련하지 못했다. 할 수 없이 하인츠는 그 약사를 찾아가서 자기 부인이 죽어 가고 있다고 설명하고 그 약을 반값에 팔거나, 아니면 다음에 나머지 돈을 갚겠다며 간청했다. 그러나 그 약사는 거절하였다. 절망에 빠진 하인츠는 결국 약방을 부수고 들어가서 자기 부인을 위하여 그 약을 훔쳐 내었다.

(1) 인습 이전 수준

도덕적 가치는 **외적이고 물리적인 결과에 의존하며 자기중심성**의 특징을 보인다. 어떤 행동의 의미를 생각하지 못하며, 다른 사람의 규칙을 완전히 이해하지 못한다.

① 1단계(복종과 처벌 지향)

ㄱ 이 단계는 행동의 **외적·물리적인 결과가 옳고 그름의 판단기준**이 된다.

ㄴ **처벌을 피하려 하고, 힘을 가진 사람에게 순종**한다.

ㄷ 잘못을 저지른 놀이 친구를 고자질할 것인가에 대한 질문을 받는다면, 이 나이 또래의 아동은 "말하겠어. 그렇지 않으면 매 맞을 거야."라고 말할 것이다.

찬성	반대
하인츠가 약을 훔쳐야 한다. 그가 처음부터 돈을 안 내겠다고 한 것도 아니고, 그 약의 원가는 200달러밖에 안 되므로 그가 2,000달러를 훔친 게 아니다.	하인츠가 약을 훔치는 것은 벌을 받게 되기 때문에 잘못이다. 그건 큰 범죄다. 그는 허락을 받지도 않았고, 힘으로 약국을 부수고 들어갔다. 그는 약국에 큰 피해를 끼쳤고, 매우 비싼 약을 훔쳤다.

② 2단계(개인적 쾌락주의 지향)

　　㉠ 이 단계에서는 **자신과 타인의 욕구충족**이 도덕판단의 기준이 되는데, **우선 자신의 욕구가 충족되고 나면 다른 사람의 욕구도 고려**하게 된다.

　　㉡ 이 단계에서는 **순진한 도구적 상대주의(instrumental relativism)**가 나타난다.

　　㉢ 이 단계의 아동은 **공평성, 상호성**이 중요하다고 생각하므로 **어떤 환경에서든지 모든 사람이 동등한 대우**를 받아야 한다고 생각한다.

　　㉣ 예를 들면, 아동은 자신에게는 잠을 자야 할 시간이라고 하면서 왜 어른은 더 늦은 시간까지 자지 않아도 되는지를 이해하지 못한다.

찬성	반대
하인츠의 아내는 약이 필요하며 자기 아내의 생명을 구하기 원하므로, 약을 훔쳐도 된다. 하인츠가 훔치는 것을 원하는 것은 아니며, 자기 아내의 생명을 구하기 위해서 훔칠 수밖에 없다.	하인츠는 약을 훔쳐서는 안 된다. 약사는 나쁜 사람이 아니고, 단지 약을 팔아 돈을 벌려는 정당한 사업가이다.

(2) 인습 수준

자신의 **가족이나 자신이 속한 집단, 국가의 기준과 기대**에 근거하여 도덕적 가치를 판단한다. **사회규칙과 사회계약을 유지**하려고 노력하는 단계이다.

① 3단계(착한 소년/소녀 지향)

　　㉠ 다른 사람, 특히 **권위 있는 사람에게서 칭찬을 받는 행위**가 도덕적인 행위라고 생각한다.

　　㉡ 올바른 행동이란 **다른 사람을 기쁘게 하고 도와주는 것**이며, 이를 다른 사람이 착한 행동으로 인정하는 것이다.

　　㉢ 이 단계의 아동·청소년은 **다른 사람의 관점과 의도를 이해**할 수 있으므로 다른 사람의 기대에 부응하는 것을 중시한다.

　　㉣ **신뢰, 충성, 의리**가 대인관계를 유지하는 데 매우 중요하다고 생각한다.

　　㉤ 행동은 **의도에 의하여 판단**되기 시작한다.

찬성	반대
하인츠가 약을 훔치는 것은 좋은 남편으로서 자연스러운 일이다. 아내를 향한 사랑으로 약을 훔친 것은 비난할 수 없다. 만약 그가 아내의 생명을 구할 정도로 아내를 사랑하지 않는다면 그를 비난해야 한다.	약을 훔쳐서는 안 된다. 하인츠의 아내가 죽는 것은 그의 잘못은 아니며, 그가 가슴이 차갑거나 아내를 사랑하지 않기 때문이 아니다. 약사는 이기적이고 무정한 사람이다.

② 4단계(사회질서와 권위 지향)

　　㉠ **법과 질서를 준수**하며, **사회 속에서 개인의 의무**를 다한다.

　　㉡ 이 단계는 **법과 질서**를 기준으로 도덕판단을 한다.

ⓒ 친구의 비행이 법을 어기거나 공공의 질서를 심각하게 방해하였는가에 따라 그 비행을 말할 수도, 하지 않을 수도 있다.

ⓔ 법과 사회의 질서를 지키는 것이 **자신의 의무**라고 생각한다.

찬성	반대
하인츠가 약을 훔치지 않는다면 그는 아내를 죽게 내버려 두는 것이다. 아내가 죽는다면 그의 책임이 크다.	하인츠가 아내를 살리고자 하는 것은 자연스러운 일이다. 그러나 훔치는 것 역시 잘못된 것이다. 법은 어떤 경우에도 지켜져야 하기 때문에 하인츠의 행동은 정당하지 못하다. 그는 그가 도둑질을 했다는 것과 약사에게서 가치 있는 약을 빼앗았다는 것을 알고 있다.

(3) 인습 이후 수준

사회규칙에 제한되지 않으며 **보편적인 원리와 윤리**에 초점을 두어 판단한다. 이 단계 사람들의 행동기저에는 그 사람의 **양심**이 있다.

① 5단계(사회계약 지향)

ⓐ **법은 사람들이 합의하여 만든 것이므로 융통성이 있고 고칠 수도 있다**는 사실을 인식한다.

ⓑ 사회규칙이 도덕적 행동의 근거가 되지만, 개인의 내면화된 도덕원칙과 사회규칙 간에 갈등이 있을 때 **내면화된 도덕원칙**이 우선시된다.

ⓒ **법은 개인의 자유와 존엄성의 원리에 대한 믿음 때문에 따라야 하는 것**이다.

ⓓ 이 단계의 사람들은 소수라고 하더라도 **개인의 권리를 보호하는 것이 정의**라고 생각한다.

ⓔ 어떤 친구의 비행을 말할 것이냐 아니냐 하는 문제는 이제는 그 친구가 그 행위를 하게 된 이유에 달려 있게 되고, 일어날 수 있는 여러 행동이 그 친구와 보다 넓은 공동체에 끼칠 영향력을 고려하게 된다.

찬성	반대
하인츠가 약을 훔친 것은 잘못이나, 인명을 구하기 위한 일이므로 정당화될 수 있다.	약을 훔쳤다고 해서 하인츠를 비난할 수는 없지만, 극단적인 상황이 이를 정당화해 주지는 않는다. 누구든 절망적일 때는 도둑질해도 된다고 인정할 수 없다. 약을 훔쳐서 결과가 좋을 수는 있으나, 그렇다고 훔치는 것이 정당화될 수 없다.

② 6단계(보편적 원리 지향, 궁극화)

ⓐ 보통 사람에게서는 거의 찾아볼 수 없는 단계로, **극히 소수**만이 이 단계에 도달한다.

ⓑ 법이나 관습을 넘어서서 **정의, 평등, 생명의 가치와 같은 추상적이고 보편적인 원리**를 지향한다.

ⓒ 도덕원리는 **논리적으로 포괄적이며 일관성 있는 것으로 추상적**이다.

ⓓ 스스로 선택한 **도덕원리, 양심의 결단**에 따라 도덕적 판단이 이루어진다.

찬성	반대
이 상황은 하인츠가 약을 훔치거나 아내를 죽게 내버려 두는 것 사이에서 선택을 하도록 강요받는 상황이다. 생명을 존중하고 지키기 위해서는 훔치는 것도 도덕적으로 옳을 수 있다. 그는 생명을 존중하고 지키기 위한 행동을 해야 한다.	하인츠는 그의 아내처럼 절실하게 그 약이 필요한 다른 사람을 고려할 것인지 고려하지 않을 것인지 결정해야 한다. 그는 자신의 아내를 향한 사적인 감정에 따라서 행동할 것이 아니라 모든 생명의 가치를 고려하여 행동해야만 한다.

핵심정리 ✓

콜버그의 도덕성 발달단계

인습 이전 수준	1단계: 복종과 처벌 지향	• 어떻게 처벌을 면할 수 있을까? • 아동의 행위결과가 벌인가 칭찬인가 또는 행위를 강요하는 사람이 누구인가에 의해 선악이 판별된다.
	2단계: 개인적 쾌락주의 지향	• 나에게 뭐가 좋아? • 아동 자신의 욕구충족이 도덕판단의 기준이며, 다른 사람의 욕구충족을 고려하지만 자신의 욕구충족을 우선 생각한다.
인습 수준	3단계: 착한 소년/소녀 지향	다른 사람을 기쁘게 하고, 도와주는 행위 여부가 선악을 결정하며 타인의 승인을 중요하게 생각한다.
	4단계: 사회질서와 권위 지향	• 법은 절대적이고 사회질서는 유지되어야 한다. • 개인적인 문제보다 전체를 위한 의무감을 더욱 중요하게 여긴다. 즉, 주어진 사회질서를 유지하려는 행동이 나타난다.
인습 이후 수준	5단계: 사회계약 지향	• 법의 사회적 유용성에 대한 합리적 고려에 따라 법이 바뀔 수도 있다고 생각한다. • 인간으로서의 기본원리에 따라 행동한다.
	6단계: 보편적 윤리원리 지향	스스로 선택한 도덕원리에 따른 양심적인 행위가 곧 올바른 행위가 된다.

제3절 길리건(Gilligan)의 배려윤리

개념 +

길리건(Carol Gilligan, 1936~)

캐럴 길리건은 뉴욕에서 태어나 자랐고, 하버드 대학교에서 박사학위를 취득한 후 34년 동안 모교에 재직하였다. 뛰어난 연구 성과로 1997년 하버드 대학교 최초의 여성학 교수직을 맡게 되었고, 2001년 하버드 대학교 내에 여성학 센터를 설립하는 데 공헌하였다. 현재 뉴욕으로 돌아와 뉴욕 주립대학교 교수로 재직하고 있다. 주요 저서로는 『다른 목소리로(In a Different Voice)』(1982), 『도덕 영역에 지도그리기(Mapping the Moral Domain)』(1989), 『교차로에서 만나기(Meeting at the Crossroads)』(1992) 등 다수가 있다.

■1■ 특징

(1) 길리건은 『다른 목소리로(In a Different Voice)』라는 저서에서 **서양의 기존 윤리관을 남성중심의 성차별적 윤리관으로 규정**하고, 이에 대한 대안으로서 **배려의 윤리를 주장**하였다.

(2) 길리건은 콜버그의 도덕성 발달이론이 **추상적인 도덕원리**를 강조하며, **백인 남성과 소년만을 대상**으로 도덕성 발달단계를 설정한 것에 대해 비판하였다.

(3) **성인 남성은 4~5단계의 도덕성 발달단계**를 보이고, **여성은 대부분 3단계**의 도덕성 발달수준을 보이므로 여성의 도덕발달이 남성에 비해 낮다고 규정한 콜버그의 주장이 여성의 도덕발달을 적절하게 설명하지 못하고 있다고 비판한다.

(4) **소년은 독립적이고 추상적 사고를 할 수 있도록 교육**받는 반면, **소녀는 돌보기를 중요시하도록 양육**되고 있으므로 남녀는 각기 다른 유형의 도덕적 추론을 할 수밖에 없다.

(5) 남성은 **추상적 판단에 기초한 정의관점(justice perspective)**으로 도덕적 판단을 하고, 여성은 **인간관계와 타인을 돌보는 것을 기초로 하는 배려(care)와 책임감(responsibility)**을 중심으로 판단한다.

(6) 여성의 도덕성 발달단계는 세 가지 수준의 단계(sequence of three levels)와 각 단계 사이의 2개의 전환기(transition periods)로 설명된다.

(7) 각 단계는 자신(self)과 타인(others) 간의 관계를 더 정교하게 설명하고, 각 전환기는 이기심(selfishness)과 책임감 간의 이해를 보여 주고 있다.

■2■ 여성의 도덕성 발달단계

(1) [수준 1] 자기 지향(orientation to individual survival)

① 여성이 **자기의 이익과 생존에 자기중심적**으로 몰두하는 단계이다.

② 어떤 상황이나 사건이 자신의 욕구와 갈등을 일으킬 때에만 도덕적 사고와 추론을 시작하며, 어느 쪽이 자신에게 중요한가가 판단의 준거가 된다.

(2) [전환기 1] 이기심에서 책임감으로(from selfishness to responsibility)

① 첫 번째 전환기에서는 **애착과 다른 사람과의 관계형성**이 중요해진다.

② 도덕적 판단기준이 **독립적이고 이기적인 것에서 관계와 책임감**으로 옮겨가기 시작한다.

③ **책임감과 배려**를 도덕적 판단기준으로 통합해 간다.

(3) [수준 2] 자기희생으로서의 선(goodness as self-sacrifice)

    ① 사회적 조망이 발달하면서 **자신의 욕구를 억제하고 타인의 요구에 응하려 노력**하게 되고 타인에 대한 **배려, 책임감, 자기희생**을 지향한다.

    ② 이 수준에서는 개인이 다른 사람과의 관계를 유지하기 위해서 **자신의 주장을 포기**한다.

    ③ **다른 사람에게 상처를 줄 때 불평형**이 일어나고 **자기희생과 타인에 대한 배려를 선한 것**으로 간주한다.

    ④ 이 수준에서의 **타인은 사적인 관계**이며, 공적인 관계를 의미하지 않는다.

(4) [전환기 2] 선에서 진실로(from goodness to truth)

    ① 두 번째 전환기에서는 왜 다른 사람을 위해서 **자신을 희생해야 하는가**에 대한 의문을 가진다.

    ② 도덕적 판단기준이 자신 주변의 타인과의 일치에서보다 **넓은 범위의 타인의 욕구와 통합**되는 것으로 발전해 간다.

    ③ 두 번째 전환기는 **자아개념**과 관련된다.

(5) [수준 3] 비폭력 도덕성(the morality nonviolence)

    ① **대인 간 도덕적 추론의 마지막 단계**이다.

    ② **개인의 권리주장과 타인에 대한 책임이 조화**를 이룬다.

    ③ **의사결정과정에 적극적으로 참여**하고, 다른 사람에게 상처 주는 것을 피한다.

    ④ **자신에 대한 이해와 도덕성**에 대한 재정의를 형성한다.

    ⑤ **비폭력, 평화, 박애** 등은 이 시기 도덕성의 주요 지표이다.

3 여성의 도덕성

(1) 길리건은 여성의 도덕성이 자신의 필요에 몰두하는 이기적 단계에서 시작하여, 자신의 욕구보다는 타인의 입장을 중요시하는 도덕성 단계를 거쳐, 타인은 물론 자신의 책임의 중요성을 인식하고 자신과 관련된 모든 사람에게 최선의 방법을 모색하는 도덕성으로 발달해 나간다고 주장하였다.

(2) 여성은 도덕성에서 추상적인 도덕적 원리보다는 **인간에 대한 책임**을 강조하며, **타인의 요구에 민감하게 반응**하고, **타인과의 관계를 고려**하는 도덕적 사고를 중시한다.

(3) 여성은 **자신을 희생하더라도 인간관계를 유지하고자 하는 강한 배려지향적인 성향**을 가진다.

CHAPTER 04 지능

제1절 지능의 발달 - 지능의 의미

1 지능에 대한 연구

심리측정적 접근(psychometric approach), 피아제(Piaget)식 접근(Piagetian approach), 정보처리적 접근(information processing approach) 중 한 가지를 취하였다.

심리측정적 접근	지능을 양적으로 측정하는 데 관심을 둔 심리측정적 접근은, 지능검사를 통해 개인의 지능이 모집단을 기준으로 얼마나 높고 낮은지를 측정하는 데 초점을 두었다.
피아제식 접근	지능에 대한 질적 접근으로, 인간이 단계별 발달과정에서 무엇을 할 수 있는지에 관심을 두었다.
정보처리적 접근	지적 행동의 기초과정과 인간이 지능을 사용하는 방법을 분석하는 데 관심을 가졌다.

2 지능의 속성

(1) 상징이나 원리, 개념, 관계성, 아이디어와 같은 **추상성을 다루는 능력**

(2) **새로운 상황을 다루거나 문제를 해결**하는 능력

(3) 언어나 다른 상징이 포함된 **추상개념을 배우고 다루는 학습능력**이다.

3 지능의 정의

(1) 지능이란 **타당도와 신뢰도가 높은 지능검사가 보고하는 점수**다.

(2) **인간의 학습능력**이다.

(3) 한 인간이 **획득한 총 지식**이다.

(4) **새로운 상황과 환경에 적응하는 능력**이다.

1 일반요인이론 – 스피어만(Spearman)

(1) 인간의 지능은 g요인(일반지능요인)과 s요인(특수지능요인)으로 구성되어 있다.

(2) 스피어만은 <u>어떤 종류의 지능검사에도 적용할 수 있는 하나의 정신속성(일반지능)</u>이 있고, 각각의 지능검사에서 요구하는 특수한 능력이 이러한 일반지능에 덧붙여 있는 것이라고 제안하였다.

(3) 스피어만은 인간의 지능을 g요인과 s요인으로 설명하였고, **g요인으로서 '언어, 수, 정신속도, 주의, 상상'의 다섯 가지 요인**이 공존함을 찾아냈다.

(4) 인간은 **일반지능과 특수능력 모두에서 개인차가 발생**하며, 이 두 요인이 함께 정신과제에 대한 수행을 결정한다.

g요인	음정, 박자에 대한 음악적 기능능력	s요인	• 성악: 성량, 호흡법, 성악적인 표현력 • 기악: 해당 악기에 적합한 특수한 능력

◈ 스피어만의 일반지능이론

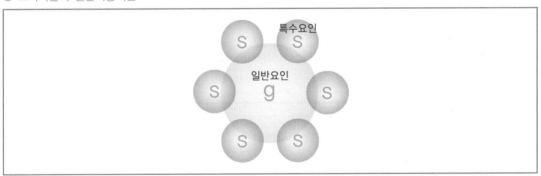

2 다요인이론

(1) 서스톤(Thurstone)

① 스피어만의 견해에 대하여 서스톤은 모든 지적 기능에 군림하는 단일능력으로서의 일반지능을 부인하고, **지능이란 한 개가 아닌 몇 개의 기본 정신능력(primary mental ability, PMA)으로 구성되어 있다고 주장**하였다.

② 인간의 지적 능력은 **서로 독립적인 별개의 요인으로 존재**하므로 지능에 대한 기술은 **각각의 요인에 대한 개별화된 점수를 제시**하여야 한다.

③ 서스톤은 지적 과제에 기초한 기본 정신능력(PMA)으로 '**언어이해요인, 기억요인, 추리요인, 공간시각화요인, 수요인, 단어유창성요인, 지각속도요인**'의 7가지 집단요인을 제시하였다.

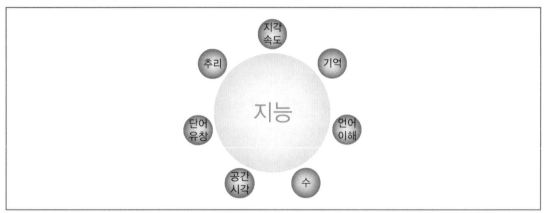

(2) 길포드(Guilford)

① 길포드는 인간의 지능에는 세 가지의 기본 범주 혹은 지적 국면(faces of intellect)이 있다고 주장하면서 '**지능구조모형**(structure of intellect model)'을 제안하였다.

② 여기서 세 가지 필수적 차원이란 정신능력에 포함되는 **내용**(contents)**차원**과 그 요인에서 요구하는 **조작**(operation)**차원** 그리고 그러한 조작이 내용에 작용하여 나타나는 **산출**(product)**차원**을 의미한다.

내용	시각, 청각, 단어의미, 상징, 행동의 5개 하위요인
조작	인지, 수렴적 사고, 확산적 사고, 기억부호화, 기억파지, 평가의 6개 하위요인
산출	단위, 유목, 관계, 체계, 변환, 함축의 6개 하위요인

③ 길포드는 **내용과 조작, 산출이라는 세 가지의 차원이 조합하여 특정한 요인이 발생**한다고 하였다.

④ 이들 세 차원의 경우 처음에는 내용 차원 4개, 조작 차원 5개, 산출 차원 6개로 총 120개의 요인이 제시되었으나, 이후에 제시된 지능구조모형은 5개의 내용 차원과 6개의 조작 차원, 6개의 산출 차원을 구성하는 요인이 상호 결합하여 얻어지는 180개의 상이한 정신능력으로 구성된다.

◈ 길포드의 지적 구조모형

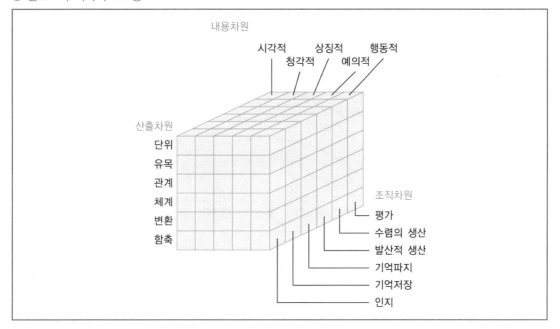

(3) 카텔(Robert Cattell)

① 카텔은 서스톤의 기본 정신능력 검사를 상세히 분석한 후 **지능의 일반요인으로 두 개의 요인을 추출해 내었는데, 유동적 지능과 결정적 지능**이 그것이다.

② **유동적 지능**(fluid intelligence)

　㉠ **유전 및 신경생리적 영향에 의하여 발달하는 지능**으로, 생리적 발달이 지속되는 **청년기까지는 그 수준이 꾸준히 증가하나 생리적 발달이 쇠퇴하는 성인기 이후에는 감퇴**한다.

　㉡ 유동적 지능은 지각 및 일반적 추리능력, 기계적 암기, 지각속도 등의 하위속성에서 잘 나타난다.

③ **결정적 지능**(crystallized intelligence)

　㉠ **환경 및 경험, 문화적 영향에 의해 발달하는 지능**으로, **가정환경 및 교육의 정도, 직업** 등의 영향을 받는다.

　㉡ 논리적 추리력, 언어능력, 문제해결력, 상식 등의 하위속성에서 잘 드러나는 결정적 지능은 **환경적인 자극이 지속되는 한 성인기 이후에도 꾸준히 발달**한다.

◎ 유동적 지능과 결정적 지능의 발달곡선

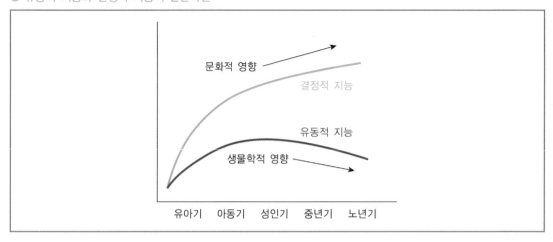

(4) 혼(Horn)**과 캐롤**(Carroll)

① 일반요인이론과 카텔이 제시한 지적 능력의 하위속성을 결합하여 C-H-C(Cattell-Horn-Carroll) 모델을 제안하였다.

② **위계적 지능이론**으로 불리는 CHC 모델은 위계구조에서 상층(계층 Ⅲ)에 일반지능을 두고, 중간층(계층 Ⅱ)은 유동적 추론, 결정적 지능, 수리적 지식, 읽기와 쓰기, 장기기억 저장과 복구, 단기기억, 시공간적 능력, 청각적 처리, 인지과정 속도, 결정과 반응 시간이라는 10개의 상이한 능력으로 구성된다.

③ 하층(계층 Ⅰ)은 중간층에 포함되는 70여 개의 정교한 세부속성으로 구성된다.

3 다중지능이론

(1) 가드너(Gardner)**의 다중지능이론**

개념 ⊕

가드너(Howard Gardner, 1943~)

"사람들은 모두 똑같이 태어나지 않으며, 지능 또한 모두 다르다."

1943년 미국에서 출생한 가드너는 1971년 하버드 대학교에서 발달심리학 박사학위를 받았다. 1972년 데이비드 퍼킨스와 함께 시작한 연구를 계기로 하여 종래의 지능이론과는 다른 개념과 구조를 지닌 새로운 지능이론을 제시하였다. 1983년 언어, 논리-수학, 공간, 신체운동, 음악, 대인 간, 개인 내, 이렇게 7개의 독특한 인간지능을 주장하였으며, 이후 자연지능을 추가하여 8개의 지능을 제시하였다. 그는 8개 외에도 얼마든지 다른 지능이 있을 수 있다고 주장함으로써 새로운 지능이론의 패러다임을 구축하였다. 현재 하버드 대학교 대학원 교수이자 같은 대학교 심리학과 겸임교수이며, 하버드 프로젝트 Zero의 추진위원장, Good Work 프로젝트의 책임자 등 왕성한 연구 활동을 펼치고 있다. 저서로는 『마음의 틀(Frames of Mind)』, 『다중지능, 인간지능의 새로운 이해(Intelligence Reframed)』, 『열정과 기실(Creating Mind)』(2004), 『다중지능(Muliple Intelligences)』 등이 있다.

① 전제: **모든 학습자는 서로 다른 능력과 흥미, 동기를 가지고 있다.**

② 그는 **학습자의 능력 및 동기를 고려한 교수·학습법**을 투입해야 한다고 주장한다.

③ 가드너는 자연스러운 교수·학습현장에서 전혀 경험해 보지 못한 인위적 과제를 해 보도록 하여 인간의 지능을 판단하는 전통적인 지능검사 방법의 타당성에 대하여 진지하게 의문을 제기하였다.

④ 그의 이론은 전통적인 IQ검사 점수에서 탈피하여 인간 개인이 지니고 있는 고유한 잠재능력의 가치와 범위를 확장시켰다는 점에서 의미가 크다.

⑤ 지능: **"문화적으로 가치 있는 물건을 창조하거나 문제를 해결하는 데 필요한 그 문화에서 유용하게 쓰일 수 있는 정보를 처리하는 생물·심리적인 잠재력"**이다.

⑥ 인간 두뇌의 해부학적인 구조와 개인이 속한 문화의 관점에서 지능을 분석하고 이론화하여 다중지능이론을 제시하였다.

기존 지능이론	다중지능이론
• 지능은 지능검사의 문항에 바르게 답하는 능력 • 지능은 대체로 타고나는 능력 • 논리와 언어능력을 지능의 범위로 봄	• 지능은 **그 문화에서 유용하게 쓰일 수 있는 정보를 처리하는 생물·심리적인 잠재력** • 사람은 **모든 지능을 가지고 있지만, 지능의 조합은 사람에 따라 다름** • 지능은 **향상**될 수 있음, 다만 **향상 속도에서 차이를** 보임

⑦ 가드너는 **인간에게서 관찰되는 8개의 지능**을 다음과 같이 제시하였다.

㉠ 언어지능(linguistic intelligence): 말하기와 읽기, 작문, 듣기 영역에 대한 민감성, 언어학습능력, 특정한 목표를 달성하기 위한 언어활용능력 등을 포함한다. 작가, 시인, 법률가, 교사 등이 언어지능이 높은 사람들이다.

㉡ 논리-수학지능(logical-mathematical intelligence): 어떠한 문제를 논리적으로 분석하고, 수학적 조작을 수행하며, 과학적인 방법을 사용하여 문제를 해결할 수 있는 능력을 의미한다. 수학자, 논리학자, 과학자 등이 논리-수학지능이 높은 사람들이다.

㉢ 공간지능(spatial intelligence): 좁은 공간뿐만 아니라 항해사나 비행기 조종사가 경험하는 넓은 공간을 인지하고 다루는 잠재력을 의미한다. 시각적인 세계를 잘 지각할 수 있고, 지각된 것을 변형시킬 수 있으며, 균형과 구성에 대한 민감성, 유사한 양식을 감지하는 능력 등이 포함된다. 조각가, 항해사, 건축가, 그래픽 아티스트 등이 공간지능이 높은 사람들이다.

㉣ 신체운동지능(bodily-kinesthetic intelligence): 문제를 해결하거나 사물을 아름답게 꾸미기 위하여 몸 전체나 손 혹은 얼굴 표정과 같은 신체의 일부분을 활용할 수 있는 능력을 의미한다. 운동선수, 배우, 무용가, 외과의사, 기술자 등이 신체운동지능이 높은 사람들이다.

㉤ 음악지능(musical intelligence): 연주하거나 노래하기, 음악적 양식을 이해하거나 작곡 혹은 지휘와 관련된 능력이다. 음정과 리듬에 대한 민감성, 음악의 정서적인 측면에 대한 이해 등도 포함된다. 기악 연주가나 성악가, 작곡자, 지휘자 등이 음악지능이 높은 사람들이다.

ⓑ 대인 간 지능(interpersonal intelligence): 타인의 욕구와 동기, 의도를 이해하고 다른 사람과 효과적으로 일할 수 있는 능력을 의미한다. 교사, 심리치료사, 종교지도자, 정치가 등이 대인 간 지능이 높은 사람들이다.

ⓢ 개인 내 지능(intrapersonal intelligence): 대인 간 지능과 함께 인성지능(personal intelligence)에 속하는 지능이다. 자성지능이라고도 불리며, 자신을 이해하고 자신의 욕구, 불안, 두려움 등을 잘 통제하여 효율적인 삶을 살아 나갈 수 있는 잠재력을 의미한다. 심리학자, 수도자 등이 개인 내 지능이 높은 사람들이다.

◎ 자연지능(naturalist intelligence): 자연에 존재하는 여러 종(species)을 잘 구분하고, 각각의 종 사이의 관계성을 인식하고 규정하며, 자연과의 교감을 능숙하게 할 수 있는 능력을 의미한다. 생물학자, 동물학자, 식물학자, 농부 등이 자연지능이 높은 사람들이다.

지능	핵심성분	최고 수준 발달	발달적 요인
언어지능	언어의 소리, 의미, 기능에 대한 민감성	작가, 웅변가	초기아동기에 폭발적으로 발달한 후 노년기까지 유지
논리-수학지능	논리적·수리적 유형에 대한 민감성과 구분	과학자, 수학자	청소년기와 성인 초기에 절정에 달한 후 40세 이후 뛰어난 수학적 통찰력은 감퇴
공간지능	시공간세계에 대한 예민한 지각	화가, 건축가	초기아동기의 위상학적 사고가 9~10세경 유클리드식 사고방식으로 전환
신체운동지능	몸의 움직임을 통제하고 사물을 능숙하게 다루는 능력	운동선수, 무용수, 외과의사	성분(강도, 유연성)과 영역(체조, 야구)에 따라 다름
음악지능	음정, 리듬, 음색 등을 만들고 평가하는 능력	연주자, 작곡가, 지휘자	가장 조기에 발달
대인 간 지능	타인의 기분, 기질, 동기, 욕망을 구분하고 그에 대응하는 능력	상담가, 정치지도자	생후 3년 동안 중요한 애착과 유대
개인 내 지능	자신의 감정에 충실하고 정서를 구분하는 능력	심리학자, 수도자	생후 3년 동안 중요한 자아와 타인 간의 경계 형성
자연지능	다양한 종을 구분하고 인지할 수 있는 능력	동식물학자, 농부, 생물학자	아동에게 다양한 경험을 시킬수록 발달

(2) 스턴버그(Sternberg)의 지능의 삼원론(triarchic theory of intelligence)

① 관점

ㄱ 대부분의 지능이론이 인간지능의 구체적 내용, 즉 인간의 지적인 행동에 기반을 둔 각각의 능력 자체에 초점을 두었다.

ⓒ 스턴버그는 인간이 특정 문제를 해결하고 지적으로 행동하기 위한 **정보를 어떻게 모으고 사용하는지의 관점**에서 지능을 바라보았다.

② 특징: **모든 사람에게 공통적으로 나타날 수 있는 인지과정**을 강조한 이론으로, 삼원이란 **분석적 지능, 창조적 지능, 실제적 지능**을 의미한다.

　ⓐ 분석적 지능(analytical intelligence)
　　• 지적인 행동과 관련된 인간의 정신과정과 연관된 것으로서 흔히 **학문적인 영역**의 지능을 의미한다.
　　• 이 지능은 기본적인 정보처리를 위한 메타요소, 수행요소, 지식습득요소라는 세 가지 요인으로 구성된다.

메타요소	인간의 고등정신과정을 의미하는 것으로, 어떠한 일을 사전에 계획하거나 일이 진행되는 동안 점검하는 것, 일을 평가하기 위하여 통제하는 것과 같은 정신과정을 의미
수행요소	메타요소인 고등정신과정을 이행하기 위한 하위수준의 과정을 의미
지식습득요소	메타요소와 수행요소들이 하는 것을 실제로 어떻게 해야 하는지에 대한 학습을 의미

　ⓑ 창조적 지능(creative intelligence): **인간의 경험과 긴밀하게 연관**된 것으로, **신기성(novelty)을 다루는 능력과 정보처리를 자동화하는 능력**으로 구성된다.

신기성	통찰력과 새로운 상황을 효과적으로 다루는 창의적인 능력
자동화 능력	새로운 해결책을 신속하게 일상적인 과정으로 바꾸어서 많은 인지적인 노력 없이도 적용할 수 있는 능력

　ⓒ 실제적 지능(practical intelligence)
　　• 전통적인 지능검사의 점수나 학업성취도와는 무관한 지능으로, **선택·적응·조성의 세 부분으로 구성**된다.
　　• 적응력이나 사회적 유능성 등과 관련된 실제적 지능은 정규교육을 통해 향상되는 것이 아니라 **일상에서 개인의 경험을 통하여 획득되고 발달**한다.
　　• 실제적 지능을 통하여 **인간이 성공할 수 있는 환경을 스스로 선택하고 그 환경에 적응**하거나, 필요하다면 환경을 바꾸어 주는 것이 중요하다는 점을 강조하였다.
　　• 우리 사회의 **'문화'가 성공적인 선택과 적응, 조성을 결정하는 중요한 요소**이다.

③ 성공지능(successful intelligence)
　ⓐ 성공지능은 앞에서 언급한 세 가지 지능으로 구성된다.
　ⓑ 인간이 개인의 **목표를 달성하는 데에 도움을 주는 지능**으로, **분석적·창조적·실제적 지능**과 그에 해당되는 특별한 능력들 간의 균형이 유지될 때 인간은 자신의 목표를 성취하고 그에 따른 성공적인 경험을 한다.

PART
06

◆ 스턴버그의 삼원지능이론

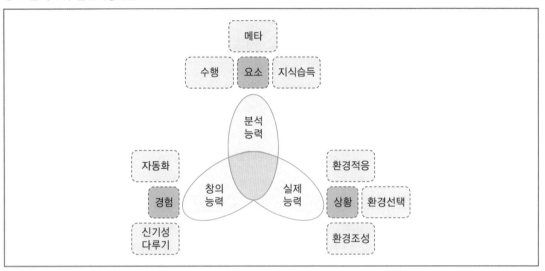

일반요인이론	지능은 하나의 요인으로 구성되어 있다고 보는 이론
다요인이론	지능은 한 개가 아닌 몇 개의 기본 정신능력으로 구성되어 있다고 보는 이론
다중지능이론	지능의 기저능력은 서로 별개의 것이므로, 고유한 영역이라고 주장하는 이론

일반요인이론	스피어만	인간의 지능을 g요인과 s요인으로 설명하였고, g요인으로서 '언어, 수, 정신속도, 주의, 상상'의 다섯 가지 요인이 공존
다요인이론	서스톤	기본 정신능력(PMA)으로 '언어이해요인, 기억요인, 추리요인, 공간시각화요인, 수요인, 단어유창성요인, 지각속도요인'의 7가지 집단요인을 제시
	길포드	지능의 3가지 기본 범주인 내용, 조작, 산출을 제안
	카텔	지능의 일반요인으로 유동적 지능과 결정적 지능을 제시
	혼과 캐롤	일반요인이론과 카텔이 제시한 지적 능력의 하위속성을 결합하여 C-H-C(Cattell-Horn-Carroll) 모델을 제안
다중지능이론	가드너	인간에게서 관찰되는 8개의 지능, 언어지능, 논리-수학 지능, 공간지능, 신체운동지능, 음악지능, 대인 간 지능, 개인 내 지능, 자연지능을 제시
	스턴버그	모든 사람에게 공통적으로 나타날 수 있는 인지과정을 강조한 이론으로, 삼원이란 분석적 지능, 창조적 지능, 실제적 지능을 의미

지능의 역사는 지능검사의 역사라고 할 만큼 지능에 대한 연구는 지능을 측정하려는 노력과 밀접하게 관련되어 있다.

1 지능검사

(1) 비네-시몬(Binet-Simon) 검사

① 최초의 지능검사는 1905년 프랑스 정부가 학습부진 아동들을 도와주기 위한 목적으로 비네(A. Binet)에게 의뢰하여 제작한 **비네-시몬 검사**이다.

② 비네-시몬(Binet-Simon) 검사는 검사의 결과를 해당 **연령집단의 평균능력인 정신연령 (MA: mental age)**으로 나타냈다.

③ 예를 들어, 평균적인 7세 아동이 풀 수 있는 문항에 대부분 정답을 하였고 8세 아동이 풀 수 있는 문제를 풀지 못했다면, 그 아동은 실제 연령이 설사 5세, 8세, 10세일지라도 정신연령은 7세에 해당한다.

(2) 스탠포드-비네(Stanford-Binet) 검사

① 1916년 스탠포드 대학의 터만(L. Terman) 교수는 비네-시몬검사를 미국상황에 맞게 표준화하여 스탠포드-비네(Stanford-Binet)검사를 제작하였다.

② 스탠포드-비네검사의 특징은 처음으로 지능지수인 **IQ(intelligence quotient)를 사용하여 지능검사의 점수**를 나타내었다는 것이다.

③ IQ는 정신연령과 생활연령의 비율에 100을 곱한 값으로, **비율지능지수**로도 불린다.

④ 예를 들어, 아동의 정신연령이 6세이고 생활연령이 5세라면 아동의 지능지수는 120이 되는 것이다.

$$지능지수 IQ = \frac{정신연령(MA)}{생활연령(CA)} \times 100$$

⑤ 생활연령은 지속적으로 증가하지만 정신연령은 13~15세 이후로는 거의 증가하지 않기 때문에, 생활연령이 증가할수록 지능지수를 적용하는 것에는 무리가 따른다는 점이 밝혀졌다.

(3) 편차지능지수(Deviation IQ)

① 정신연령을 기초로 계산되는 지능점수는 각 연령에서 동일한 의미를 갖지 않는다는 단점을 극복하기 위해 편차지능지수(Deviation IQ)라는 개념이 도입되었다.

② 편차지능지수는 **동일한 연령집단에서의 상대적인 위치로 피험자의 지능을 표현하는 방법**이다.

③ 해당 연령집단을 모집단으로 한 검사점수의 정상분포를 평균이 100, 표준편차가 15 혹은 16이 되는 표준점수로 환산한 척도에서 개인의 지능지수를 계산한다.

④ 예를 들어, 12세의 아동이 지능검사 점수가 100이라면 이것은 자신과 동일한 연령집단의 평균에 해당하는 점수이다. 만약 115점이라면 해당 연령집단의 점수분포의 평균에서 1표준편차만큼 떨어진 곳에 위치하고 있다는 것을 나타낸다.

⑤ 편차지능지수는 자신의 **연령집단 내에서 차지하는 상대적 위치를 알려 준다는 점에서 원점수보다 더 많은 정보를 제공**한다는 장점이 있다.

⑥ 현재 활용되는 대부분의 검사는 편차지능지수를 활용하여 개인의 지능을 나타내고 있다.

◎ 지능검사 점수의 분포

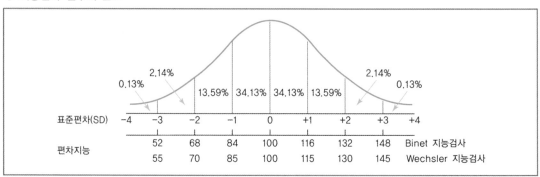

2 개인지능검사와 집단지능검사

지능검사는 실시대상에 따라 개인지능검사와 집단지능검사로 구분한다.

(1) 개인지능검사

① 개인지능검사는 검사전문가가 피검사자 한 사람을 대상으로 실시한다.

② 피검사자의 수행을 빠짐없이 관찰하여 검사점수에 반영된 능력뿐 아니라 반영되지 않은 측면까지도 파악할 수 있는 검사이다.

③ 검사를 진행하기 위해서는 검사자의 고도의 전문성이 요구되며, 또한 검사시간이 오래 걸리며 비용이 많이 든다는 단점이 있다.

④ 대표적인 개인지능검사에는 스탠포드-비네 검사와 웩슬러 검사가 있다.

　㉠ 스탠포드-비네 검사: 언어적 검사와 비언어적 검사로 구성되어 있으며, 2세부터 성인까지 연령에 따라 다른 구성으로 검사가 제작되어 있고, 오늘에 이르기까지 여러 번의 개정작업을 거쳐 널리 활용되고 있다.

　㉡ 웩슬러(Wechsler) 검사: 아동을 위한 검사(WPPSI), 7~16세까지 아동을 위한 검사(WISC), 성인용 검사(WAIS) 등 연령에 따라 세 종류의 검사가 사용되고 있다. 하위검사에는 언어검사와 동작(수행)검사가 있다.

(2) 집단지능검사

① 집단지능검사는 한 번에 여러 사람의 지능을 측정할 수 있도록 주로 지필검사 형태로 구성되어 있어 실시하기가 쉽다는 경제적인 장점을 가지고 있다.

② 개인의 검사수행을 개별적으로 관찰할 수 없기 때문에 검사점수에 포함된 여러 가지 오차들의 원인을 알 수 없고, 결과적으로 오차요인을 통제하기가 곤란하기 때문에 그 신뢰성이 떨어진다는 단점이 있다.

3 문화평형검사

(1) 의미

① 지능검사의 내용은 그 검사가 제작된 문화와 사회적 맥락의 영향을 받는다.

② 지능검사의 문항이 특정 사회나 문화의 내용을 포함한 것이라면, 사회적 배경이 다른 피험자는 해당 지능검사에서 좋은 점수를 받기 힘들 것이다.

③ 예를 들어, 농촌 출신 아동은 도시문화와 관련된 검사문항을 이해하는 데 어려움을 겪을 수 있다.

④ 문화적 편향(cultural bias)을 고려하여 **문화적인 요소가 개인의 지능에 미칠 수 있는 영향을 제거하거나 그 영향을 최소화한 문화평형검사(cultural-fair test)**를 제작하려는 노력이 지속되고 있다.

(2) 종류

① 문화평형검사는 대개 언어가 미치는 영향을 최소화하기 위해 그림, 도형, 공간재료 등을 활용하여 조립 검사나 모양 맞추기 검사, 숨겨진 그림 찾기 검사의 형태로 제작된다.

② 위트킨(Witkin)의 숨겨진 그림 찾기 검사, 레이븐(Raven)의 행렬 검사, 웩슬러 검사의 동작 검사 등이 문화평형검사의 예라고 할 수 있다.

③ Mercer와 Lewis(1979)가 개발한 SOMPA(System of Multicultural Pluralistic Assessment)는 5세에서 11세 아동들 중 특히 저소득층 아동들에게 유용한 검사로, 웩슬러 검사의 지능점수와 부모면담, 부모질문지, 신체건강상태 검사 등을 활용하여 지능점수로 파악할 수 없는 아동의 지적, 신체적 발달 정도를 종합적으로 파악하는 방법이다.

CHAPTER

05 창의성

제1절 창의성의 개념

1 창의성의 정의

(1) 길포드(Guilford)

새롭고 신기한 것을 낳는 힘

(2) 테일러(Taylor)

생산적 사고와 창조적 사고를 표현하는 복잡한 심리적 과정으로서 인내성과 성취, 변화, 개선을 구하는 태도 그리고 소신을 낳게 하는 정열

(3) 윤종건

기존의 요소들로부터 자기 자신에게 새롭고 유용한 결합을 이루어 내는 능력

(4) 사전적 정의

새로운 관계를 지각하거나, 비범한 아이디어를 산출하거나 또는 전통적인 사고유형에서 벗어나 새로운 유형으로 사고하는 능력

2 창의성의 구성요인 - 길포드

지능구조모형(structure of intelligence)에서 창의적 사고는 지능구조의 한 부분인 확산적 사고(divergent thinking) 능력을 포함하는 것으로 보았다.

(1) 확산적 사고

확산적 사고	여러 가지 다른 개념이나 답변을 제안하는 능력
수렴적 사고	한 가지 답변만을 생각해 내는 보편적인 능력

(2) 유창성, 융통성, 독창성, 민감성

유창성	주어진 자극에 대하여 **제한된 시간 동안 어느 정도의 반응을 보일 수 있는가의 능력** **예** 단어 유창성, 연상 유창성, 표현 유창성, 아이디어 유창성 등
융통성	• **변화하는 상황에 적응**할 수 있도록 현상을 변화시키는 능력 • **질적으로 서로 다른 방안을 산출**하는 능력
독창성	기존 지식의 단순한 통합이 아닌, **새롭고 흔히 볼 수 없는 반응**을 도출하는 능력
민감성	**아이디어를 세심하게 발전시킬 수 있는 능력**

제2절 창의성 연구의 다양한 접근

1 창의적 인물

(1) 스턴버그(Sternberg)

① 창의적 인물의 성격특성에 관한 연구결과를 보면 **개방적이고 직관적이며 도전적이고 모험심이 강하며 비관습적 사고**를 하는 경향이 있다.

② 스턴버그의 연구에서도 창의적인 사람은 **모호한 것을 잘 참으며 장애물을 극복하려는 의지, 성장하고자 하는 의지, 내적 동기, 적절한 모험심, 인정받으려는 욕구** 등이 높았다.

(2) 아마빌(Teresa Amabile)

① 창의적인 인물은 어떤 활동에 대한 **관심과 몰입 등의 강한 내적 동기**를 갖고 있다.

② 아마빌은 창의적 과정의 즐거움이나 문제를 해결하려는 **내적 동기가 창의성에 중요한 영향**을 미치는 반면, **외적 동기는 오히려 부정적 영향**을 줄 수 있음을 지적하였다.

③ 외적 보상은 활동 자체를 목적이 아닌 수단으로 지각하도록 하기 때문이다.

④ 후에 그녀는 내적 동기와 외적 보상의 상승효과가 있을 수 있음을 인정하였다. 외적 보상이 개인에게 통제당하고 있다는 느낌을 줄 때 그것은 부정적 영향을 미치지만, 정보를 주거나 과제를 더 잘 수행하도록 보상을 주는 것은 창의성에 긍정적 영향을 미칠 수 있다고 보았다.

(3) 토랜스(Torrance)

① 창의성의 원동력은 **자신의 꿈이나 미래에 대해 끊임 없는 열정**을 가지는 것이라 보았다.

② 1958년 초등학생을 대상으로 하여 시작한 22년에 걸친 종단연구에서 창의적인 인물은 선택에 일관성을 가지고 있었고 초등학교 때부터 꿈꾸었던 일을 하고 있었다.

③ 자신이 몰입할 수 있는 진정으로 원하는 미래상을 가지고 있는지가 미래의 창의적인 성취를 예언하는 주요 변수가 될 수 있다.

(4) 매슬로우(Maslow)

① 인본주의 심리학의 창시자인 매슬로우는 **자아실현의 과정이 창의성과 긴밀한 관계**가 있다고 주장하였다.

② 창의적인 사람은 **독립적, 자율적, 자발적이며 최적의 건강과 복지를 위해 노력**하였다.

③ 그들은 자신의 삶의 즐거움과 살아 있는 존재라는 것에 감사함을 느끼는 깨달음의 순간인 절정의 경험을 가지고 있었다.

(5) 칙센트미하이(Mihaly Csikszentmihalyi)

① 창의적 인물에 대한 연구결과, 그들은 상반되는 특성을 함께 가지고 있는 것으로 나타났다.

② 그들은 **상황에 따라 때로는 공격적이기도 하고 때로는 협조적**이기도 하였다.

③ 상반되는 특성의 중립이나 평균에 위치해 있다는 의미가 아니라, **경우에 따라 어느 한 특징을 보이다가 때로는 다른 특징을 같은 강도로 보여 준다**는 것이다.

▌2▐ 창의적 사고과정

왈라스(Graham Wallas)는 그의 책 『생각의 기술(The Art of Thought)』에서 창의적 사고과정을 **준비단계, 배양단계, 영감단계, 검증단계**의 4단계로 구분하였으며, 각 단계는 다음과 같다.

(1) 준비단계

① **여러 가지 가능성을 탐색하고 다양한 방법으로 해결책을 모색**하는 단계이다.

② 교사는 학생으로 하여금 알고자 하는 욕구를 일으키고 예상과 기대감을 고양하며 주의를 집중시켜야 한다.

③ 호기심을 유발하며 상상력을 자극하고 목적과 동기를 부여하도록 노력하고, 낯선 것을 익숙하게 하거나 익숙한 것을 낯설게 하는 등 개방적 사고를 갖게 하여야 한다.

④ 학생이 사물이나 현상을 다른 시각에서 보게 하고 제한된 정보를 가지고 예측하게 하는 등의 방법을 통해 학생의 사고능력이 배양될 수 있는 기반을 제공하는 것이 바람직하다.

⑤ 문제에 대해 부정적으로 보기보다는 건설적으로 받아들이고 도전적인 태도를 가질 수 있도록 좀 더 적극적으로 사고할 수 있도록 도와주어야 한다.

(2) 배양단계

① 논리적인 의식상태를 넘어서 **지적·의지적·정서적 기능을 결합하고 온 신경을 집중하여 열중하며, 참여와 헌신을 통해 새로운 치환이나 병렬을 시도**한다.

② 한때 배양을 퇴행적인 사고과정으로 생각했으나 점차 창의적 사고에서 매우 중요한 과정으로 인정하고 있다.

③ Kubie: 배양단계를 퇴행적이기보다는 건강하고 적응적인 것으로 보았다.

④ May: 배양단계를 비합리적 과정이라기보다는 오히려 지적·의지적·정서적 기능을 함께 활용하는 **초합리적 과정이며, 정상적인 사람들이 자신의 잠재능력을 실현하는 과정**으로 보았다.

(3) 영감단계

① **기발하고 결정적인 아이디어가 떠오르는 단계**

② 주로 시인이나 예술가에게 중요한 것으로 인식되었으나, 과학자도 이와 같은 영감을 통해 문제해결을 한 경우가 많다.

③ 시인 알프레드 하우스만(Alfred Hausman)은 그의 시가 '이미 만들어진 상태'에서 영감을 통해 그에게로 다가온다고 하였다.

④ 과학자 프리드리히 케큘레(Friedrich Kekule)도 꿈속에서 영감을 통해 벤젠의 화학구조를 발견하였다.

(4) 검증단계

① **영감만으로는 창의적 결과물을 만들 수 없으므로 검증(verification)단계가 필요**하다.

② 과학이론은 실험실에서 몇 달 또는 몇 년간에 걸친 검증과정을 거쳐야 한다.

③ 유명한 작가나 작곡가도 즉흥적으로 소설이나 교향곡을 만든 것이 아니고 계속해서 수정·재수정하는 정교화 과정을 거친다.

④ 검증과정에서는 **확산적 사고능력 외에도 수렴적 사고능력이 중요한 역할**을 한다.

핵심정리 ✓

준비단계	문제와 관련된 기본적인 정보를 모으고 연구할 만한 가치가 있는지, 적절한 주제인지 인식함
배양단계	일정 기간 동안 어떤 주제나 문제에 대해 곰곰이 생각하거나, 때로는 인식하지 못하지만 무의식 수준에서 아이디어를 탐색하기도 함
영감단계	어떤 문제에 대한 가능한 해결책이나 좋은 아이디어가 갑자기 의식 수준에 나타남
검증단계	해결책의 적절성을 검증하거나 아이디어가 실제로 작품으로 실행됨

PART 06

제3절 창의성 사고기법

1 브레인스토밍

브레인스토밍(brainstorming)은 오스본(Alex Osborn)이 1938년에 개발한 창의적 아이디어 생성 기법으로서 세계적으로 가장 많이 이용되는 방법 중의 하나이다.

(1) 브레인스토밍 기본원칙

① **평가는 마지막까지 유보하며 비판하지 않는다.** 어떤 형태의 아이디어도 비판하지 않고 아이디어 자체에만 전념하며 자신의 아이디어도 비판하지 않는다.

② **우스꽝스러운 아이디어라도 수용한다.** 아이디어는 자유분방할수록 좋다. 따라서 아무리 우스꽝스러운 아이디어라도 수용하여야 한다.

③ **아이디어는 가능한 한 많이 내도록 한다.** 브레인스토밍에서는 우선 많은 아이디어를 생성하는 것이 중요하므로 아이디어의 질보다는 양을 우선시한다.

④ **결합과 개선을 추구하여야 한다.** 제시된 많은 아이디어의 결합과 개선을 통해 더 좋은 아이디어로 발전시킨다.

(2) 집단의 구성 및 절차

① 브레인스토밍은 **유아에서 성인**까지 누구나 가능하다.

② 구성원은 **6~7명이 적절**하나 경험이 적어 많은 아이디어를 만들어 내기 어려운 경우에는 **15명 정도까지도 가능**하다.

③ 구성원은 가능하면 **다양한 경험**을 가지고 있고 **성별, 연령별로도 다양할수록 효과가 높다.**

④ 브레인스토밍의 경우, 더 이상 아이디어가 잘 나오지 않을 때 오히려 새로운 양질의 아이디어가 나오므로, 리더는 **구성원에게 계속해서 좋은 아이디어를 낼 수 있도록 격려**해 주어야 한다.

⑤ 브레인스토밍 실시시간은 **30~40분** 정도가 적당하다.

2 SCAMPER

(1) 정의

① 질문목록에 따라 체계적으로 새로운 아이디어를 자극하는 방법이다.

② 오스본(Osborn)이 아이디어를 이끌어 내는 질문 75개를 제시한 후 다시 9개로 정리한 것을 에버를(Eberle)이 다시 재조직한 것이다.

③ SCAMPER를 활용하여 기존의 것을 변형하거나 대체, 확대, 축소하는 것만으로도 새로운 훌륭한 아이디어를 낼 수 있다.

(2) 사고기법

	사고기법	기존의 물건	새로운 아이디어
S	대체(Substitute): 재료, 인물, 성분, 과정, 에너지의 대체	스테인리스 칼	세라믹 칼
C	결합(Combine): 기능의 결합 또는 단위의 결합	전화, 사진기	사진기 기능을 갖춘 휴대전화
A	적용(Adapt): 번안하거나 각색 또는 아이디어를 발전시킴	야생풀	벨크로
M	확대 및 축소(Magnify/Minify): 크기나 빈도, 밀도의 변화, 간소화, 생략	대형 컴퓨터, 30% 카카오 초콜릿	개인용 컴퓨터, 99% 카카오 초콜릿
P	다른 용도(Put to other use): 다른 용도로 사용	자꾸 떨어지는 접착력이 약한 풀	포스트잇에 활용
E	제거(Eliminate): 없애거나 부품 수를 줄임	안경	콘택트렌즈
R	역방향/재배열(Reverse/Rearrange): 역할과 위치, 원인과 결과를 바꿈	교수 중심의 수업	학습자 중심의 수업

3 여섯 색깔 모자 사고기법

(1) 정의

① 드 보노(de Bono)가 개발한 사고방법 중 가장 많이 알려진 것이다.

② 여섯 가지 다른 색깔의 모자(six hat)로 어떤 문제에 접근하는 여섯 가지의 역할과 방법을 규정하는 창의적 사고방법이다.

(2) 방법

① 주어진 문제에 대해 요구되는 **다른 유형의 사고를 함께 해 보면서 문제해결을 위한 새로운 관점을 발견하고, 습관적이고 일상적인 사고의 틀에서 벗어날 수 있는 기회**를 제공한다.

② 사고의 틀(frame of mind)인 다양한 모자를 의도적으로 바꾸어 써 봄으로써 다양한 사고를 나누어서 해 보고, 효율적으로 각각의 사고유형에 대해 집중하고 마침내 합리적인 해결책에 도달하게 된다.

(3) 특징

① 모자의 도움으로 다양한 각도에서 사고를 할 수 있을 뿐만 아니라 자신의 감정을 솔직하게 표현할 수 있는 장점이 있다.

② 유의점으로는 각 팀의 리더만이 모자의 전환을 지시할 수 있으며, 각 모자별로 시간을 너무 길지 않게 하는 것이 바람직하다.

③ 실제로 모자를 바꾸어 쓰면서 해도 되지만, 교실에서는 여섯 색깔의 색종이를 준비해 모자 대신 활용할 수도 있다.

파란 모자	목표, 개관, 순서, 규율선정, 결론 및 요약
흰색 모자	중립적이고 객관적인 정보와 사실
빨간 모자	감정, 느낌, 직관, 육감
노란 모자	긍정적 측면, 희망적 측면
검정 모자	부정적 판단, 실패할 만한 이유, 잠재적 위험요소
초록 모자	창의적 아이디어, 새로운 해결책

CHAPTER 06 학습자의 다양성

제1절 학습유형

1 위트킨(Witkin)의 장독립형과 장의존형

(1) 정의

① 장독립-장의존은 인지과정에서 **정보나 자극에 대한 심리적 분화(psychological differ-entiation) 정도**를 나타내는 지표

② 전체적인 장의 구조가 그 속에 포함된 **자극을 지각하는 데 있어서 영향을 주는 정도**를 의미

③ 장독립형(field-independent): 장(배경)의 영향을 별로 받지 않는 인지양식

④ 장의존형(field-dependent): 장의 영향을 많이 받는 인지양식

(2) 장독립형(field-independent)

① 주변 상황으로부터 **자신을 잘 분리**할 수 있는 사람이다.

② 방해요인에 대해 **독립적이고, 비사교적**이며, 다양한 자극 중에서도 **추상적인 것에 대해 더 많은 관심**을 가진다.

③ 사람 간의 상호작용을 덜 강조하는 **천문학이나 공학과 관련된 직업을 선호**하고, **수학이나 물리 같은 추상적인 과목**을 선호한다.

④ 장독립형 교사는 학생 간의 **경쟁을 이용하거나 독립적인 성취**를 조장하는 교수유형을 선호한다.

(3) 장의존형(field-dependent)

① 장의존형은 주변 상황의 **방해요인을 무시하기가 어렵다.**

② **사회 분야에 관심**이 많으며, 자신의 태도와 믿음을 정할 때 **다른 사람에게 의존**한다.

③ 사람들과 관계있는 **사회과학과 같은 학문이나 가르치는 직업을 선호**하며 매우 **인간적**이다.

④ **사회적 강화가 영향**을 크게 미친다.

⑤ 장의존형 교사는 **학생들과 상호작용하거나 대화**하는 것을 좋아한다.

학습유형	
장독립형	장의존형
• 분석적으로 지각	• 전체적으로 지각
• 섬세한 방식으로 경험: 구조나 제한조건을 부여	• 전체적 방식으로 경험: 주어진 구조에 고착
• 개념을 구체적으로 구분	• 개념의 일반적 관계를 봄: 폭넓은 구별
• 사회 과목을 단지 과제로 학습	• 사회 과목을 가장 잘 학습
• 개념 그 자체에 관심	• 자신의 경험과 관련된 자료에 관심
• 자기 자신이 세운 목표와 강화를 가짐	• 외적으로 부과된 목표와 강화를 요구
• 자신이 구조화할 수 있음	• 구조화된 것이 필요함
• 비판에 영향을 적게 받음	• 비판에 영향을 많이 받음
• 개념획득을 위해 가설검증 접근	• 개념획득을 위해 관망자적 접근

교수유형	
장독립형	장의존형
• 강의법과 같은 교수상황을 선호: 수업의 인지적 측면을 강조	• 학생들과의 상호작용이나 토론을 허용하는 교수상황을 선호
• 주제를 소개하기 위해 질문 사용	• 수업상황을 확인하기 위해 질문 사용
• 교수가 조직한 학습상황 이용	• 학생중심의 활동을 이용
• 교사를 원리적용을 조장하는 사람으로 인식	• 교사를 사실을 가르치는 사람으로 인식
• 정확한 피드백을 줌: 부정적 평가를 사용	• 적은 피드백: 부정적 평가를 피함
• 학습을 조직·안내하는 학습환경을 형성	• 따뜻하고 인격적인 학습환경을 형성

학생 동기화 방법	
장독립형	장의존형
• 점수를 통해서	• 언어적 칭찬을 통해서
• 경쟁을 통해서	• 교사를 돕는 것을 통해서
• 활동의 선택, 개인 목표를 통해서	• 외적 보상을 통해서(별, 스티커, 상)
• 과제가 그에게 얼마나 유용한지 보여 주는 것을 통해서	• 다른 사람에게 과제의 가치를 보여 주는 것을 통해서
• 구조를 디자인할 자유를 주는 것을 통해서	• 윤곽과 구조를 제시하는 것을 통해서

2 숙고형과 충동형

(1) 개념적 속도

케이건(Kagan)과 동료들(1964)은 같은 그림 찾기 검사(Matching Familiar Figure Test: MFFT)를 통해 과제에 대한 반응속도와 반응에서 틀린 수로 개념적 속도라는 학습유형 차원을 제시하였다.

(2) 숙고형(reflective style)

① 대답은 늦게 하지만 거의 틀리는 경우가 적다.

② 숙고형 학생은 행동하기 전에 정보를 수집하고 분석하는 것을 좋아한다.

③ 다차원적인 복잡한 과제의 경우에는 모든 대안을 고려해야 하기 때문에 숙고형의 수행수준이 높게 나타난다.

(3) 충동형(impulsive style)

① 대답은 빨리하지만 틀린 답이 많다.

② 충동형 학생은 문제를 해결할 때 빠른 행동을 좋아한다.

③ 단순한 문제의 경우에는 충동형이 나은 과제수행을 보인다.

(4) 대안

극단적인 충동형과 숙고형은 모두 문제가 될 수 있다.

숙고형	• 까다로운 문제에 부딪혔을 때 한 문제를 너무 오랫동안 생각하다가 다른 문제를 놓치는 경우가 생길 수 있다. • 과제를 시간 내에 완성할 수 있도록 어려운 문제는 건너뛰는 전략을 가르쳐야 한다.
충동형	• 읽기나 기억 과제에서 더 많은 실수를 하고 추론 문제나 시각적인 구별이 필요한 과제에서 오답을 하는 경우가 많다. • 문제해결과정을 말로 표현하는 방법을 통해 충동성을 수정할 수 있다. • 사지선다형의 문제를 풀 때 오답이라고 생각하는 것에 연필로 먼저 표시하는 방법을 사용하여 충동성을 수정할 수 있다.

제2절 영재교육

특수학습자란 정규교육과정과는 구별되는 특별한 교육적 서비스를 받아야 하는 학습자를 의미하며, 정상지능의 분포범위를 벗어난 집단으로서 영재와 장애를 가진 아동이 이에 속한다. 우리나라의 경우 2002년 「영재교육진흥법」이 시행됨에 따라 초등과 중등학교를 중심으로 과학, 수학, 예술, 언어, 정보, 발명, 융합 분과의 영재교육이 진행되고 있다.

1 영재

(1) 의미

① 흔히 학교성적이 상위권에 드는 아동을 일컬어 영재라고 하지만, 학문적인 규정에서 볼 때 영재란 꼭 그런 경우만을 의미하지는 않는다.

② 영재를 지칭할 때 우리는 '우수한 지능을 가진 아이(the gifted)'와 '재능이 있는 아이(the talented)'란 어휘를 사용한다.

③ 우수한 지능(gifted)은 능력(ability)의 영역을 지칭하는 어휘로서 수학이나 과학과 같은 학문 영역에서의 잠재능력을 보유한 영재를 일컬을 때 사용되며, 재능(talented)은 성취(accomplish)의 영역을 나타내 주는 어휘로서 음악이나 미술과 같은 예술 영역에서의 높은 성취를 보이는 영재를 일컬을 때 사용된다.

④ 하지만 요즘에는 영재의 개념규정을 함에 있어서 잠재능력(potential ability)의 측면이 부각되고 있기 때문에, 학문 혹은 예술 영역에 따라 지능과 재능을 명확하게 구분지어 사용하고 있지는 않다.

(2) 개념

① 영재성이란 단지 높은 지능만을 의미하는 것은 아니다.
② 인지적 요소뿐만 아니라 동기와 같은 비인지적 요소가 포함되어야 한다.
③ 영재성을 실현하는 데에는 환경이 결정적인 요인이 될 수 있다.
④ 영재성이란 단일 형태가 아닌 매우 복합적인 형태로 존재하므로 하나의 측정방법으로 평가할 수 없다.
⑤ 영재 판별은 조작적 정의에 의해서 이루어져야 한다. 즉, 단순한 추정이 아닌 분명한 근거가 있어야 한다.

(3) 정의

① 미국 국회: "지능, 창의성, 예술적 능력, 리더가 될 수 있는 역량, 수학 및 과학을 포함한 학문적 영역에서 높은 수준의 수행능력을 보이는 아동으로서 정규교육과정과는 구별되는 수업이 필요한 아동"을 영재로 정의한다.

② 미국 교육부: "전문가에 의해서 판별되고, 높은 수행능력을 보이는 아동, 자기 자신과 사회로의 공헌을 위하여 특별한 교육 프로그램이 필요한 아동"을 영재로 규정한다.

③ 타넨바움(Tannenbaum)
  ㉠ 상위 2% 이내의 높은 지능과 특수적성이 뛰어난 아동을 영재로 보았고, 시대의 가치가 알아주지 않으면 영재성은 사장되어 버린다고 하였다.
  ㉡ 영재성의 유지와 발달에는 가정이나 학교, 또래집단과 같은 환경적 지지가 매우 결정적인 요인이며 성격, 내적 동기, 열성, 몰입, 자아개념, 능력에 대한 스스로의 확신과 같은 영재가 지닌 비인지적 요인을 중대한 변인으로 보았다.

④ 렌줄리(Renzulli)
  ㉠ 영재성(giftedness)이란 특정 영역에 대한 **평균 이상의 높은 능력과 창의성, 강한 과제집착력이 서로 복합적으로 상호작용하는 심리적인 특성**을 의미한다.

ⓛ 영재란 특정한 영역에 대하여 **평균의 능력을 소유한 사람보다 높은 수준의 능력과 창의성, 강한 과제집착력이라는 세 가지의 속성**을 잠재적으로 보유하고 있는 사람으로, 그에 적합한 특수한 교육과정이 필요한 사람이라고 볼수 있다.

◈ Renzulli의 영재성 정의(Renzulli, 1978)

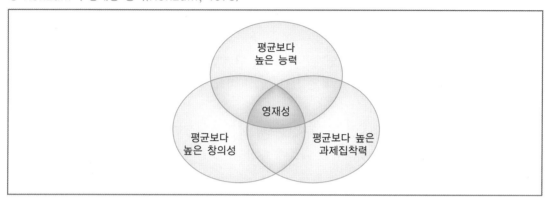

2 영재의 유형

영재의 개념 규정이 쉽지 않듯이, 현존하는 영재는 다양한 양상과 특성으로 관찰된다. 영재가 항상 우리가 알고 있는 방식으로 존재하는 것이 아니라는 말이다.

(1) 성공적인 유형

① 성공적인(the successful) 유형은 대부분 판별되어 이미 영재교육에 투입된 영재이다. 아마 국내 영재교육기관에서 수업을 받는 학생의 대부분이 이 유형에 속할 것이다.

② 이들은 높은 수준의 지능을 지녔지만 상대적으로 창의성은 높지 않다. 즉, 지능검사와 학업성취도로 판별된 집단이다.

③ 부모나 교사의 말을 주의 깊게 경청하고, 그들로부터 목표를 잡는 경향이 있으며, 자율성은 낮은 편이다.

④ '스스로 할 수 있다'는 신념을 지니고 있고 그에 따른 성취를 확신하기 때문에 긍정적인 자아개념을 지니고 있는 것처럼 보인다.

⑤ 학급에서 가장 영리하지만, 평범한 수준의 창의성으로 인해 자신의 목표추구에 실패하여 결국 장기적으로 자신의 영재성을 제대로 발휘하지 못할 가능성이 있다.

⑥ 대학시절 혹은 성인기 전반에 낮은 성취를 보이는 젊은 성인 영재가 이 유형에 속한다. 사회에는 별 문제없이 잘 적응하지만 삶의 변화를 위한 도전감이 없다.

(2) 확산적인 유형

① 확산적인(the divergently gifted) 유형은 창의성이 높은 영재이다.

② 높은 유머감각으로 친구들 사이에서 인기가 많지만, 완고하고 요령이 없으며 빈정대는 특징 또한 보인다.

③ 학교나 교사의 권위에 도전하고 시스템에 순종하지 않는 경향성으로 인해 칭찬이나 인정을 거의 받지 못한다.

④ 이러한 특성으로 인해 이들은 영재판별 시 첫 단계부터 소외된다.

⑤ 자신들의 영재성이 거의 인식되지 못함으로 인한 내적 갈등이 심하기 때문에 대체적으로 부정적인 자아개념을 지니고 있다.

⑥ 중학교 시기에 적절한 조치를 해 주지 않으면 이들은 고등학교 시기에 퇴학의 위험에 놓인다. 그러므로 늦어도 중학교 시기에는 이들에 대한 판별이 정확하게 이루어져야 한다.

(3) 잠복되어 있는 유형

① 우수한 여자 중학생이 잠복되어 있는(the underground) 유형의 대표적 사례이다.

② 사춘기의 여학생은 또래집단과의 관계유지를 위해 기꺼이 자신의 높은 잠재능력을 스스로 퇴보시키기도 한다.

③ 이들은 사춘기의 특성상 늘 불안정한 느낌을 지니고 있고 그에 따라 걱정을 많이 한다. 창의적인 일이나 학업에 높은 흥미를 지녔던 이들은 사춘기를 겪으면서 모든 흥미와 동기를 상실하기도 한다.

④ 무언가 변화하려는 욕구는 이들에 대한 부모나 교사의 기대와 갈등을 일으킨다. 따라서 빠른 변화 속에 있는 이들의 능력과 동기를 충족시킬 수 있는 대안이 마련되어야 한다.

⑤ 이들의 잠재력이 실현되기 위해서는 교사나 부모의 적극적인 이해와 지원이 필수적이다.

(4) 중도탈락 유형

① 중도탈락(the dropouts) 유형은 자신의 요구가 학교나 부모로부터 거부되고 무시되어 왔기에 학교에 대한 적개심이 높다.

② 이 유형은 판별이 매우 늦게 되는 경우가 빈번한데, 문제는 고등학교에 와서도 이들의 잠재성이 미처 발견되지 못하는 경우가 많다는 점이다.

③ 이러한 이유로 이들의 자아존중감은 매우 낮을 뿐만 아니라, 지금까지 거부되고 무시당한 감정의 결과로 인하여 자주 분노를 보인다.

④ 현재 진행 중인 영재교육 프로그램은 이들에게 적합하지 않다. 자신이 신뢰할 수 있는 성인과의 밀접한 관계를 원하는 이들에게는 가족치료나 개인상담이 필요하다.

(5) 중복낙인 유형

① 중복낙인(the double-labeled) 유형은 신체적·정서적 장애를 지닌 영재이다.

② 지능은 매우 높으나 학업성취도는 낮은 경우, 즉 학습에 실패한 영재를 의미한다.

③ 이들은 심리적으로 혼란이 심하며 그에 따라 스트레스 수준이 높다. 무기력감이나 좌절, 낙담과 고립감을 느낀다.

④ 학교의 과제가 항상 지루하고 따분하며 멍청하다고 불평하면서 어려움을 거부하거나 자기 자신을 방어한다.

⑤ 자신의 낮은 자아존중감을 보상받기 위하여 유머를 사용하지만, 사용하는 목적이 다른 사람의 품위를 떨어뜨리는 데 있다.

⑥ 이들의 내적 욕구는 '실패회피'이며, 방어기제가 발달되어 있다.

⑦ 이들은 실제 일반 아동으로 인지되기 때문에 판별에서 제외되는 경우가 많다. 이 유형의 결점에 초점을 두는 학교 구조는 이들의 장점이나 영재성의 육성에 실패하는 경향이 있다.

(6) 자율적 학습자 유형

① 자율적 학습자(the autonomous learner) 유형은 지능과 창의성이 모두 높은 영재이다.

② 자아존중감이 매우 높고 자기조절 학습능력이 뛰어난 집단이다.

③ '성공적인' 유형의 경우와 같이 이들은 학교 구조와 체제 속에서 매우 효과적으로 학습한다. 그러나 최대한 적게 노력하려는 '성공적인' 유형과는 달리, 학교 구조에 자기 자신을 그저 맞추는 것에서 탈피하여 스스로 학습 구조를 만들어 나간다.

④ 자기지향적이며 독립심이 높고 모험심도 강하다. 이들은 자율적인 아동으로서 가장 성공 가능성이 높다.

⑤ 부모나 학교환경의 많은 지지를 받아 자신의 잠재능력을 이미 충분히 발휘하고 있는 영재이다.

3 영재의 판별

(1) 의미

① 영재교육은 해당 영재성의 개념규정, 규정된 개념에 기반을 둔 판별, 프로그램의 투입, 평가의 절차로 진행된다.

② 이러한 과정 속에서 판별은 영재교육의 성패를 가르는 가장 중대한 변수이다. 판별의 오류가 적을수록 영재교육은 성공적인 결과를 얻을 수 있다.

③ 판별작업의 주요 초점은 정확한 영재선정에 있다. 즉, 영재임에도 판별되지 못하는 경우와 반대로 영재가 아님에도 영재로 판별되는 오류를 범하지 않는 것이 중요한 관건이다.

④ 판별지표 및 도구는 신뢰도와 타당도가 높아야 하며, 판별절차 또한 한 번이 아닌 여러 단계로 이루어져야 한다.

(2) 판별과정

다단계의 판별과정은 크게 3단계로 구성되는데, 1단계가 선별과정(initial screening), 2단계가 변별 및 판별과정(second screening & identification), 3단계가 교육 프로그램으로의 배치과정(placement)이다.

① 1단계는 집단지능검사와 교사의 지명, 관찰법 등을 병행하여 잠재성이 보이는 학생을 일차적으로 선별하는 과정이다.

② 2단계는 각 영역 전문가와 교육학자, 심리학자 등이 중심이 되어 더욱 전문적인 판별을 하는 단계이다.

③ 3단계는 1, 2차 단계를 거쳐 온 영재를 교육 프로그램에 배치하고 학습과정과 결과를 관찰·평가하는 단계이다.

(3) 렌줄리의 삼부 심화학습 모형

① 렌줄리는 일회적인 영재판별의 문제점을 지적하면서 삼부 심화학습 모형을 제시하였다.

② 그의 모형은 판별도구임과 동시에 영재를 위한 교육 프로그램이다.

③ 이 모형은 영재를 위하여 '무엇을 해야 할 것인가'에 대한 일종의 안내지침을 제공한다.

④ 주로 초등학생에게 실시되었으나 중등 연령의 학생에게도 효과적으로 활용될 수 있는 모형이다.

⑤ 삼부 심화학습 모형은 영재에게 학습선택의 자유와 개별화 교수의 학습환경을 제공하는 것을 기본원리로 삼으며, 모든 영재교육에서 이러한 학습환경의 필요성을 강조한다.

⑥ 이러한 목적을 성취하기 위하여 렌줄리는 영재가 1, 2단계의 준비과정을 통해 본격적인 탐구활동인 3단계로 진행할 수 있도록 교사가 도와주어야 한다고 하였다.

⑦ 특징

㉠ 각각의 단계에서 다른 단계로 상호 넘나들 수 있는 '회전문 장치(revolving door)'를 두어 현재의 단계가 자신에게 적합하지 않거나 다음 단계로 뛰어넘기를 원하는 경우, 영재에게 가장 적합한 단계를 제공하도록 개발된 점이다.

㉡ 일회적이고 단선적인 판별을 지양하고 영재선정 범위를 넓혀 줌으로써 소외될 수 있는 영재를 판별하거나 영재에 대한 사회·문화적인 거부감을 낮추었다는 점에서 긍정적인 의미를 지닌다.

㉢ 1차 선별 시 전체 학생 중의 15~20%를 선정한다는 점은 사회·경제적 환경으로 인하여 지금까지 관심을 받지 못했던 숨은 영재에게 영재선정의 기회를 제공한다는 점에서 교육적으로 가치가 있다.

㉣ 판별기간이 너무 길며 그로 인한 재정적 부담이 커진다는 단점 또한 지니고 있다.

4 영재를 위한 교육

(1) 교육과정 및 목표

① 교육과정: 영재의 개념 및 판별지표와 맥을 함께하는 것으로서 영재의 잠재능력을 최대한으로 이끌어 내는 것이어야 한다.

② 교육목표: 영재 개개인의 능력과 학습속도, 선호하는 학습방법에 따라 각자에게 적절한 교육목적과 세부목표를 세우고 그에 적합한 개별화된 교육을 시행할 때 효과적이다.

(2) 프로그램

① 영재교육의 초창기에는 주로 속진(acceleration)학습 프로그램이 활용되었다. 그러나 속진학습은 영재의 빠른 학습능력만 고려할 뿐 그들에게 내재된 폭넓고 깊이 있는 사고능력은 제한하는 방법이라는 반성이 교육학자 내에서 점차 확산되고, 더욱이 속진 자체가 영재를 해당 연령의 학습자로부터 격리시킬 수도 있다는 비판이 제기되었다.

② 최근에 와서는 속진보다는 심화(enrichment)학습 방법을 더욱 선호한다.

③ 속진학습은 학습속도가 빠른 학습자에게 진도를 빨리 나갈 수 있는 교육기회를 주지만, 학생의 흥미나 동기보다 능력과 성취도에 초점을 두기 때문에 영재의 사회적 성숙도와 같은 측면에서 볼 때 단점을 지닌다.

④ 상대적으로 심화학습은 정규교육과정 외의 교육내용을 첨가하여 좀 더 깊이 있고 폭넓은 전문성을 키울 수 있도록 운영하는 것인데, 경제적인 측면이나 전문교사의 자질부족과 같은 단점을 지닌다.

⑤ 현실적으로 볼 때 영재는 속진과 심화 학습이 동시에 필요한 학습특성을 지니고 있기 때문에, 영재교육 실제에서 속진과 심화 학습을 따로 구분하여 적용하기보다는 오히려 통합하거나 상호보완적인 요소로 적용하는 것이 바람직하다.

구분	장점	단점
속진학습	• 월반(grade-skip) • 경제적인 면에서 효과적임 • 영재에게 지적인 호기심을 제공할 수 있음	• 중요한 기술을 놓칠 수 있음 • 교육과정의 수직적 운영으로 인해 폭넓은 학습경험을 제공하지 못함 • 과정은 무시하고 내용지식 경험에 치중
심화학습	• 학습자의 관심과 흥미에 따라 연구과제를 설정하고, 생활 속의 문제를 중심으로 해결해 나가기 때문에 학습자의 동기를 유발시켜 자발적인 학습과 창의적인 결과물을 낼 수 있음 • 고차원적인 사고기술을 개발	• 정규교육과정과의 연속성이 결여될 수 있음 • 심화과정을 잘 가르칠 수 있는 전문교사 부족 • 재정적인 부담이 큼 • 프로그램의 개발이 쉽지 않음

제3절 특수교육

특수아동(exceptional children)이란 정서적 특성, 감각 특성, 신체운동 및 신체 특성, 사회적 행동이나 의사교환 능력에서 정상아동으로부터 지나치게 이탈되어 있어 그들의 잠재력을 발휘하기 위해 특수교육과 관련된 서비스를 받아야 하는 아동을 말한다. 우리나라 「장애인 등에 대한 특수교육법」에서는 시각장애, 청각장애, 지적장애, 지체장애, 정서·행동장애, 자폐성장애, 의사소통장애, 학습장애, 건강장애, 발달지체, 그 밖에 대통령령으로 정하는 장애를 가진 아동을 특수교육 대상자로 규정하고 있다. 특수교육 대상자에 영재아도 포함이 되지만, 우리나라 법령에서는 이를 따로 구분하고 있다.

1 지적장애

(1) 정의

① 지적장애(intellectual disability)에 대해 가장 일반적인 정의는 미국 지적장애 및 발달장애협회(American Association on Intellectual and Developmental Disabilities: AAIDD)의 정의다.

② 2010년 AAIDD는 장애 명칭을 **정신지체(mental retardation)에서 지적장애(intellectual disability)로 변경**하였고, 지적장애를 **"지적기능과 개념적·사회적·실제적 적응기술로 표현되는 적응행동에 있어서의 심각한 제한을 가지는 것으로 특징지어지며, 18세 이전에 나타난다."**고 정의하였다.

③ 지적기능은 주로 **지능검사**에 의해 측정되며 표준편차 2 이하(약 70)를 지적장애로 규정한다.

④ 그러나 IQ점수만으로 지적장애를 판별할 수는 없으며 **자기관리, 사회성 기술 등과 같은 적응행동**에도 문제가 있을 때 지적장애로 진단한다.

(2) 분류

① 수년간 지적장애는 표준화된 지능검사 점수를 통해 경도(IQ 50~69), 중등도(IQ 35~49), 중도(IQ 20~34)와 최중도(IQ 20 미만) 수준으로 세분화되었고, 아직도 대부분의 학교가 이러한 체계를 사용하고 있다.

② 하지만 AAIDD는 이러한 기준에서 벗어나 효과적으로 기능하기 위해 필요한 지원의 수준에 의해 지적장애를 분류하였다.

분류	정의
간헐적 (intermittent)	• 필요한 경우에만 지원, 일시적 상황에서 지원 • 항상 지원이 필요한 것은 아니며 인생에서 단기간(⑩ 실업 또는 심각한 질병 상황)의 지원만 필요함
제한적 (limit)	• 일정 시간 동안 지속적으로 지원, 시간이 제한되어 있지만 일시적인 상황은 아님 • 더 강한 수준의 지원에 비해 소수의 요원이 필요하며, 비용이 적게 듦
확장적 (extensive)	• 학교나 직장 같이 적어도 몇몇 환경에서 정규적이고 장기간 이루어지는 지원 • 시간이 제한되어 있지 않음
전반적 (pervasive)	• 전반적인 환경에서 일관성 있게 높은 강도로 지원 • 가능한 전 환경에서 지원, 많은 요원이나 중재가 요구됨

(3) 요인

① 지적장애를 유발하는 요인으로는 유전적 요인, 다운증후군과 같은 염색채 이상

② 페닐케톤뇨증(phenylketonuria: PKU)과 같은 신진대사장애, 풍진이나 임신 중 매독과 같은 질병 감염

③ 약·알코올·코카인 남용으로 인한 임신 중 약물의존, 출산 시 태아 산소결핍, 뇌염에 의한 뇌손상처럼 유아기에 겪은 질병이나 사고를 들 수 있다.

(4) 특성

① 지적장애아는 중요한 자극특성을 변별할 수 있는 선택적 주의집중에 어려움이 있고, 주의집중의 지속시간이 짧다.

② 또래보다 기억력이 낮은데, 특히 작업기억에 문제를 보인다.

③ 새로운 일이나 문제상황에 지식 또는 기술을 적용하는 전이에 많은 어려움을 겪는다.

④ 언어발달이 지체되거나 한정된 어휘를 사용하기도 한다.

⑤ 주위의 성인에게 지나치게 의존하는 경향이 있고, 친숙하지 못한 과제를 할 때 낮은 목표를 설정하는 경향이 있다.

⑥ 사회적 상호작용에서 어려움을 경험하며, 자신의 행동을 조절하고 통제하는 능력이 부족하다.

(5) 학습목표

① 학교가 특수학생을 위한 완전통합교육 프로그램에 참여하고 있지 않는 한, 일반학급 교사들이 중도나 중등도의 지적장애 학생과 연결되는 일은 흔치 않다. 그러나 경도의 지적장애 학생은 가르칠 수도 있다.

② 초등학교 시기의 지적장애아를 위한 학습목표는 기초 단계의 읽기, 쓰기, 산수, 지역환경에 대한 학습, 사회적 행동과 개인적 흥미 등을 포함할 수 있다.

③ 중·고등학교에서는 직업과 가사기술이나 생활에 필요한 읽고 쓰는 능력, 예의와 시간준수 같은 직업과 관련된 행동, 건강을 스스로 돌보는 법 등에 중점을 둔다.

④ 오늘날에는 지적장애아가 지역사회에서 생활하고 일하는 것을 준비하는 전환 프로그램(transition program)이 강조되고 있다.

2 학습장애

(1) 정의

① <u>학습장애(learning disability)는 일반적으로 평균적인 지적능력을 가지고 있으면서도 특정 영역의 학습에 심각한 결함</u>을 보이는 경우를 말한다.

② 보통은 아동기에 처음 나타나는데 이는 일생에 걸쳐 지속될 수 있다.

③ 학습장애 학생은 읽기나 셈하기와 같은 특정 분야에서 곤란을 겪거나, 많은 분야에서 필요한 주의집중과 같은 일반적 기술이 부족하다.

④ 하지만 이러한 원인이 시각장애와 청각장애 같은 감각장애나 정서장애, 지적장애 또는 신경장애에 있는 경우는 학습장애로 분류하지 않는다.

(2) 종류

학습장애가 많이 나타나는 학업 분야는 **읽기, 쓰기 및 수학**이다.

① 읽기장애는 '난독증(dyslexia)'이라고도 하는데, 난독증인 아동은 읽거나 철자를 기억하는 능력이 심하게 손상되어 있다.

② 쓰기장애는 일반적으로 문장 내의 문법이나 구두점의 잘못, 문단구성의 빈약함, 철자법 실수, 지나치게 형편없는 필체 등으로 표현된다. 따라서 쓰기장애가 있는 아동은 종종 글씨를 쓰거나 철자를 기억할 때 혹은 작문을 할 때 어려움을 느낀다.

③ 수학장애를 가진 학생은 수 개념을 이해하지 못하고, 사칙연산에 어려움을 보인다.

(3) 전략

① 학령 전기

㉠ 언어적 지시를 짧고 단순하게 한다.

㉡ 내용수준을 아동 발달수준에 맞춘다.

㉢ 특히 재료가 새로운 것일 경우 평상시보다 연습을 더 많이 하게 한다.

② 초등학교 시기

㉠ 언어적 지시를 짧고 단순하게 한다. 이해했는지 확인하기 위해 학생으로 하여금 지시를 반복하게 한다.

㉡ 외우는 방법을 지도할 때 기억술을 사용한다.

ⓒ 핵심내용을 여러 번 반복한다.
ⓔ 학습과 연습을 위하여 추가시간을 제공한다. 필요한 경우 다시 가르친다.
③ 중등학교 시기
　ⓐ 학생에게 '내가 주의집중을 하고 있었나?'를 스스로 질문해 보도록 하는 것과 같은 자기감독 전략을 직접 가르친다.
　ⓑ 새로운 자료는 학생이 이미 가지고 있는 지식과 연결한다.
　ⓒ 학생이 외적 기억전략이나 장치(녹음, 노트필기, 해야 할 일 목록 등)를 사용하도록 가르친다.

개념 ➕

학습장애 아동특성

일반적 특성
• 주의력 결핍
• 목적 없는 행동 및 산만한 경향
• 하나의 일을 지속적으로 하지 못하여 과제를 끝까지 수행해 내지 못함
• 불균등한 수행 예 한 영역에서는 잘 수행하는 반면, 다른 영역에서는 극단적으로 낮은 수행을 보임
• 몸의 균형과 신체기관 간 협응의 결여

학업수행	
읽기	• 유창하게 읽지 못함 • 단어를 거꾸로 읽음(예 영어의 경우 'saw'를 'was'로 읽음) • 읽고 있는 지점을 놓치고 찾지 못함
쓰기	• 글자쓰기가 서투름 • 한 줄로 쓰는 데 어려움이 있음 • 쓰기 작업을 끝내는 속도가 느림 • 칠판에 쓰인 내용을 노트에 옮기는 데 어려움이 있음
수학	• 수학적 사실을 기억하는 데 어려움이 있음 • 계산할 때 자릿수를 혼동함(예 십의 자리와 일의 자리) • 응용문제 해결에 어려움이 있음

---

3 주의력결핍 과잉행동장애

(1) 특징

① **주의력결핍 과잉행동장애(attention-deficit hyperactivity disorder: ADHD) 아동이 보이는 핵심특성은 부주의(inattention), 충동성(impulsivity), 과잉행동(hyperactivity)이다.**

② ADHD 학생은 과제를 수행하거나 놀이를 할 때 주의를 지속시키는 데 어려움이 있고, 생각하기 전에 행동하고 질문하기 전에 대답하며, 제자리에 가만히 앉아 있지 못하고 계속해서 움직인다.

③ 적절하게 반응하는 것과 목표를 향해 꾸준히 활동하는 것, 명령이 주어졌을 때 그에 따라 행동을 통제하는 것에 문제를 보이기도 한다.

(2) 징후

① ADHD의 징후는 보통 유아기에 나타나는데, 이러한 유아는 전반적으로 또래에 비해 미성숙하고 서투른 경향이 있다.

② 그 징후가 유아기부터 나타날지라도 ADHD로 진단되는 것은 보통 초등학교 시기이다.

③ 공식적인 학교교육이 시작됨으로써 학업적·사회적 요구가 증가하고, 행동통제에 대해 더욱 엄격한 기준이 적용하게 되기 때문이다.

(3) 학교생활

① 교사들에 따르면, ADHD 학생은 수업시간에 독립적으로 작업을 하거나 앉아서 하는 작업을 잘하지 못하고, 가만히 있지 못하며, 행동이 매우 산만하다.

② ADHD 학생은 친구가 없으며, 교우관계 측정도에서 친구들이 가장 싫어하는 유형으로 나타나기도 한다.

(4) 치료

① ADHD 학생의 치료에는 약물치료와 행동치료가 가장 많이 활용된다.

② ADHD 아동의 약물치료에는 중추신경자극제가 주로 사용되는데, 중추신경자극제는 도파민이나 노르에피네프린과 같은 신경전달물질을 활성화한다.

③ 약물을 복용하게 되면 과제를 할 때 덜 충동적으로, 더 계획적으로 하며, 오류나 과제와 관련 없는 행동을 적게 보인다.

④ 많은 아동에게서 심장박동수 증가, 혈압 상승, 성장률 저해, 불면증, 체중 감소, 메스꺼움 등의 부작용이 나타났다.

⑤ 약물치료가 단기적으로 도움이 될 수 있을지 모르나 장기적으로 ADHD를 치료하지는 못하는 것으로 보인다.

⑥ 중추신경자극제는 과잉활동적인 아동이 쉽게 학습을 받을 수 있게 해 주지만 아동이 습득하지 못한 학업지식을 제공하거나 아동의 전반적인 사고수준을 높일 수는 없다.

⑦ 학업성취를 높이는 데는 약물치료와 더불어 적절한 학업적·사회적 행동을 강화해 주는 중재프로그램이 가장 효과적으로 보인다.

(5) 행동적 기법

① 행동적 기법은 ADHD 학생의 행동을 교정하는 데 유용하다.

② 행동적 기법은 과제수행 행동을 정적으로 강화하는 것, 과제를 조절해 주는 것, 체계적으로 점진적으로 자기통제를 가르치는 것 등을 포함한다.

③ ADHD 학생을 가르치는 교사는 아동의 자리를 교사와 가까이 배치하거나, 과제를 작게 나누어 제시하여야 한다.

④ 수업 중에 활동적으로 반응할 수 있도록 하며, 적절한 행동에는 칭찬을 하고 부적절한 행동에는 무시하거나 타임아웃과 같은 방법을 사용한다.

개념 ➕

ADHD 학생이 있는 일반학급의 교사는 다음과 같은 방법을 사용할 수 있다
- 학급의 규칙과 절차를 분명히 이해시킨다.
- 주의산만을 방지하기 위하여 좌석배정을 주의 깊게 고려하고 교사 가까이에 배치한다.
- 효율적인 학급 경영원리를 준수한다.
- 바람직하지 않은 행동을 하더라도 그 행동이 의도적인 것은 아니라는 것을 이해한다.
- 활동할 기회를 많이 준다.
- 체벌이나 위협과 같은 행동관리 체제는 사용하지 않는다.
- 집단의 목적을 고려하여 현명하게 집단을 구성한다.
- 자신의 행동을 관리하도록 가르친다.
- 가정과 일일 알림장 등을 사용하여 계속 연락을 취한다.
- 특수교사 등과 협력하여 주의력결핍 문제를 다루기 위한 행동 및 수업계획을 수립한다.

---

4 정서·행동장애

(1) 정의

우리나라의 「장애인 등에 대한 특수교육법 시행령」 제10조에서는 정서·행동장애(emotional and behavioral disorders)를 다음과 같이 정의하고 있다.
① 장기간에 걸쳐 다음 각 목의 어느 하나에 해당하여 특별한 교육적 조치가 필요한 사람
② 지적·감각적·건강상의 이유로 설명할 수 없는 학습상의 어려움을 지닌 사람
③ 또래나 교사와의 대인관계에 어려움이 있어 학습에 어려움을 겪는 사람
④ 일반적인 상황에서 부적절한 행동이나 감정을 나타내어 학습에 어려움이 있는 사람
⑤ 전반적인 불행감이나 우울증을 나타내어 학습에 어려움이 있는 사람
⑥ 학교나 개인 문제에 관련된 신체적인 통증이나 공포를 나타내어 학습에 어려움이 있는 사람

(2) 내현화(internalizing)

정서·행동장애는 내현화(internalizing) 형태나 외현화(externalizing) 형태로 나타날 수 있다.
① 내현화 형태의 문제행동은 불안이나 우울, 사회적 고립 등이다.
② 이러한 유형의 학생은 공포감을 느끼거나 불안을 보이고 슬픔에 빠져 있거나 지나친 자의식과 자기비하적인 행동을 보인다.
③ 오랫동안 혼자 놀면서 또래와의 긍정적인 사회적 상호작용의 기회를 거의 갖지 못하는 아동도 있다.

④ 내현화 형태의 문제를 갖고 있는 학생은 외현화된 행동을 드러내는 학생에 비해 눈에 잘 띄지 않기 때문에 교사가 알아채지 못하기도 한다. 따라서 교사의 민감성과 인식이 이러한 학생을 변별해 내는 데 필수적이다.

(3) 외현화(externalizing)

① 외현화 형태는 교실에서의 활동을 방해하는 반항적이고 불복종하는 행동을 말한다.
② 이런 아동은 폭력적이고, 규칙을 따르지 않으며, 교사에게 반항적이기 때문에 교사의 주의가 요구된다.
③ 학교의 기물을 파괴하거나 다른 아동에게 공격적일 수도 있고, 거짓말, 절도, 약물과 같은 불법적이고 자기파괴적인 행동을 할 수도 있다.

(4) 품행장애(conduct disorder)

① 외부지향성 행동장애 중 품행장애(conduct disorder)는 '다른 사람의 권리를 침해하는 두드러진 반사회적 행동유형'으로 정의된다.
② 품행장애 학생은 매우 폭력적이기 때문에 교사나 다른 아동에게 신체적인 폭력을 가하기도 한다.
③ 이러한 학생은 규칙을 거의 준수하지 않고 반복해서 지시에 따르지 않는다.
③ 중재가 이루어지지 않으면 범죄를 저지를 수도 있다.

(5) 전략

① 행동장애를 가진 학생에게는 **명확한 진술, 일관성 있는 규칙과 기대 그리고 구조화된 환경**을 제공해야 한다.
② 동시에 **수업참여를 격려**하고 이를 통해 **성공감을 맛볼 수 있는 환경**도 제공해야 한다.
③ 학습자에게는 공격적인 행동을 했을 때 체크를 한다든지, 긍정적인 행동을 했을 때 **강화**를 준다든지, 부정적인 행동을 했을 때 어떤 **벌**을 받게 되는지를 미리 말해 주는 것과 같은 기술이 도움이 될 수 있다.

5 학습부진

(1) 정의

학습부진 학생의 개념 정의는 학자에 따라 다소 차이가 있다.
① Kirk(1972): 학습부진 학생이란 지적 결함을 가진 학생이라기보다는 교육과정의 적응에 곤란을 겪는 학생이라고 설명한다.
② Ingram (1953): 학년 진급에 있어 만족할 만한 성과를 내지 못하여 연령집단 수준의 학업성적을 얻는 데 장애를 보이는 학습자를 학습부진 학생이라고 정의했다.

③ 박성익(1986): <u>정상적인 학교 학습능력이 있으면서도 선수 학습요소의 결손으로 인하여 설정된 교육목표의 최저 학업 성취수준에 도달하지 못한 학습자</u>

(2) 학습장애와 학습부진

학습부진의 개념은 학습장애와 구분되어 설명되지만 중복되는 부분도 있다.

① 공통점: 두 가지 개념 모두가 정상적인 지능수준을 포함하며 학업성취가 부진하다.

② 차이점: 학습장애로 인한 학업성취 부진은 개인의 읽기, 쓰기, 말하기, 셈하기 등과 같은 특정분야 혹은 여러 분야의 장애로 인한 것인 반면, 학습부진은 원인이 무엇이든 학습결과가 최저수준에 미달된 경우라는 점에서 차이가 있다.

(3) 특징

① Kauffman & Hullahan(1976): 과잉행동, 지각-운동장애, 정서불안정, 방향감각 및 편측장애(laterality defects), 주의집중장애, 충동성, 기억 및 개념적 사고장애, 특정학습장애 등으로 제시하고 있다.

② Myers & Hammill(1976): 운동활동장애, 정서불안정, 지각장애, 기호화장애, 주의집중장애, 기억장애

개념 ⊕

특수교육대상

- 의사소통장애(communication disorders): 다른 사람이 주는 정보를 이해하고, 자신의 생각을 표현하는 능력에 심각한 제한을 가지고 있는 상태
- 자폐성장애(autistic disorder): 사회적 상호작용과 의사소통에 결함이 있고 반복적인 관심과 활동을 보임으로써 교육적 성취 및 일상생활 적응에 도움이 필요한 상태
- 감각장애(sensory impairment): 신체의 감각체계를 통해서 정보를 받아들이는 데 결함이 있는 상태

CHAPTER 07 행동주의 학습이론

행동주의 학습이론은 미국의 심리학자인 왓슨(John Watson, 1878~1958)에 의해 주창되었다. 왓슨은 인간의 내면적 과정에 대한 개념을 거부하고 인간의 외현적인 행동을 관찰하여 그러한 행동을 일으킨 구체적인 자극을 알아낸다면, 행동의 이유를 설명할 수 있을 뿐 아니라 특정한 조건에서 인간의 행동을 예측할 수 있다고 주장하였다. 따라서 행동주의 학습이론의 근본적인 학습원리는 자극(stimulus)과 반응(response) 간의 연합에 있으며, 이러한 이유로 행동주의 학습이론을 '연합이론(association theory)' 혹은 'S-R이론'이라고도 한다.

왓슨의 이러한 주장 이후 파블로프, 손다이크, 스키너 등 행동주의 심리학자들은 동물을 대상으로 한 연구를 통해 환경적 요소에 의해 새로운 행동이 형성되고 강화되는 학습의 원리를 발전시켰다. 행동주의 학습이론은 인간의 외현적인 행동에만 초점을 두고, 학습이 진행되는 과정을 간과했다는 비판을 받고 있다.

그러나 교육현장에서 나타나는 학습자의 바람직하지 못한 행동을 억제하고, 바람직한 행동을 격려하여 지속할 수 있는 매우 효과적인 학습이론이라고 할 수 있다.

제1절 고전적 조건형성 – 주요 개념

개념 ➕

파블로프(Ivan Petrovich Pavlov, 1849~1936)

파블로프는 러시아 출생의 생리학자다. 상트페테르부르크 대학교에서 화학과 생리학을 공부하였고, 상트페테르부르크의 임피리얼 의학 아카데미에서 의사 자격을 취득하였다. 1890년부터 1924년까지 임피리얼 의학 아카데미에서 생리학 교수로 재직하였다. 파블로프는 개의 침 분비반응을 통해 소화 문제를 연구하다가 실험실의 개가 음식물이 제공되지 않은 상황에서도 침을 분비하는 것을 우연히 발견하게 되었다. 그 후 파블로프는 음식물이 제공되지 않아도 발소리만을 듣고 개의 침이 분비될 수 있다는 조건형성을 설명하고자 일련의 실험을 실시하였다. 1904년 소화의 생리학에 관한 공로를 인정받아 노벨 생리의학상을 수상하였으며, 주요 저서로는 『소화샘 연구에 대한 강의(Lectures on the work of the Digestive Glands)』, 『동물의 고등신경계 활성에 관한 객관적인 20년 연구경험(Twenty years of objective study of the higher nervous activity of animals)』(1923), 『조건반사학 강의(Lectures on conditioned reflexes)』(1928) 등이 있다.

고전적 조건형성(classical conditioning)은 러시아의 생리학자 파블로프에 의해 체계화된 이론이다. 그는 개의 침 분비반응에 관한 실험에서 자극-반응이 연합되는 학습과정을 설명하였다.

1 무조건반응·무조건자극

개는 먹이를 먹으면 자연적으로 침을 분비한다. 이것은 자동적인 것으로 **무조건반응**(Unconditioned Response: UR)이라고 하며, 무조건 반응을 일으키는 자극을 **무조건자극**(Unconditioned Stimulus: US)이라고 한다.

2 중성자극

처음에 종소리는 침 분비를 유발하지 않는 **중성자극**(Neutral Stimulus: NS)이다.

3 조건자극·조건반응

종소리와 먹이를 여러 번 연합하면 종소리만으로도 침 분비가 유발된다. 이때 종소리는 **조건자극**(Conditioned Stimulus: CS)이 되고, 침 분비반응은 **조건반응**(Conditioned Response: CR)이 된다.

◈ Pavlov의 실험장치와 고전적 조건형성 단계

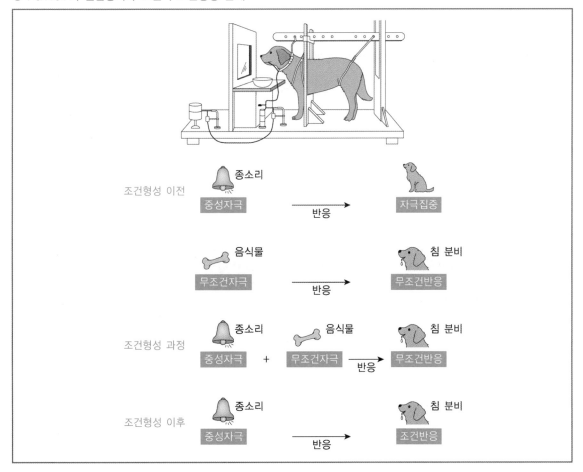

무조건자극	본능적 또는 반사적(학습되지 않은) 생리반응 또는 정서반응을 일으키는 사물이나 사건
무조건반응	무조건 자극에 의한 본능적 또는 반사적(학습되지 않은) 생리반응 또는 정서반응
중성자극	애초 행동에 아무런 영향을 주지 않는 사물이나 사건
조건자극	이전에 중성자극이었으나 무조건자극과 연합이 이루어진 자극
조건반응	무조건반응과 동일하지만 학습된 생리반응 또는 정서반응

4 변별(discrimination)

(1) 유기체는 <u>서로 다른 자극을 구별하고 그 자극에 대해 각각 다르게 반응하도록 학습</u>될 수 있다. 이를 변별(discrimination)이라고 한다.

(2) 파블로프의 실험에서 개에게 짧은 종소리를 제시할 때마다 고기를 주고, 긴 종소리를 제시할 때마다 고기를 주지 않을 경우, 개가 짧은 종소리에만 침을 분비하고, 긴 종소리에는 침을 분비하지 않는 것이 변별의 예이다.

5 자극일반화(stimulus generalization)

(1) 유기체는 반복적으로 훈련받은 자극에 대해서뿐만 아니라 <u>유사한 다른 자극에도 반응하도록 학습</u>될 수 있다는 것이다. 이를 자극일반화(stimulus generalization)라고 한다.

(2) 특정한 종소리에 침을 분비하는 개가 그와 유사한 종소리에도 침을 분비하는 반응을 보이는 것을 의미한다.

개념 +

리틀 앨버트(little Albert) 실험
왓슨은 파블로프의 접근법을 높이 평가하고 이러한 고전적 조건형성을 이용하여 인간의 정서반응도 조건화될 수 있는지를 확인하고자 하였다. 이것이 유명한 리틀 앨버트(little Albert) 실험이다.
왓슨과 래이너는 11개월 된 앨버트를 대상으로 이와 관련된 연구를 하였다. 앨버트는 처음에 흰쥐를 두려워하지 않았으나 흰쥐에게 다가갈 때마다 커다란 소리를 반복해서 들려주자 흰쥐와 큰 소리가 짝지어짐으로써 흰쥐를 보기만 해도 놀라는 공포반응을 형성하였다. 그 후 앨버트는 흰쥐뿐 아니라 흰 토끼, 흰 수염, 흰 머리카락에도 공포반응을 보였다.

6 소거(extinction)

(1) 개에게 고기는 주지 않고 종소리만 계속해서 제시한다면 학습된 조건반응, 즉 침 분비는 점차 사라지게 된다.

(2) 무조건자극이 제공되지 않고 계속해서 조건자극만 제시된다면 조건화된 반응의 빈도가 점차 감소하거나 사라지게 되는데 이러한 현상을 소거라고 한다.

7 자발적 회복(spontaneous recovery)

(1) 소거절차 이후 무조건자극과 연합하지 않은 채 다시 조건화된 자극을 제시하였을 경우, 재훈련을 하지 않아도 조건화된 반응이 다시 나타나는 것을 말한다.

(2) 회복된 조건반응은 소거 이전의 조건반응보다 그 강도가 약하며, 다시 소거과정에 들어가면 소거 이전보다 빠르게 소거된다.

제2절 조작적 조건형성

1 고전적 조건형성 vs 조작적 조건형성

(1) 고전적 조건형성에서 조건화되는 반응은 **불수의적**인 것이다. 그러나 학생들은 수동적으로 반응하기보다는 의도적으로 행동하는 경우가 더 많다.

(2) 주요 관심영역

고전적 조건형성	반응을 유발하는 자극	조작적 조건형성	자극보다는 행동의 결과

(3) 어떤 행동을 하고 난 후 **결과가 좋은지 나쁜지에 따라 행동의 지속 여부**가 달라진다.

(4) 고전적 조건형성과 조작적 조건형성에서 강화의 의미와 원리에는 차이가 있다. 고전적 조건형성에서의 강화는 학습을 일으키기 위한 결합을 돕는 역할을 하지만 강화 없이도 학습은 일어날 수 있다.

(5) **조작적 조건형성에서 강화는 학습을 일으키는 중요한 조건**이 된다.

2 손다이크(Edward Thorndike)의 고양이 실험

(1) 시행착오학습(trial and error learning)

① 조작적 조건형성은 손다이크의 고양이 실험을 통해 처음 소개되었다.

② 손다이크는 동물지능이 존재하는지를 알아보기 위해 문제상자(puzzle box)를 사용하여 실험을 실시하였다.

③ 문제상자 속의 고양이는 상자 밖에 놓인 음식물을 얻기 위해 다양한 행동을 했다. 이리저리 돌아다니기도 하고, 바닥을 할퀴기도 하고, 창살 사이로 발을 내밀어 보기도 하는 등 다양한 반응, 즉 시행착오 끝에 우연히 널빤지를 밟아 문이 열리고 먹이를 먹을 수 있었다.

④ 이러한 과정이 반복됨에 따라 고양이가 시행착오를 하는 시간은 줄어들고 고양이는 점점 더 빨리 널빤지를 밟았다. 널빤지를 누르면 상자의 문이 열린다는 사실을 고양이가 학습한 것이다.

⑤ 고양이는 탈출방법을 간파하거나 통찰에 의해서 깨닫기보다는 **반복적인 시행착오방법에 의해 점진적으로 학습**하게 되는데, 이를 **시행착오학습(trial and error learning)**이라고 한다.

⑥ 시행착오학습은 **다양한 시도를 통해 점진적으로 학습하고 문제를 해결**한다.

(2) 효과의 법칙(law of effect)

① 손다이크는 이러한 실험결과를 **시행착오학습에 의한 효과의 법칙(law of effect)**으로 설명하였다.

② 효과의 법칙이란 **행동의 결과를 강조**하는 것으로 **결과가 좋은 행동은 학습되고, 결과가 좋지 않은 행동은 학습되지 않음**을 뜻한다.

③ 고양이가 널빤지를 밟는 행동은 상자로부터의 탈출과 먹이라는 만족스러운 결과를 가져오므로 학습이 되고, 다른 반응은 비효과적이므로 학습되지 않는다는 것이다.

3 ■ 스키너(Burrhus Frederic Skinner)의 조작적 조건형성

개념 ➕

스키너(Burrhus Frederic Skinner, 1904~1990)

스키너는 미국의 심리학자이다. 뉴욕 해밀턴 대학교에서 영문학을 공부하고, 하버드 대학교에서 심리학 박사학위를 취득하였다. 미네소타 대학교, 인디애나 대학교를 거쳐 1948년부터 1974년까지 하버드 대학교 교수로 재직하였다. 그는 왓슨과 함께 행동주의 심리학을 이끈 주요 인물로서 20세기 가장 영향력 있는 심리학자로 손꼽힌다. 스키너 상자와 누적기록장치를 제작하여 유기체의 조작적 행동형성과정을 설명하는 조작적 조건형성이론을 주창하였다. 그의 이론은 심리학을 비롯하여 여러 다른 분야에도 지대한 영향을 미쳤으며, 특히 오늘날 교육현장에서도 조작적 조건형성이론에 근거한 교수방법이 사용되고 있다. 그중 교수기계(teaching machine)를 통해 프로그램 수업방법을 소개한 바 있다.

행동과학에 대한 공로를 높이 평가받아 1968년 미국 국립과학협회로부터 공로상을 받았으며, 1971년과 1990년에 미국심리학회로부터 각각 골든메달과 평생공로상을 받았다. 주요 저서로는 『유기체 행동론(The Behavior of Organism)』, 『월든 II(Walden Two)』, 『과학과 인간행동(Science and Human Behavior)』, 『자유와 존엄을 넘어서(Beyond Freedom and Dignity)』 등이 있으며, 총 21권의 저서와 180편의 논문이 있다.

(1) 특징

① 조작적 조건형성(operant conditioning)의 원리는 손다이크의 발견을 더욱 발전시킨 스키너에 의해 체계화되었다.

② 그는 자극에 의해 유발된 반응적 행동(respondent behavior)과 유기체가 자발적으로 행하는 조작적 행동(operant behavior)을 구별하고, 학습자의 자발적인 조작적 **행동 이후에 주어지는 자극에 따라 앞으로 동일한 조작적 행동이 유발될 가능성과 그 강도가 결정된다**고 설명하였다.

③ 손다이크가 문제해결에 소요되는 시간에 관심을 가진 것에 반해, 스키너는 **어떠한 보상이 조작적 행동을 일으키는지에 더 관심**을 가졌다. 이 같은 스키너의 생각은 '스키너 상자' 실험에 기초하고 있다.

(2) 스키너 상자

① 스키너 상자는 먹이통과 연결된 지렛대와 먹이접시가 달린 상자로, 상자 안에서 지렛대를 누르면 먹이통에 먹이가 떨어지도록 설계되었다.

② 스키너는 상자 안에 쥐를 넣고 관찰하였다. 이 실험에서 쥐는 상자 안을 돌아다니며 탐색하다가 우연히 지렛대를 누르고 먹이를 먹었다.

③ 이러한 일이 반복되자 지렛대 누르기와 먹이와의 관계를 점차적으로 학습하게 된 쥐는 배가 고프면 지렛대를 누르는 행동을 보였다. 이처럼 **보상이 뒤따르는 행동은 증가하고 처벌이 주어지는 행동은 감소**하게 된다.

④ 스키너는 그의 실험으로 조작적 행동(지렛대 누르기)의 발생과 그 행동의 빈도를 증가시키는 자극(먹이)의 관계를 강화(reinforcement)라는 개념으로 설명하였다.

(3) 강화

① 강화란 **행동을 습득하고 행동의 발생빈도를 증가**시키는 것을 의미한다.

② 강화에는 **정적 강화(positive reinforcement)와 부적 강화(negative reinforcement)**가 있다.

정적 강화	• 어떤 행동 후에 **만족스러운 강화물을 제공**함으로써 **의도한 행동의 빈도와 강도를 증가**시키고 유지하는 것을 의미 • 스키너 상자에서 쥐가 지렛대를 누르면 먹이를 주는 것이 이에 해당 예 숙제를 잘해 오는 학생에게 칭찬 스티커를 주는 것, 수업시간에 대답을 잘하면 칭찬을 하는 것 등
부적 강화	어떤 행동 후에 **싫어하는 자극을 제거**함으로써 **의도한 행동의 빈도와 강도를 증가**시키는 것을 의미 예 준비물을 잘 챙겨 오는 학생에게 교실청소를 면제해 줌으로써 과제물 준비를 더 잘 해 오도록 하는 경우

(4) 강화물

강화물(reinforcer)에는 일차적 강화물(primary reinforcer)과 이차적 강화물(secondary reinforcer)이 있다.

일차적 강화물	그 자체로 강화능력을 가지고 있어 생리적 욕구를 충족해 주는 것으로서 음식물이나 물 같은 것이 이에 해당
이차적 강화물	그 자체로 강화능력을 가지지 않는 중성자극이 강화능력을 가지고 있는 자극과 결합되어 강화의 속성을 갖고 있는 것으로서 돈, 토큰(별 도장,스티커 차트 등)과 같은 것이 이에 해당

(5) 처벌

① 강화는 행동을 증가시키는 반면, 처벌(punishment)은 **바람직하지 않은 행동의 빈도를 감소시키는 방법**으로 사용된다.

② 벌의 종류에는 **수여성 벌(presentation punishment)과 제거성 벌(removal punishment)**이 있다.

수여성 벌	**바람직하지 않은 행동의 빈도를 감소시키기 위해 혐오하는 자극을 제공하는 것** 예 교실에서 큰 소리를 내며 뛰어다니는 학생에게 교사가 꾸중을 하는 것, 숙제를 안 해 온 학생이 손바닥을 맞는 것 등
제거성 벌	**바람직하지 않은 행동의 빈도를 감소시키기 위해 좋아하는 자극을 제거하는 것** 예 바람직하지 않은 행동을 했을 때 외출을 금지한다거나 좋아하는 스포츠 활동을 금지하는 것 예 **타임아웃(time-out):** 교실에서 습관적으로 큰 소리를 내며 뛰어다니는 학생을 교실에서 격리시켜 혼자 있게 둔다거나, 일정 시간 동안 벽을 보고 있게 함으로써 그 행동을 감소시킬 수 있음

구분	자극의 유형	
	긍정적 자극	부정적 자극
반응 후에 제공	정적 강화	수여성 벌
반응 후에 제거	제거성 벌	부적 강화

핵심정리 ✓

구분	고전적 조건화	조작적 조건화
행동	불수의적(사람이 행동을 통제하지 않는다)	자발적(사람이 행동을 통제한다)
순서	행동은 자극 뒤에 온다.	행동은 자극(결과)에 앞선다.
학습	중성적인 자극이 무조건자극과 연합될 때	행동의 결과가 차후의 행동에 영향을 미친다.
예	교사가 교실(원래 중성적)을 따뜻함과 연합하면 학습자에게 교실이 긍정적인 정서를 유발한다.	학습자가 질문에 답하면 칭찬이 주어지고, 그러면 답을 하려는 시도가 증가된다.
연구자	파블로프	스키너

(6) 강화계획

① 고정간격 강화계획(fixed interval schedules)

　㉠ **일정한 시간간격을 기준으로 강화가 제시**되는 것을 의미

　㉡ 한 학기 동안 고정적으로 시행하는 시험, 전체 3시간의 자율학습시간 중에 교사가 1시간마다 학생들의 학습점검을 하는 경우 등이 고정간격 강화계획의 예이다.

　㉢ 고정간격 강화는 학생들이 강화가 제시되는 시기를 예측할 수 있기 때문에, 강화를 받은 직후 바로 행동에 옮기지 않고 다음 강화가 제시되는 시점이 임박해서야 행동에 옮기는 패턴을 보일 수 있다.

② 변동간격 강화계획(variable interval schedules)
　　㉠ **강화가 제시되는 시기를 학생들이 예측할 수 없도록 설정**하여 행동의 빈도를 증가시키고 유지하는 방법
　　㉡ 전체 3시간 자율학습시간 중에 교사가 학생들의 학습점검을 3회 하는데 그 점검간격이 일정하지 않은 경우가 변동간격 강화계획의 예이다.
　　㉢ 변동간격 계획은 예측이 불가능하기 때문에 꾸준한 반응을 초래하는 경향이 있다.
　　㉣ 학생들에게 높은 불안감을 가지게 할 수 있기 때문에 교사는 매우 신중하게 시행해야 한다.
③ 고정비율 강화계획(fixed ratio schedules)
　　㉠ **정해진 반응횟수에 따라 강화물이 제시**되는 것을 의미
　　㉡ 영어단어 20개를 외우면 10분의 휴식을 주는 경우가 이에 해당된다. 시간에 관계없이 20개의 단어를 외우면 휴식이라는 강화물이 제시되는 것이다.
　　㉢ 고정비율 강화 역시 일정한 비율로 강화가 주어진다는 것을 학생들이 예측하기 때문에 강화 후에 잠시 행동의 빈도가 줄어드는 경향이 있다.
④ 변동비율 강화계획(variable ratio schedules)
　　㉠ 학생들이 강화물을 얻기 위해서 **수행해야 하는 수행횟수를 전혀 예측하지 못하도록 강화물을 제시**하는 것
　　㉡ 축구나 농구에서 골을 넣는 것이 변동비율의 가장 좋은 예이다. 축구나 농구에서 골을 넣는 행위는 시간에 관계없이 골을 넣기 위해 공을 차거나 던지는 횟수와 관계가 있다. 이때 공을 몇 번 차거나 던져야 하는지 전혀 예측할 수 없으며, 다만 계속 부지런히 공을 차다 보면 언젠가 골인을 시킬 수 있게 된다는 사실을 알고 있을 뿐이다.
　　㉢ 변동비율 강화계획이 이루어지는 상황에서 형성된 행동은 더 이상 행동에 대해 강화물이 주어지지 않아도 매우 오랫동안 소거되지 않는 경향이 있다.

핵심정리 ✓

고정간격 강화계획	일정한 시간간격을 기준으로 강화가 제시되는 조건
변동간격 강화계획	강화가 제시되는 시기를 학생들이 예측할 수 없도록 설정하여 행동의 빈도를 증가시키고 유지하는 조건
고정비율 강화계획	정해진 반응횟수에 따라 강화물이 제시되는 조건
변동비율 강화계획	학생들이 강화물을 얻기 위해서 수행해야 하는 수행횟수를 전혀 예측하지 못하도록 강화물을 제시하는 조건

개념 ➕

교육에서 조작적 조건화이론 적용

• 토큰 경제(token economy): 교사가 학생들의 학습효과 향상이나 행동수정을 목표로 할 때 자주 활용하는 방법이다. 바람직한 목표행동이 발생할 경우 정해진 규칙에 따라 지급되는 토큰을 모아 이후 사물이나 특권으로 교환할 수 있다. 이 토큰은 다른 강화물과 계속적으로 연합되어 이차 강화물이 되기 때문에 효과적이다.

• 프리맥 원리(premack priciple)
 − 덜 선호하는 행동을 증가시키기 위해 선호하는 행동을 강화인으로 이용하는 것
 − A교사가 "지금부터 30분 동안 수업에 집중한다면 수업을 10분 빨리 끝내서 더 쉬도록 하겠다."라고 말한다면 프리맥의 원리를 적용하고 있는 것이다. 수업 후 쉬는 행동은 학생들이 선호하는 행동이며 수업에 집중하는 것은 학생들이 덜 선호하는 행동이다. 따라서 A교사는 선호하는 행동을 강화인으로 제공하여 학생들이 수업에 집중할 수 있도록 유도하는 프리맥의 원리를 적용하고 있는 것이다.

개념 ➕

체계적 둔감법

공포제거 연구의 한 가지 시사점은 공포를 제거하기 위해서는 공포자극을 즐거운 경험과 연합시키라는 것이었다. 즐거운 감정은 공포와 양립할 수 없기 때문에 자극이 만약 즐거운 감정과 조건형성된다면 공포가 억제될 것이기 때문이다. 이것은 파블로프가 기술한 역조건 형성절차이기도 하다.

한 연구자는 역조건 형성을 실시하기 위해 토끼를 두려워하던 아이가 무엇인가 먹고 있는 즐거운 활동을 하고 있을 때 토끼를 보여 주었다. 토끼를 너무 갑자기 보여 주면 공포가 줄어들지 않을 것이기에 여러 날에 걸쳐 아주 점진적으로 보여주었다. 소년이 자신이 좋아하는 활동을 하는 동안 처음에는 토끼를 멀리에만 두었고 점차 소년의 의자 가까이로 토끼를 이동시켰다. 결국 소년의 토끼 공포는 사라졌고 나중에는 토끼와 놀기 위해 적극적인 모습을 보이기도 했다. 시험불안을 가진 학생도 체계적 둔감법을 활용하여 불안증상을 낮출 수 있다. 예를 들어 처음에는 맛있는 음식을 먹거나 재미있는 놀이를 하고 있을 때 시험이라는 단어를 가끔 떠올리도록 요청한다. 그리고 점차적으로 시험을 치를 때 사용할 의자나 책상을 상상하게 하고 시험장소에 직접 가보게 한다. 물론 모든 과정은 갑작스럽거나 지나치지 않아야 하며 오랜 기간을 두고 점진적으로 진행되어야 한다. 이처럼 **학생들의 공포나 불안을 줄이기 위하여 대상반응을 이끄는 가장 약한 자극에서부터 점차 강한 자극을 다른 긍정적 경험과 함께 제시하는 방법을 체계적 둔감법이라고 한다.**

제3절 사회인지 학습이론

개념 ➕

반두라(Albert Bandura, 1925~2021)

반두라는 심리학자로 캐나다 앨버타 먼데어에서 출생하였다. 브리티시컬럼비아 대학교에서 심리학을 전공하였으며, 아이오와 대학교에서 석사와 박사 학위를 취득하였다. 1953년부터 스탠퍼드 대학교에서 학생들을 가르쳤다. 인간의 행동과 사회모델의 역할 간 관계에 관심을 가지고 사회학습과 공격성에 대한 연구를 시작하였으며, 이후 인간의 사고와 동기, 행동이 사회적 상황의 영향과 밀접한 관계가 있다는 사회학습이론을 주창하였다.

또한 공포장애를 가지고 있는 환자의 신념이 환자 자신의 공포를 증가시키는 것과 연관이 있음을 발견함으로써 자아효능감이란 개념을 처음 소개하였다. 그는 인간은 대리적 조건형성, 자기조절, 자기반성을 통해 환경에 적응한다고 주장하였다. 1974년 미국심리학회(APA) 회장, 1981년 서부심리학회(WPA) 회장 등을 역임하였다. 미국심리학회로부터 1999년 손다이크(Thomdike) 상을 받았으며, 2004년 평생공로상, 2006년 골든메달을 받는 등 세 차례에 걸쳐 공로를 인정받았다. 주요 저서로는 『청소년의 공격성(Adolescent Aggression)』(1959), 『공격성: 사회학습분석(Aggression: A Social Learning Analysis)』(1973), 『사회학습과 성격발달(Social Learning and Personality Development)』(1963), 『사회학습이론(Social Learning Theory)』(1977), 『자기효능감(Self-efficacy: The excercise of self-control)』(1997) 등이 있다.

1 의미

(1) 행동주의이론에서는 직접적인 강화와 벌에 의해서만 학습이 일어난다고 하였으나, 직접적인 강화나 벌 없이 다른 사람의 행동을 관찰하고 모방하는 것으로 새로운 행동이 습득되기도 한다.

(2) 예를 들어, 시험성적이 좋은 같은 반 친구의 시험공부 방법을 따라 하거나 교사의 행동을 그대로 모방하면서 학습이 일어날 수 있다. 또한 수업시간에 수업태도가 좋지 않은 다른 학생이 벌받는 것을 보고 자신의 행동을 감소시키는 경우도 이에 해당된다.

(3) **직접적인 강화 없이 관찰을 통해 모델의 행동을 모방하고 새로운 행동을 학습하는 것을 사회학습이론(social learning theory)**이라고 한다.

(4) 사회학습이론은 환경이 인간행동에 일방적으로 영향을 미친다는 행동주의이론에 반대하며 **개인을 둘러싸고 있는 환경과 행동의 상호성을 강조**하였다.

(5) 사회학습이론은 이후에 **사회인지 학습이론**으로도 불리는데, 이는 학습이 일어나는 과정에서 **학습자의 자기지각, 기대, 믿음 등 인지적 속성이 개입**되기 때문이다.

2 반두라(Bandura)의 사회인지 학습이론

(1) 반두라는 사회인지 학습이론을 이론적으로 체계화한 대표적인 학자이다.

(2) 사회인지 학습이론은 강화는 학습의 필수요건이 아니며 **대부분의 학습이 관찰을 통해 일어난다**고 설명한다.

(3) 인간은 **관찰을 통해 지식, 기술, 신념, 전략, 태도, 정서 등을 학습**하고, 모델로부터 그 행동의 유용성과 적합성을 배우게 된다.

반두라의 보보인형 실험

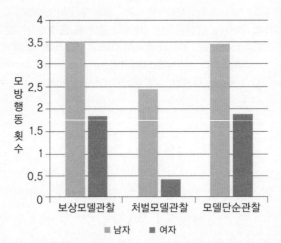

■ 남자　■ 여자

보보인형 실험의 참여자는 스탠포드대학(Stanford University) 부속학교의 아이들 총 66명으로, 이들은 22명씩 세 그룹으로 나뉘어 각기 다른 비디오를 시청하였다. 비디오 속의 모델들은 보보라는 이름의 플라스틱 인형과 함께 등장한다. 첫 번째 그룹의 아이들은 비디오를 통해 보보인형에게 4가지 방식의 언어적·신체적 공격을 가한 후 보상(사탕, 탄산음료, 칭찬 등)을 받는 모델을 관찰한다. 두 번째 그룹의 아이들은 보보인형에게 똑같은 공격을 가한 뒤 처벌(꾸중, 엉덩이 맞기 등)을 받는 모델을 관찰한다. 세 번째 통제집단의 아이들은 공격적인 행동 후 보상이나 처벌을 받지 않는 모델을 관찰한다. 아이들은 비디오를 통해 각기 다른 모델을 관찰한 뒤, 잠시 후 모델이 있던 놀이방에서 다양한 장난감들(보보인형과 함께 모델이 공격행동을 보일 때 사용했던 장난감 포함)을 10분 동안 가지고 놀도록 한다. 아이들의 모방행동은 5초 단위로 평가된다. 연구결과는 행동주의자들이 주장하는 것만큼 강화가 학습의 절대적 요소가 아님을 지지해 주었다. 처벌받은 모델집단에 비해 보상받은 모델집단에서 모방행동이 더 많이 나타났으나, 처벌이나 보상이 없었던 통제집단 역시 보상을 제공받은 모델집단만큼이나 공격행동을 많이 보였다.

3 모델링(modeling)

(1) 사회인지 학습이론의 핵심개념인 **모델링(modeling)은 모델을 관찰한 결과로 발생하는 행동·인지·정서 변화를 지칭하는 일반적 용어로, 특정한 행동을 관찰하고 흉내 내는 과정**이다.

(2) 예를 들면, 태연하게 주사를 맞는 친구의 모습을 보고 자신도 아무렇지 않게 주사를 맞는 아이나, 폭력적인 아버지의 행동을 모방하여 친구에게 그대로 따라 하는 학생의 경우가 이에 해당한다.

(3) 학교에서도 모델링은 중요하다. 학생들은 교사의 모습을 통해 지식, 기술뿐만 아니라 예의와 존중, 태도, 가치 등도 습득한다.

종류	설명	예
직접 모델링	모델의 행동을 단순하게 모방하려는 시도이다.	현수는 시험공부를 할 때 수진을 모방한다. 1학년 아동은 교사와 똑같은 필체로 글자를 쓴다.
상징적 모델링	책, 연극, 영화 또는 TV에 등장하는 주인공의 행동을 모방한다.	십대들은 10대 취향의 인기 있는 TV 쇼에 나오는 주인공처럼 옷을 입기 시작한다.
종합적 모델링	관찰한 행동의 부분을 종합함으로써 행동을 발전시킨다.	한 아이는 형이 책을 꺼내기 위해 의자를 사용하는 것과 엄마가 찬장문을 여는 것을 보고, 나중에 의자를 사용해 혼자 서서 찬장문을 연다.

4 대리학습(vicarious learning)

(1) 사람들은 <u>타인의 행동결과를 관찰하고 그에 따라 자신의 행동을 조절함으로써 학습</u>할 수 있다. 이 과정을 대리학습이라고 한다.

(2) 대리학습은 <u>다른 사람이 행동했을 때 나타나는 결과를 관찰함</u>으로써 자신이 그러한 행동을 했을 경우를 <u>예측하여 행동하는 것</u>이다.

(3) 특히 <u>직접적인 조건형성이 어려운 위험도가 높은 학습의 경우 효과적으로 활용</u>될 수 있다.

　　예 오빠가 난로에 손을 데는 것을 목격한 동생은 난로를 함부로 만지면 안 된다는 것을 배우게 된다.

(4) 사람들은 다른 사람의 행동을 <u>관찰하고 모방</u>하거나 혹은 다른 사람이 수행한 행동의 결과에 제공되는 <u>강화와 벌을 관찰</u>하면서 다음 행동에 대한 기대와 신념을 가질 수 있다.

　　예 친구가 사용하는 학습전략이 좋은 결과를 얻는 것을 보고, 친구의 학습전략을 모방하면서 자신도 좋은 시험성적을 얻을 것이라는 기대와 신념을 가질 수 있다.

　　예 수업시간에 수업태도가 좋지 않은 학생이 벌받는 모습을 본 학생은 자신도 비슷한 행동을 하면 처벌을 받을 것이라는 기대를 가질 수 있다.

(5) 인간의 <u>학습은 관찰을 통해 보이지 않는 기대, 신념과 같은 정신적인 과정</u>을 통해서도 이루어질 수 있다.

5 관찰학습

반두라는 관찰학습에는 인지적 과정이 개입된다고 보고, <u>주의집중단계, 파지단계, 재생단계, 동기화단계</u>를 통해 관찰학습의 과정을 설명하고 있다.

(1) **주의집중단계**(attention phase)

　① 학습이 일어나기 위한 첫 번째 단계로서 학습자가 <u>모델의 행동에 관심을 가지고 주의집중을 가</u>지게 하는 단계이다.

② 모델이 학습자와 성(gender), 연령, 문화 등에서 **유사성**을 가지고 있거나, **사회적으로 유능하거나 높은 위치**에 있을 때 학습자는 모델에 더욱 집중하는 경향이 있다.

③ 수영강습을 받을 때 유능한 코치가 보여 주는 수영동작 시범에 집중하는 경우가 이 단계에 해당한다.

(2) 파지단계(retention phase)

① 주의집중을 통해 얻은 모델의 행동이 **정신적으로 언어화되거나 시각적으로 표현되어 학습자의 기억에 전이되는 단계**이다.

② 주의집중단계에서 보여 준 수영코치의 수영동작의 순서를 차례대로 말로 되뇌거나 시각적 영상으로 생각해 내는 경우가 이에 해당한다.

(3) 재생단계(reproduction plhase)

① 모델의 기억된 행동을 **학습자가 능숙하게 재생**하는 단계이다.

② 수영코치가 보여 준 수영동작 중 자유형 동작을 기억하고 호흡, 손동작, 발동작 하나하나를 직접해 보고 수영코치의 수영동작과 비교하여 수정하고 그 동작이 자연스러워질 때까지 연습하는 경우이다.

③ 주의집중과 파지가 반드시 학습자의 바람직한 행동을 재생하도록 만드는 것은 아니므로, **교사는 학습자가 자신의 행동을 수정하여 모델의 행동을 성공적으로 재생할 수 있도록 도와주어야 한다**.

(4) 동기화단계(motivation phase)

① 모델의 행동을 **재생한 것에 대해 강화를 기대하면서 동기를 갖게 되는 단계**이다.

② 앞선 **3단계(주의집중단계, 파지단계, 재생단계)에 모두 관여**한다. 즉, 모델의 행동을 기억하고 능숙하게 수행할 수 있게 되더라도 그 행동이 바람직한 결과를 가져오지 않는다면 그 행동을 계속하지 않을 것이다.

③ 3개월 동안 수영코치가 가르쳐 준 여러 가지 수영동작을 익히고 연습하였다고 하자. 3개월이 지난 후 수영을 하기 전보다 더욱 건강해졌거나, 기대한 만큼의 체중조절이 되어 주위 사람으로부터 긍정적인 피드백을 받았다면, 이 사람은 계속해서 수영강습을 계획할 것이다.

④ 이처럼 **학습자의 행동결과는 수행을 동기화하여 다음 행동수행을 위한 주의집중과 파지, 재생에 영향**을 주게 된다.

⑤ **조건형성에서 강화는 학습의 조건**이 되지만, **사회인지 학습이론에서 강화는 수행의 조건**이 된다.

6 자기조절

(1) 정의

① 자기조절은 **목표를 세우고, 그 목표에 도달할 수 있도록 이끌어 주는 동기, 사고과정, 전략, 행동을 통합**하는 과정이다.

② 자기조절된 학습자는 **자신의 학습에 대해 책임**을 진다.

(2) 구성요소

① 목표 설정하기

   ㉠ **목표는 행위의 방향**과 **학습과정을 평가하는 방법을 제공**한다.

   ㉡ 학생이 **스스로 정한 실제적 목표**가 교사에 의해 부과된 목표보다 훨씬 더 **효과적**이다.

   ㉢ 학생들이 스스로 효과적인 목표를 설정하도록 도와주는 것은 중요하지만, 이는 어려운 일이다. 왜냐하면, 학생들은 간단하고 낮은 수준의 목표를 설정하려는 경향이 있기 때문이다.

② 목표를 향한 진행 점검하기

   ㉠ 학생들이 일단 목표를 설정하고 나면, 자기조절 학습자들은 학습 진행과정을 스스로 점검한다.

   ㉡ 학생들은 자신의 다양한 행동을 스스로 점검하는 방법을 배울 수 있다.

   ㉢ 연구에 따르면, 적절한 목표와 결합된 자기관찰은 **집중, 공부습관, 사회기술, 기타 다양한 기술을 향상**시킬 수 있다.

③ 목표달성 정도 평가하기(자기평가)

   ㉠ 학교에서는 한 사람의 수행이 전형적으로 다른 사람에 의해 평가받는다. 그러나 항상 그렇게 할 필요는 없다. 비록 교사가 가치 있는 피드백을 제공할 수 있을지라도, 학생 스스로 자기를 평가하는 것을 배울 수 있다.

   ㉡ 자기평가 기술을 익히는 것은 시간이 걸리고, 학습자들은 자신의 목표를 알고 있어야 하며, 목표를 달성하기 위해 사용할 수 있는 전략을 알고 있어야 한다. 즉, 학습자는 메타인지를 사용해야 한다.

   ㉢ 학생들이 자기평가 기술을 익히도록 도와주는 최고의 방법은 **목표를 구체적으로 측정할 수 있게 설정하도록 안내**하는 것이다.

   ㉣ 학생이 **정확한 자기관찰에 기초하여 타당한 자기평가를 하도록 돕는 것**이 교사가 직면한 가장 중요한 과제다.

④ 전략을 효과적으로 사용하기

   ㉠ 자기조절 학습자는 자신의 목표를 달성하기 위해 가장 효과적인 전략을 선택할 수 있는 능력을 가지고 있다.

   ㉡ 학생들은 도전적이면서 실현 가능한 목표를 설정할 때 많은 도움을 받아야 한다.

   ㉢ 자기조절 개발이 성취될 수 있다면, 자기조절은 삶의 모든 측면에 적용할 수 있는 자본이다.

(3) 인지적 행동수정

① 자기조절은 **인지적 행동수정을 통해 향상**될 수 있다.

② 인지적 행동수정은 **자기대화(self-talk)나 자기교수(self-instruction)로써 행동을 수정하기 위해 행동적 원리와 인지적 원리를 결합한 과정**이다.

③ 조직관리나 시간관리와 같은 자기조절 기술을 학생들이 개발하도록 도와주기 위해 교사들은 **인지적 모델링**을 사용한다.

④ 모델이 보여 주는 기술을 관찰한 뒤에 학생들은 그 기술을 교사의 도움을 받으면서 연습하고, 그 다음에는 다른 사람의 지도편달 없이 혼자서 그 기술을 발전시키기 위해 자기대화를 이용한다.

CHAPTER 08 인지주의 학습이론

제1절 인지주의

1 배경

(1) 20세기 초, 자극과 반응의 관계를 인간의 학습에 적용한 행동주의이론은 미국을 중심으로 심리학계를 장악하였다.

(2) 인지심리학자들이 행동주의이론으로는 설명하기 힘든 인간의 사고과정과 행동에 대한 연구를 발표하면서 행동주의이론을 비판하기 시작하였다.

(3) 신경과학, 의료기술, 컴퓨터의 발달은 인간의 뇌와 사고과정에 대한 신비한 사실들을 밝혀냄으로써 인지심리학자들의 주장을 뒷받침해 주었다.

(4) 이에 따라 20세기 중반 행동주의의 영향력은 급속히 퇴조하였고 행동주의의 자리를 인지주의가 차지하게 되었다.

2 인지주의 학습이론의 주요 원리

(1) 학습자는 능동적인 존재이다

① 행동주의 관점에서 학습자는 환경에 반응하는 수동적인 존재이다. 그러나 인지주의 관점에서 학습자는 새로운 정보를 적극적으로 받아들이며, 능동적으로 지식을 구성한다.

② 학습자는 제시되는 정보를 있는 그대로 부호화하는 것이 아니라, 자신의 사전지식과 연계하여 지식을 능동적으로 구성한다.

(2) 인간의 반응은 사전경험에 따라 다양하다

① 인지주의 관점에서 학습자의 머리는 진공상태가 아니다. 학습자는 자신의 다양한 경험을 토대로 다양한 학습성과를 나타낸다.

② 행동주의자들은 백지설의 인간관을 가지고 있어서 인간의 인지과정을 중시하지 않는다. 이들은 종을 치면 침을 흘리는 파블로프의 개처럼 인간도 고전적 조건형성과정을 통해 자극을 주면 반응만을 한다고 가정한다.

③ 인간은 개와 다르다. 종에 대한 인간의 반응은 사전경험에 따라 다양할 수 있다.

> 📝 수업시작 종소리는 지난 시간 칭찬을 받은 재석이에게는 콧노래를 부르게 할 수 있고, 지난 시간 졸다가 혼난 호동이에게는 싫은 표정을 짓게 할 수 있다.

④ 인간은 자극 1을 주면 사전경험에 따라 반응 1, 반응 2 또는 그 이상의 다양한 반응을 할 수 있다.

(3) 학습은 행동잠재력의 변화까지 포함한다

① 행동주의는 학습을 직접 경험에 근거한 행동의 변화로 정의하였다. 그리고 변화는 밖으로 표출되는 시행착오를 통해 점진적이어야 한다고 하였다.

② 인지주의는 학습을 직접경험을 뛰어넘는 행동의 변화 그리고 행동잠재력의 변화로 정의하였다. 즉, 변화의 과정이 내면적으로 이루어진다는 것이다.

핵심정리 ✔

구분	행동주의 학습이론	인지주의 학습이론
인간관	백지설 인정, 수동적 존재	백지설 거부, 능동적 존재
학습과정	자극과 반응의 연합을 통한 점진적인 행동의 형성	종종 갑작스러운 통찰을 포함한 인간의 인지구조의 변화
학습범위	직접경험에 근거한 행동의 변화	직접경험을 뛰어넘는 행동잠재력의 변화

제2절 톨만(Tolman)의 잠재학습

1 미로실험

(1) 톨만은 행동주의 학자들과 마찬가지로 연구에서의 객관성을 강조하고 동물을 대상으로 연구를 진행하였다.

(2) 하지만 그는 학습을 단순한 자극과 반응의 연합으로 설명하는 행동주의와 달리 눈에 보이지 않는 인지적 변화도 학습에 포함된다고 주장하였다.

(3) 이를 증명하기 위하여 그는 쥐의 미로실험 결과를 제시하였다.

개념 ➕

톨만의 미로실험

그는 쥐들을 서로 다른 강화조건을 가진 세 집단으로 나누어 미로학습을 시켰다. 첫 번째 집단의 쥐들은 첫날부터 미로 찾기 학습에 성공할 때마다 강화, 즉 먹이를 받았다. 두 번째 집단의 쥐들은 성공하여도 어떠한 강화를 받지 못하였다. 세 번째 집단의 쥐들은 첫날부터 10일째까지는 강화를 받지 못하다가 11일째부터 강화를 받았다.
실험결과 첫 번째 집단은 실수를 범하는 횟수가 꾸준히 줄어들었지만 두 번째 집단은 실수가 크게 줄어들지 않았다. 이 두 집단의 결과는 행동주의의 강화이론으로 설명할 수 있다. 세 번째 집단은 10일까지 두 번째 집단과 비슷한 실수를 보이다가 11일째부터 실수가 급격하게 줄어들어 12일째부터는 첫 번째 집단과 비슷한 정도의 실수를 하였다.

이러한 결과는 행동주의이론으로 설명하기 어렵다. 행동주의이론이 맞다면, 세 번째 집단의 실수 정도는 11일째부터 점진적으로 줄어들다 20일째쯤 되었을 때 첫 번째 집단과 비슷한 정도로 나타나야 한다. 하지만 세 번째 집단은 12일째에 첫 번째 집단과 비슷한 정도의 실수를 보였다.

톨만과 혼직(1930)의 연구는 세 번째 집단의 쥐들이 10일 동안 강화물이 없어도 무언가를 학습했음을 시사한다. 이들의 머릿속에는 미로에 대한 지도가 이미 그려져 있었던 것이다. 톨만은 이를 **인지도(cognitive map)**라고 하였다. **인지도는 환경의 여러 특성과 위치에 관한 정보를 그림 또는 지도와 같이 형태화한 정신적 표상**이다.

◈ Tolman의 실험(Tolman & Honzik, 1930)

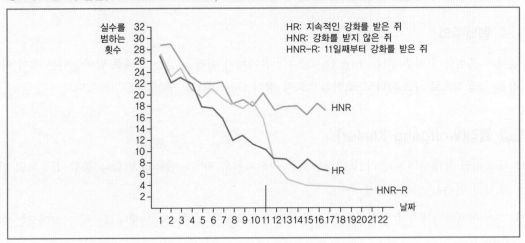

2 잠재학습

(1) 그의 연구는 또한 눈에 보이는 행동의 변화만이 학습은 아니라는 것을 증명한다.

(2) **눈에 보이지 않는 인지적 변화도 학습**이며, 이러한 학습은 **강화와 관계없이 일어날 수 있다**는 것이다.

(3) 톨만은 이러한 학습을 **잠재학습(latent learming)**이라고 하였다.

(4) 그의 연구에서 강화물은 잠재학습을 직접 관찰할 수 있는 행동으로 표현하게 만드는 **유인책의 역할**을 한다.

3 목적적 행동주의

(1) 학습이란 단순히 자극-반응의 연합이 아니라, 어떤 행동을 하면 특정한 결과를 얻을 것이라는 **기대를 학습하는 과정이고, 그 결과를 얻기 위해 행동**한다고 주장한다.

(2) **행동의 목적지향성**을 강조한다.

(3) 그의 이론을 **목적적 행동주의(purposive behaviorism)**라고 부른다.

(4) 행동주의의 '자극 → 반응'의 공식에 유기체를 포함한 '자극(s) → 유기체(O) → 반응(R)'의 공식을 제안함으로써 인간의 행동을 결정하는 **유기체의 기대, 목적, 인지도 등의 내부 인지과정의 중요성**을 역설하였다.

제3절 형태주의(통찰학습)

1 형태주의

독일에서 출현한 형태주의(Gestalt theory)는 **유기체가 환경을 있는 그대로 받아들이는 것이 아니라, 환경을 능동적으로 구조화하고 조직함으로써 형태(Gestalt)를 구성**한다고 하였다.

2 쾰러(Wolfgang Köhler)

(1) 대표적인 형태주의 이론가인 쾰러는 행동주의자들의 자극-반응의 연합을 통한 점진적인 반응으로서의 학습을 거부하였다.

(2) 그는 아프리카에서 유인원연구소 소장으로 근무하면서 침팬지의 문제해결능력을 알아보는 실험을 하였다.

개념 ➕

침팬지 실험

그는 침팬지 우리 안에 바나나를 높이 매달아 놓고 침팬지의 행동을 관찰하였다. 침팬지는 바나나를 따려 해도 손이 닿지 않자 이내 포기한 듯 구석에 가서 앉아 우리 안에 있는 상자들을 한참 쳐다보더니 어느 순간 갑자기 일어나서 상자를 쌓고 그 위에 올라가 바나나를 따서 먹었다.

3 행동주의이론의 한계점

(1) 행동주의에 따르면 학습은 지속적인 시행착오를 경험하면서 점진적으로 문제를 해결하는 과정이다. 그러나 쾰러의 실험에서 침팬지는 문제해결과정에서 오차가 거의 발생하지 않았으며, 갑자기 완전한 형태로 문제를 해결하였다.

(2) 행동주의에 따르면 **학습은 자극과 반응의 반복적인 연합**으로 이루어진다. 따라서 침팬지로 하여금 여러 개의 상자를 쌓도록 하기 위해서는 상자를 하나씩 이용할 때마다 강화를 주어야 한다.

(3) 이러한 실험을 통해 쾰러는 **행동주의이론만으로는 침팬지를 포함한 고등동물의 인지과정을 설명하기 어렵다**고 판단하고 학습에서의 통찰이론을 제안하였다.

4 형태주의 심리학

(1) 형태주의 심리학은 **"전체는 부분의 합 이상"**이라고 주장하는 심리학파이다.

(2) 우리가 지각하는 세상이 개별적인 외부자극의 합 이상이다.

(3) **학습은 '원리의 이해'라는 인지현상**으로 본다.

(4) **학습의 결과는 인지구조의 변화**이다.

(5) 유기체는 문제를 숙고해 보고 그 다음 그 해결책을 '알기에 이른다.'

근접성의 원리	근접해 있는 정보를 하나의 통합된 형태로 지각
유사성의 원리	유사한 형태의 자극을 통합하여 하나의 형태로 지각
연속성의 원리	연속된 자극정보를 하나의 형태로 지각
폐쇄성의 원리	불완전한 대상이라도 보다 완전한 형태로 대상을 지각

5 통찰학습

(1) **문제상황에서 관련 없는 여러 요인이 갑자기 완전한 형태로 재구성되어 문제를 해결**하는 것을 뜻한다.

(2) **서로 관련 없던 부분의 요소들이 유의미한 전체로 갑자기 파악**되면서 문제해결을 위한 **수단과 목적으로 결합**된다.

(3) 학습자는 '아하' 현상을 경험하게 된다. 이와 같은 통찰을 통해 획득된 지식은 다른 상황에 쉽게 전이되며 오랫동안 기억된다.

개념 ➕

아르키메데스의 '유레카'

통찰은 그리스의 물리학자인 아르키메데스도 경험하였다. 그리스 시칠리아 섬인 시라쿠사의 왕 히에론이 갓 만든 금관을 구했는데, 그 금관에 은이 섞였다는 소문을 듣게 되었다. 왕은 아르키메데스를 불러 그것을 감정하라고 명하였다. 며칠 동안 생각에 골몰하던 아르키메데스는 우연히 목욕탕에 가게 되었다. 그곳에서 그는 문득 욕조에 몸을 담글 때 물이 넘치는 것을 보고 "유레카!(Eureka, 알았다!)"를 외치며 옷도 입지 않은 채 목욕탕에서 뛰쳐나왔다. 즉, 그는 금관의 감정이라는 문제상황과 욕조의 물이 넘치는 상황을 유의미한 전체로 파악하면서 문제해결을 위한 의미 있는 인지구조를 형성한 것이다. 그는 연구실로 돌아와서 금관과 같은 무게의 순금덩이와 금관을 물속 저울대에서 달아보았고 저울대가 순금덩이 쪽으로 기울어지는 것을 확인하였다. 즉, 위조 왕관에는 은이 섞여 있어 같은 무게의 순금보다도 부피가 크고 따라서 그만큼 부력도 커진다는 것을 발견한 것이다. 이와 같은 통찰을 통해 획득된 원리는 부력의 법칙으로 정립되어 배가 뜰 수 있는 기본원리를 제공하는 등 다양한 문제해결에 활용되었다.

1 정보처리이론(information processing theory)

(1) 정의
① 컴퓨터의 정보처리과정에 기초하여 인간의 인지과정을 밝힌 이론이다.

② **컴퓨터가 정보를 입력·저장·인출해 내듯 인간도 정보를 받아들이고 저장하며 인출**한다.

(2) 구조
① 감각기관으로 들어오는 모든 정보는 우선 **감각기억에 매우 짧은 시간 동안 저장**된다.

② 이들 중에서 중요하다고 판단된 정보는 **주의와 지각의 과정을 거쳐 작업기억으로 이동**한다.

③ **작업기억은 지금 활성화된 기억저장소로서 기억용량과 저장시간이 제한**되어 있다.

④ **파지가 필요한 정보는 부호화 과정을 거쳐 용량과 저장기간의 제한이 없는 장기기억에 저장**된다.

⑤ **저장된 정보는 필요에 따라 인출되어 작업기억을 통해 반응**으로 나타난다.

⑥ 모든 과정은 **메타인지에 의해 통제 및 조절된다.**

◎ 정보처리 모형

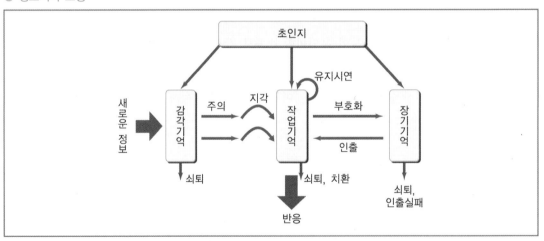

2 기억저장소

(1) 감각기억(sensory memory)
① 감각기억은 **환경으로부터 들어온 자극 또는 정보를 원래의 형태 그대로 잠시 보존하는 저장고**이다.

② **시각적 정보는 시각적 형태로, 청각적 정보는 청각적 형태로 짧은 시간** 동안 유지된다.

③ 감각기억의 용량은 상당히 크지만, 즉시 처리되지 않으면 정보는 금세 사라진다.

④ 감각기억에서 정보가 보존되는 시간은 1~4초(시각적 정보는 약 1초, 청각적 정보는 2~4초)밖에 되지 않는다.

(2) 작업기억(working memory)

① __주의와 지각의 과정을 거친 정보는 우리의 기억체계의 두 번째 기억저장소인 작업기억으로 전달__ 된다.

② 작업기억은 __새로운 정보를 조작하여 저장하거나 행동적인 반응을 하는 곳__ 으로, 지금 의식적으로 활성화된 기억저장소이다.

③ 작업기억은 작업대로 비유될 수 있다. 작업기억이라는 작업대 위에는 __감각기억에서 넘어온 새로운 자극과 장기기억에서 인출해 온 지식이__ 놓여 있다.

④ 작업기억에서 우리의 기억체계는 __새로운 자극과 관련된 지식을 장기기억에서 꺼내 와서 새로운 자극을 체계적으로 조직하여 저장하거나 자극에 대한 반응을 행동으로 표현__ 한다.

⑤ 작업기억은 중앙집행부(central executive), 조음루프(phonological loop), 시공간 스케치판(visual-spatial sketchpad)으로 구성된다.

중앙집행부	• 작업기억 내의 작동을 통제하는 역할을 맡는다. • 정보의 흐름을 통제하고, 여러 전략 중에서 정보처리에 적절한 전략을 선택하며, 정보를 장기기억으로 전이한다.
조음루프	• 말과 소리에 기초한 정보를 짧은 시간 동안 저장하는 공간 • 유지시연을 통해 정보를 파지한다.
시공간 스케치판	시각적·공간적 정보를 단기적으로 저장하는 곳이다.

⑥ 작업기억은 우리의 기억체계에서 중심적인 역할을 하지만 __작업대 위의 공간이 제한되듯 기능적 한계__ 를 가진 기억저장소이다. 즉, 작업기억에 들어온 정보는 기억전략을 쓰지 않을 경우 약 10~20초 동안만 유지되고, 용량도 7±2개(item)로 제한된다. 따라서 __오래 기억되어야 할 정보는 부호화의 과정을 통해 장기기억으로 이동되어야 한다.__

⑦ 유지시연(maintenance rehearsal)
   ㉠ 작업기억에 정보를 유지할 수 있는 방법이 있다. 바로 유지시연이다.
   ㉡ __유지시연은 작업기억에 들어온 정보를 변형하지 않고 있는 그대로 반복적으로 되뇌는 과정__ 이다.
   ㉢ 학습자가 사실적 정보, 가령 구구단이나 알파벳, 전화번호 등을 암송할 때 자주 쓴다.
   ㉣ 일반적으로 유지시연을 정보가 사용될 때까지만 그 정보를 작업기억에 유지한다. 유지시연을 충분히 하면 정보는 장기기억으로 이동될 수 있다.
   ㉤ 유지시연은 __비효과적인 부호화 전략__ 이다. 왜냐하면 장기기억 속에서 이 정보는 __고립된 상태로 존재__ 하기 때문이다.
   ㉥ 유지시연을 통해서는 __정보를 이해하거나 새로운 상황에 적용할 수 없다.__

(3) 장기기억

① 작업기억의 정보는 **부호화 과정**을 통해 장기기억(long-term memory)에 저장된다.

② 작업기억은 용량과 저장기간에서의 기능적 한계가 있는 반면, **장기기억은 용량이 무제한이며 저장기간도 영구적이다.**

③ 지금 활성화된 기억인 작업기억과 달리 **장기기억은 비활성화된 상태**이다.

④ 정보를 인출하려면 저장되었던 **정보가 작업기억으로 이동**하여야 한다.

⑤ 장기기억은 일화기억(episodic memory), 의미기억(semantic memory), 절차기억(procedural memory)으로 분류된다.

구분	감각기억	작업기억	장기기억
부호형태	감각적 특징	식별된 청각적·시각적·감각적 특성	의미적·시각적 지식, 추상적 개념, 심상
용량	매우 큼	7±2개	무한대
저장기간	1~4초	약 10~20초(유지시연으로 좀 더 길어질 수 있음)	영구적
망각	쇠퇴	치환, 쇠퇴	쇠퇴, 인출실패

3 기억과정

(1) 주의

① 감각기억에서 중요하다고 판단된 자극이나 정보에 우리는 주의(attention)를 기울인다.

② **주의를 받은 정보는 감각기억에서 작업기억으로 이동**된다.

③ 중요하지 않다고 판단되어 주의를 받지 못한 대부분의 정보는 소멸된다.

④ 주의는 우리의 기억과정에서 블라인드와 같은 역할을 한다. 우리가 주의를 기울이지 않으면 그 아무리 강력한 정보라 할지라도 우리의 기억과정에 들어오지 못한다.

(2) 지각

① 우리의 기억체계는 주의를 받은 자극을 즉시 처리하기 시작한다.

② 처리과정에서 **우리는 자극을 있는 그대로 받아들이는 것이 아니라 우리의 과거경험, 지식, 동기 등의 요인을 토대로 그 자극을 해석하고 의미**를 부여한다. 이 과정이 바로 지각(perception)이다.

③ 학습에서 정확한 지각은 매우 중요하다. 학생들은 자신의 경험을 토대로 새로운 정보를 곡해할 수 있으며, 왜곡된 정보가 작업기억과 장기기억에 저장될 수 있다.

④ 교사는 학생들의 지각이 정확한지 확인해야 한다.

(3) 부호화

① 부호화(encoding)는 **새로운 정보를 장기기억에 표상하는 과정**이다.

② 작업기억에 들어온 정보를 있는 그대로 저장하는 것이 아니라 **시각적 또는 언어적 상징의 형태로 전환하여 저장하는 과정**이다.

③ 기계적 암기와 달리 **새로운 정보를 유의미하게 만들고, 장기기억에 저장되어 있는 정보와 연결하고 결합**한다.

④ 이러한 과정을 통해 새로운 정보는 **작업기억에서 장기기억으로 이동**한다.

⑤ 정보가 부호화되지 않으면 그 정보는 작업기억에서 사라진다.

⑥ 부호화는 **심상, 조직화, 정교화**를 통해 촉진될 수 있다.

심상	정보에 대한 시각적 이미지를 머릿속에 표상하는 과정
조직화	관련 있는 내용을 공통 범주나 유형으로 묶는 과정
정교화	기존에 가지고 있던 정보를 새로운 정보에 연결하여 정보를 유의미한 형태로 저장하는 과정

(4) 인출

① 인출(retrieval)은 저장된 정보 자체를 사용하거나 새로운 정보를 부호화하기 위해 **장기기억에 저장된 정보를 작업기억으로 이동시키는 과정**이다.

② 인출 여부는 정보가 부호화된 맥락과 방법의 영향을 받는다.

③ **정보가 저장되었던 맥락과 같은 환경에서는 정보인출이 쉽지만, 저장되었던 맥락과 다른 환경에서는 정보인출이 좀 더 어려워진다.**

> **에** 학교에서 본 선생님을 마트에서 만난다면 선생님의 이름이 번뜩 떠오르지 않을 수 있다. 이는 선생님의 이름이 학교 맥락에서 부호화되었기 때문이다.

④ 정보가 어떠한 방법 또는 전략으로 장기기억에 저장되었는지도 인출에 중요한 영향을 미친다.

⑤ 정보가 장기기억에 더 유의미하게, 더 자세하게, 기존 정보와 더 공고하게 연결될수록 인출은 더 쉬워진다.

4 망각

(1) 정의

망각은 이전에 경험하였거나 학습한 것에 대한 기억을 일시적 또는 영속적으로 떠올리지 못하는 것을 뜻한다.

(2) 주요 원인

① **망각은 모든 기억저장소에서 일어난다.**

② 감각기억: 망각의 주요 원인은 정보의 **쇠퇴(decay)**이다. 이는 시간이 지남에 따라 기억의 흔적이 사라지는 것을 말한다.

③ 작업기억: 망각의 주요 원인은 **쇠퇴와 치환**이다. 치환(displacement)은 작업기억의 용량한계 때문에 나타나는 현상으로, 새로운 정보가 이전의 정보를 밀어내고 대신 자리를 차지하는 것을 뜻한다.

④ 장기기억
   ㉠ 용량도 무제한이고 저장기간도 제한되어 있지 않으나, 저장된 정보의 **인출실패**로 망각이 일어난다.
   ㉡ 많은 연구자는 망각이 실제로는 장기기억정보를 인출하지 못해 발생한다고 설명한다.
   ㉢ 설단현상(tip of the tongue phenomenon): 어떤 사실을 알고 있기는 하지만 말하려고 할 때 갑자기 말문이 막히면서 혀끝에서만 빙빙 맴돌 뿐 말로 표현되지 않는 것을 말한다. 이는 인출실패로 나타나는 현상이다.
   ㉣ 간섭(interference): 과거에 학습한 지식 또는 최근에 학습한 지식이 기억하고자 하는 정보의 인출을 방해하는 것을 말한다.
   예 B라는 영화만을 본 친구는 A, B, C, D의 여러 영화를 본 친구보다 B라는 영화를 더 정확하게 기억한다.

역행간섭 (retroactive interference)	새로운 정보가 기존의 정보의 기억을 방해하는 것
순행간섭 (proactive interference)	기존의 정보가 새로운 정보의 기억을 간섭하는 것

   ㉤ 회상(recall): 어떠한 단서나 도움이 제공되지 않은 상태에서 장기기억의 정보를 인출해 내는 것을 말한다.
   ㉥ 재인(recognition): 단서나 도움이 제공되는 상황에서 장기기억의 정보를 인출해 내는 것을 말한다.
   예 주관식 시험문제는 회상을 이용한 인출이며, 객관식 시험문제는 재인을 이용한 인출이다.

⑤ 망각은 학습 직후에 가장 많이 일어난다. 에빙하우스(Ebbinghaus)의 망각연구에 따르면, 새로운 내용을 학습한 후 1시간이 경과되면 내용의 50% 정도를 망각하고, 48시간 후에는 약 70%, 31일 후에는 약 80%를 망각한다.

⑥ 망각을 예방하기 위해서는 새로운 내용을 학습한 직후에 바로 복습하는 습관을 들이도록 한다.

⑦ 망각은 또한 학습 중간상황에서 가장 잘 일어난다. 즉, 우리는 학습상황에서 처음과 마지막에 배운 것을 잘 기억하고 중간에 배운 것은 잘 기억하지 못한다.

⑧ 이러한 기억패턴을 초두-최신효과(primacy-recency effect) 또는 계열위치효과(serial position effect)라고 한다.

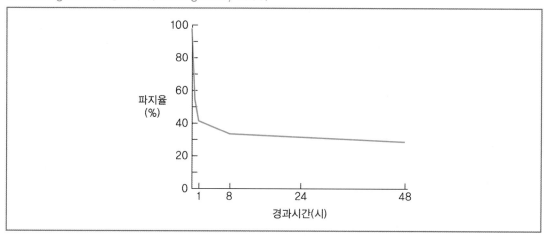

◈ Ebbinghaus의 망간곡선(Ebbinghaus, 1885)

5 메타인지

(1) 정의

① 메타인지(metacognition)는 **사고과정에 대한 지식**이다.

② 내가 **무엇을 알고 무엇을 모르는지에 대한 지식**이다.

③ 사고에 대한 사고(thinking about thinking), 인지에 대한 인지(cognition about cognition)

(2) 역할

① **기억체계의 과정 전체를 지각하고 통제**한다.

② 어떤 정보에 주의를 기울여야 하는지, 시연을 사용할 것인지 혹은 부호화 전략을 사용할 것인지, 나는 어떠한 부호화 전략을 잘 활용하는지, 학습하는 데 얼마나 많은 시간이 필요한지, 그리고 새로운 학습이 장기기억에 잘 저장되었는지를 확인하는 것 모두 메타인지적인 활동이다.

③ **인지과정 전체를 계획하고 점검하며 평가**하는 역할을 한다.

> ⓓ 수업에 집중하기 위해 맨 앞자리에 앉기, 밤새워 공부하기 위해 커피를 마시기, 책을 읽을 때 이해가 되지 않는 부분이 있으면 그 부분을 다시 천천히 읽기 등

계획	• 계획활동의 전반적인 순서를 결정 • 적절한 인지전략이나 활동방법을 선택
점검	• 자신의 인지적 상태를 점검 • 인지전략의 진행상태를 점검
조절	• 부적절한 인지전략을 수정 • 부적절한 학습방법을 수정
평가	• 자신의 인지상태의 변화 정도를 평가 • 자신의 인지상태의 목표도달 정도를 평가 • 사용한 인지전략의 유용성을 평가

(3) 메타인지적 학습자

① 메타인지적인 학습자는 그렇지 않은 학습자보다 **학업성취도가 높다**.

② **목표와 동기를 계획하고 통제**하고 이끄는 방법을 안다.

③ 정보에 주의를 기울이고, 변형하고, 조직하고, 정교화하고, 재생하는 데 도움을 주는 **여러 인지전략(심상, 정교화, 조직화)의 사용방법을 알고 익숙해져 있다.**

④ 주의집중의 중요성을 지각하고 자신에게 효과적인 학습환경을 조성한다.

> 📘 교실 앞자리에 앉는다든가, 공부하는 동안에는 휴대전화를 꺼 놓는 등의 행동

제5절 구성주의

1 의미

(1) 구성주의(constructivism) 교육관은 **행동주의(behaviorism)와 초기의 기계적인 정보처리모형에 기초를 둔 교육에 반대**하고 교육심리학, 특히 과학·수학교육학 영역에서 등장하기 시작한 교육에 대한 하나의 새로운 관점이다.

(2) 20세기 초에 등장한 **듀이(Dewey)의 진보주의 교육사상**, 20세기 중반에 등장한 **피아제(Piaget)의 발달적 인식론, 비고츠키(Vygotsky)의 사회적 인식론 등에 이론적 근거**를 두고 있다.

(3) 구성주의 교육은 이러한 관점들을 종합하여 교육방법을 개선하고자 하는 새로운 노력의 하나라고 볼 수 있고, 그것이 곧 발견학습이라고 할 수 있다.

2 특징

(1) **지식이 학습자와 별도로 외부에 독립되어 있는 것이 아니라 학습자가 구성한다**는 것이다. 따라서 지식은 매우 **개별적이고 주관적**인 것이다.

(2) 지식을 **절대적·획일적인 것이 아니라 적응적**인 것으로 보는 것이다. 지식은 학습자를 통해 지금까지 성공적이라고 확인된 행동 및 개념에 대한 일종의 개요다.

3 인지적 구성주의

(1) 인지적 구성주의는 **개인의 인지적 구조 변화**에 관심을 둔 구성주의 관점이다.

(2) 인지적 구성주의는 지식의 형성과정에서 **인간의 인지적 작용을 주요 요인**으로 보고 있으며, 상대적으로 **사회문화적 측면과 역할은 거의 관심을 두지 않는다.**

(3) **피아제(Piaget)**가 주장한 인지발달이론에 의하면, 인간들은 **환경과의 상호작용 속에서 동화와 조절을 통해 기존의 스키마를 변경**시킴으로써 새로운 의미를 구성한다.

4 사회적 구성주의

(1) 사회적 구성주의는 **지식구성의 사회문화적 요인, 언어, 타인의 역할에 관심**을 둔 구성주의 관점이다.

(2) 사회적 구성주의에 따르면, 학습자들이 **사회적 맥락 내에서 먼저 지식을 구성하고 이후에 개인이 그 지식을 자기 것으로 내면화**한다고 주장한다.

(3) 이러한 원리는 **비고츠키의 근접발달영역(zone of proximal development)**이라는 개념에서 잘 나타난다.

(4) 학습자는 **타인과의 상호작용을 통해 문제를 해결하는 중재학습 경험을 통해서 학습내용을 내면화**하게 되고, **이 과정에서 지식의 구성**이 촉진된다.

(5) 사회적 구성주의 관점에서 교사는 학습자들이 문제해결을 위한 **활발한 토론과 협력**이 이루어질 수 있는 학습환경을 만들어야 한다.

5 구성주의에 기초한 수업이론

이러한 구성주의에 기초한 수업이론으로는 인지적 도제학습, 상보적 교수학습, 문제해결학습, 상황학습, 협동학습 등이 있다.

(1) 인지적 도제학습
   ① **초보학습자가 전문가와 함께 학습하는 과정**이다.
   ② 전통적 도제학습은 눈에 보이는 외현적인 기술과 지식을 관찰하고 모방함으로써 초보자가 전문가로 도약하는 학습의 형태를 말한다. 이에 반해 인지적 도제학습은 학습내용으로 눈에 보이지 않는 정신적 능력의 발달에 초점을 맞춘다.

③ 교사의 역할은 시범을 통해 내적인 사고과정을 외현화하여 학생들이 이를 내면화할 수 있도록 지원하는 것이다.

④ 인지적 도제의 구성요소로는 모델링, 비계설정, 언어화, 복잡성 증가가 있다.

　㉠ 모델링(modeling): 교사들이 문제를 해결하는 방법과 같은 기술을 시연할 때 동시에 말로 묘사함으로써 그들의 생각을 본보기로 제시한다.

　㉡ 비계설정(scaffolding): 학생이 과제를 수행할 때 교사들은 질문을 하고 학생들의 과제수행을 지원한다. 점차 학생들의 기량이 증가함에 따라 비계의 양을 줄여 나간다.

　㉢ 언어화(verbalization): 교사들은 학생들이 그들의 이해를 발전시켜 나갈 때 말로 생각을 표현하도록 격려한다. 또 이것은 교사들이 학생들의 기술과 생각 모두를 평가할 수 있도록 한다.

　㉣ 복잡성 증가(increasing complexity): 학생들의 기량이 증가해 감에 따라 교사는 그들에게 좀 더 도전적인 문제나 다른 과제를 보여 준다.

(2) 상보적 교수학습

① **읽기학습 시 활용되는 수업모형으로, 교사와 학생이 번갈아 가면서 교사 역할을 하고 대화를 통해 이루어지는 학습**을 의미한다.

② 상보적 교수는 전통적 교수법과 비교했을 때 학습내용에 대한 폭넓은 이해, 기술과 지식의 지속성, 교실학습을 실생활에 적용하는 일반화의 측면에서 매우 효과적이다.

③ 소그룹 읽기 수업에서 교사는 학습자가 가진 배경지식을 활성화하기 위해 문장을 읽고 글의 내용에 대해 질문을 던지고, 내용을 요약하고, 모호한 개념들을 명료화하여 앞으로 배울 내용을 예측하는 등 학습자들이 배워야 할 전략들을 시범으로 보여 준다.

④ 이어서 학습자와 교사는 번갈아 가면서 교사의 역할을 맡게 되며 학습자가 교사의 역할이 되었을 때, 교사가 시범으로 보였던 전략들을 수행하게 된다.

⑤ 만약 학습자들이 교사의 역할을 수행하는 데 어려움을 느끼면 교사가 구조화된 문장이나 질문을 제공할 수 있다. 학습자들이 이 과정에 점차 익숙해지면 교사의 도움이 줄어들어도 스스로의 힘으로 전략을 수행할 수 있게 된다.

⑥ 수업의 초기단계는 교사의 시범으로 이루어지지만, 점차 학생 스스로 사고전략들을 자신의 것으로 내면화하여 학습이 이뤄진다는 점이다.

⑦ 글을 읽고 내용을 이해하는 것뿐만 아니라, 활동을 평가하고 자신의 읽기수준에 맞게 전략을 수정하는 것과 같은 높은 수준의 인지능력을 필요로 하는 전략을 습득하도록 하여 최종적으로 자기주도적인 학습자로 나아가게 한다는 장점이 있다.

(3) 문제해결학습

① **실생활문제를 바탕으로 상황에 대한 추론능력 및 문제해결능력을 향상**시키는 것을 목적으로 하는 학습방법이다.

② 학습자들이 **지속적으로 실생활 문제에 노출**되고, 교사를 통해 문제해결 전략을 모델링하게 되면 문제를 규명하고, 오류를 확인하고, 문제를 해결하기 위해 적절한 행동이나 처치를 선택할 수 있게 된다.

③ 문제기반학습에 장기간 참여하게 되면 학습자는 정보를 더욱 잘 기억할 수 있으며, 과학적인 지식을 실용적인 문제해결에 더 잘 적용할 수 있다.

④ 학습자의 **내재적인 흥미를 향상시키며 자기주도학습을 촉진 및 유지**한다는 것이다.

(4) 상황학습

① **실제적인 상황이나 맥락 속에서의 경험과 학습과정에 초점**을 두고 다양한 사례를 활용하여 **학습자의 능동적인 문제해결**을 유도하는 학습방법이다.

② 상황학습에서는 학습자들에게 **다양한 지식을 활용하여 실제적인 문제를 해결해야 하는 '상황'**을 제시한다.

> ⓔ 선거의 원칙을 배울 때, 교과서보다는 실질적인 학습회장 선거상황을 제시함으로써 선거의 원칙을 습득하는 것을 강조한다.

③ 상황학습에 따르면, **이전에 학습이 일어났던 상황과 매우 다른 상황에서는 전이가 발생하기 어렵다.**

> ⓔ 한적한 시골에서 운전을 배운 경우, 학습이 일어난 상황과 전혀 다른 복잡한 도시에서는 운전을 못할 수도 있다. 또한 교실에서 산수를 배운 학생이 실제로 가게에서 물건을 계산할 때는 배운 내용을 적용하지 못할 수 있다.

④ 전이를 유도하기 위해서는 교육훈련 상황이 **현실적인 맥락**과 맞닿아 있어야 하며, 그러기 위해서는 지식이 응용될 **실제 상황처럼 교육훈련도 구체적인 맥락에서 제공**될 필요가 있다.

> ⓔ 수학시간에 나눗셈의 공식이나 원리를 설명할 때, 피자 한판을 4명이서 나눠 먹는 상황을 함께 제공할 수 있다.

(5) 협동학습

① **두 사람 또는 그 이상의 학습자들이 함께 협력하여 과제를 완수**하는 것을 의미한다.

② 학습자는 **혼자일 때보다 함께 활동할 때 더 좋은 수행**을 보인다.

③ 협동학습은 다음의 두 가지 전제조건을 만족해야 한다.

    ㉠ 협동이 잘 이루어졌을 때 **보상**을 받을 수 있는 구조여야 한다.

    ㉡ 여러 명이 **함께 수행할 수 있는 과제**가 제시되어야 협동이 가능하다.

④ 협동학습의 필수조건으로는 **공동의 목표설정, 신뢰에 기초한 집단구성원들 간의 긍정적 상호의존관계**를 들 수 있다.

1 묶기(chunking) 전략

(1) 정의

　많은 정보를 몇 개의 큰 묶음으로 처리하는 전략

(2) 특징

① 정보를 묶어서 조직화하면 파지할 수 있는 정보의 양을 늘릴 수 있다.

② 작업기억이 한 번에 처리할 수 있는 정보의 수에는 기능적 수용한계가 있지만, 묶음으로 통합될 수 있는 정보의 수에는 한계가 없다.

③ 묶음으로 정보를 처리하는 방법은 작업기억의 용량한계를 극복하는 매우 효과적인 방법이다.

2 심상(imagery) 전략

(1) 정의

　새로운 정보를 우리의 마음속에 그림으로 만드는 과정

(2) 특징

① 심상전략을 통해 우리는 정보를 오래 기억할 수 있다.

② 이중부호화이론(dual-coding theory)의 지지를 받는다. 이 이론에 따르면, 장기기억은 언어 기억체계와 심상 기억체계라는 두 개의 분리된 기억체계를 가진다.

③ 따라서 '공' 또는 '강아지'와 같이 언어 및 시각적으로 표상될 수 있는 단어가 '진리' 또는 '능력'과 같이 언어적으로만 표상될 수 있는 단어보다 기억하기 쉽다.

④ 새로운 정보를 성공적으로 부호화하기 위해서 언어적 정보와 함께 시각적 자료를 보충하는 것이 좋다.

⑤ 대표적인 심상전략에는 장소법과 핵심단어법이 있다.

장소법	기억해야 할 항목을 잘 아는 장소의 심상과 연결해 기억하는 방법
핵심단어법	암기해야 할 단어의 운과 심상을 연결하여 기억하는 방법

3 정교화(elaboration) 전략

(1) 정의

　자신의 사전경험에 근거하여 새로운 정보를 장기기억에 저장되어 있는 정보와 연결하는 부호화 전략

(2) 특징

① 새로운 정보에 의미를 붙임으로써 그 정보를 오래 기억할 수 있다.

② 자신의 말로 바꾸어 하는 노트필기 또한 정교화 전략을 활용하는 방법으로, 교사가 말한 그대로를 받아 적는 것보다 훨씬 효과적이다.

③ 정교화는 학습자가 새로운 학습을 저장된 지식과 연결하고 의미를 부여하기 위해 정보를 여러 차례 재처리한다는 점에서 좀 더 복잡한 사고과정이다.

4 조직화(organization) 전략

(1) 정의

정보를 기억할 때 범주로 묶거나 위계관계를 만드는 부호화 전략

(2) 특징

① 정보를 조직화하지 않으면 인출할 때 어려움을 겪는다.

② 조직화 전략의 구체적인 방법에는 개요작성과 개념도가 있다.

개요작성 (outlining)	• 학습자료의 주된 내용을 위계적인 형식으로 표현하는 것 • 세부정보는 상위범주 아래에 조직화되어 표현된다.
개념도 (concept mapping)	• 개념 간의 관계를 보여 주고 주제와의 관련성을 나타내기 위해 개념 간의 관계를 도형화하는 것 • 개념도는 핵심 아이디어 간의 관계를 기억하도록 돕는 강력한 시각적 도구가 된다. • 학생들이 눈에 보이는 것 이상을 볼 수 있도록 하고 추론할 수 있도록 하며 새로운 지식을 발견하게 된다.

CHAPTER

09 학습동기

제1절 동기의 정의

1 정의

(1) 동기는 "목표를 지향하는 활동이 시작되고, 지속되고, 완수되도록 이끄는 심리적 과정"이다.

(2) 동기는 개인이 어떤 일을 시작하고, 지속하며, 완수하도록 이끄는 힘으로, 개인의 행동에 에너지와 방향을 제공하는 기반이 된다.

(3) 동기화된 상태에서는 주어진 활동에 몰두하고 적극적으로 참여한다.

(4) 동기는 눈으로 관찰할 수 없기 때문에 행동이나 언어적 표현으로부터 추론할 수밖에 없다

2 동기화된 학습자

(1) 동기부여된 학습자는 주어진 과제에 집중하고 과제를 해결하기 위해 노력을 기울인다.

(2) 노력은 단기간에 그치는 것이 아니라 해당 과제를 완수할 때까지 지속된다.

(3) 흥미를 가지고 과제에 임하며, 과제를 해결하는 과정에서 즐거운 감정을 경험하기도 한다.

(4) 자신의 과제를 효과적으로 수행하기 위해 학습계획을 짜거나 노트필기를 하는 등 자신에게 맞는 학습전략을 활용한다.

(5) 자신의 학습태도나 방법을 상황에 맞게 변화시키거나 감정을 다스리는 등 자신을 효과적으로 조절하려고 노력한다.

(6) 학습과정에서도 적극적으로 자신의 의견을 표현하며, 주도적으로 수업활동에 참여한다.

제2절 내재동기와 외재동기

1 의미

(1) **내재동기**(intrinsic motivation)
    ① 과제 그 자체가 즐겁고 보상의 역할을 하기 때문에 지속하게 되는 동기이다.

② 그림을 그리는 것에 흥미를 느끼고 즐겁게 그림을 그릴 때, 그림을 그리는 활동은 내재동기에 의한 것이다.

③ 어린 아이들이 호기심과 재미로 퍼즐조각을 맞추는 놀이에 몰입해 있을 때, 아이들을 움직이게 하는 동기는 내재동기라고 할 수 있다.

④ 과제에 대한 자신의 흥미, 즐거움, 자율적 태도에 기반한 내재동기는 개인이 보다 창의적으로 과제를 수행하고 깊이 있는 이해에 도달하도록 돕는다.

⑤ 내재동기를 가지고 있는 사람에게는 해당 과제를 하는 자체가 보상의 역할을 하기 때문에, 주변의 제약에 흔들리거나 외부적인 보상에 좌우되지 않고 해당 활동에 몰입할 수 있다.

(2) 외재동기(extrinsic motivation)

① 해당 활동이 **다른 일의 수단이 되기 때문에 그 활동을 하게 되는 동기**를 말한다.

② A학점을 쉽게 받을 수 있기 때문에 특정 과목을 수강하거나, 부모님이나 교사를 만족시키기 위해 공부를 하는 것과 같이 과제 그 자체가 즐겁거나 흥미로워서가 아니라, 다른 이유 때문에 그 활동을 하게 되는 동기를 말한다.

③ 외적인 동기를 가지고 있는 사람은 그 과제를 통해서 자신이 원하는 결과, 과제를 통해서 얻게 될 보상이나 그 일의 결과, 타인의 인정이나 칭찬, 부정적인 결과를 회피하는 것 등을 얻을 수 있다고 믿기 때문에 해당 과제를 수행한다.

④ 외재동기를 가진 사람은 자신이 얻고자 하는 결과를 위해 열심히 주어진 과제에 임할 수 있지만, 때로는 원하는 결과만 얻기만 한다면 과제 자체를 충실히 수행하는 것에 큰 가치를 부여하지 않을 수도 있다.

⑤ 학습과정에서 깊이 있는 이해를 통해 자신을 성장시키려고 도전하기보다는 보상을 얻을 수 있는 수준에 머무를 수 있다.

핵심정리 ✔

유형	특성
내재동기	• 해당 활동 자체에 대하여 흥미와 즐거움을 느껴서 그 활동을 하고자 한다. • 해당 활동 자체가 보상의 역할을 하므로 주변의 제약이나 외부적 보상에 의존하지 않는다.
외재동기	• 해당 활동이 다른 목적을 이루는 수단이 되기에 그 활동을 하고자 한다. • 해당 활동을 통해 얻게 될 보상이나 자신이 원하는 결과를 얻을 수 있다고 믿기에 그 활동을 한다.

2 외적 보상과 내재동기

개념 +

'과정당화 가설'에 대한 실험(Lepper, Greene, & Nisbett, 1973)

이 실험에서는 그림을 그리기를 좋아하는 아동을 세 집단으로 나누어 그림을 그리게 하고 집단에 따라 보상을 달리하였다. 첫 번째 집단의 아동에게는 그림을 그리면 상을 주겠다고 설명하고 그림을 다 그리면 선물을 제공하였다. 두 번째 집단에게는 사전에 선물에 대한 언급을 하지 않았지만 아동이 그림을 다 그린 후에 첫 번째 집단과 동일한 선물을 제공하였다. 마지막 집단에게는 사전에 선물에 대한 예고를 하지도 않았고 그림을 그린 것에 대한 보상도 제공하지 않았다. 1~2주 후에 이들 아동이 자유롭게 그림을 그리는 시간을 전체 시간과 대비하여 관찰한 결과, 보상을 받지 않은 집단이나 예고 없이 보상을 받은 집단의 아동들은 이전과 유사한 정도로 그림 그리는 행동의 비율을 보여 주었다. 그러나 보상을 기대하고 그림을 그렸던 집단의 아동들은 다른 집단에 비해 그림을 그리는 행동의 비율이 감소하였다. 뿐만 아니라 사전에 예고된 보상을 받은 집단은 그림에 대한 질적 평가에서도 낮은 평가를 받았다. 그림에 대한 노력이나 집중도가 저하되면서 그림에 대한 질적 수준도 낮아진 것이다.

(1) 과정당화 가설(overjustification hypothesis)

① 내재동기를 느끼는 활동에 보상을 주는 경우 내재동기가 감소할 수 있다.

② 위의 실험은 일상적으로 사용하는 보상이 내재동기를 감소시킬 수 있는 가능성을 경고한다.

③ 내재동기를 가지고 있는 활동에 대해 사전에 예고를 하고 보상을 제공하였을 경우, 보상이 내재동기를 손상시킬 수 있는 가능성을 보여 주고 있다.

④ 자신이 좋아서 하는 행동이 다른 목적을 달성하기 위한 수단이라는 것을 인식하게 되면서 그 활동에 대한 흥미가 떨어진 것이다.

(2) 보상과 동기

① 바람직한 행동의 빈도를 늘리기 위하여 보상(물질적 보상, 언어적 보상 등)을 활용하는 방법은 일상에서 가장 빈번하게 활용되고 있다. 그러나 **모든 보상이 효과적인 것은 아니다**.

② 인지평가이론(cognitive evaluation theory)에 따르면, **보상이 자신의 수행에 대한 정보를 제공해 준다고 여길 때 개인은 자신에 대한 유능감을 향상시키면서 내재동기를 지속**할 수 있다.

③ 반면, 보상을 통해 자신이 통제당한다고 느낄 때 보상은 개인의 자율성을 하락시켜 내재동기를 훼손시킨다.

④ 이처럼 **통제적인 보상은 내재적인 동기에 부정적인 영향을 미치지만, 정보적인 보상은 내재적인 동기에 긍정적인 영향**을 미치게 된다

☞ **보상이 수행에 대해 정보적 역할을 할 때 보상은 교육적으로 긍정적인 역할**을 하게 된다.

제3절 동기이론

1 자기결정성이론(self-determination theory)

(1) 개념

① 자기결정의 정도에 따라 외재동기는 크게 타율적 동기와 자율적 동기로 구분된다.

② 내재동기와 외재동기를 대립적으로 바라보는 입장에서는 내재동기는 바람직하지만 외재동기는 지양하고 극복해야 할 것으로 간주한다.

③ 주어진 과제에 흥미를 느끼거나 즐거워하지는 않아도 그 과제가 자신이 세운 목표를 달성하는 데 중요한 역할을 할 것이라는 것을 이해하고 자율적으로 과제를 수행하는 동기는 외재동기이지만 매우 긍정적인 특성을 지닌다.

(2) 정의

① 자기결정이론에서는 **주어진 과제의 가치를 스스로 이해하고 자율적으로 과제에 임하는 동기는,** 비록 내적 흥미나 즐거움에 기반하지 않더라도 자기결정적인 동기라고 간주한다.

② 자기결정성을 동기의 원천으로 바라보는 자기결정이론에서는 **동기를 자율적으로 행동하려는 경향과 외부의 조건이나 타인에 의해 통제당하려는 경향 간의 상호작용의 산물**로 바라본다.

③ **자율성의 정도**에 따라 동기의 유형과 행동조절의 유형이 달라지기 때문에 **자율성의 여부에 따라 외재동기 내에서도 서로 다른 동기유형이 존재**한다.

(3) 동기유형

① 자기결정과 자신의 행동에 대한 스스로의 통제가 전혀 없는 무동기로부터 점차적으로 자기결정성과 자기통제가 점점 더 강해지는 **외적 조절(extrinsic regulation), 부과된 조절(introjected regulation), 확인된 조절(identified regulation), 통합된 조절(integrated regulation)** 순으로 외재동기의 유형이 나눠진다.

② **보상이나 처벌에 의해 동기가 부여되는 외적 조절**이나 **타인의 관심이나 인정에 의해 과제를 수행하는 부과된 조절이 타율적인 동기**의 유형이다.

③ 과제에 가치를 부여하며 **자율적인 목표를 설정하는 확인된 조절**과, 이에 더하여 **목표들 간에 통합을 이루려는 통합된 조절**은 매우 **바람직한 형태의 외재동기**이며, **내재동기만큼 학습이나 과제수행에 긍정적**인 역할을 한다.

(4) 시사점

① 통제적인 환경보다는 **도움과 지원을 제공하며 학생들의 욕구나 감정, 태도를 이해하고 존중해 주는 환경**에서 학생들의 자율성, 자기결정성은 증대된다.

② 자기결정성이 높은 학생일수록 학교학습이나 학교에서의 대인관계에 잘 적응하며, 학업과정에
　서도 집중력이 높고 수업활동을 즐기며 학교에 대해서도 만족감을 표현하는 것으로 밝혀졌다.

(5) 자기결정성 증진전략

학습자가 자율적으로 학습과제에 임하게 될 때, 과제에 참여하는 집중력이 높아지면서 능동적인
정보처리를 수행하여 인지적 측면에도 도움이 될 뿐 아니라, 자신에 대해 긍정적인 정서를 형성하
면서 심리적 안정을 증진시키는 데 도움이 된다. 수업이나 학급운영에서 학생들의 자율성을 증진
시키기 위해 교사가 선택할 수 있는 전략은 다양하다.

① 학습자의 내적 자원(느낌, 생각, 의견 등)을 표현할 수 있도록 격려하고 이를 반영하여 수업을
　진행한다.

② 학습자의 경험이나 수준에 적합한 방식으로 과제나 학습활동의 필요성(중요성, 유용성, 가치,
　의미 등)을 설명해 준다.

③ 규칙에 대해 논의하거나 문제행동을 다룰 때는 학습자가 스스로 문제를 인식할 수 있도록 도와
　주고 지시적, 통제적, 압력적인 언어사용을 자제한다.

④ 익숙지 않거나 도움이 필요한 도전적인 과제를 수행할 때는 학습자에게 충분한 시간을 제공하고
　인내심을 가지고 지켜봐 준다.

◈ 자기결정성이론에서의 동기유형

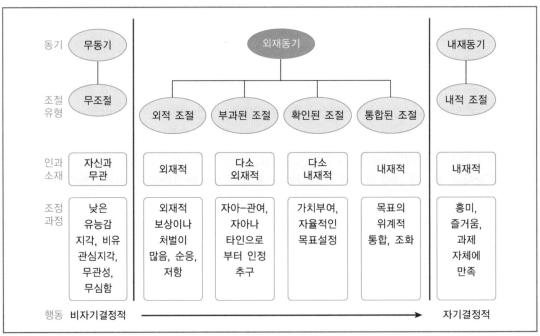

2 매슬로우(Abraham H. Maslow)의 욕구위계이론

(1) 개념

① 인간의 동기에는 위계가 있다고 바라본 매슬로우는 인간에게는 자신을 성장시킬 수 있는 동기가 잠재되어 있다고 바라보았다.

② 잠재된 욕구가 발현되고 그 충족을 위해서는 기본적인 욕구들이 만족되어야 한다.

③ 이런 점에서 인간의 동기에 대한 매슬로우의 이론은 동기의 위계를 가정하는 욕구위계이론이라고 불린다.

(2) 욕구위계

① 매슬로우의 욕구위계이론의 핵심은 인간의 5가지 욕구가 위계적으로 서로 관련을 맺고 있다는 것이다.

② 하위단계의 욕구인 **결핍욕구에는 생리적 욕구, 안전의 욕구, 소속감과 애정의 욕구, 자아존중감의 욕구**가 있다.

③ 상위단계인 **성장욕구에는 지적욕구, 심미적 욕구, 자아실현의 욕구**가 있다.

④ 욕구위계의 **아래에 위치할수록 보다 근본적이며 먼저 충족되어야만 다음 단계의 욕구가 발현**될 수 있다.

⑤ 자아실현이라는 성장욕구가 발현되기 위해서는 결핍욕구인 생리적 욕구, 안전의 욕구, 소속감과 애정의 욕구, 자아존중감의 욕구가 충분히 충족되어야 한다는 것이다.

⑥ **결핍욕구는 충족이 되면 해소**되는 반면, **성장욕구는 욕구를 경험하면 할수록 점점 더 확장되고 증가**하는 욕구이다.

◎ 매슬로우의 욕구위계이론

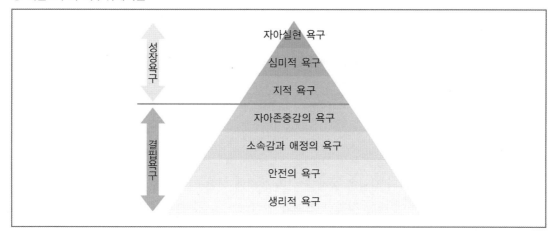

3 **기대·가치이론**

(1) 개념

① 기대·가치이론은 **기대와 가치의 곱이 학습동기의 정도를 결정**짓는다고 본다.

기대	• 과제의 **성공적인 수행**을 위해 필요한 **자신의 능력에 대한 신념이나 판단**이다. • 학습자는 자신이 반복적으로 실패했던 과제에 대해서는 자신의 능력에 대한 기대가 낮을 것이다. • 그 과제에 대한 관심과 흥미가 높아도 실패를 기대하게 된다면 과제를 수행하지 않으려고 할 것이다.
가치	• "내가 이 과제를 왜 수행하는가?"에 대한 답이라고 할 수 있다. • **과제를 수행하는 이유**에 해당하는 것으로, 과제에 대한 흥미 때문일 수도 있고, 해당 과제가 다른 일을 수행하는 데 유용하기 때문일 수도 있다. • 아니면 과제를 수행하면 외적인 보상을 받거나 처벌을 피할 수 있기 때문일 수도 있다.

② 기대와 가치의 곱이 동기의 정도를 형성하기 때문에 아무리 성공할 확률이 높은 과제라도 가치가 전혀 없거나, 가치가 높은 과제라도 그 과제를 성공적으로 수행할 능력을 가지지 않았다고 인식하면 학습동기는 낮아지게 된다.

(2) 형성요인

기대	과제난이도, 해당 과제를 수행할 수 있는 능력을 가지고 있는가에 대한 자기도식
가치	과제에 대한 흥미, 과제를 수행하는 것이 자신에게 얼마나 중요한 것인지, 해당 과제가 얼마나 쓸모가 있는지(효용가치), 해당 과제를 잘하기 위해 필요한 노력이나 시간, 경비 등과 같은 비용

◎ 기대·가치이론에서 기대와 가치의 구성요소

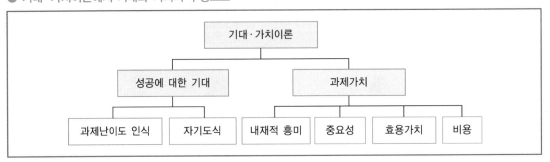

(3) 기대·가치전략

학생들은 성취상황에서의 경험을 통해 자신의 능력에 대한 기대를 형성하고 과제의 가치를 인식하게 된다. 자신의 능력에 대한 정확한 기대와 여러 정보를 통해 과제가치를 인식하는 것은 적절한 동기를 형성하는 데 도움이 된다.

① 학생들이 자신의 능력에 대해 정확하면서도 높은 기대를 형성하도록 돕는다. 그러기 위해 교사의 피드백은 학생의 수행에 근거하여 정확하게 제시되어야 하며, 개선할 수 있는 방법을 알려주는 것이 필요하다.

② 능력에 대한 믿음은 도전적 과제에서 성공의 경험을 하였을 때 증진된다. 너무 쉬운 과제에서의 성공은 자신에 대한 유능감을 형성하는 데 오히려 장애가 될 수 있다. 반면에 너무 어려운 과제에서는 좌절을 경험한다.

③ 개인의 능력이나 역량은 노력이나 연습에 의해 변화 가능하다는 믿음을 가지도록 돕는다.

④ 수업에서 해당 교과나 수업주제가 어떤 점에서 중요하고 가치가 있는지를 학생들에게 설명해주며 대화를 나누는 것이 필요하다.

⑤ 교과나 수업에 대해 느끼는 교사의 관심, 흥미, 열정이 학생들에게 가치를 알려 주는 통로가 된다.

⑥ 과제나 학습활동을 선택하고 스스로 통제할 수 있는 기회를 제공하여 학습자의 흥미를 높이도록 한다.

4 자기효능감이론

(1) 의미

① 자기효능감은 과제를 잘 해낼 수 있을 것이라는 **자신의 능력에 대한 믿음**이다.

② 자기효능감은 주어진 과제에 필요한 행위를 조직하고 실행해 나가는 자신의 능력에 대한 판단으로, 성취상황에서 개인으로 하여금 **활동을 선택하고 노력을 지속하는 정도**에 영향을 미친다.

③ 자기효능감은 구체적인 과제에서의 자신의 능력에 대한 믿음을 지칭하기 때문에, **특정한 과목에서 자기효능감을 가지고 있다고 해서 다른 과목에서도 동일한 수준의 자기효능감을 가지고 있다고 일반화할 수는 없다.**

④ 수학에서 자기효능감을 가진 학생이라도 국어나 영어에서의 자기효능감은 낮을 수 있다.

⑤ 따라서 자기효능감은 구체적인 성취상황, 과제의 특성과 관련하여 살펴볼 필요가 있다.

(2) 자기효능감이 높은 학습자

① 자기효능감이 높은 학습자들은 자신에게 과제를 수행할 능력이 충분히 있다고 믿기 때문에 **실패를 경험해도 쉽게 포기하지 않고 적극적으로 과제를 수행**한다.

② 자기효능감이 낮은 학생들은 자신에게는 과제를 수행할 능력이 낮거나 혹은 없다고 보기 때문에 **과제를 회피하거나 쉬운 과제를 선택하려는 태도**를 보인다.

③ 자기효능감은 더욱 어려운 과제를 선택하도록 하고, 노력을 더욱 오랫동안 지속하도록 하며, 학습과정에서 나타날 수 있는 정서적인 스트레스나 긴장 등을 잘 극복하도록 함으로써 학업성취를 향상시키는 것으로 알려졌다.

(3) 형성요인

일반적으로 자기효능감에 대한 정보는 4가지 정보원(자신의 성취경험, 대리경험, 사회적 설득, 생리적 지표)을 통해 알아낼 수 있다. 이러한 정보원은 자기효능감을 계속적으로 발달시킬 수 있는 방법과도 연결된다.

자신의 성취경험	자신의 성취와 관련된 성공의 경험은 자신의 능력에 대한 긍정적인 기대를 형성하도록 돕는다. 따라서 교사나 부모가 성공의 경험을 할 수 있도록 과제를 조절하거나 환경을 조성하는 것은 학습자의 자기효능감 형성에 긍정적인 역할을 한다.
대리경험	타인의 수행을 관찰하고 그것을 통해 얻게 되는 자신의 능력에 대한 정보는 자기효능감에 영향을 미친다.
사회적 설득	타인의 칭찬이나 격려와 같은 사회적·언어적 설득은 자신의 능력을 파악하는 근거가 될 수 있다.
생리적 지표	과제를 수행하면서 느끼는 생리적 상태에 대한 해석이 자기효능감에 영향을 미칠 수 있다. 발표를 하면서 심장이 두근거리고 땀이 난다는 것을 느낄 때, 그것이 자신의 준비가 부족하거나 언어적 능력이 부족하기 때문이라고 해석하게 된다면 발표자의 자기효능감은 낮아지게 된다.

5 와이너(Weiner)의 귀인이론(attribution theory)

(1) 개념

① 귀인이론은 인간에게는 사건이나 행동의 원인을 찾으려는 자연스러운 경향이 존재한다고 가정한다.
② 자신이 왜 성공했는지, 무엇 때문에 원하던 결과를 얻지 못하였는지에 대해 인과적인 설명을 하려 한다.
③ 귀인(attribution)은 그 원인을 찾는 것을 가리키며, 행동이나 사건의 원인을 무엇으로 생각하는지는 후속행동에 영향을 미친다는 점에서 개인의 동기와 밀접한 관련이 있다.

(2) 귀인유형

① 대표적인 귀인유형에는 **능력, 노력, (과제)난이도, 운** 등이 있다.
② 학생들이 학업상황에서 가장 빈번하게 언급하는 귀인양식은 노력("열심히 공부했다", "최선을 다했다")이나 능력("나는 머리가 좋거든", "나는 멍청해")이지만, 운("내가 공부한 부분에서 시험문제가 다 나왔어")이나 과제난이도("공부를 열심히 했는데도 너무 어려웠어")도 자주 언급되는 귀인양식에 속한다.

(3) 특성

① 원인소재

　　㉠ 결과에 대한 원인을 내부 혹은 외부로 돌리느냐의 차원인 원인소재이다.

　　㉡ 노력과 능력이라는 귀인양식은 성공과 실패를 개인의 내부에 원인이 있다고 간주하는 것(내적 귀인)이며, 운이나 과제난이도는 환경에 원인이 있다고 생각하는 것(외적 귀인)이다.

② 안정성

　　㉠ 과제에 따라서 또는 시간의 경과에 따라서 결과에 대한 원인이 변할 수 있다고 생각하는지의 차원이다.

　　㉡ 사람들은 대체로 능력은 안정적인 것으로 지각하는 반면, 노력은 상황이나 개인의 의지에 따라 변할 수 있는 불안정한 것으로 지각한다.

　　㉢ 운은 예측할 수 없다는 점에서 불안정한 것으로, 특정 과제의 난이도는 이미 고정된 것이기 때문에 안정적인 것으로 간주한다.

　　㉣ 안정성의 차원은 귀인을 개인의 지속적인 특성으로 바라볼 것인지, 일시적인 상황에 의한 것인지에 대한 해석과 관련된다.

③ 통제가능성

　　㉠ 개인의 의지에 따라 결과에 대한 원인이 통제 가능한가라는 통제가능성 차원이다.

　　㉡ 운이나 난이도, 능력에 대해서는 개인의 통제를 벗어난 것으로 생각하는 반면, 노력은 학습자 스스로 통제가 가능한 것으로 여긴다.

차원 귀인	원인소재	안정성	통제가능성
능력	내부	안정	통제 불가능
노력	내부	불안정	통제 가능
난이도	외부	안정	통제 불가능
운	외부	불안정	통제 불가능

(4) 귀인과 동기

① 학습자가 가지는 귀인성향은 학습동기를 형성하는 데 영향을 미친다.

② 대체적으로 학습동기는 학습자의 귀인이 내적 요인, 변화 가능한 불안정한 요인, 통제 가능한 요인에 해당할 때 긍정적인 방향으로 형성되는 경향이 있지만, 성공과 실패의 상황에서 그 효과는 달라진다.

③ 성공의 결과를 자신의 능력이라고 생각한다면 개인적인 효능감이 향상되어 이후 동기에 긍정적인 영향을 미친다.

④ 성공을 노력 때문이라고 생각한다면 계속적인 성공에 대한 희망을 가지며 지속적으로 학습동기를 유지할 수 있다.

⑤ 실패의 원인을 자신의 변하지 않는 능력 때문이라고 생각한다면, 자신이 결과를 통제할 수 없다는 무능감이나 좌절을 유발하여 학습동기에 부정적인 영향을 미칠 수 있다.

⑥ 자신이 노력하지 않아 실패했다는 생각이 들면 죄책감이나 수치심 때문에 동기가 더 증가할 수 있다.

⑦ 운이나 과제난이도는 학습자 개인이 통제할 수 없는 귀인요인이기 때문에 학습동기에 긍정적인 역할을 한다고 보장할 수 없다.

⑧ 최선을 다해 노력했지만 실패한 상황에서 운이나 과제난이도로 귀인하는 경우, 자신의 능력으로 귀인하지 않도록 함으로써 개인의 효능감을 손상하지 않는 긍정적인 역할을 수행하기도 한다.

(5) 교사의 귀인 피드백

귀인은 학습자의 신념이나 행동, 정서에 영향을 미친다. 특히 교사의 피드백은 학생의 귀인을 형성하는 데 중요한 역할을 한다. 성공과 실패에 대해 교사가 피드백을 제공할 때 다음의 사항을 유념하여야 한다.

① 우선 정확한 피드백을 제공하여야 한다. 학생이 노력하지 않았는데도 노력했다고 피드백을 하거나, 최선을 다했음에도 노력하지 않았다고 말할 경우, 학생은 교사의 피드백에 대해 신뢰하지 못하게 된다.

② 성취상황에서 실패했을 때 처음에는 노력부족에 귀인하도록 하는 것이 바람직하다.

③ 노력을 충분히 기울였음에도 실패한 경우, 학생에게 부족한 지식이나 학습전략(공부방법)에 원인이 있는지를 살펴본다. 지식이나 전략은 내적인 요소이며 변화·통제 가능한 귀인이기 때문에 학습동기 향상에 긍정적인 역할을 한다.

④ 학생이 노력하지 않았을 경우, 학생의 성공을 노력에 귀인해서는 안 된다. 쉬운 과제에서 열심히 했다는 피드백을 받을 경우, 학생은 자신의 능력이 낮다고 생각하거나 교사의 피드백을 신뢰하지 않게 된다.

⑤ 학생들이 지식이나 기술을 습득함에 따라 능력 피드백으로 옮겨가는 것이 효과적이다.

⑥ 귀인훈련 프로그램에서는 노력귀인, 전략귀인을 거쳤음에도 결과가 좋지 않을 때, 해당 과제를 포기하도록 유도하여 학습자 기대 자체를 수정한다. 그리고 새로운 길을 모색하도록 조절할 수도 있다.

6 목표지향이론

성취상황에서 사람들은 서로 다른 유형의 목표지향(숙달목표, 수행목표)을 추구한다.

(1) 개념

① 목표지향성은 학습활동과 같은 성취상황에서 활동에 임하는 근본적인 원인과 목적으로, "내가 이 과제를 왜 하는가?"라는 질문에 대한 답이라고 할 수 있다.

② 목표지향성은 학습자의 학습행동과 학습방법을 설명하는 틀의 역할을 한다.

③ 목표지향성은 **숙달목표(mastery goal)와 수행목표(performance goal)**로 구분된다.

(2) 숙달목표 · 수행목표

숙달목표	학습목표라고도 불리며, 학습에 대한 이해를 도모하고, 자신의 능력이나 관련 기술을 개발하고, 향상시키는 것을 추구하는 것
수행목표	다른 사람들의 경쟁과 비교를 통해 자신의 능력이 우월하다는 것을 드러내려는 경향성을 의미

① 숙달목표가 강조될 때 학생들은 노력에 귀인을 하고 도전적 과제를 선호하며 난관에 봉착하더라도 끈기있게 문제해결을 시도한다. 필요한 도움을 요청하고 긍정적인 감정상태를 유지한다.

② 수행목표가 강조될 때는 능력에 귀인을 하고 과제를 회피하며 아주 쉽거나 매우 어려운 과제를 선호한다. 난관에 봉착하면 쉽게 좌절하고 도움을 요청하지 않으며 부정적 감정을 표출한다.

(3) 수행접근 · 수행회피

① 일반적으로 **숙달목표를 추구하는 학습자는 내재적 흥미**를 가지고 과제에 임하며, 어려움이 생길 때에도 인내하며 과제를 지속하는 경향을 보이기 때문에, **숙달목표가 학교학습상황에서 적응적인 동기유형**인 것으로 밝혀졌다.

② **수행목표 역시 상황에 따라 학습결과에 긍정적인 역할**을 할 수 있다. 수행을 접근과 회피라는 두 축으로 구분하여 수행접근목표와 수행회피목표로 나누어 볼 수 있다.

수행접근목표	• 타인과의 비교에서 상대적으로 유능하다고 평가받으려는 목표 • 학습활동에 적극적인 참여를 유발한다는 면에서 긍정적인 역할을 할 수 있다.
수행회피목표	• 상대적으로 무능력하게 평가되는 것을 피하려는 목표 • 수행회피목표를 가진 학생은 방어적이고 실패회피전략을 쓴다. • 수행회피목표를 가진 학생이 실패를 반복하면 학습된 무기력(learned helplessness) 상태의 학습자가 된다.

(4) 다중목표

① 실제 학습상황에서 학습자는 숙달목표와 수행목표 중 어느 하나의 목표지향을 추구하기보다는 두 가지 이상의 목표를 추구하는 다중목표 지향의 경향을 보인다.

② **숙달목표와 수행목표는 독립적인 성향**으로, 학습자는 숙달목표와 수행목표를 다양한 수준에서 동시에 추구할 수 있다.

③ 가장 효과적인 목표지향성의 조합은 높은 수준의 숙달목표 지향성, 낮은 수준의 수행목표 지향성이라고 알려졌지만 다양한 연구를 통해 **숙달목표가 탄탄하다면 수행목표의 수준에 상관없이 학습자는 바람직하고 적응적인 동기유형을 나타내는 것**으로 밝혀졌다.

(5) 숙달목표를 증진하는 교수 – 학습환경

숙달목표의 토대가 탄탄할 때, 수행목표의 영향력도 긍정적이며 수행목표의 부정적인 효과도 상쇄된다는 점을 감안한다면, **숙달목표를 증진하는 방향으로 교수 – 학습환경이 형성**될 필요가 있다.

① 과제가 학습자의 배움이나 성장에 어떤 의미를 가지는지를 깨달을 수 있도록 학습자의 생활이나 삶과 연결시켜 준다.

② 학습자가 적절한 노력을 기울이며 충분히 성공할 수 있는 수준의 도전적인 과제를 제시한다.

③ 교실에서 이루어지는 대화에서 '숙달', '배우는 과정', '수업내용을 이해'하는 것이 중요하다는 메시지를 지속적으로 전달한다.

④ 보상이나 평가가 다른 학생들과의 비교나 경쟁을 지나치게 조장하지 않도록 학습자의 발달, 숙달, 성장의 정도를 강조하고 그에 대한 정보를 제공한다.

◇ 목표유형이 학습자의 동기와 성취에 미치는 영향

목표유형	예시	해당 목표유형이 학습자의 동기와 성취에 미치는 영향
숙달목표 (학습목표)	은유법을 이해하고 응용하여 나만의 동시를 창작하기	• 과제에 대하여 지속적으로 노력을 기울인다. • 높은 자기효능감과 도전을 받아들이는 자세, 높은 성취를 보인다.
수행접근목표	우리 반에서 은유법을 활용한 동시를 가장 잘 쓰기	• 자신감 있는 학생은 과제에 대하여 계속해서 노력하고, 높은 자기효능감 및 성취를 보일 수 있다. • 그러나 도전을 받아들이고자 하는 동기를 저해할 수 있으며, 이것은 곧 낮은 성취로 이어질 수 있다.
수행회피목표	교사와 다른 학생 앞에서 능력 없어 보이는 것 피하기	• 동기와 성취를 저해한다. • 특히 자신감이 부족한 학생의 경우, 동기와 성취가 더욱 저조하다.
과제회피목표	그저 최소한의 노력으로 과제 마치기	• 노력을 하지 않고, 자기효능감이 낮다. • 성취가 심각하게 저해된다.

MEMO

MEMO

MEMO

MEMO

MEMO

MEMO

MEMO